CoCon
VERLAG

Ursula Krause-Schmitt

Werner Dreibus

Vom aufrechten Gang, von Widerständen und Stolpersteinen

Beiträge zur Gewerkschaftsgeschichte im Main-Kinzig-Kreis

Herausgegeben vom DGB Kreis Main-Kinzig

CoCon-Verlag

Der DGB Kreis Main-Kinzig bedankt sich bei
der Stadt Hanau
und
dem Main-Kinzig-Kreis
für die freundliche Unterstützung.

Die Deutsche Bibliothek - CIP-Einheitsaufnahme

Krause-Schmitt, Ursula:
Vom aufrechten Gang, von Widerständen und Stolpersteinen : Beiträge zur Gewerkschaftsgeschichte im Main-Kinzig-Kreis / Ursula Krause-Schmitt ; Werner Dreibus. Hrsg. vom DGB-Kreis Main-Kinzig. - 1. Aufl. - Hanau : CoCon-Verl., 1993
ISBN 3-928100-15-7
NE: Dreibus, Werner:

CoCon-Verlag Hanau
In den Türkischen Gärten 13
63450 Hanau,
Tel.: 06181/17700 Fax: 06181/181333
1. Auflage 1993
ISBN 3-928100-15-7

Für Rudi Schneider,
unseren Kollegen und Freund

Inhaltsverzeichnis

Vorwort

Schon seit Jahren wurde darüber gesprochen: Man müßte aufschreiben, wie das eigentlich früher war, damals nach dem Krieg, was wir gemacht und gewollt haben.
Dann rückte der Termin immer näher, zu dem Sepp Sigulla, DGB-Kreisvorsitzender seit 1968, in den Ruhestand gehen würde. Jetzt wurde es Zeit, endlich damit zu beginnen, die Geschichte des DGB im Main-Kinzig-Kreis nach 1945 festzuhalten. Den Auftrag dazu übernahm unser Kollege Rudolf Schneider, Journalist, selbst Zeitzeuge, aktiver Gewerkschafter und Antifaschist aus Hanau. Rudolf Schneider verstarb nach kurzer schwerer Krankheit am 6. Januar 1992.
Seine Arbeit durfte, sollte nicht einfach liegenbleiben. Deshalb haben wir, aufbauend auf seinen umfangreichen Vorarbeiten, damit begonnen, die Bausteine zur Geschichte des DGB im Main-Kinzig-Kreis zusammenzutragen und aufzuschreiben.
Rudolf Schneider und Sepp Sigulla, zwei ganz unterschiedliche, starke Persönlichkeiten. Ihre Namen stehen stellvertretend für die Grundgedanken, die uns bei diesem Buch leiteten: das Lernen aus der Geschichte, das Festhalten an Überzeugungen und Erfahrungen, das Sich-Öffnen für neue Gedanken, das Hinterfragen und Spurensuchen.
Unsere wichtigsten Quellen für dieses Buch wurden deshalb auch die Gespräche mit den älteren Kolleginnen und Kollegen, unseren Zeitzeugen.
Wir bedanken uns deshalb stellvertretend für alle anderen bei:

Helga Seipel-Schneider - Helga Wilkening - Adolf Brandt - Rolf Knecht - Heinz Laska - Klaus Nimrich - Oskar Ott - Konrad Schied - Sepp Sigulla - Walter Weiskopf

für die Bereitschaft, in aller Offenheit über ihre Erfahrungen und Einschätzungen zu berichten.
Die Bedeutung dieser Zeitzeugenberichte hat für Gewerkschaftsgeschichte einen besonders hohen Stellenwert, da sich der Alltag gewerkschaftlicher Arbeit nur sehr unzureichend in den sowieso unvollständigen Akten widerspiegelt. Da gibt es beispielsweise viele, auf den Pfennig genaue Kassenberichte, aber kaum Berichte über die Lebenslage, das Bewußtsein der arbeitenden Menschen.
Und noch etwas müssen wir festhalten: Geschäftsberichte und damit auch Gewerkschaftsgeschichte sind in erster Linie Männergeschichte, die weibliche Hälfte der Bevölkerung kommt darin nicht angemessen vor. So kommen auch in diesem Buch unsere Kolleginnen nur am Rande vor. Gewerkschaftsgeschichte aus Frauensicht muß auch im Main-Kinzig-Kreis noch geschrieben werden.
Wir sollten uns alle bemühen, mit geschichtlicher Erfahrung behutsamer, sorgfältiger umzugehen. Sonst geraten nicht nur Ereignisse in Vergessenheit, sondern auch Menschen, Persönlichkeiten.

Wer in Hanau erinnert sich beispielsweise noch an Fritz Martin, den ersten 1. Bevollmächtigten der IG Metall 1946?
Wer erinnert sich noch an den Mut, die Tatkraft und Phantasie, mit denen unzählige Menschen an den Wiederaufbau der Fabriken gegangen sind?
Wer weiß eigentlich noch, daß es in Hanau jahrelang üblich war, Vollversammlungen der Betriebsräte während der Arbeitszeit durchzuführen?
Wer kann noch davon berichten, daß von Betriebsräten Zahnräder gegen Heringe getauscht wurden, um dem Hunger der Belegschaft zu begegnen?
Es geraten auch wichtige Inhalte, Positionen, Zukunftsentwürfe in Vergessenheit. Der Zwang des Faktischen, der tägliche Pragmatismus, wirkt dem Festhalten an gesellschaftlichen Zielen immer wieder entgegen. So müssen wir uns fragen, ob es zulässig ist, die Mitbestimmungs- und Sozialisierungsvorstellungen von 1945 zu vergessen, weil der reale Sozialismus "made in DDR" gescheitert ist.
Wir müssen gerade als Gewerkschafterinnen und Gewerkschafter höllisch aufpassen, daß in der Dynamik unserer Zeit die Erfahrungen unserer Mütter und Väter nicht verloren gehen. Wir brauchen sie, dringender denn je, wenn wir notwendige Utopien für heute und morgen entwickeln wollen, wenn wir uns mit den Realitäten des realen Kapitalismus, mit Massenarbeitslosigkeit und Sozialabbau, mit der Zerstörung unserer Umwelt, mit dem Haß und der Gewalt unserer Tage nicht einfach abfinden wollen.
Wir erleben derzeit massive Angriffe auf die Menschenrechte und Grundwerte unserer Demokratie. Verfassungsgrundsätze werden leichtfertig über Bord geworfen. Menschen werden verfolgt und ermordet, weil sie den falschen Paß haben. Solidarität, der wichtigste Grundgedanke der Arbeiterbewegung, müßte in unseren Tagen auch heißen: eine lebenswerte und gerechte Gesellschaft erhalten, ohne auf Kosten anderer zu leben.

Wir haben in diesem Buch bewußt Schwerpunkte auf die Anfangsjahre nach 1945 gesetzt. Es hätte uns sicher gutgetan, die nachfolgende Entwicklung genauso festzuhalten, aber dazu fehlte die Zeit. Wir haben deshalb dieses Buch Beiträge zur Geschichte des DGB im Main-Kinzig-Kreis genannt. So ist gleichzeitig jede Leserin, jeder Leser, herzlich eingeladen, weitere Beiträge zu unserer Geschichte beizusteuern.

Ursula Krause-Schmitt Werner Dreibus

Erstes Kapitel

Die gewollte Neuordnung erstickt in der Restauration der alten Machtverhältnisse (1945 - 1952)

US-Außenminister John Forster Dulles und Bundeskanzler Konrad Adenauer

Befreiung von Faschismus und Krieg

Die Arbeiterschaft hatte wie schon 1914 - 1918 wieder am meisten unter Krieg und Kriegsfolgen gelitten. Die Städte und Wohnungen waren zerstört, viele Fabriken und Arbeitsplätze zertrümmert. Die Prophezeiung "Hitler bedeutet Aufrüstung" und "Aufrüstung bedeutet Krieg" war zur bitteren Wahrheit geworden.

Am Ende dieses Krieges standen:
55 Millionen Tote,
35 Millionen Verwundete,
3 Millionen Vermißte.
In den Konzentrationslagern und Zuchthäusern waren Millionen von Menschen eingesperrt, gefoltert und schließlich ermordet worden.

Der Widerstand im Innern allein konnte das Terrorregime nicht beseitigen, nur der Koalition der Alliierten (Sowjetunion, USA, Großbritannien und Frankreich) gelang es schließlich, Deutschland und Europa von Faschismus und Krieg zu befreien. Große Teile der Arbeiterschaft waren durch die totale Niederlage der Arbeiterbewegung 1933 demoralisiert und durch die faschistische Propaganda beeinflußt.
Viele aktive Gewerkschafter und Funktionäre der Arbeiterbewegung aus der Zeit vor 1933 konnten der nationalsozialistischen Verfolgung nicht entrinnen. Nicht wenige mußten den Eroberungsdrang des deutschen Großkapitals mit ihrem Leben bezahlen. Die Überlebenden kamen aus Lagern und Zuchthäusern, aus Exil und Kriegsgefangenschaft zurück und begannen sofort zusammen mit jenen, die in Kellern und Bunkern die letzten Kriegsmonate überlebt hatten, den Wiederaufbau.

Wiederaufbau, das hieß: die Städte von Trümmern und Schutt freilegen, die Straßen und Schienen, die Brücken und Versorgungsleitungen notdürftig reparieren, für Notunterkünfte, teils in Ruinen und Bunkern, zu sorgen, Fabriken und Werkstätten wieder in Gang zu bringen.

Das hieß aber auch: das Notdürftige für den Lebensunterhalt zu besorgen, Kartoffeln und Gemüse anzubauen, Hamsterfahrten aufs Land zu unternehmen, um z. B. Eier, Milch und Butter zu besorgen, Schwarz- und Tauschmärkte aufzusuchen, um z. B. "Familiensilber" gegen Lebensmittel, Zigaretten für ein Paar Schuhe zu tauschen.

Schließlich hieß Wiederaufbau aber auch: eine funktionsfähige öffentliche Verwaltung zu schaffen, Ämter und Betriebe von Nazibonzen zu befreien, betriebliche Interessenver-

Zeittafel 1945 - 1952

19. März 1945:
Zerstörung Hanaus

28. März 1945:
Einmarsch US-amerikanischer Truppen in Hanau

8. Mai 1945:
Bedingungslose Kapitulation Deutschlands

26. Mai 1945:
Neueinsetzung der Handelskammer für die Stadt Hanau und die Landkreise Hanau, Gelnhausen und Schlüchtern

Mai / Juni 1945:
Aufruf an alle Antinazisten der Hanauer und Großauheimer Betriebe

9. Juni 1945:
Aufruf des antifaschistischen Hanauer Bürgerausschusses zugunsten der aus dem KZ Heimkehrenden

9. Juli 1945:
Wiederaufbau der Gewerkschaften in Hanau vorläufig vollzogen

17. Juli - 2. August 1945:
Potsdamer Konferenz der Siegermächte

Zeittafel 1945 - 1952

1. August 1945:
Verordnung Nr. 8 des Regierungspräsidenten befiehlt den Einsatz von ehemaligen Mitgliedern der NSDAP zu Aufräumungs- und Säuberungsarbeiten.

6. / 8. August 1945:
Atombomben auf Hiroshima und Nagasaki

10. August 1945:
Bekanntmachung über die Wahlen von Arbeitnehmervertretern in den Hanauer Betrieben

22. August 1945:
Antrag an die US-Militärregierung auf Zulassung des Allgemeinen Gewerkschaftsbundes, Einheitsorganisation, Hanau

30. August 1945:
Alliierter Kontrollrat nimmt seine Arbeit auf.

1. September 1945:
US-Militärregierung genehmigt Allgemeinen Gewerkschaftsbund, begrenzt auf Stadt- und Landkreis Hanau.

August / September 1945:
Großeinsätze des Ehrendienstes zum Wiederaufbau Hanaus

tretungen zu bilden, die gewerkschaftliche Organisation wiederaufzubauen.

Hunger und Wohnungsnot waren wohl deutlichster Ausdruck der allgemeinen Notlage der Mehrheit der Menschen in Deutschland. Dazu kamen die Millionen von Flüchtlingen, die auf der Suche nach einer neuen Bleibe durch Deutschland zogen. Die jahrelangen Bombenangriffe hatten die Wohngebiete in den Städten in Schutt und Asche gelegt, weitaus schwerer als die Industrieanlagen, von denen viele von den systematischen Bombardements verschont blieben. Die Menschen hungerten, sofern sie nicht auf dem Land lebten oder sich, als Minderheit der Besitzenden, über Schwarzmarktkanäle das Nötigste zu besorgen wußten. Wohin der Blick auch ging, die Lage schien hoffnungslos.

Wirtschaftlicher und politischer Wiederaufbau

In den Fabriken gingen Männer und Frauen aus eigener Initiative an den Wiederaufbau der zerstörten bzw. beschädigten Produktionsanlagen. Spontan bildeten sich erste Arbeiterkomitees, Arbeiter-, Fabrik-, Betriebsräte, oft bestanden sie aus den ehemaligen gewerkschaftlichen Vertrauensleuten von vor 1933. Sie hatten dabei in vielen Betrieben eine außerordentlich große Machtstellung, denn ein Großteil der Unternehmer und ihrer leitenden Angestellten waren durch ihre offene Sympathie für den Nationalsozialismus kompromittiert oder saßen sogar in Internierungslagern. Im allgemeinen Bewußtsein wurde eine hohe Mitschuld der deutschen Industrie an Faschismus und Krieg und somit auch an der jetzigen Lage anerkannt. Der scheinbar unaufhaltsame Aufstieg des Nationalsozialismus war ein Resultat der tiefen kapitalistischen Weltwirtschaftskrise der Jahre 1929 - 1932 gewesen. Also mußte, wer Demokratie wollte, zunächst die Wiederkehr kapitalistischer Krisen unmöglich machen.
Eine auf den Prinzipien privatkapitalistischer Produktion beruhende Wirtschaftsordnung wurde daher von weiten Kreisen abgelehnt. Für die große Mehrheit der Menschen war zur Gewißheit geworden, die "neue" Gesellschaft konnte nur eine, wie auch immer gestaltete, sozialistische sein. Demokratie und bzw. durch Sozialismus lauteten die Losungen, Demokratie in Gesellschaft und Wirtschaft hieß es übereinstimmend in den Programmen und Aufrufen der Parteien im Sommer 1945.

Ein weiterer Grundgedanke des Wiederaufbaus war es, die Trennungsgräben in der Arbeiterbewegung zu überwinden. Diese Spaltung hatte schließlich mit dazu beigetragen, daß man 1933 den Nazis nicht den entscheidenden Widerstand aller Kräfte der Arbeiterbewegung entgegensetzen konnte. Nahezu überall fanden sich deshalb die überlebenden Funktionäre der alten

Gewerkschaften in dem gemeinsamen Willen, eine einheitliche Gewerkschaftsbewegung zu schaffen. Es trafen sich die ehemals "freien" sozialdemokratischen, christlichen und kommunistisch orientierten Kolleginnen und Kollegen und bildeten gemeinsame Ausschüsse in den Betrieben und am Ort.

Zur Keimzelle der neuen Gewerkschaftsbewegung wurden die innerbetrieblichen Interessenvertretungen, die Betriebsausschüsse. Sie hatten somit sowohl unmittelbar im Betrieb Schutz- und Gestaltungsaufgaben als auch Funktionen über den

Menschenverluste, Kriegsausgaben und Kriegsschäden im Zweiten Weltkrieg

Menschenverluste insgesamt	54.800.000
davon Tote an den Fronten	27.000.000
d.h. 24 Prozent aller zum Kriegsdienst einberufenen Soldaten wurden getötet	
getötete Zivilpersonen	24.500.000
Verwundete	90.000.000
In den einzelnen Ländern sind an Toten zu beklagen:	
Sowjetunion	20.300.000
Asiatische Staaten (insbesondere Japan)	13.600.000
Polen und Balkanländer	9.010.000
Deutschland	6.600.000
Westliche Länder	1.300.000
Italien und Österreich	750.000
USA	250.000
Vermißte	3.000.000

Kriegsausgaben und Kriegsschäden rund 1.350 Milliarden Dollar

21.000.000	Menschen verloren durch Bombardements ihr Heim und ihr Gut
45.000.000	Menschen wurden evakuiert, eingesperrt, deportiert und aus ihrem Geburtsort entfernt
2.419.475 t	Bomben wurden auf Europa abgeworfen

aus: R. Kühnl: Der deutsche Faschismus in Quellen u. Dokumenten, S. 477

Zeittafel 1945 - 1952

15. September 1945:
Aufruf des Allgemeinen Gewerkschaftsbundes Hanau

26. September 1945:
US-Militärregierung erläßt Gesetz Nr. 8 (Entnazifizierung)

13. Oktober 1945:
US-Militärregierung gibt Bedingungen für die Zulassung von Parteien bekannt.

Oktober 1945:
Gemeinsamer Aufruf von SPD und KPD für Hanau-Stadt und -Land

11. November 1945:
Einsetzung der provisorischen Regierung Großhessens unter Ministerpräsident Karl Geiler (parteilos); Arbeitsminister: Oskar Müller (KPD)

20. November 1945:
Beginn der Nürnberger Prozesse gegen deutsche Kriegsverbrecher

13. Januar 1946:
1. außerordentliche Delegiertenversammlung des AGB Hanau

3. Februar 1946:
Konferenz der Vertreter der Einheitsgewerkschaften Großhessens in Wiesbaden

Zeittafel 1945 - 1952

24. Februar 1946:
2. Delegiertenkonferenz des AGB Hanau in Langendiebach

5. März 1946:
Einsetzung von Spruchkammern zur Entnazifizierung in der US-Zone

24. März 1946:
Konferenz der Vertreter der Gewerkschaften Großhessens in Frankfurt beschließt Schritte zum Wiederaufbau der Gewerkschaft auf Landesebene.

10. April 1946:
Kontrollratsgesetz Nr. 22 (Betriebsrätegesetz)

26. Mai 1946:
Erste Kommunalwahlen in Hanau

1. Juni 1946:
Zusammenschluß des FDGB Bezirk Hanau mit den Nebenstellen Gelnhausen und Schlüchtern

5. Juni 1946:
US-Außenminister Marshall schlägt ein Aufbauprogramm für Europa vor (Marshallplan).

7. Juni 1946:
Wahl zur Verfassungsberatenden Landesversammlung Großhessens

Betrieb hinaus. Ging es im Betrieb um Lohn- und Einstellungsfragen, um Maschinen und Produktionsmittel, so kümmerten sie sich gleichzeitig außerhalb des Betriebes um die Behebung unmittelbarer materieller Not, genauso wie um den Aufbau demokratischer und freier Gewerkschaften.
Die Wiederherstellung des öffentlichen Lebens erfolgte unter strenger Vormundschaft der Besatzungsmächte. Sie ließen entsprechende Schritte nur zögerlich und etappenweise zu. Dabei gab es zunächst noch eine gemeinsame Absicht, entsprechend der Vereinbarungen von Jalta und dem Potsdamer Abkommen vom August 1945, wie sich der wirtschaftliche und politische Neuaufbau vollziehen solle.
Bereits im Sommer 1945 wurden jedoch die Differenzen zwischen den USA, Großbritannien und Frankreich einerseits und der Sowjetunion andererseits deutlich. Sehr schnell stellte sich heraus, daß es für die "Anti-Hitler-Koalition" nach der militärischen Unterwerfung Deutschlands keine gemeinsamen Interessen an der Nachkriegsordnung in Europa und der Welt mehr gab. Jede Seite versuchte, möglichst schnell und möglichst stabil ihre Einflußsphäre zu sichern. In den westlichen Besatzungszonen hieß das, von den Vorstellungen eines langfristigen Umerziehungsprozesses und einer weitgehenden wirtschaftlichen Entmachtung Deutschlands abzusehen. Im Zeichen des heraufziehenden "kalten Krieges" des späteren Ost-West-Konfliktes wollten die USA und ihre Verbündeten nun ganz schnell Westdeutschland und Westeuropa in ein Bollwerk gegen den Kommunismus verwandeln. Ein militärisches Bollwerk, aber auch ein politisches und wirtschaftliches. Dazu war es notwendig, eine privatkapitalistische Wirtschaftsordnung zu erhalten und durch entsprechende Fördermaßnahmen wieder anzukurbeln.
Wesentliche Maßnahmen zur Verwirklichung dieser Ziele waren: Rohstoff- und Nahrungsmittellieferungen, Devisenmittel zur Erneuerung des Produktionsapparates mit dem Marshallplan, die Vorbereitung und Durchführung einer Währungsreform, die die Aktien- und Sachmittelbesitzer bevorteilte, die Bildung eines westdeutschen Teilstaates mit einer demokratischen Staatsverfassung, jedoch ohne eine demokratische Neuordnung der Wirtschaft, das Verhindern weitgehender Demokratisierungsbestrebungen, insbesondere der Wirtschaftsdemokratie, unter anderem durch Außerkraftsetzung entsprechender, demokratisch zustande gekommener Verfassungsartikel in den deutschen Ländern, z. B. Hessen, Art. 46 der Landesverfassung.

Die Politik der Besatzungsmächte in den drei westlichen Besatzungszonen im Hinblick auf den Aufbau der neuen Gewerkschaften vollzog sich in mehreren Stufen und in den Besatzungszonen unterschiedlich. In der amerikanischen Besatzungszone, also auch in Hessen, wurden zunächst nur die sich spontan bildenden betrieblichen Gremien und Ausschüsse durch Einzelgenehmigung der Militärbehörden anerkannt. Diese Genehmigungen wurden dann im Frühjahr 1946 durch das Kontrollgesetz Nr. 22 verallgemeinert. Die Bildung örtlicher Gremien wurde stärker hinausgezögert, schließlich wurde grundsätzlich entschieden, den örtlichen Organen das Erheben von Beiträgen zu untersagen. Mit diesem Entschluß war eine wesentliche Schwächung des organisatorischen Aufbaus verbunden, gleichzeitig war damit bereits im Spätsommer 1945, jedenfalls in der amerikanischen Besatzungszone, eine wichtige Vorentscheidung zugunsten der autonomen Einzelgewerkschaften gefallen.

Die Debatte um die Organisationsform der Gewerkschaften begründete sich mit den Erfahrungen in der Weimarer Republik, dem Aufkommen der faschistischen Diktatur und der Einheit von Christen, Sozialisten und Kommunisten im Widerstand. Es bestand weitgehender Konsens darüber, daß man eine Einheitsgewerkschaft aufbauen will. Einheitsgewerkschaft - das hieß: ein Betrieb - eine Gewerkschaft; das hieß aber auch: keine Spaltung mehr in weltanschaulich, parteipolitisch gespaltene Verbände. Dieses Prinzip setzte sich schließlich auch weitgehend durch. Nur für einen Teilbereich von Angestellten, insbesondere im Norden und Westen der entstehenden Republik, wurde eine eigenständige Organisation, die Deutsche Angestelltengewerkschaft (DAG), gegründet. Deren Einfluß blieb, von einzelnen Ausnahmen abgesehen, aber relativ schwach. Unterschiedliche Auffassungen gab es darüber, ob es einen starken Dachverband mit branchenorientierten Abteilungen oder aber starke autonome Einzelgewerkschaften, vereinigt in einem Dachverband, geben sollte. In den westlichen Besatzungszonen setzte sich schließlich das zweite Organisationsprinzip, also autonome Einzelgewerkschaften, durch. Die Besatzungsmächte hatten mit ihren Eingriffen letztlich den Ausschlag für diese Organisationsform gegeben.
Erst nach Bildung der genehmigten örtlichen Zusammenschlüsse wurden überregionale Treffen und Zusammenschlüsse genehmigt, diese jedoch zunächst beschränkt auf das Gebiet der jeweiligen Besatzungszone. So kam es, daß erst spät bundesweite Verbände und schließlich erst im Oktober 1949 der Deutsche Gewerkschaftsbund als Dachverband gegründet werden konnte.

Auf der betrieblichen Ebene bildeten das Kontrollgesetz Nr. 22 und danach die Betriebsrätegesetze der Länder (Hessen vom 26. 5. 1948) die Grundlage für betriebliche Gewerkschaftsarbeit.

Die bereits angeführte starke Stellung der ersten Betriebsvertretungen war selbstverständlich von Betrieb zu Betrieb unterschiedlich stark ausgeprägt. Mögliche Gesichtspunkte dafür sind etwa: Größe des Betriebes, Führungspersönlich-

Zeittafel 1945 - 1952

13. / 14. Juli 1946:

Erste Interzonenkonferenz der deutschen Gewerkschaften in Frankfurt

16. Juli 1946:

Resolution der Delegierten und Betriebsräte des FGB Schlüchtern zur Mitbestimmung

18. Juli 1946:

Karl Rehbein (SPD) zum Oberbürgermeister der Stadt Hanau gewählt

20. Juli 1946:

Resolution der Funktionäre und Betriebsräte des FGB Bezirk Hanau zur Mitbestimmung

10. / 11. August 1946:

3. Delegiertenkonferenz des FGB Bezirk Hanau in Schlüchtern

24. / 25. August 1946:

1. Bundestag des FGB Hessen in Frankfurt-Enkheim; 1. Vorsitzender Willi Richter

August / September 1946:

Betriebsrätewahlen

September 1946:

1. Nummer der "Stimme der Arbeit" erscheint

4. September 1946:

Zusammenschluß der US-Zone und der britischen Zone zur Bizone

Zeittafel 1945 - 1952

15. Oktober 1946:

Protestresolution der Deutschen Dunlop AG gegen die Streichung der chemischen Industrie von der Liste der zu verstaatlichenden Betriebe

18. Oktober 1946:

Protestresolution der Deutschen Kunstleder-Werke Wolfgang gegen die Streichung der chemischen Industrie von der Liste der in Gemeineigentum zu überführenden Großbetriebe

1. Dezember 1946:

Landtagswahl und Volksentscheid zur Hessischen Verfassung. Gesonderte Abstimmung über den Artikel 41: 72 % stimmen für die Sozialisierung.

Dezember 1946:

Bildung einer Koalitionsregierung von SPD und CDU unter Ministerpräsident Christian Stock (SPD). Arbeitsminister: J. Arndgen (CDU)

Februar 1947:

Veröffentlichung des Gesetzes Nr. 56 der US-Militärregierung: Entflechtung statt Enteignung

16. März 1947:

Attentat auf Spruchkammer in Schlüchtern

25. Juni 1947:

Der Bizonenwirtschaftsrat konstituiert sich in Frankfurt am Main.

keiten, politische Belastung der Geschäftsführer oder Eigentümer, die wirtschaftliche Bedeutung des Betriebes.

Die stärksten Betriebsvertretungen gab es vor allem im Bergbau und in den Großbetrieben der Stahlindustrie. Mindestens dort kann man davon sprechen, daß es faktisch die volle Mitbestimmung, teilweise sogar Alleinbestimmung in allen personellen, sozialen und auch wirtschaftlichen Fragen der Betriebe gab. Es gab keine Trennung in betriebliche und überbetriebliche Aktivitäten, das Zutrittsrecht der Gewerkschaftsvertreter zum Betrieb war gewährleistet, das Recht der Gewerkschaften, alle Arbeitnehmerinnen und Arbeitnehmer zu vertreten, unbestritten.
Im Hessischen Betriebsrätegesetz wurde die volle Mitbestimmung der Betriebsräte in personellen, sozialen und wirtschaftlichen Fragen geregelt. Allerdings galt dieses Gesetz nur für die Privatwirtschaft; im Bereich des öffentlichen Dienstes fehlten entsprechend weitgehende Mitbestimmungsregelungen.
Jedoch legte die amerikanische Besatzungsmacht gegen die Mitbestimmung in wirtschaftlichen Angelegenheiten ihr Veto ein, genauso wie sie schon vorher die von 71,9 % der hessischen wahlberechtigten Bevölkerung angenommenen Vorschriften der Hessischen Verfassung über die Verstaatlichung der Bergwerke, der Kraftanlagen und der Eisen- und Stahlwerke aufgehoben hatte.
Mit dieser Politik korrigierten die westlichen Besatzungsmächte auch die vor allem in der Montanindustrie (Kohle und Stahl) von den Unternehmern gemachten Zugeständnisse zur Mitbestimmung der Beschäftigten und ihrer Gewerkschaften.

Besonders weit entwickelt waren solche Mitbestimmungskonzepte gerade auch in Hessen. Unter Leitung von Wirtschaftsminister Dr. Koch waren sehr detaillierte Vorstellungen zur Mitbestimmung in den Unternehmen und in der Gesamtwirtschaft entwickelt worden, die sich folgendermaßen skizzieren lassen:

1. Überführung der Schlüsselindustrie (Bergbau, Eisen und Stahl, Energie und Verkehr) in Gemeineigentum (Sozialgemeinschaften).

2. Bildung von Geschäftsführungen aus drei Personen, davon ein Sozialdirektor, der nicht gegen die Stimmen der Gewerkschaft gewählt werden kann.

3. Im Aufsichtsorgan Verwaltungsrat sollten zu je einem Drittel Vertreter des Landes, der Gemeinden und der Gewerkschaften sitzen.

4. In der gleichen Zusammensetzung sollten überbetriebliche Mitbestimmungsorgane in den Gremien, Kreisen und auf Landesebene gebildet werden.

5. Die gesamtwirtschaftliche und regionalpolitische Steuerung sollte durch eine sogenannte Landesge-

Sozialisierung in Hessen auf Grund des Artikel 41 der Hessischen Verfassung Anlage zum Gesetz über die Sozialgemeinschaften

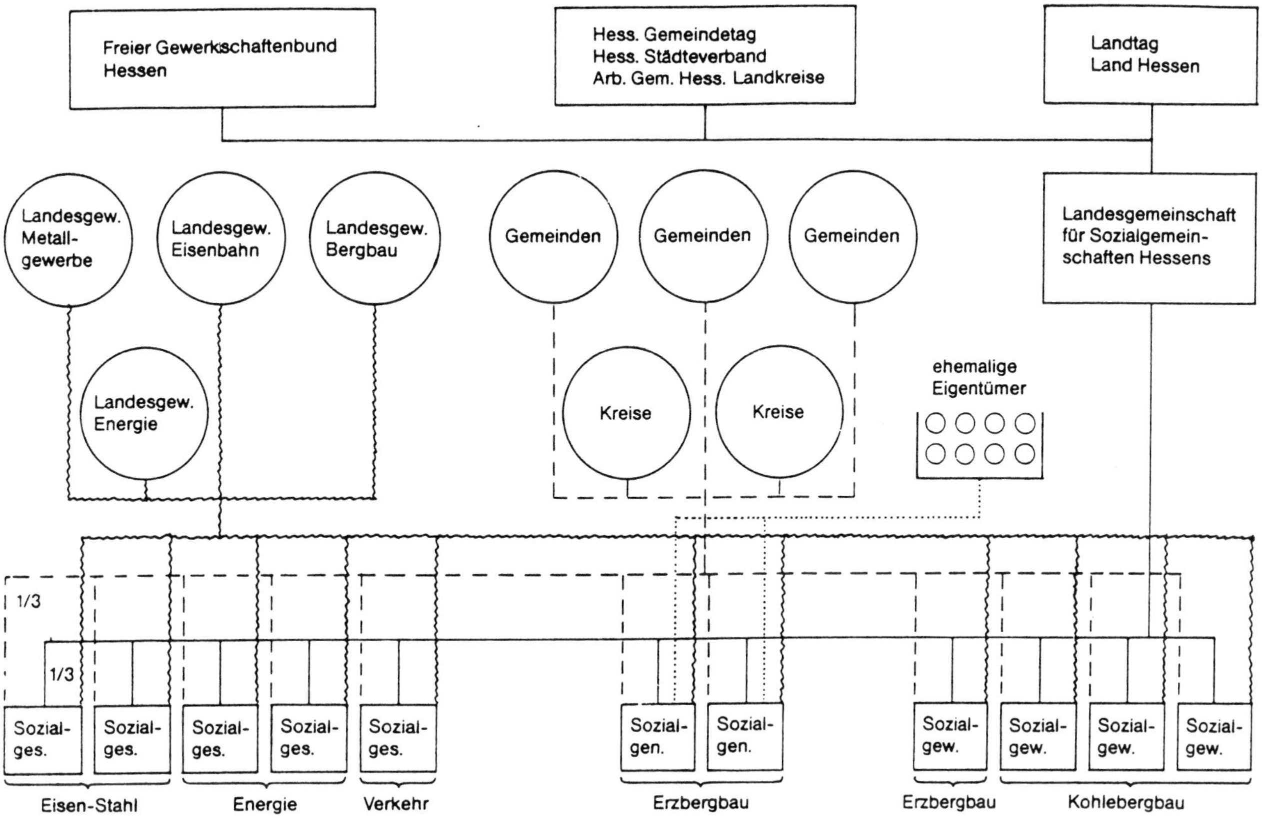

Verwaltungsrat

1/3 Mitgl. Landtag Land Hessen, davon 2 aus Wirtschaftsvereinen

1/3 Mitgl. Hess. Gemeindetag, Hess. Städteverband, Arb. Gem. Hess. Landkreise

1/3 Mitgl. Freier Gew. Bund Hess, dazu je 1 Mitgl. Wirtsch. Min., Finanz-Min., Arb.-Min.

aus diesen 4 Beiräte Eisen-Stahl, Energie, Verkehr, Bergbau

Geschäftsführung

1 kaufm. Direktor
1 techn. Direktor
1 Sozial-Direktor
aus diesem Der Präsident der Landesgemeinschaft

Sozialgesellschaften für Eisen-Stahl, Energie, Verkehr und Artikel 39

je 1 Verwaltungsrat:
1/3 Gewerkschaften davon 2 aus den Betrieben

1/3 Gemeinden davon 1 Genossenschaft und 1 Handwerk

1/3 Landesgemeinschaft davon 1 Wirtschaftsvereinigung

je 1 Geschäftsführung
1 kaufm. Direktor
1 techn. Direktor
1 Sozial-Direktor

Sozialgenossenschaften für kleinere Bergbau- und sonstige Unternehmen

je 1 Genossenversammlung
1/3 Gewerkschaften
1/3 ehem. Eigentümer
1/6 Gemeinden
1/6 Landesgemeinschaft

je 1 Verwaltungsrat und Geschäftsführung

Sozialgewerkschaften für Bergbaubetriebe

je 1 Verwaltungsrat
1/3 Gewerkschaften
1/3 Gemeinden
1/3 Landesgemeinschaft
je 1 Geschäftsführung

Vorschlag: Dr. Harald Koch

Aus: Der Betrieb, Wochenbeilage zum Handelsblatt, 1. Jg. 1948, Nr. 17, S. 126.

Zeittafel 1945 - 1952

September 1947:

Gesetz Nr. 75 der US-Militärregierung: Rückgabe von 21 Betrieben an die alten Eigentümer. Damit wird der Artikel 41 der Hessischen Verfassung außer Kraft gesetzt.

10. - 12. Oktober 1947:

2. Bundestag des FGB Hessen in Frankfurt-Enkheim

2. Dezember 1947:

Gründung des bizonalen Gewerkschaftsrates in Frankfurt; Hans Böckler wird Vorsitzender

22. Januar 1948:

Funktionärskonferenz des FGB Hessen in Offenbach beschließt Resolution "Warnung in letzter Stunde".

8. - 10. März 1948:

Londoner Konferenz der Gewerkschaften zum Marshallplan: Westdeutsche Gewerkschafter plädieren für Annahme.

April 1948:

US-Militärverwaltung bildet Sonderkommission zur Bekämpfung des Kommunismus.

3. April 1948:

Marshallplan-Gesetz in Kraft

28. Mai 1948:

Verabschiedung des hessischen Betriebsrätegesetzes

meinschaft erfolgen. In dieser wären zu je einem Drittel vertreten: die Gewerkschaften, die Gemeinden und Landkreise und die Landtagsvertreter.

Dieses, heute nahezu vergessene, "hessische Mitbestimmungsmodell" ist gleichzeitig eines der weitgehendsten und "modernsten" Konzepte zur Demokratie in der Wirtschaft. Weitgehend u. a. deshalb, weil es die Mitbestimmung auf betrieblicher und Unternehmensebene verbindet mit einem System demokratischer Wirtschaftsplanung und -lenkung. Modern deshalb, weil es ein Konzept war, das die Integration regionaler Gesichtspunkte (wie z. B. Beschäftigungssituation, Verkehrs- und Umweltfragen) durch eine starke Beteiligung von Gemeinden und Landkreisen an der Mitbestimmung umfassend berücksichtigte. Modern aber auch, weil es die Einbindung betrieblicher und individueller Interessen in gesamtgesellschaftliche Überlegungen und Gesichtspunkte zum durchgängigen Prinzip machte.

Das Modell scheiterte vordergründig am Widerstand der amerikanischen Besatzungsmacht, genau betrachtet am Wiedererstarken des Kapitals, und weil sich die Gewerkschaften dieses Konzept nicht umfassend genug zu eigen machten, es vielmehr der Regierung, dem Parlament überließen, die Mitbestimmung zu regeln. Schließlich gelang es nicht, auf der Basis eines solch konkreten Mitbestimmungsmodells für politische Unterstützung in den Betrieben zu sorgen.

Restauration und Währungsreform

Im April 1948 wurde das Gesetz über den Marshallplan für die drei westlichen Besatzungszonen in Kraft gesetzt. Das von der US-Regierung entwickelte und mit dem Namen des damaligen Außenministers Marshall verbundene ERP-Programm (Europäisches Wiederaufbauprogramm) sah langfristige Dollarkredite für Westeuropa vor. Die USA hatten während des Krieges ihre Produktion verdoppelt, die eingetretenen Nachfragerückgänge sollten durch Auslandsnachfrage ausgeglichen werden. Die Kredite wurden nur gewährt, wenn dafür amerikanische Exporte bezahlt wurden.

Zusätzlich wurden Lebensmittelhilfen wie Getreide, Reis etc. vereinbart. Die Kreditrückzahlungen flossen in ein sogenanntes ERP-Sondervermögen, aus dem wiederum Investitionshilfen an westdeutsche Unternehmer geleistet wurden und immer noch werden. Eine Grundbedingung für den Marshallplan war die Stabilisierung der Währung und Maßnahmen zur Förderung des Produktivvermögens. Deshalb wurde bereits seit Mitte 1947 unter strenger Geheimhaltung mit der Vorbereitung der Währungsreform begonnen.

Aus Protest gegen diese und andere Schritte zur Bildung eines westdeutschen Teilstaates hatte die UdSSR im März 1948 den Alliierten Kontrollrat verlassen. Unter Führung der USA

Entwicklung der Realverdienste der Arbeiter (1900 = 100)

Zeitraum	Index
1934 - 1938	97
1939 - 1944	105
1945 - 1948	61

Quelle: G. Menges und H. Kolbeck, Löhne und Gehälter nach den beiden Weltkriegen. Meisenheim 1958, S. 31

führten die drei Westmächte am 20. Juni 1948 die Währungsreform durch. Als Reaktion darauf blockierte die Sowjetunion die Verkehrswege zu Lande und zu Wasser nach Berlin-West.

In Erwartung der Währungsreform kam es im Frühjahr und Sommer zu spekulativen Warenhortungen. Das Angebot von Waren wurde immer schlechter. Mit einem Schlag waren dann am 20. Juni die Schaufenster und Läden wieder voll.
Jeder Einwohner erhielt 60.- Deutsche Mark in zwei Raten. Firmen erhielten pro Beschäftigtem ebenfalls noch einmal 60.- DM. Schulden wurden im Verhältnis 10:1 abgewertet, für Barvermögen und Sparguthaben wurde ein wesentlich schlechteres Umtauschverhältnis festgesetzt.
Das Anlagekapital der großen Unternehmen (Aktiengesellschaften) wurde neu bewertet, das Aktienkapital nahezu verlustlos umgestellt, bei einigen Firmen, so der ehemaligen IG Farben, ergaben sich sogar direkte Aufwertungen des Aktienka-

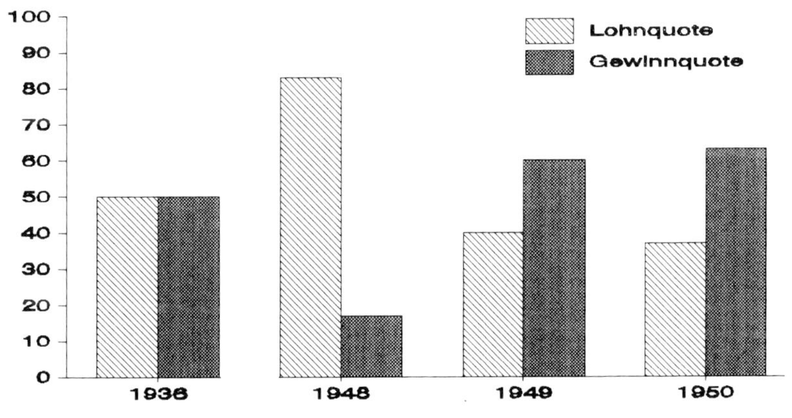

Entwicklung der Lohn- und Gewinnquote
(WWI, Deutschland in Zahlen - 1950, Köln 1951)

Zeittafel 1945 - 1952

20. Juni 1948:
Währungsreform in den Westzonen

23. Juni 1948:
Währungsreform in der Ostzone

24. Juni 1948:
Beginn der Blockade West-Berlins nach Einführung der DM

25. Juni 1948:
Große Preisfreigabeverordnung des Wirtschaftsrates

August 1948:
Bruch zwischen den westdeutschen Gewerkschaften und dem FDGB in der Ostzone

12. August 1948:
Landesweite Protestkundgebungen gegen Preiswucher, Lohndruck und für Mitbestimmungsrechte

Ende August 1948:
US-Militärregierung genehmigt hessisches Betriebsrätegesetz bei Suspendierung der wirtschaftlichen Mitbestimmung.

1. September 1948:
Parlamentarischer Rat beginnt mit Ausarbeitung einer westdeutschen Verfassung.

1. Oktober 1948:
Aufhebung des Lohnstopps

Zeittafel 1945 - 1952

10. - 18. Oktober 1948:

Gewerkschaft Handel führt ersten Lohnstreik in Hessen.

12. November 1948:

24stündige Arbeitsruhe mit Massenkundgebungen in der Bizone gegen Preisentwicklung, für Wirtschaftsplanung und Verstaatlichung

Dezember 1948:

Anordnung der US-Militärregierung:

Die Ausführungsbestimmungen zu Artikel 39 (Planung) und Artikel 41 (Sozialisierung) sind sofort einzustellen.

Dezember 1948:

Abschlußbericht der US-Militärregierung zur Entnazifizierung

21. Dezember 1948:

Gründung des Gewerkschaftsrates für die drei Westzonen

März / April 1949:

Gründung der NATO

1. April 1949:

Vereinigung der drei westlichen Besatzungszonen

5. April 1949:

Streik bei privaten Speditionsfirmen, auch in Hanau

pitals. Die Preise wurden sofort freigegeben, dagegen wurde der Lohnstopp bis Oktober 1948 beibehalten.

Mit dieser Währungsreform war die kurze Zeitspanne der Hoffnungen auf eine wirtschaftliche und soziale Neuordnung in ganz Deutschland endgültig vorbei. Eine in der Geschichte einmalige Umverteilung zugunsten der Sachwert- und Produktionsmittelbesitzer wurde vollzogen. Gleichzeitig war damit der folgenreichste Schritt zur Spaltung Deutschlands getan.
Erst 42 Jahre später, pikanterweise mit einer neuen Währungsreform in der ehemaligen DDR, wurde diese Spaltung wieder revidiert.
Die Zonengrenze zur sowjetischen Besatzungszone wurde zur Grenze zwischen zwei Staatsgebieten, das kapitalistische Wirtschaftssystem war in den drei westlichen Besatzungszonen wieder auf eine stabile Grundlage gestellt.

Während unmittelbar mit der Währungsreform die industrielle Produktion stark anstieg und sich innerhalb eines Jahres etwa verdoppelte, verschlechterte sich zunächst die soziale Situation der Mehrheit der Bevölkerung weiter. Durch Preissteigerungen und Extraprofite aus den gehorteten Vorräten stiegen die Gewinne, durch den Lohnstopp blieben die Masseneinkommen dagegen zurück. Trotz des Produktionsanstieges stieg die Arbeitslosigkeit (Rückkehr aus Kriegsgefangenschaft, Zuwanderung, Rationalisierung). Proteste, Demonstrationen und Arbeitsniederlegungen führten schließlich dazu, daß der DGB im November 1948 zu einer "Demonstration gewerkschaftlichen Willens" aufrief. Neun Millionen Arbeitnehmer/innen legten daraufhin für 24 Stunden die Arbeit nieder. Bezeichnend für das Klima der politischen Restauration ist sicher auch, daß der DGB-Bundesvorstand für diese Aktion den Begriff Generalstreik nicht benutzte.

Am 14. August 1949 fanden in den drei westdeutschen Besatzungszonen die Wahlen zum 1. Deutschen Bundestag statt. Im vorhergehenden Wahlkampf war es den führenden Christdemokraten wie Adenauer und Erhard mit viel Polemik gelungen, die wirtschaftlichen Neuordnungsvorstellungen der Sozialdemokratie in die Nähe der beginnenden sozialistischen Planwirtschaft in der sowjetischen Besatzungszone zu rücken.
Das, was später bei vielen Bundestagswahlen erfolgreich wiederholt wurde, gelang zum ersten Mal: Der Mehrheit der Bevölkerung wurde eingeredet, daß ihre sozialen und wirtschaftlichen Interessen bei den großen Volksparteien CDU/CSU am besten aufgehoben seien. Jedenfalls bekam die bürgerliche Koalition aus CDU/CSU, FDP und DP (Deutsche Partei) eine knappe Mehrheit. Die CDU/CSU erreichte mit 31 % der abgegebenen Stimmen mehr Mandate als die SPD (29,2 %).

Konrad Adenauer wurde mit einer Stimme Mehrheit zum Bundeskanzler gewählt; der erste Wirtschaftsminister hieß Ludwig Erhard. Die Ideologie von der sozialen Marktwirtschaft wurde zur entscheidenden Grundlage des Regierungsprogramms. Die entscheidenden gesellschaftspolitischen Weichenstellungen waren also längst vollzogen, ehe die westdeutschen Gewerkschaften als bundeseinheitliche Organisation überhaupt zusammengeschlossen waren.

Die Branchen- und Zonenorganisationen hatten sich zunächst auf die Verbesserung der allgemeinen Versorgungssituation konzentriert. Sie hatten überwiegend die mit dem Marshallplan und der Währungsreform verbundenen Bedingungen akzeptiert und sich - teilweise auch mit materieller Unterstützung - mit den Besatzungsmächten weitgehend arrangiert.
Im Unterschied z. B. zu den Kirchen (insbesondere der katholischen) hatten sie auch davon abgesehen, auf den parlamentarischen Rat, der den Entwurf für das Grundgesetz ausarbeitete, Druck auszuüben. Das Ergebnis sah entsprechend aus.

Der Neuaufbau der Gewerkschaften sollte auf dem Gründungskongreß des DGB im Oktober 1949 zum Abschluß gebracht werden. In der britischen Zone waren Einzelgewerkschaften und als Zusammenschluß der Gewerkschaftsbund entstanden. In der französischen und der US-amerikanischen Zone kam es nur zu Zusammenschlüssen auf Länderebene, so auch in Hessen.

Ein Zusammenschluß, auch eine Zusammenarbeit mit dem FDGB in der sowjetischen Besatzungszone, war an der jeweiligen Übernahme der Politik der Besatzungsmächte gescheitert.

Als Provisorium war ein Gewerkschaftsrat für die drei westlichen Besatzungszonen geschaffen worden. Dieser hatte den Gründungskongreß des DGB vorbereitet. Es waren 16 Einzelgewerkschaften entstanden, die sich nun unter dem Dach des Deutschen Gewerkschaftsbundes, bei Wahrung ihrer Autonomie in allen wesentlichen gewerkschaftlichen Aufgaben, zusammenschlossen.

Diesem Kongreß lagen folgende Richtlinien und Programme zur Beschlußfassung vor:
1. Die Satzung des neuen deutschen Gewerkschaftsbundes
2. Wirtschaftspolitische Grundsätze
3. Sozialpolitische Grundsätze
4. Richtlinien zur Führung von Arbeitskämpfen
5. Forderungen für die arbeitende Jugend
6. Forderungen für die erwerbstätigen Frauen
7. Richtlinien für die Angestelltenarbeit
8. Richtlinien für die Beamtenarbeit

Nach Unterzeichnung der Gründungsurkunde durch die 16 Vorsitzenden der Gewerkschaften wurden diese Programme verabschiedet.
Was, in Konsequenz der Lehren aus

Zeittafel 1945 - 1952

12. / 13. April 1949:
Zusammenschluß der DAG (britische Zone) mit fünf weiteren Angestelltenorganisationen zur trizonalen DAG

8. Mai 1949:
Parlamentarischer Rat verabschiedet Grundgesetz.

30. Mai 1949:
3. Volkskongreß verabschiedet Verfassung der DDR.

14. August 1949:
Wahlen zum 1. Deutschen Bundestag; CDU / CSU stärkste Partei

7. September 1949:
Konrad Adenauer wird Bundeskanzler

10. / 11. September 1949:
3. Bundestag des FGB Hessen; Auflösung im Hinblick auf Gründung des DGB

7. Oktober 1949:
Gründung der DDR

12. / 14. Oktober 1949:
Gründungskongreß des DGB in München

März 1950:
1,8 Millionen Arbeitslose in der BRD

Zeittafel 1945 - 1952

19. März 1950:

Stockholmer Appell fordert Ächtung der Atomwaffen.

24. / 25. Juni 1950:

1. Delegiertenkonferenz des DGB Bezirk Hanau in der Dunlop-Halle in Hanau

25. Juni 1950:

Beginn des Koreakrieges

August 1950:

Adenauer bietet Westmächten deutschen Verteidigungsbeitrag an.

27. September 1950:

NATO beschließt westdeutschen Verteidigungsbeitrag.

Oktober 1950:

"Ohne-uns-Bewegung" gegen Wiederbewaffnung

26. Oktober 1950:

Errichtung der "Dienststelle Blank", Vorläufer des Verteidigungsministeriums

29. / 30. November 1950:

Urabstimmung in Eisen- und Stahlindustrie: 96 % für Streik zur Durchsetzung der Montanmitbestimmung

17. / 19. Januar 1951:

Urabstimmung der IG Bergbau: 93 % für Streik zur Durchsetzung der Montanmitbestimmung

dem Sieg des Nationalsozialismus, gewerkschaftliche Zielvorstellungen waren, das drücken in erster Linie die wirtschaftspolitischen Grundsätze aus:
"Angestrebt wird eine Wirtschafts- und Gesellschaftsordnung, in der die Befriedigung der menschlichen Bedürfnisse durch eine Verbindung von volkswirtschaftlicher Planung, Vergesellschaftung von Schlüsselindustrien und Mitbestimmung der Arbeitnehmer gesichert werden soll."
Unter den politischen Mehrheitsverhältnissen, die die Wahl zum 1. Deutschen Bundestag 1949 erbrachte, war dieses Programm allerdings nicht zu verwirklichen.

Kampf um Mitbestimmung

Ausgehend von den programmatischen Erklärungen aus dem Sommer 1945 verfolgten die Gewerkschaften zunächst das Ziel, entsprechend auch dem Potsdamer Abkommen, die Konzerne zu entflechten, die Rüstungsproduktion auf friedliche Produkte umzustellen und die Kriegsverbrecher zu enteignen. Besonders weit verbreitet war diese Forderung bei den betrieblichen Interessenvertretungen an Rhein und Ruhr, im Bergbau und in der Stahlindustrie.
Bei den Gewerkschaftsführungen überwogen Vorstellungen, daß die Unternehmer aus ihren Fehlern gelernt hätten und deshalb Betriebsräte und Gewerkschaftsvertreter an der Leitung der Betriebe und Unternehmen beteiligen würden.

Eine Regelung gewerkschaftlicher Neuordnungsvorstellungen sollte auf dem Weg parlamentarischer Gesetzgebung erreicht werden. Nach dem Potsdamer Abkommen mußten die Unternehmer befürchten, daß die Unternehmen entflochten und demontiert werden. In dieser Situation machte die Arbeitgeberseite in der Montanindustrie das Angebot, die Aufsichtsräte zur Hälfte mit Arbeitnehmervertretern zu besetzen und einen von den Gewerkschaften vorgeschlagenen Arbeitsdirektor als Vorstandsmitglied zu bestellen. Auf diesem Weg sollten die Beschäftigten gleichzeitig gegen Entflechtung und Demontage als auch gegen Sozialisierung immunisiert werden. Bis Frühjahr 1948 wurden so in insgesamt 24 großen Unternehmen der Schwerindustrie gewerkschaftliche Mitbestimmungsvorstellungen realisiert. Da jede der beiden Seiten auch Vertreter der öffentlichen Hand in den Aufsichtsrat nominierten, bestand sogar theoretisch die Möglichkeit, daß die "Kapitalbank" überstimmt werden konnte. In den anderen Teilen der Wirtschaft geschah zunächst nichts Vergleichbares. In allen Länderverfassungen aber wurden zum Teil sehr konkrete Grundsätze zur Mitbestimmung und Sozialisierungsmaßnahmen aufgenommen. Von diesen Länderartikeln ist im Grundgesetz wenig zu finden. Wesentliche demokratische und sozialistische Forderungen wurden nicht mehr formuliert. Das Grundgesetz beschränkt sich auf die politischen Grundrechte bzw. die Menschenrechte. Die Prinzipien des

Rechtsstaates, des Sozialstaates, der demokratischen Republik und des Bundesstaates wurden durch das Abänderungsverbot in Art. 79 Abs. 3 garantiert. Weder Streik- noch Mitbestimmungsrecht wurden verankert. Die wirtschaftliche Ordnung bleibt offen (Art. 14 und 15).
Nach der Bundestagswahl unternahm die Regierung Adenauer sehr schnell den Versuch, die entflochtenen Aktiengesellschaften wieder dem alten bürgerlichen Recht, d. h. dem Aktiengesetz von 1937 und dem GmbH-Gesetz von 1892 zu unterstellen - ohne Mitbestimmungsregelungen versteht sich.

Die Hoffnung der Gewerkschaften, daß die Unternehmer aus ihren Fehlern in der Vergangenheit gelernt hätten, war eine große Illusion. Die Unternehmer handelten ähnlich wie nach dem Ersten Weltkrieg. Da sie eine kurze Zeit fürchten mußten, ihre Herrschaftsposition zu verlieren, machten sie den Gewerkschaften Angebote zur Zusammenarbeit in der Hoffnung, die Gewerkschaften würden dann von ihren weitergehenden Forderungen auf Mitbestimmung und Demokratisierung der Wirtschaft ablassen. Die Unternehmer taktierten auf Zeitgewinn und hielten mit Hilfe der westlichen Besatzungsmächte, vor allem der Amerikaner, die Gewerkschaften hin.
Um wenigstens die Montanmitbestimmung zu retten, mobilisierten die Gewerkschaften im Bergbau und in der Stahlindustrie. In Urabstimmungen bekundeten 96 % der Metaller und 93 % der Bergleute ihre Bereitschaft, zum Erhalt der Mitbestimmung zu streiken. Daraufhin gewannen die Befürworter einer Kompromißlösung im Unternehmerlager die Oberhand, so daß schließlich in Verhandlungen unter Leitung von Adenauer die Montanmitbestimmung gesichert wurde. Das Gesetz wurde im Bundestag gegen die Stimmen von FDP, DP und Bayernpartei am 10. April 1951 beschlossen. Unmittelbar darauf begannen die Auseinandersetzungen um eine Betriebsverfassung.

Der im August 1950 vorgelegte Regierungsentwurf für ein "Betriebsverfassungsgesetz" entsprach nicht im entferntesten den Vorstellungen der Gewerkschaften und der Betriebsräte. Der Gesetzentwurf ging in seinen inhaltlichen Rechten hinter das Kontrollratsgesetz Nr. 22 und die bestehenden Ländergesetze zurück und enthielt sogar noch weniger Mitbestimmungsrechte als das Betriebsrätegesetz von 1920.

Das durchgesetzte Recht der Gewerkschaft, den Betrieb zu betreten, fand keine Berücksichtigung. Der Gedanke, die Mitbestimmung der Betriebsräte nicht nur auf Mitwirkung zu reduzieren, sondern als echte Mitbestimmung in allen Fragen der wirtschaftlichen, sozialen und personellen Angelegenheiten festzulegen, wurde auf die sozialen Angelegenheiten reduziert. Zwar blieb die Mitbestimmung in personellen Angelegenheiten teilweise erhalten, aber gerade in der zentra-

Zeittafel 1945 - 1952

28. Januar 1951:
Kongreß gegen Remilitarisierung in Essen: Forderung nach einer Volksbefragung

16. Februar 1951:
Hans Böckler, 1. Vorsitzender des DGB, gestorben

17. Februar 1951:
Delegiertenkonferenz des DGB Bezirk Hanau in Gelnhausen

10. April 1951:
Montanmitbestimmungsgesetz im Bundestag verabschiedet

28. April 1951:
Verbot der Volksbefragung gegen Remilitarisierung

3. - 5. Juni 1951:
Volksbefragungen in zahlreichen bundesdeutschen Städten, u. a. auch in Hanau

26. Juni 1951:
Verbot der Freien Deutschen Jugend in der BRD

10. August 1951:
Bundestag verabschiedet Kündigungsschutzgesetz.

27. August - 22. September 1951:
Streik in der hessischen Metallindustrie

Zeittafel 1945 - 1952

22. November 1951:
Bundesregierung stellt Antrag auf KPD-Verbot.

April / Mai 1952:
DGB beschließt Kampfmaßnahmen gegen geplantes Betriebsverfassungsgesetz.

27. - 29. Mai 1952:
Druckerstreik gegen Betriebsverfassungsgesetz

Juni 1952:
Adenauer unterzeichnet Deutschland-Vertrag und Vertrag über die Europäische Verteidigungsgemeinschaft in Paris.

Juni 1952:
Abbruch der gewerkschaftlichen Kampfmaßnahmen gegen das Betriebsverfassungsgesetz

19. Juli 1952:
Betriebsverfassungsgesetz im Bundestag verabschiedet; es tritt im November in Kraft.

30. Juli 1952:
Bundesverfassungsgericht weist SPD-Klage ab: Wehrbeitrag kann ohne 2/3-Mehrheit beschlossen werden.

13. - 17. Oktober 1952:
2. DGB-Kongreß in Berlin: Abwahl von Christian Fette wegen mangelnder Entschlossenheit beim Kampf gegen das BetrVG, Walter Freitag neuer Vorsitzender

len Frage der wirtschaftlichen Angelegenheiten wurden wesentliche gewerkschaftliche Forderungen nicht berücksichtigt. Zur Frage der wirtschaftlichen Angelegenheiten gehören z. B. Werksschließungen, Umorganisation der Produktion, neue Betriebszwecke, Werkserweiterungen usw. So blieb die Entscheidung über die Fragen, wer in den Betrieben was unter welchen Bedingungen produziert bzw. ob überhaupt gesellschaftlich notwendige Güter produziert werden, weiterhin einzig und allein dem Unternehmer überlassen.

Der DGB protestierte gegen diese Regierungspläne. Die Regierung verlangte vor Aufnahme von Gesprächen vom DGB, die Vorbereitung von Kampfmaßnahme einzustellen. Dabei verwies Adenauer in einem Brief an den DGB-Vorsitzenden Fette darauf, daß er Kampfmaßnahmen, die sich auf eine Beeinflussung des Gesetzgebers richten, für rechtswidrig hält. Weiter stellte der Kanzler in dem Schreiben eine Verbindung her zwischen den Streikaufrufen des FDGB in der DDR, die sich gegen eine Wiederbewaffnung in der Bundesrepublik richteten, und gewerkschaftlichen Maßnahmen, die auf ein besseres Betriebsverfassungsgesetz zielten.
Unter der Prämisse, daß die Gewerkschaften auf Kampfmaßnahmen verzichten, erklärte sich Adenauer bereit, mit den Gewerkschaften zu verhandeln. Für die Mitglieder überraschend beschloß der DGB-Bundesvorstand, alle Aktionen abzubrechen. Die Gespräche zwischen DGB und der Regierung blieben dann ergebnislos. Zwar fanden Warnstreiks statt und die IG Druck und Papier bestreikte drei Tage die Zeitungsbetriebe; der große Kampf aber - oder wenigstens die Urabstimmung wie in der Montanindustrie - blieb aus.
Der Betriebsrat war kein eindeutiger Interessenvertreter der Belegschaften mehr, sondern sollte nun friedlich und vertrauensvoll mit dem Arbeitgeber zusammenarbeiten. Das Gesetz verhinderte jede echte Mitbestimmung, spaltete die Arbeitnehmerinnen und Arbeitnehmer mehrfach in Arbeiter und Angestellte, galt nicht für den öffentlichen Dienst, isolierte die Betriebsräte von den Gewerkschaften noch stärker als schon 1920. Die Stellung des Betriebsrats hatte sich erneut gegenüber den Fabrikausschüssen der Kaiserzeit von vor 1918 kaum geändert.

Warum nahmen die Gewerkschaften diese Niederlage hin, warum mußten sie sie hinnehmen?
Fünf Gründe sollen dafür genannt werden:

1. Restauration der alten Machtverhältnisse durch das nahezu ungebrochene Weiterexistieren von Rahmenbedingungen für eine kapitalistische Wirtschaft.

2. Das völlige Unterschätzen der Dynamik einer kapitalistischen Wirtschaft von seiten der Gewerkschaf-

ten und der Arbeiterparteien. Gemeint sind damit die Wirkungen des durch Investieren ausgelösten Anhäufens und Ausbreitens des von in Produktionsmitteln angelegten Kapitals.

3. Die Politik der Besatzungsmächte, vor allem der USA, die an einem starken kapitalistischen westdeutschen Teilstaat als Bollwerk gegen den Sozialismus interessiert waren. Die Politik der sowjetischen Besatzungsmacht in ihren Einflußbereichen. Die Regierung der Sowjetunion hatte, insbesondere nach der fürchterlichen Erfahrung des deutschen Überfalls auf ihr Land, vor allem Sicherheitsinteressen gegen ein neues starkes Deutschland. Auch aus diesem Grund wurden im Einflußbereich sowjetischer Politik befreundete Regierungssysteme errichtet und teilweise mit Gewalt am Leben erhalten. Auch in bezug auf Reparationen hatte die Sowjetunion, im Gegensatz zu den USA, ein direktes Interesse an wirtschaftlicher Wiedergutmachung für die großen Zerstörungen des deutschen Feldzuges gegen Rußland.

4. Das ausschließliche Setzen auf den Weg parlamentarischer Reform und das Unterschätzen der eigenen Kraft in den gesellschaftspolitischen Auseinandersetzungen durch die Gewerkschaften.

5. Das fehlende Konzept von Gewerkschaften und Arbeiterparteien. Konkret heißt das: unklar gebliebene Vorstellungen von einer neuen Gesellschaft und absolute Defizite bei der Entwicklung einer antikapitalistischen Durchsetzungsstrategie. Diese weitgehende Konzeptionslosigkeit war verbunden mit einer frühzeitigen Zentralisierung der gewerkschaftlicher Entscheidungsstrukturen und der Trennung von Betrieb und Gewerkschaft.

Die einmalige Leistung (Industriekurier)

Zweites Kapitel

Die Zerstörung Hanaus am 19. März 1945

Hanau, Nürnberger Straße. Leichenbergung 1945 (Foto: Stadtbildstelle Hanau)

"Wir Hanauer haben in einer einzigen halben Stunde alle Schrecken eines modernen Vernichtungskrieges erfahren."

(Rudolf Schneider)

Am 28. März 1945 um sechs Uhr früh, als nach kurzer Beschießung einer in der Nähe des Schlosses Philippsruhe aufgestellten Flakbatterie die ersten amerikanischen Panzer durch Kesselstadt patrouillierten und wenig später Panzer um Panzer, von der anderen Mainseite über Auheim kommend, in Richtung Frankfurt durch die Trümmer der Stadt rollten, war für Hanau der Krieg beendet. Hanau war eine tote Stadt. Von den einstmals 42.000 Einwohnern hielten in den Ruinen noch

Bombenangriff am 19. März 1945 auf Kesselstadt
(Foto: Stadtbildstelle Hanau)

Das Statistische Amt der Stadt Hanau bilanzierte vier Jahre später das Ausmaß der Zerstörung:

"Nach einer Reihe mehr oder weniger schwerer Luftangriffe in den letzten Monaten des Jahres 1944 erlebte Hanau in der Frühe des 19. März 1945 einen Großangriff von unvorstellbarem Ausmaß, der nach einem Bombenhagel von 30 Minuten Dauer den gesamten Stadtkern in Schutt und Asche verwandelte. 80 Prozent der gesamten Einwohnerschaft waren ihrer Wohnstätten beraubt und - soweit sie nicht bei Verwandten oder Bekannten im unversehrt gebliebenen Ortsteil Kesselstadt oder den nicht ganz so schwer getroffenen nördlichen und östlichen Randgebieten der Stadt ein vorläufiges Unterkommen gefunden hatten - in die Gemeinden des Landkreises Hanau und der Kreise Gelnhausen, Büdingen und Schlüchtern evakuiert worden.

Die Einwohnerzahl von einst 42.000 war auf unter 10.000 herabgesunken, die unter rücksichtsloser Inanspruchnahme des noch verbliebenen Wohnraums und unter völliger Ausschaltung des Begriffs "Wohnwürdigkeit" in Gartenlauben, Garagen, Werkstätten und Kellern auf engstem Raum zusammengepfercht werden mußten. Kein aufnahmefähiges Krankenhaus und keine Amtsstube, kein Alters- und kein Kinderheim waren mehr vorhanden, die Versorgungs-, die Verkehrs- und kulturellen Einrichtungen teils völlig vernichtet, teils so schwer beschädigt, daß ihre Benutzung unmöglich war. Auch alle Kirchen und Schulen der Innenstadt waren der Vernichtung anheimgefallen und die Wiederaufnahme eines auch nur notdürftigen Schulbetriebs schien für lange Zeit ausgeschlossen.
Die Industrie, die schon bei vorangegangenen Luftangriffen zu etwa 50 Prozent zerstört war, war infolge weiterer empfindlicher Schäden fast zum Erliegen gekommen. Der gesamte Stadtkern glich einem einzigen Schutthaufen, dessen Trümmermassen auf etwa 650.000 cbm geschätzt wurden. Aus der einst blühenden Industrie- und Handelsstadt, der "Stadt des edlen Schmuckes" mit ihrer friedlichen und arbeitsamen Bevölkerung war über Nacht eine tote Stadt geworden. Mit dem amtlich festgesetzten Zerstörungsgrad von 70,1 Prozent war Hanau die weitaus zerstörteste Stadt im Lande Hessen."

(Statistisches Amt der Stadt Hanau, Die Kriegsschäden und der Wiederaufbau der Stadt Hanau in der Statistik. Hanau: Nack, 1949.)

8.000 Menschen aus, die nach der Beendigung des unheilvollen Krieges für einen neuen Anfang sorgten.

Der Bombenkrieg gegen die Zivilbevölkerung, den die deutsche Luftwaffe seit 1935 auf dem damals größten Bombenabwurfgelände auf der Wegscheide zwischen Villbach und Lettgenbrunn geprobt hatte und mit dem sie seit dem 1. September 1939 die Bevölkerung der europäischen Städte terrorisierte, war im Winter 1944/1945 an seinen Ausgangspunkt zurückgekehrt. Die ersten Bomben, die im Stadt- und Landkreis Hanau niedergingen, hatten möglicherweise dem Flugplatz Langendiebach gegolten. Sie fielen in der Nacht zum 11. August 1940 jedoch auf Bruchköbel. Im Sommer 1941 fielen erstmals Bomben auf Hanau: Bis zum November 1944 waren zehn Luftangriffe zu verzeichnen, die jedoch keinen größeren Schaden anrichteten. Dies änderte sich nun schlagartig: Erstmals am 12. Dezember 1944 war Hanau in die Zielkarte der britischen und US-amerikanischen Bomberverbände eingetragen. Hanau, Knotenpunkt für den Schienenverkehr in Nord - Süd- und Ost - West- Richtung, bildete ein bevorzugtes Ziel für Präzisionsabwürfe auf Brücken und Überführungen, Weichen und abgestellte Güterzüge. Der Angriff vom 12. Dezember 1944, der den Westbahnhof, den Hauptbahnhof, das Hanauer Industriegebiet und die umliegenden Wohngebiete traf, sollte den Transport von Waffen und Munition an die Westfront verhindern, wo die Wehrmacht mit der "Ardennen-Offensive" einen letzten Versuch startete, die totale Niederlage aufzuhalten. Am 6. Januar 1945, abends um 19.30 Uhr, erfolgte ein erster Großangriff auf die Industriebetriebe Dunlop, Vacuum, Heraeus, Degussa und andere Betriebe; ein Großteil der für Hanau vorgesehenen Bomben ging jedoch über der Domäne Kinzigheimerhof und Mittelbuchen nieder und zerstörte dort Wohnhäuser und Scheunen.

Am 19. März 1945 um 4.25 Uhr erfuhren die Menschen in Hanau in nur einer halben Stunde alle Schrecken des modernen Vernichtungskrieges. Wie genau die Ortungsgeräte in den Flugzeugen gearbeitet haben, läßt sich daraus ersehen, daß die Kasernen im Lamboyviertel und in Wolfgang, wo die Amerikaner nach dem Einmarsch

Hanauer Anzeiger vom 19. März 1970. Sonderbeilage zum 25. Jahrestag der Zerstörung Hanaus

Aktenvermerk

betr. die Opfer der Luftangriffe auf Hanau 1944/45.

Die Auswertung einer im Jahre 1961 von der Friedhofsverwaltung erstellten Liste der Hanauer Bombenopfer ergibt folgende Zahlen:

Zivilpersonen	1824
davon Männer	561
davon Frauen	910
davon Kinder (geb. nach 1. 1. 1930)	353
Militärpersonen	294

Bei den Militarpersonen handelt es sich nur zu einem sehr geringen Teil um Angehorige hier stationierter Einheiten der ehemaligen deutschen Wehrmacht.

Einige weitere sind Soldaten, die sich auf Heimaturlaub oder Genesungsurlaub bei ihren Familien aufhielten.

Bei den weitaus meisten dieser Militarpersonen durfte es sich um auslandische Kriegsgefangene handeln, die sich hier im Arbeitseinsatz befanden.

Beim Einblick in die Sterberegister des Standesamtes wird erkennbar, daß eine große Anzahl russischer, franzosischer, polnischer, tschechischer, ungarischer, italienischer, holländischer, luxemburgischer u. a. Staatsangehoriger (auch Frauen) bei den Angriffen ums Leben kam.

Bereits bei Angriffen im Dezember 1944 starben mindestens 134 Menschen. Ein Angriff am 6. Januar 1945 forderte wenigstens 70 Opfer. Auch nach dem Großangriff am 19. 3. 1945 (z. B. am 25. 3. 45) gab es noch Tote unter der Zivilbevolkerung durch Tieffliegerangriffe.

Nach hier vorliegenden Unterlagen des ehemaligen Standesamtes Großauheim hatten auch die angreifenden Flieger Verluste.

So wurde am 6. 1. 1945 uber dem ehemaligen Exerzierplatz ein englisches Flugzeug abgeschossen, wobei neun Besatzungsmitglieder getotet wurden. Ihre Leichen wurden im September 1947 auf dem Gemeindefriedhof Großauheim wieder ausgegraben und zusammen mit drei kanadischen Fliegern nach Heidelberg uberfuhrt.

Weiteres interessantes Material uber die damaligen Geschehnisse (z. B. Berichte und Listen der Leichensuch- und Bergungstrupps) kann hier eingesehen werden.

Standesamt Hanau

Anmerkung der Redaktion: Außerdem sind nach vorliegenden Informationen noch 382 Tote geborgen worden, die nicht identifiziert werden konnten und als „unbekannt" gelten.

ihre Truppen unterbringen wollten, verschont blieben. Auch das Schloß Philippsruhe, das als Verwaltungssitz vorgesehen war, blieb unbeeinträchtigt. Doch der Stadtkern und die Industriegebiete wurden ausradiert.

(Rudolf Schneider: 19. März 4 Uhr 25. Dokumente, Tatsachen, Meinungen. Ein Bericht zum 25. Jahrestag der Zerstörung der Stadt Hanau. Frankfurt: Landesfriedenskomitee Hessen, 1970)

Die Zahl der Bombenopfer kann bis heute nicht in aller Vollständigkeit angegeben werden. Am 1. Juli 1945 hatte man bereits 1.388 Tote gezählt, davon waren über 2/3 dem Angriff vom 19. März 1945 zum Opfer gefallen. "Mit der Bergung von weiteren 600 - 800 Luftkriegsopfern muß gerechnet werden", heißt es im Amtlichen Mitteilungsblatt der Stadt Hanau vom 14. Juli 1945. 1961 stehen in der Gräberliste des Hauptfriedhofes 1.824 Namen von Hanauer Frauen, Kindern und Männern, von ausländischen Kriegsgefangenen und Zwangsarbeitern; als "unbekannt" gelten weitere 382 Tote, und die Zahl der Vermißten liegt bei 200.

Vor dem Krieg hatte Hanau 3.638 bebaute Wohngrundstücke mit 8.100 Gebäuden und 12.749 Wohnungen. Von diesen blieben lediglich 1.077 Wohnungen (= 8,5 %), vor allem im Stadtteil Kesselstadt, unzerstört. Von 19 Schulen wurden 12 to-

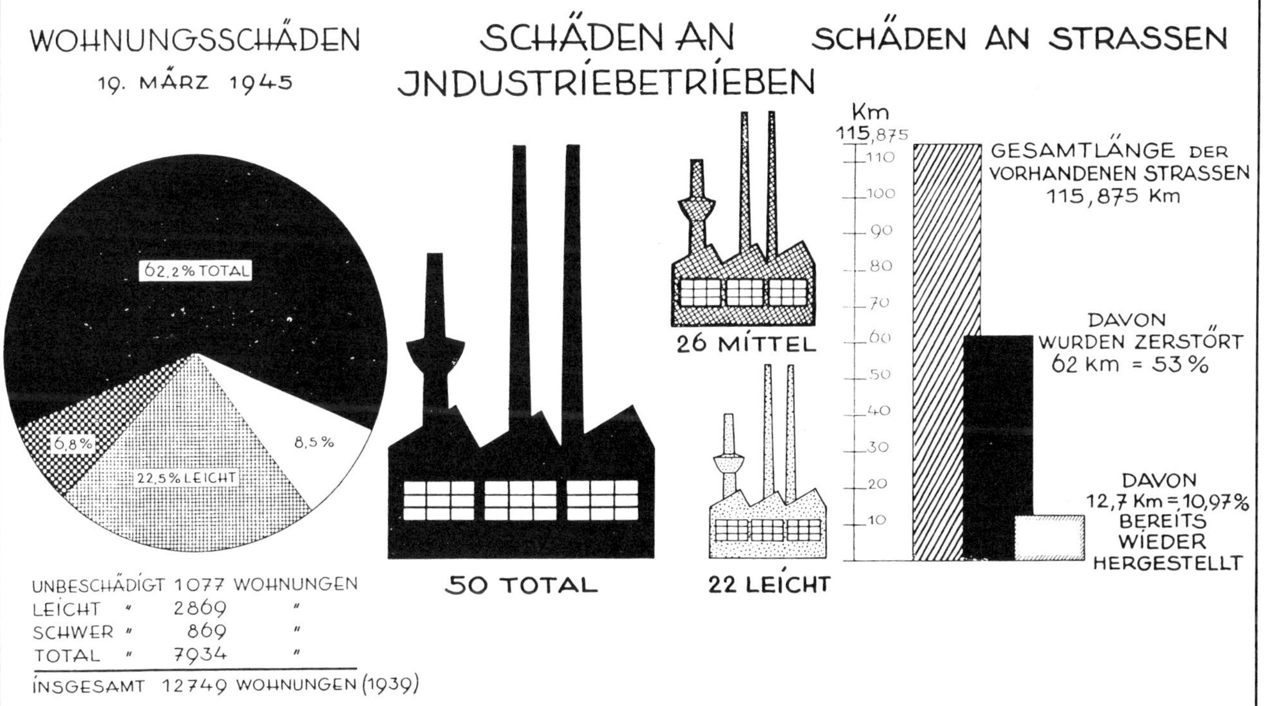

Statistisches Amt der Stadt Hanau: Die Kriegsschäden und der Wiederaufbau der Stadt Hanau in der Statistik. Hanau: Nack, 1949

tal zerstört, vier so schwer getroffen, daß der Wiederaufbau nicht lohnen würde, zwei Schulen erlitten Teilschäden, lediglich die Kesselstädter Volksschule blieb unversehrt.

Die Zerstörung der städtischen Infrastruktur verdeutlichen folgende Zahlen: Mit 104 Treffern war das Kanalnetz vor allem im Innenstadtbereich völlig zerstört, das Straßennetz mit einer Gesamtlänge von 115,8 km war zu 53 % zerbombt, das 122 km lange Gasrohrnetz und das 80 km lange Wasserrohrnetz waren zu nahezu 100 % zerstört. Von den insgesamt drei Gasbehältern waren zwei total, und der dritte und größte, schwer beschädigt. Zu 60 % waren das Wasserwerk II und der Tiefbehälter zerstört. Die Stromversorgung war im Kernstadtbereich völlig zusammengebrochen, die Umspannstationen waren zu 55 % zerstört.

Das Traditionsgewerbe der "Stadt des edlen Schmuckes", die Gold- und Silberschmiedekunst, mit 88 größeren und kleineren, über das ganze Stadtgebiet verstreuten Betrieben, war völlig zum Erliegen gekommen: 60 Betriebe waren total zerstört, 14 schwer und 9 leicht beschädigt, lediglich 5 Arbeitsstätten blieben unversehrt. Etwa die Hälfte der Hanauer Industriebetriebe (50; Vorkriegsstand: ca. 104) war total zerstört, 26 Betriebe hatten mittelschwere und 22 Betriebe leichtere Schäden davongetragen. Bei den Dunlop-Werken waren 60 % der Gebäude und 40 % des Maschinenparks und der Rohstoffe vernichtet; die Gummischuhfabrik verzeichnete einen Gebäudeschaden von 90 % und einen Maschinenschaden von 65 %. Die Quarzlampen GmbH war völlig zerstört.
Bei der Heraeus Vacuumschmelze waren "die Werksbauten zu einem erheblichen Teil total zerstört, durchwegs aber so beschädigt, daß sie zunächst völlig unbenutzbar waren. Bei Maschinen und Einrichtungen waren die Totalschäden geringer, jedoch war auch hier vor allem durch Zerstörung der empfindlicheren Anlageteile vorerst an eine Wiederbetriebsaufnahme nicht zu denken."
(25 Jahre Heraeus Vacuumschmelze AG. 1923-1948, S. 10)

Aus: Zur Sicherheit Dunlop.
Hg.: Deutsche Dunlop-Gummi-Compagnie AG. Hanau 1949

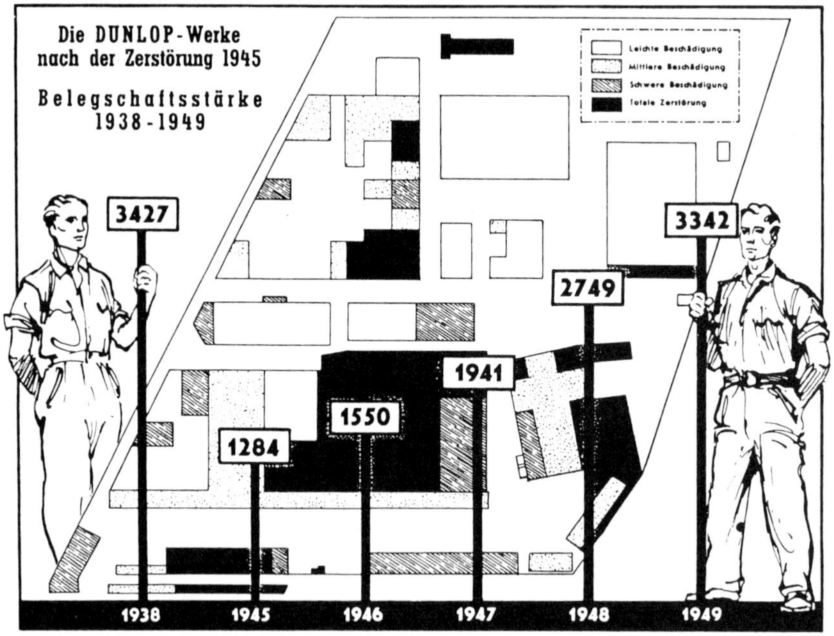

Drittes Kapitel

Wiederaufbau der Stadt und der Betriebe 1945/1946

Ehrendienst am 18. März 1946 (Foto: Stadtbildstelle Hanau)

Samstag, den 29. September 1945 Preis 10 Rpf.

Bürger vom Stadt- und Landkreis Hanau!

Einen großen Teil von Straßenzügen unserer Stadt habt Ihr durch Euren Fleiß freigelegt, der Verkehr kann darin ungehindert durchgeführt werden. Jetzt gilt es, den Rest der Straßen vom Schutt zu befreien, dieserhalb rufen wir zum

4. GROSS-EINSATZ

am Samstag, den 29., und Sonntag, den 30. September 1945, auf.

Der Arbeitseinsatz findet am Samstag von 8–6 Uhr und am Sonntag von 8–12 Uhr statt. Schippe und Hacke sind mitzubringen.

Stellplatz: Marktplatz.

Ich weiß, es gibt noch viele Drückeberger, besonders im Lamboyviertel und Freigericht. Diese Stadtviertel werden auch einmal unsere Hilfe nötig haben, dann werden wir deren Anstrengungen bewerten. Außerdem werde ich alle Drückeberger, sofern sie festgestellt werden, für andere Arbeiten dienstverpflichten.

Bürger! Denkt daran, unsere Aufgabe ist riesengroß, nur durch die Hilfe aller können wir den Aufbau vollziehen.

Auch Euch Evakuierten geht es an, denn Ihr alle wollt einmal in Eure Stadt wieder zurück.

Hanau, den 20 September 1945

Der Einsatzleiter für den Wiederaufbau beim Arbeitsamt Hanau
PH. DASSBACH

Hanauer Anzeiger vom 19. März 1970. Sonderbeilage zum 25. Jahrestag der Zerstörung Hanaus am 19. März 1945

Ehrendienst auf dem Marktplatz, 18. 3. 1946 (Foto: Stadtbildstelle Hanau)

"Nur durch die Hilfe aller können wir den Aufbau vollziehen."

(Philipp Daßbach)

Unmittelbar nach dem Einmarsch der US-Truppen, am 2. April 1945, setzte die US-Militärregierung eine deutsche Kommunalverwaltung ein. Die Naziverantwortlichen aus Verwaltung und Betrieben waren untergetaucht oder befanden sich, wie das Führungsspersonal der Reichsbanknebenstelle Hanau unter Mitnahme sämtlicher Barmittel, auf der Flucht.

Kommissarischer Bürgermeister wurde zunächst wieder Dr. Kurt Blaum, den die Nazis 1933 seines Amtes enthoben hatten. Als Kurt Blaum Mitte Juni 1945 nach Frankfurt berufen wurde, folgte ihm Karl Molitor. Zum kommissarischen Polizeidirektor wurde Karl Rehbein ernannt. Ihr Rechtsstatus änderte sich am 15. November 1945; zu diesem Datum endete die US-Militärverwaltung in Städten und Kreisen. Verwaltungsvollmacht und Verwaltungspflicht wurden nun an deutsche Beamte übertragen; jedoch behielt sich die Besatzungsmacht auch gegenüber den Kommunen die Festlegung allgemeiner Richtlinien und die Kontrollaufsicht vor.

Man stand vor der schier unlösbaren Aufgabe, die Stadt zu enttrümmern und die Infrastruktur wieder in Gang zu setzen. Ernsthaft wurde unter dem Eindruck der riesigen Zerstörungen von den Verantwortlichen, insbesondere auch von den maßgeblichen Offizieren der US-Militärregierung, erwogen und empfohlen, das Trümmerfeld in seinem Zustand zu lassen und die Stadt an anderer Stelle völlig neu aufzubauen. Die ersten, etwa 600 Personen, die zu Aufräumarbeiten unter Aufsicht der Militärpolizei eingesetzt wurden, waren frühere Mitglieder der Nazipartei, die - eingeteilt in zwei Gruppen - jeden Samstag und Sonntag gewissermaßen eine Art Sühnedienst zu leisten hatten. Sehr schnell war jedoch klar, daß es damit nicht vorwärts gehen würde. So richtete man bereits Ende April 1945 beim Arbeitsamt, das in den Baracken bei der Bezirksschule in Kesselstadt eine notdürftige Unterkunft gefunden hatte, eine Wiederaufbauabteilung ein, die der frühere Stadtverordnete Philipp Daßbach leitete.

Hanau wurde in vier Wiederaufbaubezirke eingeteilt: Innenstadt, Industriegebiet östlich und südlich der Innenstadt, Weststadt und Kesselstadt. Bis zum August 1945 folgte die Hanauer Bevölkerung den Aufrufen zur Beseitigung der Trümmer nur zögerlich. So entstand die Idee gemeinsamer Großeinsätze: Nicht nur die Bürger der Stadt Hanau, auch alle Einwohner der Gemeinden im Kreis Hanau, wurden aufgerufen, sich freiwillig an den Aufräumungsarbeiten zu beteiligen.

Am 18. August 1945 war der erste Großeinsatz zur Beseitigung der Trümmer auf Straßen und Plätzen: 2.500 Frauen, Jugendliche und Männer trafen sich am Frankfurter Tor. Mit Pickeln, Spaten und Schaufeln, oft in den letzten Paar festen Schuhen kamen sie. Viele Bauern aus dem Kreis waren mit Pferd und Wagen erschienen. Zwei Tage lang arbeiteten die Menschen Schulter an Schulter auf den Trümmerbergen. Beim nächsten Großeinsatz, 14 Tage später, waren es nahezu 3.500 Menschen und über 350 Fahrzeuge, die sich wiederum zu gemeinsamer Arbeit zusammenfanden. Als nach fünf Großeinsätzen die Beteiligung wieder geringer wurde, sucht man nach

aus: Amtliches Mitteilungsblatt für den Stadt- und Landkreis Hanau, Folge 96

An die Bevölkerung des Stadt- u. Landkreises Hanau!

Der Ehrendienst 1946 hat seinen Zweck in hervorragender Weise erfüllt. Der größte Teil der Bevölkerung ist seiner Pflicht gegenüber der Stadt Hanau nachgekommen. Viele andere Städte und Außenstehende haben unsere Arbeit, die wir fast ausschließlich per Hand ausführen mußten, bewundert. Wir danken allen denjenigen, welche sich für diese Aufgabe eingesetzt haben.

Bürger des Stadt- und Landkreises Hanau! Es ist noch ein Teil öffentlicher Aufräumungsarbeiten zu leisten. Der Hafenblock, das Stadtkrankenhaus, Mittelschule, Bezirksschule III, Oberrealschule, das Rathaus, verschiedene städtische Wohngrundstücke und einige restliche Straßen sind noch vom Schutt zu befreien. Es ist das letztemal, daß wir an Eure Opferfreudigkeit appellieren.

Die Stadtverwaltung ruft zusammen mit allen politischen Parteien, der Gewerkschaft, der Industrie- und Handelskammer und Handwerkskammer die Bevölkerung auf,

6 Tage Ehrendienst im Jahre 1947

für diese restlichen öffentlichen Arbeiten zu leisten. Wir hoffen, daß sich alle Bevölkerungsteile, so wie im vergangenen Jahr, restlos beteiligen werden, denn wir haben ja alle das größte Interesse daran, daß unsere schwer heimgesuchte Stadt recht bald wieder neu erstehen soll.

Für die geleistete Arbeitsstunde wird die Stadt Hanau auf Antrag bei Lohnausfall und einem Brutto-Monatseinkommen bis 300.— RM einen Einheitslohn von RM 0.75 pro Stunde vergüten. Der planmäßige Einsatz wird an anderer Stelle bekanntgegeben.

Hanau, den 12. Februar 1947.

Der Einsatzleiter für den Wiederaufbau beim Arbeitsamt Hanau.
gez. Daßbach.

Der Magistrat der Stadt Hanau
gez. Rehbein
gez. Dr. Krause
gez. Nagel

Der Aeltestenausschuß
der Stadtverordneten-Versammlung
gez. Fischer

SPD.
gez. Röthel

CDU.
gez. Dr. Eisenberg

KPD.
gez. Keim

LDP.
gez. Thönissen

Gewerkschaft
gez. Eckhardt

Industrie- und Handelskammer
gez. Canthal

Handwerkskammer
gez. Fleckner

einer anderen Lösung: Philipp Daßbach organisierte zunächst für das Arbeitsamt, dann im Auftrag der Stadt, den Ehrendienst, an dem sich jeder Einwohner der Stadt und des Kreises Hanau zwischen 14 und 60 Jahren an 12 Tagen im Jahr beteiligen mußte. In einer gemeinsamen Besprechung zwischen Vertretern der Stadt, des inzwischen neugegründeten Allgemeinen Gewerkschaftsbundes und der Handelskammer wurden die Bedingungen ausgehandelt: Die Arbeitnehmer mußten auf ein Drittel ihres Lohnes verzichten; die Arbeitgeber hatten ihre Betriebsangehörigen für diese zwölf Tage freizustellen. Zwei Drittel des Lohnes teilten sich Arbeitgeber und Stadt. Der geleistete Ehrendienst wurde auf einer Kontrollkarte vermerkt; als Strafe drohte der Entzug der Lebensmittelkarte.

Ehrendienst auf dem Marktplatz, oben 18. - 20. März 1946, unten 22. April 1946 (Fotos: Stadtbildstelle Hanau)

"Zunächst holten wir Maschinen aus den Trümmern."

(Fritz Martin, Betriebsrat bei Heraeus)

In den Betrieben war es die Belegschaft, die sich ans Enttrümmern machte und nach und nach die Produktion wieder in Gang setzte. Bereits Anfang Mai 1945 entstanden in den größeren Betrieben mit den antifaschistischen Betriebsausschüssen erste Formen betrieblicher Interessenvertretung. Aus der Gewerkschaftsbewegung vor 1933 er-

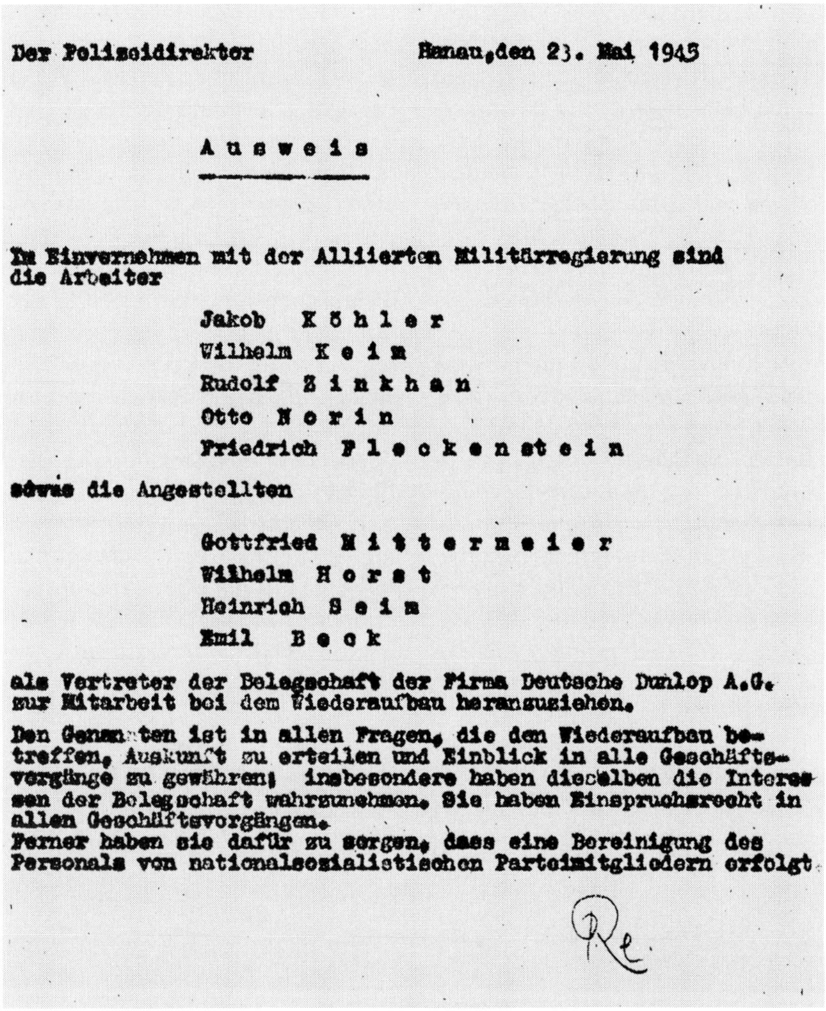

Der Polizeidirektor Hanau, den 23. Mai 1945

Ausweis

Im Einvernehmen mit der Alliierten Militärregierung sind die Arbeiter

Jakob Köhler
Wilhelm Keim
Rudolf Zinkhan
Otto Morin
Friedrich Fleckenstein

sowie die Angestellten

Gottfried Mittermeier
Wilhelm Horst
Heinrich Seim
Emil Beck

als Vertreter der Belegschaft der Firma Deutsche Dunlop A.G. zur Mitarbeit bei dem Wiederaufbau heranzuziehen.

Den Genannten ist in allen Fragen, die den Wiederaufbau betreffen, Auskunft zu erteilen und Einblick in alle Geschäftsvorgänge zu gewähren; insbesondere haben dieselben die Interessen der Belegschaft wahrzunehmen. Sie haben Einspruchsrecht in allen Geschäftsvorgängen.
Ferner haben sie dafür zu sorgen, dass eine Bereinigung des Personals von nationalsozialistischen Parteimitgliedern erfolgt.

Re

fahrene Kollegen, die sich auch unter der Nazidiktatur als aufrechte Antifaschisten erwiesen hatten, wurden auf Grund ihrer persönlichen Autorität, ihrer beruflichen Kompetenz und ihrer großen Einsatzbereitschaft zu Sprechern der Belegschaft. Ihre Rolle war um so bedeutender, als häufig die Mitglieder der Firmenleitung untergetaucht waren bzw. durch ihre Rolle in der Nazizeit völlig kompromittiert waren. Diese Komitees, spontan aus der Not und aus dem Willen, nicht nur wieder -, sondern Neues aufzubauen, entstanden, hatten weitreichenden Einfluß. Die Geschäftsleitung, sofern vorhanden, war verpflichtet, ihnen Einblick in alle Geschäftsvorgänge zu geben, Auskunft in allen den Wiederaufbau betreffenden Fragen zu erteilen. Zur Wahrung der Interessen der Belegschaft stand ihnen ein Einspruchsrecht bei allen Geschäftsvorgängen zu. Vor allem aber hatten sie für die Entnazifizierung des Betriebes zu sorgen. So ist auf dem von Polizeidirektor Karl Rehbein ausgestellten Ausweis für die neun Belegschaftsvertreter der Fa. Deutsche Dunlop AG zu lesen. Über die gleichen Kompetenzen verfügten die Betriebsvertretungen bei der Fa. Degussa-Siebert und der Brauerei Nicolay AG, was ebenfalls Anfang Mai 1945 ausgestellte Ausweise bezeugen.

Fritz Martin, Jahrgang 1903, als Kommunist von den Nazis verfolgt, nach 1945 Mitbegründer des Hanauer Allgemeinen Gewerkschaftsbundes und Betriebsrat bei W.C. Heraeus, berichtete über den Sommer 1945:
"Ich arbeitete als Werkzeugmacher bei der Hanauer Firma Heraeus. Der Betrieb war durch mehrere Luftangriffe schwer zerstört worden. Zunächst holten wir die Maschinen aus den Trümmern und bauten provisorisch Abteilungen auf. Die ersten Produkte, die wir herstellten, waren Elektrokocher, Elektro-Herde und Kochtöpfe. Das wurde in der Stadt, wo das ganze Gasnetz zerstört war, am dringendsten gebraucht."
(Archiv Rudolf Schneider: Interview mit Fritz Martin)

Z. B. Degussa Wolfgang Not macht erfinderisch: Neue Produktionsverfahren und neue Verwendungsmöglichkeiten für Kunstleder.

Bei der Degussa, den früheren Kunstlederwerken, hatten, so berichtete der 1946 zum Betriebsratsvorsitzenden gewählte Jakob Keim, Arbeiter das Werk vor der Zerstörung durch Nazis geschützt:
"Nachdem es der Belegschaft unmöglich geworden war, weiter ins Werk zu kommen, fanden sich unter Einsatz des eigenen Lebens einige verantwortungsbewußte Arbeiter, unter Beteiligung von Dr. Werner, im Werk zusammen, um es zu schützen. Es war bekanntgeworden, daß vom Rüstungskommando einige Leute den Auftrag erhalten hatten, kurz vor dem Eintreffen der Amerikaner Trafo-Station, Kesselhaus und Verwaltungsgebäude zu sprengen und die übrigen Betriebsstätten und Betriebsmittel unbrauchbar zu machen, was durch diese Kollegen im letzten Augenblick verhindert werden konnte."
So fanden die US-Streitkräfte am 27. März 1945 in Wolfgang ein weitgehend unzerstörtes Werk vor, das sie sofort besetzten. Die Belegschaft wurde ausgeschlossen, und das Rohstofflager mit großen Gewebebeständen und Alkoholvorräten blieb unbewacht, was Plünderer aus nah und fern anlockte. Nur unter großer Gefahr gelang es, einen Rest der Gewebemenge, ca. 200.000 Meter, dadurch zu retten, daß man sie in den Luftschutzbunker einmauerte. Die Arbeiter konnten aber nicht verhindern, *"daß große Mengen Rohgewebe und Fertigware zum persönlichen Nutzen einiger in dunkle Kanäle geleitet wurden und damit für den Wiederaufbau des Werkes verlorengingen".*
Jakob Keim berichtete weiter: *"Nach einer vorübergehenden Räumung des Werkes durch die Besatzung wurden die Betriebsstätten und Laboratorien in einem unbeschreiblichen Zustand vorgefunden. Analysewaagen, Chemikalien, Laborgeräte, Akten usw. waren teilweise beschädigt oder hatten unter den Witterungseinflüssen gelitten. Es bedurfte schwerer intensiver Arbeit, um diese wieder betriebsfertig zu machen."*
Jakob Keim erinnerte an den großen Erfindungsreichtum der Belegschaft bei der Wiederaufnahme der Produktion. Man machte aus der Not eine Tugend und produzierte aus den so zäh verteidigten Rohstoffen mit Hilfe der noch vorhandenen technischen Einrichtungen für den Wiederaufbau wichtige Bedarfsgüter. Hergestellt wurden u. a. Möbellacke, Holzkitte, Anstrich- und Imprägniermittel, Schuhkleber, Kappenstoffe und Fußbodenbelag. *"Die Bemühungen, die Kunstlederfertigung wieder in Gang zu bringen, ergaben neue Verwendungsmöglichkeiten durch die jahrelange Verknappung der Textilien, wie Wetter- und Arbeitsschutzkleidung für Bergarbeiter, Molkereien und Land-*

Degussa, Werk Hanau 1945 (Foto: Aller Anfang ist schwer. Bilder zur hundertjährigen Geschichte der Degussa. S. 103. Frankfurt 1973)

wirtschaft. Die knappen Kohlevorräte, die teilweise noch in das an unser Werksgelände angrenzende Areal zum Einplanieren eines großen Parkplatzes (von den US-Streitkräften - Vf.) weggeschafft wurden, zwangen zum äußerst sparsamen Gebrauch. Deshalb wurde die Igelitware nicht wie vordem mit Dampf, sondern mit elektrischer Heizung hergestellt. Der Vorschlag hierzu wurde von den Arbeitern aus dem Betrieb gemacht. Auf diese Weise kam die Produktion langsam wieder in Gang."

(Jakob Keim: Stellungnahme zur gegenwärtigen Lage im Werk Wolfgang. Januar 1952. Zitiert nach: Rolf Hohmann: Wolfgang. Geschichte einer Industriegemeinde. Hanau: Verlag des Hanauer Anzeiger, 1987)

1948, zum 25jährigen Firmenjubiläum, dankte die Geschäftsleitung der Heraeus Vacuumschmelze Aktiengesellschaft nochmals ausdrücklich *"allen Männern und Frauen, die sich unter schwierigsten äußeren Bedingungen, zum großen Teil in völlig berufsfremder Tätigkeit für diese Arbeit vorbildlich eingesetzt haben. Zunächst wurde die behelfsmäßige Versorgung mit Strom und Wasser wieder hergestellt; über den empfindlichen und wichtigsten Teilen des Werkes wurden Notdächer errichtet. Bereits Ende Juni 1945 konnten der erste Hochfrequenzofen und ein kleines Heißwalzwerk wieder in Betrieb genommen werden. Anschließend kamen die ersten Drahtwalzmaschinen wieder in Betrieb. Im Winter 1945/46 waren die Arbeitsbedingungen wegen des ganz unzulänglichen Zustandes der wieder in Benutzung genommenen Gebäudeteile und der fehlenden Heizung außerordentlich schwierig. Trotzdem wurde in allen wieder betriebsfähigen Abteilungen die Arbeit fortgesetzt. Im Februar 1946 konnte der Anschluß an die Ferngasversorgung wiederhergestellt und damit ein großer Schritt in Richtung auf eine annähernd normale Betriebsführung getan werden."*

(25 Jahre Heraeus Vacuumschmelze AG 1923 - 1948)

Von "gemeinsamer" Anstrengung, wie es in einer Anzeige der Dunlop AG aus dem Jahr 1970 hieß, konnte im Sommer 1945 nicht die Rede sein, und es kommt der Wahrheit wohl näher, was 1949 in einer Firmenbroschüre über den Wiederaufbau der Dunlop zu lesen stand:

"Wirre Massen von Schrott und zerbrochenem Gemäuer, das war alles, was von dem großen Werk im Frühjahr 1945 übrig geblieben war. Der große Wasserturm war wie ein Mahnmal der Beständigkeit inmitten des Chaos stehen geblieben; er wurde zum Symbol für die Dunlop-Männer: durchstehen, durchhalten - ohne viel zu reden und zu jammern gingen sie an eine fast hoffnungslos erscheinende Arbeit, und schon am Ende des gleichen Jahres war die Produktion wieder im Gang. Das Werk lebte, und damit waren die Voraussetzungen für einen durchgreifenden Wiederaufbau gegeben Ein solcher Wiederaufstieg aus Schutt und Asche war aber nur denkbar, weil alle Dunlop-Männer und insbesondere der erprobte Stamm bester Facharbeiter von Wissen und Vertrauen an die Güte und Zuverlässigkeit ihrer Erzeugnisse überzeugt waren."

(Deutsche Dunlop-Gummi-Compagnie AG (Hg.): Zur Sicherheit: Dunlop, Hanau 1949)

Doch: was heißt hier eigentlich "Dunlop-Männer"? Es waren doch auch - und in bestimmten Abteilungen vor allem - die Dunlop-Frauen, die die Produktion wieder in Gang brachten.

DUNLOP

Auch DUNLOP in Hanau lag 1945 in Trümmern

Aber Firmenleitung und Belegschaft haben gemeinsam aus der Katastrophe einen neuen Anfang gemacht!

Der Wiederaufbau ist längst in gemeinsamer Anstrengung geschafft worden!

Anzeige in der Sonderbeilage des Hanauer Anzeiger vom 19. März 1970 zum 25. Jahrestag der Zerstörung Hanaus am 19. März 1945

Karl Wolf, seit 1926 Schlosser bei der Dunlop und seit damals gewerkschaftlich organisiert, beschreibt den Alltag des Wiederaufbaus und die Nöte der Kolleginnen und Kollegen:

"Schon im Krieg haben wir den Ausländern und den Gefangenen geholfen, ihnen die Haare geschnitten, zu Bad oder Kartoffeln verholfen. Wir wußten schon, was menschliche Not heißt, bevor der Zusammenbruch kam. Danach drohte der Ansturm der Bitten und Wünsche uns zu erdrücken. Windeln aus alten Fetzen der Stoffabteilung nähen, alte Töpfe zu Kinderbadewannen zusammenschweißen. Dichtungen aus den Lederteilen alter Holzschuhe machen, damit die Maschinen arbeiten konnten, hier eine Arbeitskraft abstellen, um in den Wohnungen das Dringendste zu reparieren, dort nur eine Vertröstung auf baldige Hilfe geben. Man wundert sich heute, wie die Zeit überwunden wurde."

(zitiert nach: Dunlop. Schwarz auf weiß. Hanau: Deutsche Dunlop AG, 1954)

aus: Zur Sicherheit Dunlop. Dt. Dunlop-Gummi-Compagnie AG. Hanau 1949

Fahrradschläuche werden auf der Spritzmaschine hergestellt, in der die Gummimischung durch eine ringförmige Düse gepreßt und der so entstehende Schlauchrohling durch Luft mit Talkumpulver aufgeblasen und mit Wasser gekühlt wird.

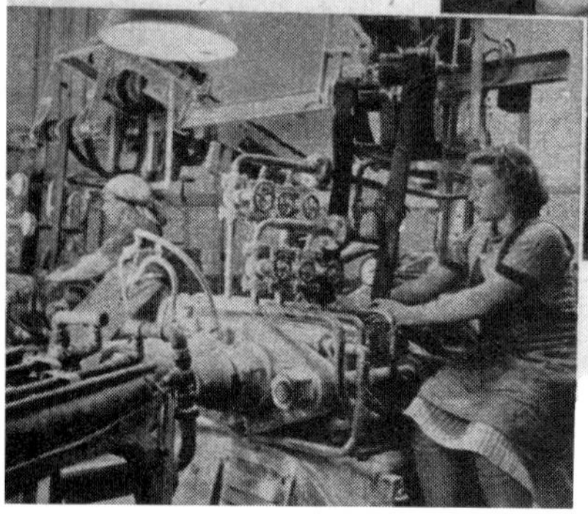

Viertes Kapitel

Gewerkschaftlicher Neubeginn 1945 - 1946

Aufruf des Allgemeinen Gewerkschaftsbundes Hanau-M.

Die Gewaltherrschaft des Nazismus ist beendet. Nicht durch den Freiheitswillen des deutschen Volkes, sondern durch die militärische Kraft der Vereinigten Nationen wurde die Tyrannei beseitigt. Zerstörte Städte, zerstörte Wirtschaft, Millionen Toter, Krüppel, Witwen und Waisen sind die Ankläger gegen eine Politik, von der ihr Führer bei der Machtergreifung erklärte: „Gebt mir zehn Jahre Zeit und ihr werdet Deutschland nicht wieder erkennen!" . . .

Nachdem durch die Militärregierung Hanau für den Stadt- und Landkreis der „Allgemeine Gewerkschaftsbund" genehmigt wurde, ist der von allen Arbeitnehmern langersehnte Zeitpunkt gekommen, sich wieder gewerkschaftlich zu organisieren. Der „Allgemeine Gewerkschaftsbund" ist die Zusammenfassung aller früheren gewerkschaftlichen Richtungen und Fachverbände, unter Aufrechterhaltung ihres fachlichen und berufsständigen Eigenlebens zu einer Kampfeinheit: zur völligen Vernichtung des Faschismus und Schaffung eines neuen Sozialrechts der Arbeitnehmer.

Aufgabe ist: **Mitzuhelfen bei der geistigen und materiellen Neugeburt Deutschlands, Heilung der Wunden, die der Hitlerkrieg dem Volk in wirtschaftlicher, politischer und kultureller Beziehung geschlagen hat. Seine Arbeit soll Gewähr sein, die Wiedererweckung des Vertrauens zu den anderen Völkern zu fördern. Seinen alten Überlieferungen getreu tritt er ein für Völkerfreiheit und Völkerfrieden und Anschluß an die Gewerkschaftsbewegung der ganzen Welt.**

Die nächsten Aufgaben sind: **Die vollständige Bereinigung der Wirtschaft und Verwaltung von allen nazistischen und militaristischen Elementen und Einflüssen; die Schaffung und Neuordnung der Lohn- und Tarifverträge im Rahmen der Anordnungen der Militärregierung; Mitberatung und Mitbestimmung in allen Arbeitsrechts-, Arbeitsschutz-, und Arbeitskulturfragen; weitgehende Einflußnahme auf die Produktionsgestaltung mit dem Ziel einer wirtschaftlichen Neugestaltung im sozialistisch-gemeinwirtschaftlichen Sinne.**

Arbeitnehmer in Stadt und Land! Nun liegt es an uns am Wiederaufbau Deutschlands mit ganzer Kraft mitzuwirken. Wieder wie 1918 liegt das Schicksal in unserer Hand. Wir dürfen nicht versagen. Kein Bruderkampf! Kein Parteien-, Religions- und Rassenhaß!

Alle, die aus den 12 Jahren Hitlerfaschismus gelernt haben, müssen ein antifaschistisches Bollwerk aufrichten, **das in seiner Einheit und Geschlossenheit den Willen zur Schaffung eines demokratischen Deutschlands bekundet, den Willen zur Gesundung der deutschen Wirtschafts- und Lebensgemeinschaft, in der der schaffende Mensch einen gerechten Anteil seiner Leistung erhält und so auch zu einem gesunden Zusammenleben mit den anderen Völkern wiederfindet.**

Hanau, den 15. September 1945.

Der vorläufige Vorstand des Allgemeinen Gewerkschaftsbundes Hanau-M.

August Schanz **Franz Kallnik** **Heinrich Hahn** **Heinrich Eckhardt**

"Alle, die aus den 12 Jahren Hitlerfaschismus gelernt haben, müssen ein antifaschistisches Bollwerk aufrichten, das in seiner Einheit und Geschlossenheit den Willen zur Schaffung eines demokratischen Deutschland bekundet."

(Aufruf des AGB Hanau vom 15. September 1945, DGB-Archiv)

Keimzellen des gewerkschaftlichen Neuaufbaus in Hanau waren die im Mai 1945 in verschiedenen Betrieben gegründeten antifaschistischen Ausschüsse. Die Kollegen trafen sich im Mai/Juni 1945 zu Sitzungen im weitgehend unzerstörten Polizeirevier in Kesselstadt an der Mittelstraße und berieten einen über den betrieblichen Rahmen hinausgehenden "Aufruf an alle Antinazisten der Hanauer und Großauheimer Betriebe". Dieser Aufruf, der von den "Vertretern der Betriebsausschüsse" unterschrieben ist, liegt in Schreibmaschinenfassung mit handschriftlichen Korrekturen vor; der geplante Druck scheiterte am Einspruch der US-Militärregierung, die erst im August 1945 Richtlinien zum gewerkschaftlichen Neuaufbau erließ. Dieser erste Aufruf freier Gewerkschafter nach zwölf Jahren Hitlerdiktatur beinhaltete das Programm des gewerkschaftlichen Neuaufbaus in Hanau.

"Die Fronten müssen klar abgesteckt werden."

Als Folge der Naziverbrechen sahen die Gewerkschafter der ersten Stunde "das Gespenst des Hungers und der Massenverelendung" auf die deutsche Arbeiterschaft zukommen, und sie stellten die Frage nach der Verantwortung für diese Verbrechen. Die wirklich Schuldigen, nicht die Arbeiterschaft in ihrer Gesamtheit, sollen zur Rechenschaft gezogen werden. Um dies zu erreichen, ist "organisierter, planmäßiger Kampf" notwendig, dessen erste Voraussetzung die Entnazifizierung der Betriebe ist. Entnazifizierung heißt: Entlassung aller NSDAP-Mitglieder, Denunzianten und Provokateure. Eine Ausnahme soll nur zur Aufrechterhaltung einer besonderen Produktion gestattet werden, und dann auch nur, wenn der Belastete nicht durch einen antifaschistischen Kollegen ersetzt werden kann.

In der Entnazifizierung sehen die Vertreter der Betriebsausschüsse die Voraussetzung, um einen Mindestforderungskatalog durchzusetzen: 40-Stunden-Woche, Sicherung der Ernährung, Bekleidung, des Wohnraums und der ärztlichen Versorgung. Deshalb fordern sie Mitbestimmungs- und Kontrollrechte bei der Ortskrankenkasse, beim Arbeitsamt, beim Wohnungsamt und beim Ernährungsamt sowie die Übernahme der Nahrungs- und Bekleidungsindustrie einschließlich der Warenlager durch Arbeiter-Konsumgenossenschaften.

Die Gewerkschafterinnen und Gewerkschafter der ersten Stunde wissen, daß um diese Mindestforderungen gekämpft werden muß, und sie wissen auch, daß dies angesichts der Verheerungen, die der Faschismus in den Köpfen der Kolleginnen und Kollegen angerichtet hat, gründlicher Diskussion und Aufklärung und vor allem starker, freier Gewerkschaften bedarf. Daher fordern sie das Recht auf eigenverantwortliche Herausgabe von Betriebszeitungen und auf Versammlungen und Sitzungen während der Arbeitszeit und im Betrieb, und sie rufen auf zur "Bildung von Gewerkschaften zur Sicherung der Arbeiterrechte".

In den folgenden Wochen bis zur genehmigten, offiziellen Gründung des Allgemeinen Gewerkschaftsbundes (AGB) Hanau am 1. September 1945 übernahm Heinrich Fischer, der mit dem Aufbau einer neuen Arbeitsverwaltung beauftragt war und im Herbst 1945 zum Leiter des Hanauer Arbeitsamtes ernannt wurde, die Koordination der verschiedenen Aktivitäten aus den Betrieben, die Absprachen mit der deutschen Verwaltung und vor allem mit der Militärregierung. Heinrich Fischer (1895 - 1973), von Beruf Werkzeugmacher und damals 50 Jahre alt, war ein erfahrener Gewerkschafter. Seit 1912 Mitglied im Deutschen Metallarbeiterverband und in der Sozialistischen Arbeiterjugend, wählten ihn die Kolleginnen und Kollegen im Dezember 1918 in

"Eines unserer Probleme war z. B. die Frage, wie wir ein echtes Mitspracherecht erreichen und verankern." (Wilhelm Habermann)

Wilhelm Habermann, Kommunist, Mitglied des im Mai 1945 gegründeten Betriebsausschusses bei Heraeus und später zum Betriebsrat gewählt, berichtete:
"Am 12. Dezember 1944 ist der Betrieb nahezu völlig durch einen Luftangriff zerstört worden. Es lief praktisch keine Produktion mehr. Wir suchten nach Werkzeug in den Trümmern und waren natürlich heilfroh, mit dem Leben davongekommen zu sein. Erst nach der Befreiung begannen Aufräumungsarbeiten. Zugänge wurden freigemacht, Steine aufgesetzt und saubergemacht. Die ersten gewerkschaftlichen Lebensäußerungen bestanden in der Gründung von Betriebsausschüssen. Da kamen die Kolleginnen und Kollegen zum Beispiel nach der Mittagspause zusammen und besprachen die wichtigsten Dinge. Wir haben langsam die Produktion von Aluminiumgeschirr angekurbelt und Elektrokocher produziert. Der einstige Konzernchef hatte in dieser ersten Phase praktisch nichts zu sagen. Ihm wurde sogar der Zutritt verwehrt. Es herrschte damals eine Stimmung unter den Kolleginnen und Kollegen, daß nun manche Forderung durchgesetzt werden konnte, daß es mit Hilfe der sich entwickelnden Einheitsgewerkschaft auch möglich wurde, die soziale Absicherung der Beschäftigten voranzutreiben und damit Lehren aus der Weimarer Republik zu ziehen. Am 1. Mai 1946 demonstrierten wir von den Betrieben aus sternförmig zum Westbahnhof und von dort aus zur ersten Maikundgebung nach der Befreiung für einen grundlegenden Wandel in der Wirtschaft zugunsten der arbeitenden Menschen und für eine friedliche Entwicklung. Ich erinnere mich noch, daß einer der Mai-Redner vor dem Schloß Philippsruhe den Gedanken der Einheit der Schaffenden aufgriff und sinnbildlich sagte: 'Nicht Wechselstrom, sondern Gleichstrom ist das Gebot der Stunde!' "

(Archiv Rudolf Schneider; auch veröffentlicht in: "Endlich Frieden." Ausstellung des DGB Main-Kinzig zum 40. Jahrestag der Befreiung von Faschismus und Krieg. Hanau 1985)

den Hanauer Arbeiter- und Soldatenrat. 1922 wurde er SPD-Stadtverordneter; zugleich war er Arbeitersekretär in Hanau. Mitte der 20er Jahre verließ Heinrich Fischer Hanau und wurde Geschäftsführer des Fabrikarbeiterverbandes zunächst in Gießen und dann in Merseburg. Bei der Besetzung des Merseburger Gewerkschaftshauses am 2. Mai 1933 kam er zum ersten Mal in "Schutzhaft"; während des Krieges - im Oktober 1942 - wurde er erneut verhaftet und wegen seiner Widerstandstätigkeit zu einer dreijährigen Zuchthausstrafe verurteilt. Am 26. April 1945 wurde er aus dem Zuchthaus Brandenburg befreit und kehrte nach Hanau zurück.
Bereits am 9. Juli 1945 schrieb Heinrich Fischer an Dr. W. Canthal, den Präsidenten der schon im Mai 1945 neuerrichteten Handelskammer Hanau, daß "der Wiederaufbau der Gewerkschaft in Übereinstimmung mit den Behörden nunmehr vorläufig vollzogen ist. Als Leiter der Organisation ist Herr Heinrich Fischer aus Hanau eingesetzt. Als geschäftsführende Mitarbeiter sind die Herren Heinrich Eckhardt, Hanau, und August Schanz, Bruchköbel, bestimmt worden".
(DGB-Archiv Hanau)

Heinrich Fischer, Aufnahme um 1946 (Foto: Stadtbildstelle Hanau)

Mitteilungskasten Schloß Philippsruhe, 1947 (Foto: Stadtbildstelle Hanau)

Die neugeschaffene Organisation trug den Namen "Allgemeiner Gewerkschaftsbund Hanau"; ihr Büro befand sich im Schloß Philippsruhe, Mittelbau, rechter Flügel, Parterre. Nach Ansicht Heinrich Fischers und seiner Mitstreiter war der AGB Hanau am 9. Juli 1945 bereits gegründet. Bis zur offiziellen Genehmigung durch die Militärregierung sollten jedoch noch knapp zwei Monate vergehen, ausgefüllt mit zahlreichen Verhandlungen und kompliziertem Schriftverkehr mit der Militärregierung. Jedes Schriftstück mußte in doppelter Ausfertigung und vor allem in englischer Sprache eingereicht werden. So entschuldigte sich Heinrich Fischer am 10. Juli 1945 bei Major Thomas Turner für die verspätete Übersendung des angeforderten Exposés über die "Aufgaben der Gewerkschaften", weil er erst einen Übersetzer finden mußte. Unterstützung bei den Verhandlungen mit der Militärregierung fanden die Gewerkschafter bei Karl Rehbein. Karl Rehbein (1885 - 1956), von Beruf Goldschmied, war vor 1933 SPD-Landtagsabgeordneter und 1. Bevollmächtigter des Deutschen Metallarbeiterverbandes in Hanau gewesen. Die Nazis hatten den unbeugsamen Antifaschisten zweimal in ein Konzentrationslager gesperrt: 1939 - 1940 in das KZ Sachsenhausen und im August 1944 bei der "Aktion Gitter" in das KZ Dachau. Nach Hanau zurückgekehrt, setzte die Militärregierung Karl Rehbein zum kommissarischen Polizeidirektor ein. In dieser Funktion verhandelte er mit Major Thomas Turner über die Bedingungen der Zulassung von Gewerkschaften: "Das Mil. Govt. (Military Government) hat sich die endgültige Stellungnahme vorbehalten in der Form, daß auf den von Herrn Rehbein eingereichten Antrag ein schriftlicher Bescheid erfolgen soll. Es ist beabsichtigt, eine einheitliche Gewerkschaft ins Leben zu rufen, die sich - so ist es mit Leutnant Thomas Turner besprochen - hauptsächlich mit arbeitsrechtl. Fragen zu befassen hat."
(Von Dr. Canthal, dem Präsidenten der Handelskammer Hanau, angefertigte Niederschrift über die Besprechung am 22. Juni 1945 mit Herrn Rehbein. DGB-Archiv Hanau)

Die US-Militärregierung formulierte neun Bedingungen, die erfüllt werden mußten, um die Bewilligung für die Gründung einer Gewerkschaft zu erhalten. Während drei dieser Bedingungen - das Funktionsverbot für ehemalige Nazis, der demokratische Aufbau der Gewerkschaft und das Verbot der Zwangsmitgliedschaft - den Vorstellungen der Hanauer Gewerkschaftsgründer entsprachen, verdeutlichen andere, wie mißtrauisch und bürokratisch die Besatzungsmacht die neue Gewerkschaft zu überwachen und zu kontrollieren gedachte. Das Statut, Listen mit Namen und Anschriften aller gewählten Funktionäre sowie ausgefüllte Fragebögen mußten in sechsfacher Ausführung abgegeben werden.
Jede personelle Veränderung mußte sofort gemeldet werden, und die Militärregierung hatte jederzeit das Recht auf Einsicht in alle Protokolle, Mitgliederlisten und in die Kassenführung.

Gegen das organisationspolitische Ziel der Einheitsgewerkschaft war folgende Bedingung gerichtet: "Diese Erlaubnis schließt nicht aus, daß andere Gewerkschaften Arbeitnehmer der gleichen Fabrik, Industrie oder desselben Handwerks als Mitglieder aufnehmen können, in denen die obengenannte Gewerkschaft Mitglieder hat."

Die folgenden drei Bestimmungen machen deutlich, wie begrenzt der gewerkschaftspolitische Spielraum gedacht wurde: "Die Gewerkschaft darf keine verbotene politische Tätigkeit entfalten. Löhne und die Anzahl der Arbeitsstunden können gegenwärtig nicht Gegenstand von Kollektivverhandlungen zwischen Gewerkschaft und Unternehmer sein. Die Gewerkschaft darf keine Tätigkeit entfalten, die im Widerspruch zu den Zielen der Militärregierung steht." *(DGB-Archiv)*

Als Konsequenz der von der US-Militärregierung angeordneten Politik des Lohnstopps und der Kontrolle der Arbeitszeit wurde somit festgelegt, daß die Festsetzung der Löhne und der Arbeitszeit außerhalb des Tätigkeitsbereichs der Gewerkschaften liege. Das Arbeitsfeld sollte sich zunächst vor allem auf die Mitwirkung bei der Entnazifizierung der Betriebe und bei der Lösung der Notlage vor dem Winter beschränken. Laut Anordnung der Besatzungsmacht blieben die Löhne eingefroren, die Arbeitszeit lag bei 48 Stunden in der Woche. Seit dem 23. April 1945 bestand eine Meldepflicht

Verordnung über den Arbeits=Einsatz.

Das Arbeitsamt Hanau, das unter der Autorität der Militär-Regierung seine Tätigkeit ausübt, ist bis auf weiteres ermächtigt, alle notwendigen Maßnahmen zwecks Ausführung und Erfüllung der nachstehenden Vorschriften und Bestimmungen zu ergreifen.

a) Benachteiligung und Bevorzugung.

1. Alle Bestimmungen deutscher Gesetze, Erlasse, Anordnungen, Verordnungen oder alle sonstigen Vorschriften, die Personen wegen ihrer Rasse, ihres Glaubens, ihrer Staatsangehörigkeit oder politischen Ueberzeugung benachteiligen, sind null und nichtig.
2. Es sind in erster Linie solche Personen zu berücksichtigen, die unter dem Nazi-Regime physisch, seelisch, wirtschaftlich oder in anderer Weise gelitten haben und diejenigen, die keine Mitglieder der NSDAP. waren.
3. Personen, die mehr als nur dem Namen nach Mitglieder der NSDAP. oder Nazi-Anhänger waren, sind in möglichst weitgehendem Umfange zu anstrengenden oder sonstwie unerwünschten Arbeiten heranzuziehen.

b) Löhne, Arbeitszeit und Arbeitsbedingungen.

Die derzeitigen Lohn- und Arbeitszeitbestimmungen bleiben bis auf weiteres in Kraft. Die normale Arbeitswoche beträgt zur Zeit 48 Stunden.

c) Arbeitseinsatz.

1. Der Einsatz von Arbeitskräften für die Erfüllung der Anforderungen und Zweckbestimmungen der Besatzungsmächte hat in erster Linie den Vorrang.
2. Das Arbeitsamt ist ermächtigt, die zur Zeit unbeschäftigten Personen einer besonderen Beschäftigungsart zuzuweisen, ohne Rücksicht darauf, ob diese Personen zur Zeit noch von einem Arbeitgeber bezahlt werden.
3. Das Arbeitsamt ist ermächtigt, ohne Rücksicht auf bestehende Arbeitsverträge Personen von einer Beschäftigungsart oder Arbeitsstelle zu einer anderen überzuführen, wenn die Anforderungen der Besatzungsmächte oder der Gemeinden innerhalb des Zuständigkeitsbereiches des Arbeitsamtes es erforderlich oder erwünscht erscheinen lassen.
4. Wenn das Arbeitsamt Personen gemäß Absatz c) 2 und 3 bestimmten Arbeitsplätzen zugewiesen hat, so dürfen diese Arbeitsstellen weder von den betreffenden Personen verlassen werden, noch dürfen Arbeitgeber (mit Ausnahme militärischer Stellen) solche Personen entlassen ohne vorherige Zustimmung des Arbeitsamtes.
5. Vorbehaltlich der in Absatz c) 3 enthaltenen Bestimmungen dürfen Personen, die vorher unter den Bedingungen des totalen Kriegseinsatzes beschäftigt waren zu ihren früheren Arbeitsplätzen zurückkehren bezw. in ihren derzeitigen Arbeitsstellen verbleiben oder anderweitig neu eintreten. In diesen Fällen sind neue freiwillige Arbeitsverträge abzuschließen.
6. Die Arbeitgeber haben ihren Bedarf an Arbeitskräften dem zuständigen Arbeitsamt zu melden, das versuchen wird, die erforderlichen Kräfte zu beschaffen. Arbeitgeber können Personen eher direkt als durch Vermittlung des Arbeitsamtes einstellen, müssen aber in diesem Falle das Arbeitsamt schriftlich mindestens 7 Tage vor der Einstellung benachrichtigen. Das Arbeitsamt hat das Recht, solche Einstellungen abzulehnen, wenn die Anforderungen der Besatzungsmächte oder der öffentlichen oder halb-öffentlichen Ämter es erfordern.

d) Arbeitsbücher.

Bis auf weiteres behalten die Arbeitsbücher ihre Gültigkeit, ebenso die Arbeitsbuchbestimmungen bezüglich der Meldung von Einstellungen und Entlassungen von Personen. Die Meldung bei der Krankenkasse gilt als Beweis für die Erfüllung dieser Vorschriften.

e) Kündigungen und Entlassungen.

1. Wenn ein Arbeitnehmer einem Arbeitgeber kündigt, der aber das Arbeitsverhältnis nicht lösen will, so kann sich der Arbeitnehmer oder der Arbeitgeber an das Arbeitsamt wenden, das darüber entscheidet, ob das Arbeitsverhältnis gelöst werden kann. Die Entscheidung des Arbeitsamtes ist verbindlich.
2. Wenn ein Arbeitgeber mehr als 100 Personen innerhalb von 30 Tagen entlassen will, bedarf es der vorherigen Zustimmung des Arbeitsamtes.
3. Vorbehaltlich der Bestimmungen Absatz c) 2 und 3, dürfen Arbeitgeber Personen, die nicht laufend beschäftigt sind, für spätere Beschäftigungen weiter auf der Lohnliste führen.
4. Bei Entlassungen von Arbeitnehmern sind die Kündigungen in der nachstehenden Reihenfolge vorzunehmen:
   A) Personen, die mehr als nur dem Namen nach Mitglieder der NSDAP. oder Nazi-Anhänger waren.
   B) Personen, die für ihren Unterhalt auf eine Lohnzahlung nicht angewiesen sind.
   C) Personen, die auf ihrem eigenen Bauernhof oder bei anderen Beschäftigung haben oder finden können, insbesondere solche, die außerhalb des Landkreises Hanau a. M. wohnen.
   D) Unabhängig von irgendwelchen anderen Bestimmungen sind an letzter Stelle Personen zu entlassen, die unter dem Nazi-Regime wegen ihrer Rasse, ihres Glaubens, ihrer Staatsangehörigkeit oder politischen Überzeugung benachteiligt worden sind.

Hanau, den 10. Juli 1945.

Der Landrat des Kreises Hanau
gez. Voller.

Der Direktor
des Arbeitsamts Hanau.
gez. Simon

beim Arbeitsamt Hanau bzw. dessen kurze Zeit später eröffneten Nebenstellen in Gelnhausen, Bad Orb und Schlüchtern für alle männlichen Arbeitskräfte im Alter von 16 - 65 Jahren, die keine Arbeitszeit von 48 Stunden pro Woche nachweisen konnten. Seit Anfang Juni 1945 galt diese Meldepflicht auch für Frauen im Alter von 14 - 45 Jahren, die bis zum Eintreffen der Besatzungstruppen in einem Arbeitsverhältnis gestanden hatten.

Erst im Dezember 1945 wurde für die US-Zone ergänzend ein erweiterter Aufgabenkatalog formuliert, der von einer größeren Bedeutung der Gewerkschaften bei einer antifaschistischen und demokratischen Veränderung in Wirtschaft und Gesellschaft ausging und damit den von den örtlichen Gewerkschaften aufgestellten Programmen und Forderungen entgegenkam: "Gewerkschaften ... dürfen für das Wohl ihrer Mitglieder in beruflichen, wirtschaftlichen und sozialen Angelegenheiten handeln, ... insbesondere a) bei der Entnazifizierung und Ausmerzung des Militarismus mitwirken, b) die Erziehung zur Demokratie fördern, c) beim Wiederaufbau und der Entwicklung einer friedlichen deutschen Wirtschaft mit der Militärregierung und den deutschen Behörden zusammenarbeiten, d) an der Durchführung der alliierten Politik hinsichtlich der Ausmerzung von Monopoltendenzen und Kartellen mitwirken, e) mit den Arbeitgebern oder Arbeitgeberverbänden Verhandlungen über Lohn, Arbeitszeit und Arbeitsbedingungen im Einklang mit der USA-Politik führen". *(Manpower. Memorandum Nr. 2 vom 10. Dezember 1945, zit. nach Weiß-Hartmann, S. 14)*

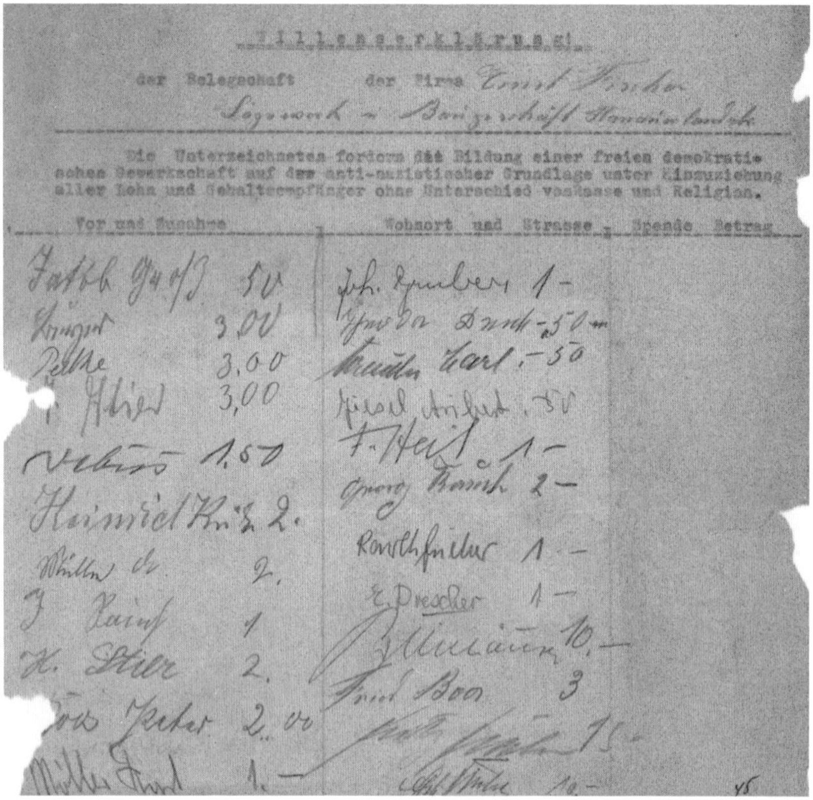

Willenserklärung!

der Belegschaft der Firma

Die Unterzeichneten fordern die Bildung einer freien demokratischen Gewerkschaft auf der anti-nazistischen Grundlage unter Hinzuziehung aller Lohn und Gehaltsempfänger ohne Unterschied von Rasse und Religion.

Vor und Zuname | Wohnort und Strasse | Spende Betrag

Am 22. August 1945 beantragten Heinrich Fischer und seine Mitstreiter, sich, um die Form zu wahren, das "vorläufige Komitee" nennend, offiziell bei der US-Militärregierung die Zulassung des "Allgemeinen Gewerkschaftsbundes, Einheitsorganisation, Hanau", nachdem kurz zuvor die Militärregierung ihre Richtlinien für das Genehmigungsverfahren bekanntgegeben hatte. Dem Antrag lagen die Statuten, ein Organisationsschema und vor allem zahlreiche, in Betrieben gesammelte "Willenserklärungen" bei, mit denen die Unterzeichner "die Bildung einer freien, demokratischen Gewerkschaft auf antinazistischer Grundlage unter Hinzuziehung aller Lohn- und Gehaltsempfänger ohne Unterschied von Rasse und Religion" forderten. Im Begleitschreiben wurde ausdrücklich betont, daß bei diesem Unterschriftensammeln frühere Mitglieder der Nazipartei ausgeschlossen gewesen waren. Das beigelegte Statut nennt als Ziel der gewerkschaftlichen Tätigkeit "die vollständige Bereinigung der Wirtschaft von nationalsozialistischen und militaristischen Einfluß" sowie "die Wahrung der wirtschaftlichen, tariflichen, arbeitsrechtlichen, sozialen und geistigen Interessen aller seiner Mitglieder". Zu den unmittelbaren Aufgaben gehören u. a. die "Schaffung bzw. Neuordnung der Lohn- und Tarifverträge", die Betreuung und Schulung der Betriebsräte, die "Vertretung und Mitwirkung" in den "Arbeitsämtern, Schlichtungs- und Wirtschaftskammern, in den Ausschüssen der Sozialversicherung und der Krankenkassen", die "planvolle Mitarbeit bei der Wohnungsbeschaffung und beim Wiederaufbau" sowie "die Erziehung der Arbeitnehmerschaft im anti-nazistischen und antimilitaristischen Sinne. Für Völkerverständigung und Weltfrieden."

Der Charakter der Einheitsorganisation ist im Statut verankert: "Der Gewerkschaftsbund ist die Zusammenfassung aller Arbeiter, Angestellten und Beamten in ihren Fachgruppen unter Wahrung ihrer tariflichen, sozialen und geistigen Interessen. Der Gewerkschaftsbund gliedert sich in 13 Fachgruppen. Jede Fachgruppe entsendet ihre Vertreter in den beratenden und bestimmenden Beirat. Der geschäftsführende Vorstand besteht aus vier Mitgliedern, die durch Wahl von der Mitgliedschaft bestimmt werden."
Am 1. September 1945 erteilte Major Thomas Turner die Genehmigung zur Bildung des Allgemeinen Gewerkschaftsbundes in der Stadt und dem Landkreis Hanau unter den oben beschriebenen neun Bedingungen, und am 3. September 1945 erhielt August Schanz die Lizenz.
Am 15. September 1945 wandte sich der Allgemeine Gewerkschaftsbund mit einem programmatischen Aufruf an die Hanauer Bevölkerung. Breiten Raum nimmt darin die Analyse der Ursachen, die zum Faschismus geführt hatten, ein: "Die Uneinigkeit der Arbeiterklassen, die Schwächung und Zersplitterung der demokratischen Parteien waren mit die Voraussetzung, daß Hitler zur Macht kam. Seine Gewaltmittel: Unterdrückung aller freiheitlich gesinnten Kräfte, Zerschlagung der Arbeiter- und Angestelltengewerkschaften, Verbot und Verfolgung, Zuchthaus, Konzentrationslager, Mord und Grausamkeit gegen alle, die in entscheidender Stunde riefen: 'Wer Hitler wählt, wählt den Krieg', gaben ihm den Weg frei, seinen gemeinen Raubkrieg vorzubereiten."
Und viel deutlicher als in dem von den Forderungen der Militärregierung geprägten Statut werden neben Entnazifizierung und Mitbestimmung als nächste Aufgaben genannt: "Weitgehende Einflußnahme auf die Produktionsgestaltung, mit dem Ziel einer wirtschaftlichen Neugestaltung im sozialistisch-gemeinwirtschaftlichen Sinne."
(Aufruf des AGB vom 15. September 1945; DGB-Archiv Hanau)

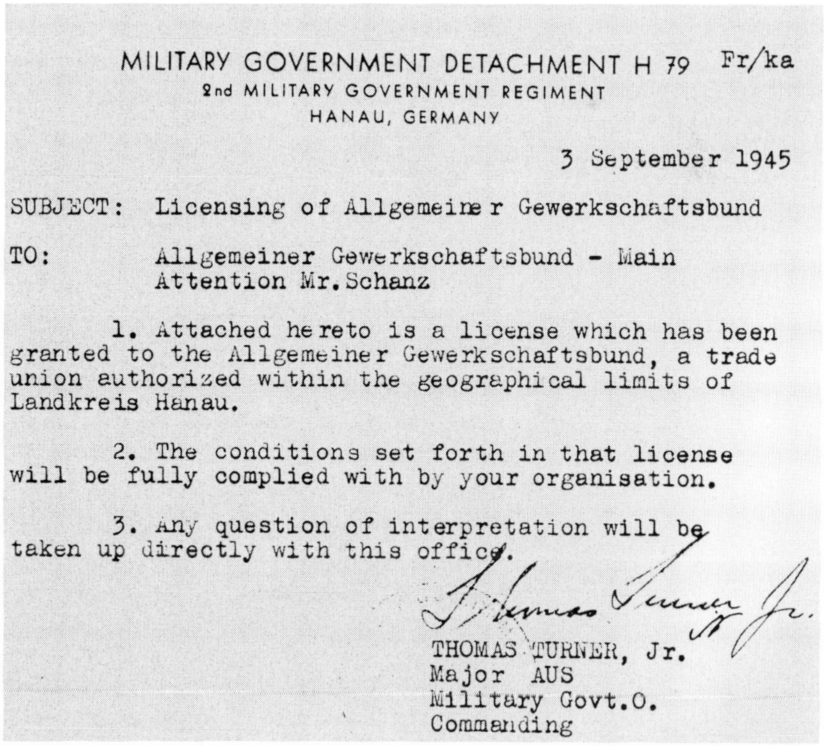

MILITARY GOVERNMENT DETACHMENT H 79 Fr/ka
2nd MILITARY GOVERNMENT REGIMENT
HANAU, GERMANY

3 September 1945

SUBJECT: Licensing of Allgemeiner Gewerkschaftsbund

TO: Allgemeiner Gewerkschaftsbund - Main
Attention Mr. Schanz

1. Attached hereto is a license which has been granted to the Allgemeiner Gewerkschaftsbund, a trade union authorized within the geographical limits of Landkreis Hanau.

2. The conditions set forth in that license will be fully complied with by your organisation.

3. Any question of interpretation will be taken up directly with this office.

Thomas Turner Jr.
THOMAS TURNER, Jr.
Major AUS
Military Govt.O.
Commanding

ALLGEM. GEWERKSCHAFTSBUND
HANAU A MAIN

STATUT

§1 Der Gewerkschaftsbund führt den Namen: "Allgem. Gewerkschaftsbund Hanau-Main" im Arbeitsamtsbezirk Hanau, mit seinem Sitz in Hanau.

§2 Der Gewerkschaftsbund erstrebt:

I. Die vollständige Bereinigung der Wirtschaft vom nationalsozialistischen und militaristischen Einfluss.

II. Die Wahrung der wirtschaftlichen, tariflichen, arbeitsrechtlichen, sozialen und geistigen Interessen aller seiner Mitglieder, unter Ausschluss aller parteipolitischen, rassigen und religiösen Fragen.

Seine Aufgaben sind:

I. Die Schaffung bzw.Neuordnung der Lohn und Tarifverträge. (Arbeitszeitgesetz, Arbeitseinsatz usw.)

[illegible]

II. Die Betreuung der Arbeitnehmer-Vertreter ~~ihre Ausrichtung in Fragen der Einstellungen und Entlassungen, Betriebsordnung und sonstige betriebliche Einrichtungen~~.

III. Die Vertretung in allen Arbeitsrechtfragen. Mitwirkung und Vertretung in den Arbeitsämtern, Schlichtungs- und Wirtschaftskammern.

IV. Die Vertretung in allen Arbeitnehmerschutzfragen. Mitwirkung und Vertretung in den Ausschüssen der sozialen Versicherung und bei den Krankenkassen.

V. Die Vertretung in allen Arbeiterkulturfragen. Mitwirkung bei der Planung und Sicherung der Volksernährung, planvolle Mitarbeit bei der Wohnungsbeschaffung und dem Wiederaufbau und bei allen sozialen und kulturellen Fragen der Arbeitnehmerschaft.

VI. Der Wiederaufbau des früheren Unterstützungswesens und Wiedereinreihung der Mitglieder in ihre früheren Rechte.

VII. Erziehung der Arbeitnehmerschaft im anti-nazistischen und anti-militaristischen Sinne. Für Völkerverständigung und Weltfrieden.

§3 Der Gewerkschaftsbund ist die Zusammenfassung aller Arbeiter, Angestellten und Beamten in ihren Fachgruppen unter Wahrung ihrer, fachlichen, sozialen und geistigen Interessen. Der

Blatt 2.

Gewerkschaftsbund gliedert sich in 13 Fachgruppen. Jede Fachgruppe entsendet ihre Vertreter in den beratenden und bestimmenden Beirat. Der Geschäftsführende Vorstand besteht aus 4 Mitglieder, die durch Wahl von der Mitgliedschaft bestimmt werden.

§4 Der Beitritt zum Gewerkschaftsbund ist frei, bei Zahlung eines Eintrittsgeldes. Ehemalige Mitglieder der NSDAP. und Beamte der DAF. und aktivistische Nazianhänger können im Gewerkschaftsbund keine Funktionen übernehmen.

§5 Der Beitrag zum Gewerkschaftsbund richtet sich nach der Höhe des Einkommens und wird nach Vereinbarung, vom Unternehmer bei der Entlohnung im Abzug gebracht und an den Gewerkschaftsbund überwiesen. Erwerbslose und Lehrlinge zahlen einen Mindestbeitrag.

§6 Allen Mitglieder wird zur Wahrung ihrer Rechte, Rechtschutz in Form von Auskunft und Vertretung im Instanzenweg, gewährt.

§7 In jedem Orte wo Gewerkschaftsmitglieder wohnhaft sind bilden sich Ortsgruppen, in denen der Vorstand durch Wahl bestimmt wird. Die Aufgaben der Ortsgruppen sind, die geistigen und kulturellen Bedürfnisse der Gewerkschaftler zu beleben. Die gewerkschaftliche Jugend im Sinne der Völkerverständigung und in ihren künftigen Aufgaben als Gewerkschaftler zu erziehen.

§8 Durch Herausgabe einer Gewerkschaftszeitung die der Aufklärung, Bildung und Erziehung der Mitglieder dienen soll, wird eine stärkere Verbundenheit mit den Aufgaben des Gewerkschaftbundes angestrebt.

§9 Der Austritt aus dem Gewerkschaftsbund ist der Geschäftsstelle in Hanau schriftlich zu erklären. Mitgliedskarte und Mitgliedsausweis sind zurück zu geben.

Hanau, den 1945

Der geschäftsführende
Vorstand

I.A.

Unter dem Aufruf standen die Namen des vierköpfigen Vorstandes: August Schanz, Franz Kallnik, Heinrich Hahn und Heinrich Eckhardt.

Heinrich Eckhardt (1899 - 1961)

Seit 1919 im Verband der Fabrikarbeiter organisiert. Vor 1933 war Heinrich Eckhardt KPD-Stadtverordneter. Im Februar 1933 wurde er erstmals verhaftet und im Hanauer Fronhof, dann im KZ Breitenau und im Moorlager Neusustrum bis zum 23. Dezember 1933 eingesperrt.
Im Februar 1935 erneut verhaftet und im 88er Prozeß zu 3 1/2 Jahren Zuchthaus verurteilt, danach "Schutzhaft" im KZ Buchenwald, kehrte im Mai 1945 nach Hanau zurück.

Im August/September 1945 fanden die ersten freien und geheimen Wahlen in den Hanauer Betrieben statt. Die Genehmigung dazu hatte die Militärregierung Anfang August 1945 erteilt; sie wurde am 18. August 1945 im Amtlichen Mitteilungsblatt der Stadt Hanau veröffentlicht. Jede vorbereitende Betriebsversammlung und jede Wahl mußte sich der Bevollmächtigte des AGB, August Schanz, zuvor genehmigen lassen.

Bei der Deutschen Dunlop AG fand die erste freie Betriebsratswahl am 18. September 1945 statt. Gewählt wurden unter den Arbeitern fünf Kollegen, die bereits im Mai 1945 den ersten Betriebsausschuß gebildet hatten: Wilhelm Keim aus Rückingen, Otto Norin und Fritz Fleckenstein aus Großauheim, Jakob Köhler aus Bruchköbel und Rudolf Zinkhan aus Hanau sowie als Neuhinzugekommener Hermann Hain aus Steinheim. Wie auch bei der folgenden Betriebsratswahl im September 1946 hatte der Kommunist Wilhelm Keim die meisten Stimmen erhalten und wurde Betriebsratsvorsitzender.

Bei der Vacuumschmelze wurde am 5. September 1945 ein fünfköpfiger Betriebsrat gewählt, nachdem sich 25 % der Belegschaft (387 Arbeitnehmer) für die Bildung einer Arbeitnehmervertretung ausgesprochen hatten. Die gewählten Kollegen - Heinrich Gimbel, Georg Wende, Willi Schnellbacher, Ludwig Dumeyer und Johann Kress - waren seit Sommer 1945 im sogenannten Mitarbeiterstab u. a. bei der Entnazifizierung des Betriebs aktiv gewesen.

August Schanz (1903 - 1969)

Von Beruf Juwelierarbeiter, war vor 1933 SPD-Stadtverordneter und Mitglied im Deutschen Metallarbeiterverband gewesen. In den ersten Jahren der Naziherrschaft organisierte er maßgeblich den sozialdemokratischen Widerstand u. a. durch Verteilerkreise der "Sozialistischen Aktion". 1936 wurde er verhaftet und zu 3 Jahren Zuchthaus verurteilt. 1945 trat August Schanz der KPD bei. 1945/1946 wechselte er in das Hessische Ministerium für Arbeit und Wohlfahrt nach Wiesbaden.

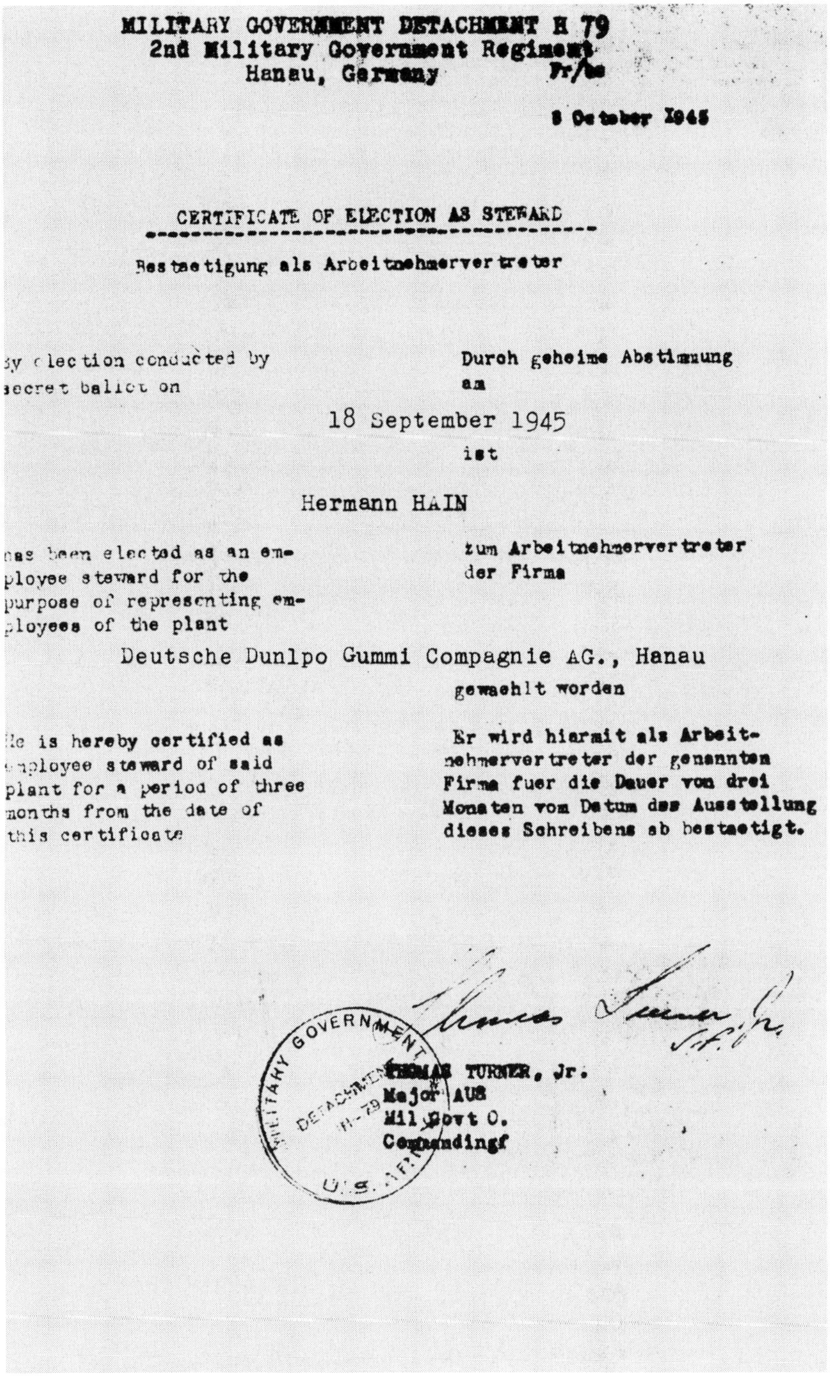
MILITARY GOVERNMENT DETACHMENT H 79
2nd Military Government Regiment
Hanau, Germany Pr/be

8 October 1945

CERTIFICATE OF ELECTION AS STEWARD

Bestaetigung als Arbeitnehmervertreter

By election conducted by secret ballot on

Durch geheime Abstimmung am

18 September 1945

ist

Hermann HAIN

has been elected as an employee steward for the purpose of representing employees of the plant

zum Arbeitnehmervertreter der Firma

Deutsche Dunlpo Gummi Compagnie AG., Hanau

gewaehlt worden

He is hereby certified as employee steward of said plant for a period of three months from the date of this certificate

Er wird hiermit als Arbeitnehmervertreter der genannten Firma fuer die Dauer von drei Monaten vom Datum der Ausstellung dieses Schreibens ab bestaetigt.

THOMAS TURNER, Jr.
Major AUS
Mil Govt O.
Commanding

Betriebsumfrage im Oktober 1945

"Kollegen, überprüft genau die Verhältnisse in Eurem Betrieb und erstattet Bericht"

Am 11. Oktober 1945 wandte sich der AGB Hanau mit einem Rundschreiben - einer Umfrage zur Lage im Betrieb - an alle inzwischen gewählten Betriebsräte. Man wollte sich ein genaues Bild der Arbeitsbedingungen, der Ernährungslage und der politischen Stimmung in den Belegschaften verschaffen. Antworten auf die neun Fragen liegen von fünfzehn Betrieben vor und geben ein konkretes Bild der Alltagssituation. Die erste Frage hatte eine dringende Bitte in eigener Sache beinhaltet: Der AGB benötigte alte Tarifordnungen, ein Betriebsrätegesetz aus der Weimarer Zeit, Betriebsordnungen, Haustarife u. a. Die Betriebsräte bemühten sich, Exemplare aufzutreiben und in das AGB-Büro zu geben, doch häufig vergeblich: Jean Becher z. B., Betriebsrat der Waisenhaus-Buchdruckerei Paul Nack, schickte eine Betriebsordnung, konnte aber "keine Tarifordnung beschaffen, da meine und die der anderen Kollegen verbrannt sind".

Frage 2 und 3 betraf die Ernährungssituation: "Gibt es eine Werksküche? Kann eine Kinderspeisung durchgeführt werden?" Um die überlebenswichtige Frage zu verstehen, muß man sich das total zerstörte Hanau vorstellen; es gab ja kaum noch Wohnungen mit Küchen. So hatte der Aufbau von Gemeinschaftsküchen absolute Priorität. Als "großes Verdienst des leider viel zu früh verstorbenen Kollegen Heinrich Mattes" würdigte der Hanauer Magistrat die Eröffnung einer Großküche in den Wirtschaftsräumen des Schlosses Philippsruhe am 12. November 1945, "da wesentliche Teile der Bevölkerung mangels Kochstelle und Brennstoffen nicht in der Lage waren, sich ein warmes Essen zu bereiten". Noch 1947 gab diese Großküche täglich 700 Stammessen und monatlich 100.000 Schulspeisungen sowie unzählige warme Essen für Flüchtlingstransporte aus, die auf dem Hanauer Hauptbahnhof ankamen, um in das Lager Wegscheide weitergeleitet zu werden.

"Eine Kinderspeisung ist gegenwärtig nicht möglich, weil uns die nötigen Töpfe fehlen."

Der Betriebsrat der Dunlop konnte berichten, daß bei ihnen schon seit einiger Zeit 600 Essen ausgegeben werden; man werde - nach Rücksprache mit der Kantinen-Kommission - auch versuchen, eine Kinderspeisung einzuführen. Auch bei W.C. Heraeus, so meldete Fritz Martin für den Betriebsausschuß, wurden täglich 300 Essen ausgegeben; zusätzlich könne in Zukunft eine

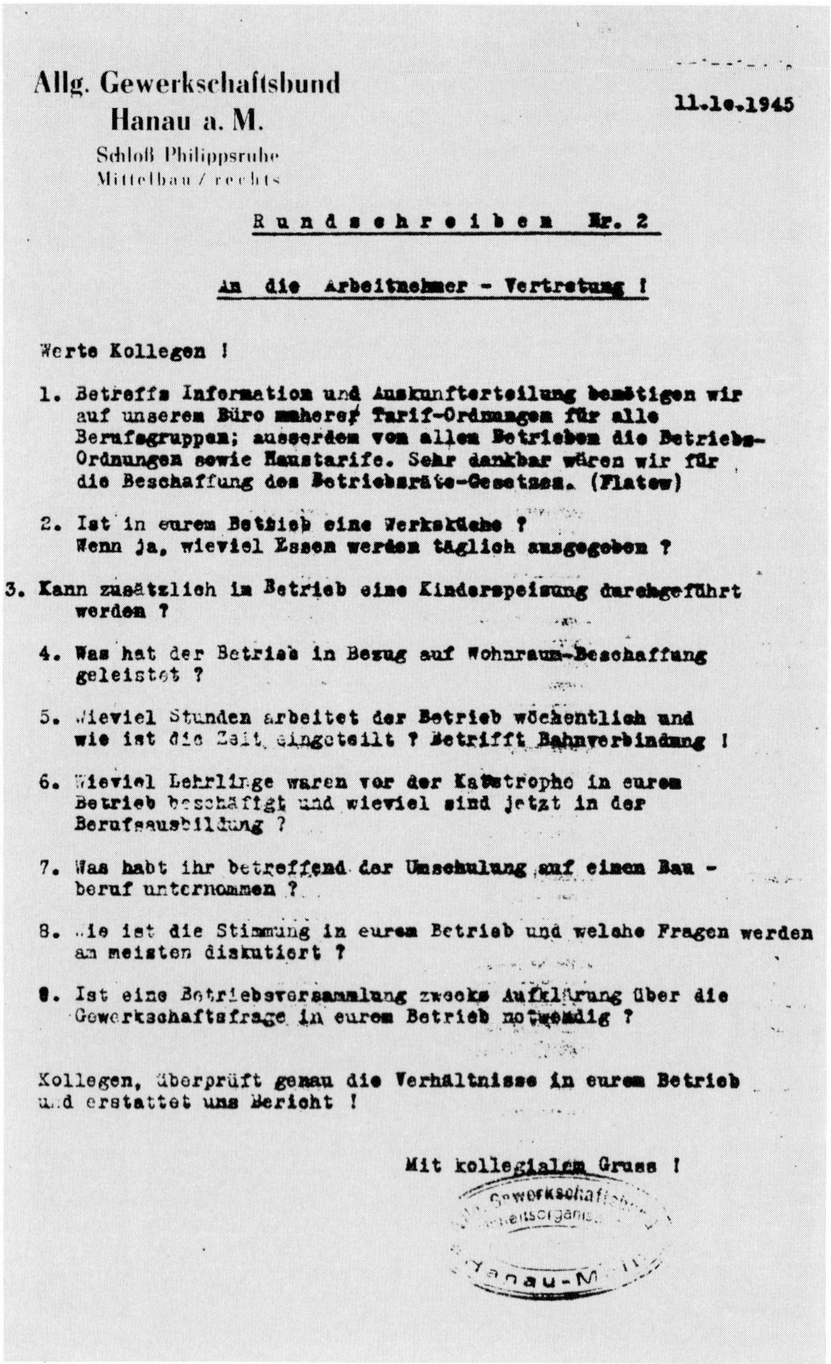

Allg. Gewerkschaftsbund
Hanau a. M.
Schloß Philippsruhe
Mittelbau / rechts

11.10.1945

Rundschreiben Nr. 2

An die Arbeitnehmer - Vertretung !

Werte Kollegen !

1. Betreffs Information und Auskunfterteilung benötigen wir auf unseren Büro mehrere Tarif-Ordnungen für alle Berufsgruppen; ausserdem von allen Betrieben die Betriebs-Ordnungen sowie Haustarife. Sehr dankbar wären wir für die Beschaffung des Betriebsräte-Gesetzes. (Flatow)

2. Ist in eurem Betrieb eine Werksküche ?
Wenn ja, wieviel Essen werden täglich ausgegeben ?

3. Kann zusätzlich im Betrieb eine Kinderspeisung durchgeführt werden ?

4. Was hat der Betrieb in Bezug auf Wohnraum-Beschaffung geleistet ?

5. Wieviel Stunden arbeitet der Betrieb wöchentlich und wie ist die Zeit eingeteilt ? Betrifft Bahnverbindung !

6. Wieviel Lehrlinge waren vor der Katastrophe in eurem Betrieb beschäftigt und wieviel sind jetzt in der Berufsausbildung ?

7. Was habt ihr betreffend der Umschulung auf einen Bau - beruf unternommen ?

8. Wie ist die Stimmung in eurem Betrieb und welche Fragen werden am meisten diskutiert ?

9. Ist eine Betriebsversammlung zwecks Aufklärung über die Gewerkschaftsfrage in eurem Betrieb notwendig ?

Kollegen, überprüft genau die Verhältnisse in eurem Betrieb und erstattet uns Bericht !

Mit kollegialem Gruss !

Gewerkschafts... ...organisation ... Hanau-M...

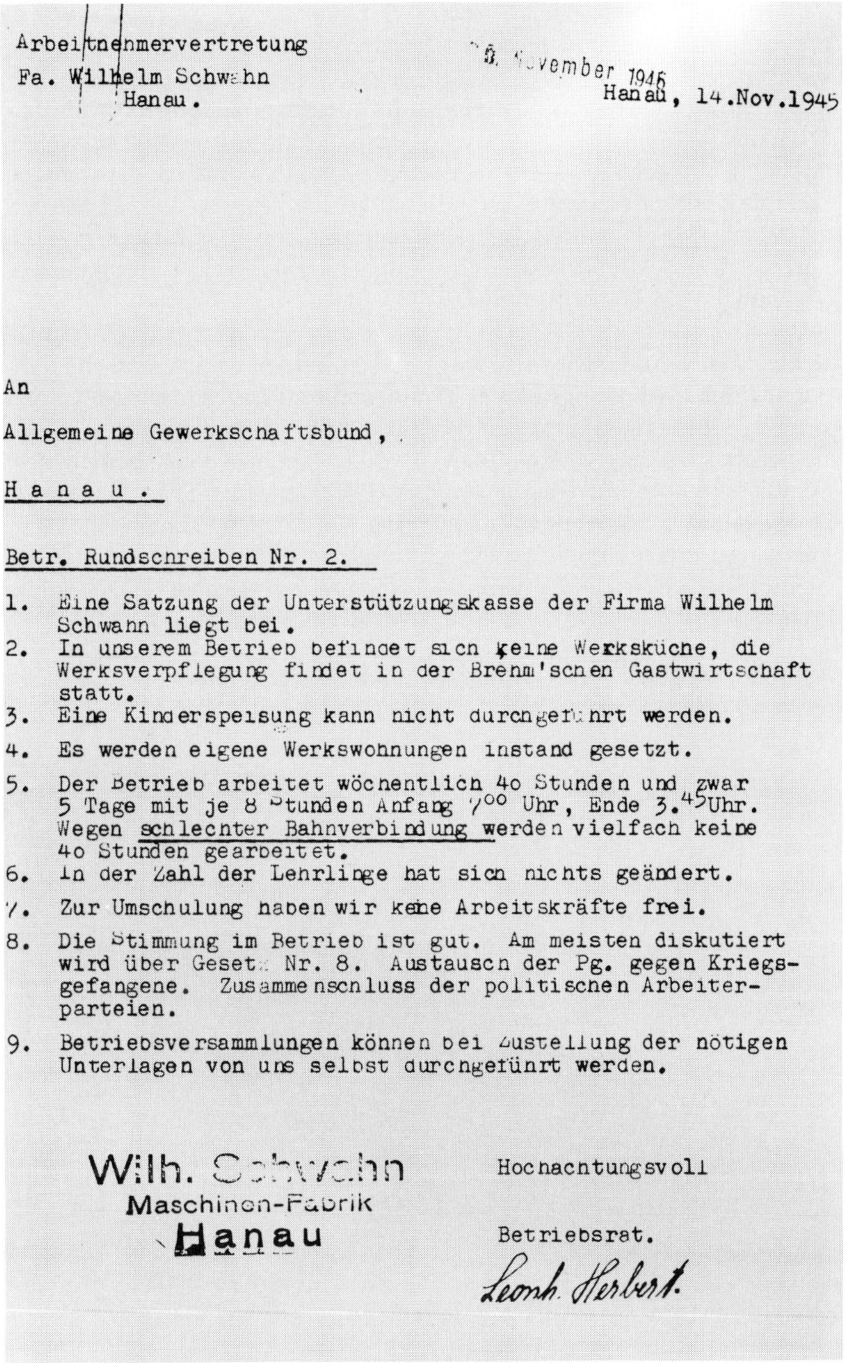

Arbeitnehmervertretung
Fa. Wilhelm Schwahn
Hanau.

8. November 1945

Hanau, 14.Nov.1945

An

Allgemeine Gewerkschaftsbund,

Hanau.

Betr. Rundschreiben Nr. 2.

1. Eine Satzung der Unterstützungskasse der Firma Wilhelm Schwahn liegt bei.
2. In unserem Betrieb befindet sich keine Werksküche, die Werksverpflegung findet in der Brehm'schen Gastwirtschaft statt.
3. Eine Kinderspeisung kann nicht durchgeführt werden.
4. Es werden eigene Werkswohnungen instand gesetzt.
5. Der Betrieb arbeitet wöchentlich 40 Stunden und zwar 5 Tage mit je 8 Stunden Anfang 7^{00} Uhr, Ende $3.^{45}$ Uhr. Wegen schlechter Bahnverbindung werden vielfach keine 40 Stunden gearbeitet.
6. In der Zahl der Lehrlinge hat sich nichts geändert.
7. Zur Umschulung haben wir keine Arbeitskräfte frei.
8. Die Stimmung im Betrieb ist gut. Am meisten diskutiert wird über Gesetz Nr. 8. Austausch der Pg. gegen Kriegsgefangene. Zusammenschluss der politischen Arbeiterparteien.
9. Betriebsversammlungen können bei Zustellung der nötigen Unterlagen von uns selbst durchgeführt werden.

Wilh. Schwahn
Maschinen-Fabrik
Hanau

Hochachtungsvoll

Betriebsrat.

Leonh. Herbert.

Kinderspeisung für 25 - 30 Kinder durchgeführt werden. Bei den Ochsi-Werken in Langenselbold gab es seit der 1. Dezemberwoche ebenfalls eine Werksküche mit täglich 200 Essen. Der Betriebsrat der Holzwerk GmbH in Bruchköbel bedauerte, daß keine Kinderspeisung durchgeführt werden kann, "weil uns die nötigen Töpfe etc. fehlen; ansonsten werden mittags und abends an 90 Kollegen, die außerhalb wohnen, Essen ausgegeben".
Betriebsrat Schwan von der Degussa-Siebert meldete, daß in der provisorischen Werksküche für etwa 100 Belegschaftsmitglieder "unentgeltlich gegen Abgabe von Lebensmittelmarken" gekocht wird, eine Kinderspeisung sei jedoch gegenwärtig nicht möglich. Bei der Fa. Wilhelm Schwahn aßen die Kollegen in der Brehm'schen Gastwirtschaft. Alle anderen Betriebsräte meldeten zu der Ernährungsfrage Fehlanzeige. Betriebsrat Haase von der Quarzlampen Gesellschaft möchte gerne eine Werksküche einrichten, dazu bräuchte er aber "erheblichere Zuschüsse als sie jetzt von den Ernährungsämtern gegeben werden. Der Gewerkschaftsbund sollte darauf hinwirken, daß von den Ernährungsämtern den Kantinen wenigstens die Zuschüsse wieder gewährt werden, die auch während des Krieges üblich waren".
Die vierte Frage ist vor dem Hintergrund zu sehen, daß 2/3 des Wohnraums zerstört worden waren. Die Antworten der Betriebsräte: Bei der Dunlop wurden bisher 25 - 30 Wohnungen für Werksangehörige in-

standgesetzt, ein Teil davon waren Werkswohnungen in der Dunlopstraße. Ein größerer Teil entstand in in dem hinter dem Firmengelände liegenden Barackenlager. In den "Ausländer-Steinbaracken" waren die während des Krieges bei der Dunlop beschäftigten ausländischen Zwangsarbeiterinnen und Zwangsarbeiter untergebracht gewesen.
Die Fa. W.C. Heraeus hatte einen Baufond von 20.000 RM für die Instandsetzung bombengeschädigter Wohnungen von Werksangehörigen zur Verfügung gestellt; außerdem ließ der Betrieb 22 Wohnungen im Grünen Weg herrichten. Der Betriebsrat der Ochsi-Werke verhandelte noch mit der Firmenleitung über den Bau einer Werkssiedlung.
Die Degussa hatte ein schwerbeschädigtes Wohnhaus und vier Behelfsheime am Niederrodenbacher Weg instand gesetzt, vier Belegschaftsmitglieder fanden dadurch Unterkunft. Zudem hat die Firma "dem Herrn Oberbürgermeister 3.000 RM zum Wiederaufbau und weiterhin 2.000 RM der Arbeiterwohlfahrt zur Verfügung gestellt". Ferner hatte der Betriebsrat "zur Linderung der Not dem Herrn Oberbürgermeister 100 Heizplatten mit Schnur und der KZ-Betreuungsstelle 50 Heizplatten mit Schnur zur Verfügung gestellt".
Der Betriebsrat des Hofbrauhaus Hanau vorm. G. Ph. Nicolay verhandelte noch mit der Betriebsleitung, die bislang lediglich 2 Wohnungen instand gesetzt hat, über den Kauf von Behelfsheimen. Die Fa. Adolf Middermann, Langenselbold, hatte ebenfalls nur zwei Einfamilienhäuser errichtet; die Fa. Fuchs, Hoch- und Tiefbau, Hanau, erstellte eine Wohnung.
Die Firma Wilhelm Schwahn war dabei, ihre Werkswohnungen instand zu setzen. Ebenso wurden bei der Quarzlampen-Gesellschaft vier Wohnungen "mit Hilfe von Betriebsmitteln" repariert.
Keine Initiativen oder Unterstützung durch den Betrieb beim Instandsetzen von Wohnungen meldeten die Betriebsräte der Stadtwerke Hanau, der Rütgerswerke, der Waisenhaus-Druckerei, des Holzwerkes Bruchköbel und eines kleinen Straßenbauunternehmens in Langenselbold.

Die fünfte Frage war auf die Wochenarbeitszeit gerichtet und wie diese eingeteilt war. Der Zusatz "betrifft Bahnverbindungen!" wies darauf hin, daß man versuchen wollte, aufgrund der Umfrage die wenigen Züge und Busse, die wieder verkehrten, besser an die unterschiedlichen Betriebszeiten anzupassen.

Wie sehr sich der praktisch zum Erliegen gekommene öffentliche Nahverkehr zu Lasten der Kolleginnen und Kollegen und der Betriebe auswirkte, betonten einige Betriebsräte. Leo Herbert, Betriebsrat bei der Firma Wilhelm Schwahn, merkte lakonisch an: "Wegen schlechter Bahnverbindung werden vielfach keine 40 Stunden gearbeitet."

Das total zerstörte Fabrikgebäude der Quarzlampen GmbH (Foto: 50 Jahre Original Hanau, 1906 - 1956. Hanau 1956)

"... und ist keinem Belegschaftsmitglied Gelegenheit geboten, die privaten Arbeiten (Landbestellung, Holzbeschaffung usw.) zu erledigen."

Der Betriebsrat von Degussa-Siebert begründete die wöchentliche Arbeitszeit von 40 Stunden:
"Den Samstag ließen wir mit Absicht frei, da der größte Teil unserer Belegschaftsmitglieder, von auswärts kommend, täglich unter Anrechnung der An- und Heimfahrt 12 - 14 Stunden unterwegs ist. Aus diesem Grunde haben wir auch von einer Erhöhung der Arbeitszeit auf 48 Stunden Abstand genommen, da eine Erhöhung in Anbetracht der Ernährungsverhältnisse eine Härte darstellen würde."
Sehr präzise setzte sich Wilhelm Hamburger, Betriebsrat bei der Fa. Fuchs, Hoch- und Tiefbau, mit den schlechten Bahnverbindungen auseinander: "Die Zugverbindungen (hauptsächlich Friedberger Strecke) sind für die auswärtigen Belegschaftsmitglieder sehr ungünstig. Die Leute sind bereits um sechs Uhr morgens auf der Baustelle, können aber wegen der Dunkelheit noch nicht arbeiten, so daß 1,5 Stunden ungenutzt vergehen. Andererseits sind sie gezwungen, nachmittags schon um 4.30 Uhr die Baustelle zu verlassen, um den Zug zu erreichen. Da samstags die Züge genau wie an den anderen Tagen verkehren, kommen die Leute auch erst spät nach Hause und ist keinem Belegschaftsmitglied Gelegenheit gebo-

Vacuumschmelze, Dezember 1944 (Foto: Stadtbildstelle Hanau)

Wochenarbeitszeiten:

Dunlop:
48 Stunden
(infolge der Aufträge der Militärregierung)

W.C. Heraeus:
40 Stunden, täglich außer Samstag

Ochsi-Werke Langenselbold:
45 - 48 Stunden in drei Schichten

Degussa-Siebert:
40 Stunden, täglich außer Samstag

Hofbrauhaus:
45 Stunden

Adolf Middermann:
48 Stunden

Fa. Fuchs, Hoch- und Tiefbau:
48 Stunden

Fa. Wilhelm Schwahn:
40 Stunden

Quarzlampengesellschaft:
45 Stunden

Stadtwerke:
48 Stunden

Rütgerswerke:
40 Stunden (infolge schwerster Arbeit)

Waisenhaus-Buchdruckerei:
48 Stunden

Fa. Anton Aßmann, Straßenbau:
48 Stunden

Holzwerk Bruchköbel:
48 Stunden

ten, die privaten Arbeiten (Landbestellung, Holzbeschaffung usw.) zu erledigen. Die Leute sind mithin bei 48stündiger Arbeitszeit 72 Stunden in der Woche unterwegs, was bei der heutigen knappen Zuteilung an Lebensmitteln sich auf die Arbeitsleistung auswirkt. Vielleicht ist es möglich, bei höheren Stellen vorstellig zu werden, damit eine bessere Zugverbindung geschaffen wird."

In der sechsten Frage geht es um die Zahl der Lehrstellen "vor der Katastrophe" und heute. Die Angaben sind je nach Betrieb und Industriezweig sehr unterschiedlich. Die Fa. W.C. Heraeus z. B. beschäftigte "vor der Katastrophe" - nehmen wir an, daß damit der Krieg und somit das Jahr 1939, und nicht bereits das Jahr 1933, die Errichtung der Nazidiktatur, gemeint war -, beschäftigte also vor 1939 70 technische und 24 kaufmännische Lehrlinge; im November 1945 waren es nur 25 bzw. 15. Die Stadtwerke hatten vor 1939 11 Lehrlinge und nun 14; das Holzwerk Bruchköbel vor 1939 3, nun 22 Lehrlinge. Die Fa. Adolf Middermann, Maschinen- und Apparatebau, Langenselbold, hatte vor 1939 keinen Lehrling, nun 22 beschäftigt. Gedanken über die berufliche Qualifizierung der Lehrlinge machte sich der Betriebsrat der Dunlop; er kündigte eine betriebseigene theoretische Fachausbildung durch geeignete Fachkräfte an. Die meisten Lehrlinge jedoch mußten vor allem schuften; denn das Schulwesen war ebenso zerstört wie alle anderen öffentlichen Bereiche. Zwar wurde der provisorische Schulbetrieb am 25. September 1945 wieder aufgenommen, er betraf jedoch nicht die Berufsschulen. Zudem waren von den 19 Hanauer Schulen 16 total zerstört und bei der Entnazifizierung der Schulbehörden mußten 101 Lehrerinnen und Lehrer entlassen werden. Erst im Juli 1946 konnte im Hof des Schlosses Philippsruhe eine Schulbaracke aufgestellt werden, in der 150 - 200 Lehrlinge aller Berufe in mehreren Klassen unterrichtet wurden.

Arbeiterinnen beim Enttrümmern
(Foto; 50 Jahre Original Hanau, 1906 - 1956. Hanau 1956)

Unmittelbare Konjunktur - trotz aller Material-, Werkzeug- und Transportprobleme - hatten Bauberufe. Bauarbeiter fehlten, und der AGB versuchte die Betriebsräte auf ein Umschulungsprogramm für Bauberufe zu orientieren. Bei der 7. Frage wollte man wissen, was in dieser Hinsicht von den Betriebsräten unternommen worden sei. Bei den meisten Betrieben bestand kein Interesse an einer Umschulung: Man konnte keine Arbeitskräfte entbehren, hatte z. T. auch selbst die eigenen Leute für Wiederaufbauarbeiten als Maurer, Schreiner etc. angelernt. Die Fa. Fuchs, Hoch- und Tiefbau, hatte vier Umschüler zum Maurerlehrgang entsandt, bei W.C. Heraeus wollte man die Umschulung in Angriff nehmen.
Bei der Degussa-Siebert befand sich der größte Teil der 41 gewerblichen Lehrlinge bereits in der Produktion bzw. in der Lehrlingswerkstatt. "Die Einrichtung der Lehrlingswerkstatt", so der Betriebsrat, "haben wir mit allem Nachdruck betrieben, damit den Lehrlingen eine fachliche Ausbildung schnellstmöglichst zu gute kommt."

"Weg mit diesen Herren, ob Pg. oder nicht, die Nazigesetze waren ihnen allen ein liebsames Werkzeug, um die arbeitende Kuh ganz auszumelken."

Zuletzt wurde noch nach der Stimmung im Betrieb, den am meisten diskutierten Problemen und dem Bedürfnis, im Betrieb eine Gewerkschaftsversammlung abzuhalten, gefragt. In allen Betrieben wurde am meisten über das Gesetz Nr. 8, die Entnazifizierung, diskutiert.
An zweiter Stelle folgte die Ernährungslage, dann die Wohnungsfrage, schlechte Verkehrsverbindungen, Entlohnung und die Gewerkschaftsfrage.

Otto Keßler, Betriebsrat bei den Rütgerswerken, gab für seinen Betrieb einen sehr konkreten Bericht, der durchaus auch die Situation in anderen Betrieben beleuchtet: "Was die Stimmung in unserem Betrieb betrifft, kann man sie im allgemeinen als zufriedenstellend betrachten. Diskussionen drehen sich vor allem um die Entnazifizierung. Es wird allgemein der Standpunkt vertreten, daß das Übel bei der Wurzel angepackt werden müßte, nicht bei dem Gipfel. Das heißt, den Baum auf den Kopf gestellt und oben die Wurzel abgeschlagen; dann werden die Ästchen von selber dürr. Also weg mit den Trusts, den Konzernen und Aktiengesellschaften. Weg mit diesen Herren, ob Pg. oder nicht, die Nazigesetze waren ihnen allen ein liebsames Werkzeug, um die arbeitende Kuh ganz auszumelken. Ich muß es akzeptieren und würde es begrüßen, wenn auch unser Betrieb an erster Stelle stehen würde. Eine der Hauptdiskussionen bei uns ist die Lohn- und Ernährungsfrage. Diese Forderungen sind bei uns nur gerechtfertigt infolge der schweren Arbeit. Es handelt sich um das Tragen von Eisenbahnschwellen im Gewicht von 1 1/2 bis 2 1/2 Zentner. Unsere Forderung muß daher lauten: Abschaffung des Akkordes, anstelle des Stundenlohns von 67 Pfennig ein Spitzenlohn zur Erhaltung eines gewissen Arbeitseifers, für verschiedene Arbeiten eine Prämie, damit die Unzufriedenheit in unserem Betrieb wieder verschwindet und einer Zufriedenheit und Interesse für Politik und Weltgeschehen Platz macht. Dies ist meine erste und größte Aufgabe, und ich werde kein Mittel scheuen, gegen den Rütgerskonzern vorzugehen. Die Zusammenlegung der beiden Ortskassen und die Gründung der Einheitsorganisation des Gewerkschaftsbundes hat großen Anklang gefunden."

Auf die Unzufriedenheit mit der Durchführung des Gesetzes Nr. 8 machte auch Wilhelm Keim, Betriebsrat bei der Dunlop, aufmerksam: "Was die Stimmung bei unserer Belegschaft anbelangt, so war sie in Ordnung, bis die von uns entlassenen bzw. rückversetzten Pgs. vor dem politischen Prüfungsausschuß

Aus dem Terminkalender des Gewerkschaftssekretärs
Josef Breidenbach
(Oktober - Dezember 1945):

Veranstaltungen zum Thema "Gewerkschaftsbund und Wiederaufbau"

Freitag, den 26. 10. 1945,
Bruchköbel, Gastwirtschaft Schmidt

Samstag, den 27. 10. 1945,
Langenselbold

Donnerstag, den 14. 11. 1945,
Rückingen, Gastwirtschaft Gotthard Stein

Dienstag, den 20. 11. 1945,
Niederrodenbach, Hotel Peter Bach

Samstag, den 24. 11. 1945,
Marköbel, Rathaussaal

Freitag, den 7. 12. 1945,
Dörnigheim, Hotel "Mainlust"

Sonntag, den 9. 12. 1945,
Großauheim

Montag, den 10. 12. 1945,
Condux-Werke, Wolfgang

Dienstag, den 11. 12. 1945,
Langenselbold, Ochsi-Werke nach der Mittagspause

Mittwoch, den 12. 12. 1945,
Bischofsheim, Gasthaus Fr. Ebert

Samstag, den 15. 12. 1945,
Rüdigheim, Gasthaus Stern

zum größten Teil freigesprochen wurden. Man macht uns fälschlicherweise wegen diesen Entscheidungen verantwortlich, obwohl wir sofort bei dem Prüfungsausschuß Protest eingelegt haben, wegen der humanen und nach unserer Ansicht völlig einseitigen Auslegung des Gesetzes Nr. 8. In diesem Zusammenhang beantragen wir eine Betriebsversammlung zur Aufklärung unserer Belegschaft sowie über die Gewerkschaftsfragen mit einem zugkräftigen Redner."

Noch im November 1945 fanden bei W.C. Heraeus, bei der Heraeus Vacuumschmelze, bei der Degussa, bei der Dunlop und bei BBC Großauheim Betriebsversammlungen zum Gesetz Nr. 8 statt, und bis Dezember 1945 waren die Gewerkschafter der 1. Stunde in Stadt- und Landkreis Hanau unterwegs, um die arbeitende Bevölkerung über die Neugründung und das Programm des AGB zu informieren. Veranstaltungen zum Thema "Gewerkschaftsbund und Wiederaufbau Deutschlands", jede einzelne zweisprachig und in doppelter Ausfertigung der Militärregierung zur Genehmigung vorgelegt, fanden an vielen Orten und in zahlreichen Betrieben statt.

Neben dieser intensiven Versammlungsarbeit, der alltäglichen Beratung von Hilfesuchenden im Büro und dem zeitraubenden Schriftverkehr mit der Besatzungsmacht erarbeitete der vorläufige Vorstand um August Schanz drei Denkschriften an die Militärregierung.

Entnazifizierung

Die erste Denkschrift vom 22. November 1945, die sich kritisch mit der Handhabung der Entnazifizierung beschäftigt, soll hier nur kurz erwähnt werden. Da die Diskussion über die Entnazifizierung das gewerkschaftliche Hauptthema des Jahres 1945 war und wir dazu im DGB-Archiv Hanau auch sehr viele Dokumente gefunden haben, haben wir dieser Frage ein eigenes Kapitel gewidmet.
(siehe Kapitel Entnazifizierung in Hanauer Betrieben)

Freilassung der Kriegsgefangenen

Am 17. Dezember 1945 wandte sich der Allgemeine Gewerkschaftsbund Hanau (Einheitsorganisation) an die Militärregierung mit der Bitte um bevorzugte Entlassung von Antifaschisten aus der Kriegsgefangenschaft, im Austausch gegen alte Nazis: "Die Gewerkschaften und Arbeitnehmervertreter vermissen in ihren Reihen noch immer viele Kameraden, die schon vor 1933 und auch später, als die Nazis an der Macht waren, gemeinschaftlich mit ihnen gegen den Nazismus gekämpft und gewirkt haben. Gerade diese antinazistischen Männer, junge und alte, wurden in erster Linie von den Funktionären der Partei an die Front geschickt. Viele von ihnen befinden sich noch in Kriegsgefangenschaft und müssen vielleicht schon in anderen Ländern wiedergutmachen, was die Naziverbrecher dort verschuldet haben. Die ehemaligen Mitglieder der NSDAP aber, die sich immer leicht der Kriegsdienstpflicht entziehen konnten, sitzen nach wie vor unbehelligt zu Hause oder werden, wenn es schlimm für sie kommt, in industriellen oder überhaupt wirtschaftlichen Unternehmen für gewöhnliche Arbeiten beschäftigt."

Bis Herbst 1946 reichte der AGB einige Dutzend Anträge auf Entlassung aus US-amerikanischer Kriegsgefangenschaft über das Ministerium für Arbeit und Wohlfahrt an die US-Militärregierung weiter, z. T. mit eidesstattlichen Erklärungen über die antifaschistische Haltung des Betreffenden oder mit Anforderungen aus den Betrieben. Doch die Bemühungen blieben ergebnislos. Aktennotiz vom 10. September 1946: "Sämtl. Anträge auf Freilassung von Kriegsgefangenen ... sind ... zurückgeschickt worden. Weitere Antragstellungen sind nunmehr zwecklos. Die Antragsteller sind entsprechend benachrichtigt."

Wohnraumbeschaffung

In der dritten Denkschrift, ebenfalls vom 17. Dezember 1945, ging es um die "sehr geringen Fortschritte" bei der Wohnraumbeschaffung. Die Ursachen dafür wären "weniger auf den Mangel an gutem Willen der zuständigen Verwaltungen als vielmehr auf das Fehlen von geeigneten

Fachkräften und Baustoffen zurückzuführen". Andererseits wären "in Erledigung von Regierungsaufträgen, wie z. B. in den Kasernen und auf dem Flugplatz Langendiebach ... sehr viele Fachleute außerhalb ihres eigentlichen Berufes beschäftigt. Es wäre unter diesen Umständen außerordentlich zu begrüßen, wenn es gelänge, eine größere Kolonne von Bauarbeitern wie Zimmerleute, Maurer, Dachdecker, Weißbinder und dergleichen mehr für den allgemeinen zivilen Aufbau freizumachen. Wir erkennen die vordringlichen Aufgaben, die im Interesse der Militärregierung und der Angehörigen der Besatzungsarmee erfüllt werden müssen, in jeder Beziehung durchaus an, können uns aber der zwingenden Notwendigkeit des gesteigerten Wohnungsbaus nicht verschließen." Diese höfliche Anfrage blieb ebenso unberücksichtigt wie ähnliche aus dem Sommer 1946, als man bittet, von der "Beschlagnahmung von 6 Wohnblocks an der Lamboystraße Abstand" zu nehmen, dadurch würden 450 Einwohner obdachlos; oder als man Einspruch gegen die Beschlagnahmung der Kantine der Fa. Wilhelma in Kesselstadt, dem einzigen größeren Versammlungsraum, erhebt. Der Platzbedarf der Militärs hatte schon damals absolute Priorität.

Auch eine Eingabe, das Vermögen der faschistischen Deutschen Arbeitsfront für die neugegründete Gewerkschaft freizugeben - immerhin hatte die DAF bei der Besetzung des Hanauer Gewerkschaftshauses am 2. Mai 1933 das Vermögen der Freien Gewerkschaften geraubt - wurde am 27. November 1945 abschlägig beschieden. So war der gewerkschaftliche Neubeginn in Hanau, der am 13. Januar 1946 mit der ersten außerordentlichen Delegiertenversammlung und der Wahl eines Vorstandes seinen organisatorischen Abschluß fand, in finanzieller Hinsicht notgedrungen ein Neubeginn ohne einen Pfennig Geld.

Die erste Delegiertenversammlung im Schloßkino

Verantwortlich für die Vorbereitung der ersten Gewerkschaftsversammlung war Josef Breidenbach, der nach dem Wechsel von August Schanz in das Ministerium für Arbeit und Wohlfahrt hauptamtlicher Ge-

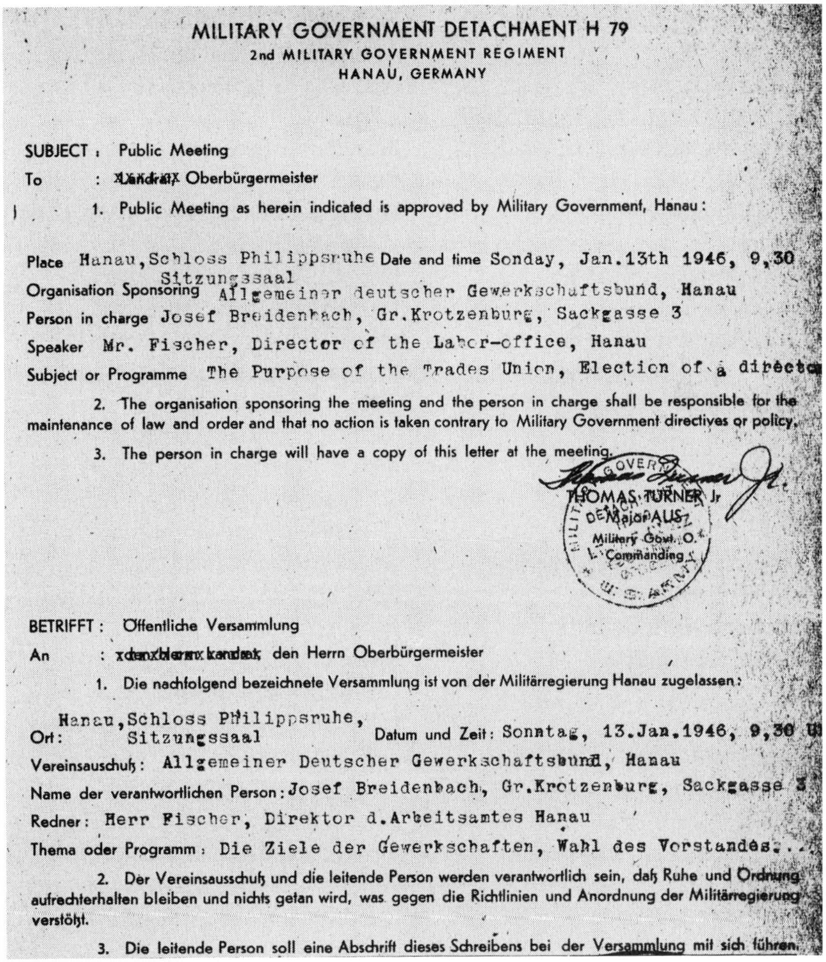

MILITARY GOVERNMENT DETACHMENT H 79
2nd MILITARY GOVERNMENT REGIMENT
HANAU, GERMANY

SUBJECT : Public Meeting
To : ~~Landrat~~ Oberbürgermeister

1. Public Meeting as herein indicated is approved by Military Government, Hanau:

Place Hanau, Schloss Philippsruhe Sitzungssaal Date and time Sonday, Jan. 13th 1946, 9,30
Organisation Sponsoring Allgemeiner deutscher Gewerkschaftsbund, Hanau
Person in charge Josef Breidenbach, Gr. Krotzenburg, Sackgasse 3
Speaker Mr. Fischer, Director of the Labor-office, Hanau
Subject or Programme The Purpose of the Trades Union, Election of a directo[r]

2. The organisation sponsoring the meeting and the person in charge shall be responsible for the maintenance of law and order and that no action is taken contrary to Military Government directives or policy.

3. The person in charge will have a copy of this letter at the meeting.

THOMAS TURNER Jr
Major AUS
Military Govt. O.
Commanding

BETRIFFT : Öffentliche Versammlung
An : ~~den Herrn Landrat~~ den Herrn Oberbürgermeister

1. Die nachfolgend bezeichnete Versammlung ist von der Militärregierung Hanau zugelassen:

Ort: Hanau, Schloss Philippsruhe, Sitzungssaal Datum und Zeit: Sonntag, 13. Jan. 1946, 9,30 U[hr]
Vereinsauschuß: Allgemeiner Deutscher Gewerkschaftsbund, Hanau
Name der verantwortlichen Person: Josef Breidenbach, Gr. Krotzenburg, Sackgasse 3
Redner: Herr Fischer, Direktor d. Arbeitsamtes Hanau
Thema oder Programm: Die Ziele der Gewerkschaften, Wahl des Vorstandes...

2. Der Vereinsausschuß und die leitende Person werden verantwortlich sein, daß Ruhe und Ordnung aufrechterhalten bleiben und nichts getan wird, was gegen die Richtlinien und Anordnung der Militärregierung verstößt.

3. Die leitende Person soll eine Abschrift dieses Schreibens bei der Versammlung mit sich führen.

Die Delegierten der ersten außerordentlichen Delegiertenversammlung, die am Sonntag, dem 13. Januar 1946, Beginn 9.30 Uhr, im Schloßkino stattfand, wählten einen elfköpfigen Vorstand und 14 Fachgruppenbeiräte.

Der erste gewählte Vorstand des AGB Hanau (Einheitsorganisation):

1. Vorsitzender:
Heinrich Fischer aus Hanau, Jg. 1895, Direktor des Arbeitsamtes, SPD
2. Vorsitzender:
Fritz Martin aus Hanau, Jg. 1903, Werkzeugmacher und Betriebsrat bei W.C. Heraeus, KPD
1. Schriftführer:
Franz Kallnik aus Wolfgang, Jg. 1907, Behördenangestellter im Landratsamt, CDU
2. Schriftführer:
Elisabeth Fischer aus Hanau, Jg. 1916, Gewerkschaftsangestellte
Revisor:
Heinz Hahn aus Hanau, Jg. 1892, kaufmännischer Abteilungsleiter bei W.C. Heraeus, SPD

Beisitzer:
Jakob Köhler aus Bruchköbel, Jg. 1894, Schlosser, Dunlop
Wilhelm Kreis aus Großauheim, Jg. 1893, Schlosser, BBC
Karl Mondorf aus Steinheim, Jg. 1904, Former, Fa. Wilhelma

Geschäftsführende Angestellte:
Heinrich Eckhardt aus Hanau, Jg. 1899, KPD
Josef Breidenbach aus Hanau, Jg. 1903, KPD
Karl Mattes aus Hanau, Jg. 1903, SPD

Die Fachgruppenbeiräte:
Banken und Versicherungen:
Otto Burghardt aus Frankfurt
Chemie:
Jakob Keim aus Niederrodenbach und Wilhelm Lenz aus Langendiebach
Druck und Papier:
Friedrich Schien aus Hanau
Eisenbahn:
Johann Baumgärtner aus Hanau und Ferdinand Bergmann aus Großkrotzenburg
Freie Berufe (Musiker): August Fucker
Handel:
Wilhelm Lach und Johann Ludwig, beide aus Niederrodenbach
Holz: Karl Mayer aus Rückingen
Landwirtschaft: Michael Schramm
Metall: Fritz Martin, Karl Mondorf und Christian Walter aus Hanau, Wilhelm Viel aus Rückingen
Nahrungs- und Genußmittel:
Karl Hohmann aus Langenselbold, Heinrich Leissner aus Rückingen und Heinrich Raab aus Niederrodenbach
Öffentliche Verwaltungen:
Wilhelm Schnee und Erwin Rieger aus Hanau
Steine und Bau:
Georg Ebert aus Langendiebach, Wilhelm Hamburger und Wilhelm Schäfer aus Langenselbold
Textil, Bekleidung und Leder:
Wilhelm Menger aus Kilianstädten
Verkehr und öffentliche Betriebe:
Wilhelm Hübener aus Niederrodenbach und Wilhelm von Rhein aus Hanau.

werkschaftssekretär in Hanau wurde. Josef Breidenbach, mit damals 42 Jahren einer der jüngsten unter den Gründern, war von 1928 bis 1932 Betriebsrat bei der Dunlop gewesen, der KPD gehörte er seit 1920 an. Im März 1933 in "Schutzhaft" genommen, war er bis 1937 arbeitslos, danach arbeitete er als Chemielaborant bei W.C. Heraeus.

"Wir halten die Einheitsgewerkschaft auch heute noch für das zweckmäßigste, aber wir können uns einer allgemeinen Entwicklung nun einmal nicht entgegenstellen."
(Karl Mattes)

Mit der die folgenden Monate bestimmenden Diskussion um die Struktur der Landesgewerkschaften, der Frage, ob man eine Einheitsgewerkschaft oder Industriegewerkschaften aufbauen wolle, beschäftigte sich bereits die 1. Sitzung des neugewählten AGB-Vorstandes am 22. Januar 1946. Heinrich Fischer plädierte für den Aufbau von Industriegewerkschaften "mit eigener Verwaltung, eigenen Beiträgen, eigenen Satzungen, eigenen Formularen", diese würden im Allgemeinen Gewerkschaftsbund zusammengeschlossen sein. "Zweifellos", so Heinrich Fischer, "würde letztere Regelung gegenüber früher doch ein Fortschritt sein und auch gewisse Vorteile mit sich bringen, im Hinblick z. B. auf die Arbeitsteilung innerhalb der einzelnen Gebiete". Heinrich Fischer hatte zugleich einen starken Dachverband im Auge; so betonte er im Juni 1946, beim Zusammenschluß des Bezirkes Hanau mit den Nebenstellen Schlüchtern und Gelnhausen: "Es muß vor allen Dingen erstrebt werden, daß *eine* Organisation geschaffen wird. Das Bestehen vieler Gewerkschaften mit auseinanderstrebenden Zielen ist unter allen Umständen zu vermeiden. Die Interessen der schaffenden Menschen - Arbeiter und Angestellte - können nur in einer Einheitsgewerkschaft wirksam vertreten werde". Man kam im Januar 1946 zu einem pragmatischen Beschluß: "Es wurde beschlossen, da wir in Hanau die Einheitsgewerkschaft haben, die Vorteile beider Möglichkeiten uns zu Nutzen zu machen." Für den Aufbau der Fachgruppen innerhalb des AGB Hanau nahm man eine Arbeitsteilung unter den drei hauptamtlichen Geschäftsführern vor: Heinrich Eckhardt war für die Fachgruppen Metall, Holzgewerbe, Handel, Verkehr und öffentliche Betriebe zuständig; Karl Mattes für Chemie, Druck und Papier, Bekleidung, Textil und Leder, Nahrungs- und Genußmittel, Banken und Versicherung; Josef Breidenbach sollte sich um Bau und Steingewerbe, Freie Berufe, Landwirtschaft und öffentliche Verwaltungen kümmern. Anscheinend ohne Diskussion fand in den folgenden Tagen eine Namensänderung statt; das Protokoll vom 30. Januar 1946 berichtete von der "Vorstandssitzung des F.D.G.B.", auch die hauptamtlichen Geschäftsführer wurden als "Angestellte des F.D.G.B." geführt.

Diesen Namen "Freier Deutscher Gewerkschaftsbund" hatte sich bis dahin nur die in Frankfurt aufgebaute Gewerkschaftsorganisation gegeben, die mitgliederstärkste aller lokalen Gewerkschaften in Hessen, die nun eine zentrale Rolle beim Aufbau der Landesgewerkschaften spielte. Kontakte zum F.D.G.B., Frankfurt, hatte es bereits in der Gründungsphase des Hanauer Allgemeinen Gewerkschaftsbundes gegeben, so waren bereits im Juni 1945 Rundschreiben des F.D.G.B. Bezirk Rhein-Main in Hanau eingegangen, in denen Willi Richter, Mitbegründer des F.D.G.B. Frankfurt und im August 1946 zum 1. Vorsitzenden des FGB Hessen gewählt, "einheitliche Vorschläge und Forderungen bei allen in Frage kommenden Behörden und bei den zuständigen Stellen des Military Government" dringend empfahl: "Man kann über die eine oder andere Frage verschiedener Meinung sein, aber über die für den Freien Deutschen Gewerkschaftsbund aufgestellten Grundsätze, den Aufbau und die Aufgaben kann und darf es unter erfahrenen und für die Arbeitnehmer wirkenden Gewerkschaftsfunktionären keine Meinungsverschiedenheiten geben."

Doch es gab in der Aufbauphase nicht nur Kontakte zu den Frankfurter Gewerkschaftern; im Hanauer DGB-Archiv sind auch die Grundsatzpapiere zum Gewerkschaftsaufbau aus Wiesbaden und Offenbach vorhanden. Selbst in die sowjetische Zone, nach Thüringen, hatte man Verbindungen, wie der im DGB-Archiv vorhandene Entwurf zu einem Betriebsrätegesetz aus dem Jahr 1946 zeigt.

Am 3. Februar 1946 nahmen Hanauer Gewerkschafter an einer zweiten landesweiten Konferenz von Vertretern der Einheitsgewerkschaften Groß-Hessens teil, bei der die Diskussion um die Organisationsform im Mittelpunkt stand. Diese Konferenz arbeitete die Vorteile der zentralen Einheitsorganisation heraus, der gegenüber selbständige Industriegewerkschaften als "Anknüpfen an die Vergangenheit und Sicherung von Positionen für frühere Funktionäre" gewertet wurden. Beim nächsten landesweiten Treffen mit über 150 Teilnehmern in Frankfurt machte sich Willi Richter für das Industriegewerkschaftsprinzip stark, konnte sich jedoch noch nicht durchsetzen: Der von allen gewünschte Aufbau sollte aus dem Zusammenschluß sowohl der lokalen als auch der Industriegewerkschaften entstehen. Mit diesem Kompromiß war zugleich den Forderungen der US-amerikanischen Militärregierung nach dem Zusammenschluß in Industriegewerkschaften auf Landesebene noch vor der Konstituierung eines Landesgewerkschaftsbundes Genüge getan. Beschlossen wurde, daß die lokalen Gewerkschaften sich für das Gebiet ihres Arbeitsamtes als Bezirksverwaltung des Freien Gewerkschaftsbundes Hessen zusammenschließen sollten.

Am 1. Juni 1946 verzeichnete das Protokoll der Bezirksvorstandssitzung den "Zusammenschluß des FDGB Hessen Bezirk Hanau im Bereich des Arbeitsamtsbezirkes Hanau und Angliederung der Nebenstellen Gelnhausen und Schlüchtern". Der Bezirk Hanau hatte im April 1946 mit 8.203 Mitgliedern zu den kleinsten F.D.G.B-Bezirken in Hessen gehört. Bis April 1946 hatten in zahlreichen Orten des Landkreises Hanau - so in Hochstadt, Dörnigheim, Ostheim, Roßdorf, Ravolzhausen, Hüttengesäß, Kilianstädten, Windecken, Mittelbuchen, Wachenbuchen und Bruchköbel - öffentliche Versammlungen zum Thema "Die Gewerkschaften und ihre Aufgaben" bzw. zur Wahl einer Ortsverwaltung stattgefunden. Im Bereich der Nebenstelle Gelnhausen hatten 17 Betriebsversammlungen stattgefunden - u. a. in den Bad Orber Zigarrenfabriken, der Steingutfabrik Schlierbach, den Klinkerwerken Meerholz, den Deutschen Kleiderwerken Roth, in den Gummiwerken Veritas, Joh und Ullrich in Gelnhausen sowie dem Landratsamt, der Stadtverwaltung und der Kaserne Gelnhausen. Durch den Zusammenschluß mit Gelnhausen (1.200 Mitglieder) und Schlüchtern (1.428 Mitglieder) und Neueintritte wuchs der Bezirk Hanau im Juli 1946 auf 12.533 Mitglieder. Als Sekretär der Nebenstelle Schlüchtern wurde Willi Baus, mit 33 Jahren einer der jüngsten Hauptamtlichen, bestimmt; die Schlüchterner Delegiertenkonferenz wählte am 16. Juli 1946 einen neunköpfigen Vorstand mit dem Sozialdemokraten Georg Riehm, Jg. 1888, als 1. Vorsitzenden. Als Sekretär der Nebenstelle Gelnhausen wurde der Kollege Groß bestätigt.

Die Diskussion um die Organisationsform bestimmte die 3. Delegiertenkonferenz am 10./11. August 1946 im "Hessischen Hof" in Schlüchtern. Heinrich Fischer machte den Delegierten noch einmal deutlich, daß die Entscheidung zugunsten des Industriegewerkschaftsprinzips in Frankfurt bereits gefallen und dabei die Forderungen der US-Militärregierung entscheidend gewesen seien: "Die Einheitsgewerkschaft habe man so lange verteidigt, so lange sie zu verteidigen war ... Der Aufbau der Industriegewerkschaften müsse auch bei uns kommen. Den einzelnen Industriegruppen sei damit Gelegenheit gegeben, ihre Belange besser wahrzunehmen. Die Dachorganisation sei der FDGB. Wir würden insofern eine Einheitsorganisation bleiben, als es keine christlichen Gewerkschaften, keine Angestelltengewerkschaften usw. mehr gäbe. Er betonte, daß die Gewerkschaften über den Parteien stehen müßten. Ihr Hauptaufgabengebiet liege bei der Wirtschaft. Sie seien deswegen aber nicht unpolitisch. Klar und deutlich bringen wir zum Ausdruck, daß wir eine andere Weltordnung, daß wir die sozialistische Gesellschaftsordnung wollen, und hieraus ergibt sich auch unsere Stellung in der Politik."
(Protokoll der 3. Delegiertenkonferenz des Freien Deutschen Gewerkschaftsbundes Bezirk Hanau am 10./11. August 1946, DGB-Archiv Hanau)

Kritische Stimmen kamen u. a. vom Kollegen Harnischfeger aus Schlierbach, der davor warnte, "beim Aufbau von Industriegewerkschaften die Gewerkschaften nicht zu sehr auseinanderzuziehen, damit sie dadurch nicht geschwächt würden", während der Kollege Ebert aus Langendiebach "eine Lanze für die Industriegewerkschaften, insbesondere für den Baugewerksbund", brach. Auch im Hinblick auf Unterstützungsgelder - die Zigarrenarbeiter in Bad Orb waren schon mehr als sechs Wochen ohne Arbeit - wurde auf die Zuständigkeit von Industriegewerkschaften verwiesen. Zum Zeitpunkt der Konferenz in Schlüchtern waren in Hessen schon mindestens zehn Industriegewerkschaften auf Landesebene gegründet worden; an sechs Gründungskonferenzen, die alle in Frankfurt stattfanden, hatten Vertreter des F.D.G.B. Bezirk Hanau teilgenommen: am 15. Mai 1946 bei der Gründung der Gewerkschaft Druck und Papier, am 29. Mai 1946 bei der Gründung der Gewerkschaft Land- und Forstwirtschaft, am 2. Juni 1946 an der Gründungskonferenz der IG Chemie, am 22./23. Juni 1946 an der Gründungskonferenz der IG Metall, am 23. Juni 1946 an der Gründung der Gewerkschaft Holz und am 27./28. Juli 1946 an der Gründung des Baugewerksbundes. Auch beim Chemiekongreß am 11. Juli 1946 in Hannover waren Delegierte aus Hanau anwesend gewesen.

"Wir halten", so faßte Karl Mattes die Diskussion zusammen, "die Einheitsgewerkschaft auch heute noch für das zweckmäßigste, aber wir können uns einer allgemeinen Entwicklung nun einmal nicht entgegenstellen. Nachdem die Alliierten nur Industriegewerkschaften zugelassen haben, wird es keinen Erfolg haben, wenn wir mit unserem Einheitsgedanken kommen". Einstimmig gaben die Delegierten ihr Einverständnis, daß der Bezirk Hanau sich an den in den nächsten Wochen stattfindenden Tagungen der verschiedenen Industriegewerkschaften beteiligen soll, und sie ermächtigten den Bezirksvorstand, "in Anbetracht der Kürze der Zeit ... die Delegierten auszuwählen und zu entsenden". So wurde auch für den ersten Bundestag des Freien Gewerkschaftsbundes Hessen verfahren, der 14 Tage später, am 24./25. August 1946, in Frankfurt im Volkshaus Enkheim stattfand.

Friedrich Schien

Die Änderung des Namens - von Freier Deutscher Gewerkschaftsbund (F.D.G.B.) zu Freier Gewerkschaftsbund (FGB), die auf diesem 1. Bundestag zu heftigen Diskussionen führte, weil damit, obwohl von keinem Redner angesprochen, eine Distanzierung vom FDGB der sowjetischen Zone ausgedrückt wurde - war im Bezirk Hanau ohne Diskussion schon auf der 3. Delegiertenkonferenz in Schlüchtern vollzogen worden.

Zur Gründung der Industriegewerkschaften

Die Aufgliederung der Einheitsorganisation in Industriegewerkschaften zog sich besonders bei den kleineren Gewerkschaften und im ländlichen Raum bis Anfang 1948 hin. Die beiden mitgliederstärksten Industriegewerkschaften Metall und Chemie wurden im Bezirk Hanau vermutlich noch im Herbst 1946 gegründet; genaue Daten liegen nicht vor. Im Organisationsbericht der Gewerkschaft Metall, Verwaltungsstelle Hanau, für das 1. Halbjahr 1947 wurde für den September 1946 die Zahl von 4.833 Mitgliedern angegeben; 1. Bevollmächtigter wurde Fritz Martin. Das Büro der IG Metall befand sich ebenso wie das der IG Chemie im Zollamt am Hafen. Die IG Chemie hatte im Oktober 1946 2.779 Mitglieder. 1. Vorsitzender war vermutlich Jakob Köhler.

Im März 1947 fand die Gründungsversammlung der IG Druck und Papier in Hanau statt, bei der der damals 62jährige Schriftsetzer Friedrich Schien zum 1. Vorsitzenden gewählt wurde. Friedrich Schien gehörte zu den Gewerkschaftern der 1. Stunde, die aus dem Widerstand kamen: Er hatte in den ersten Jahren der Nazidiktatur mit einer sozialdemokratischen Widerstandsgruppe die aus der Schweiz eingeschmuggelte Zeitung "Sozialistische Aktion" im Hanauer Raum verbreitet und wurde deshalb zu drei Jahren Gefängnis verurteilt. Im AGB-Vorstand hatte er die Fachgruppe Druck und Papier vertreten. Im Dezember 1947 zählte die IG Druck und Papier in Hanau 178 Mitglieder. In Hanau-Steinheim, das damals noch zum Landkreis Offenbach gehörte, bauten Friedrich Scharmann, Jg. 1886, Betriebsrat bei der Fa. Gebr. Illert in Klein-Auheim, und Adam Schmitt, Jg. 1887, den Ortsverein der IG Druck und Papier auf.

An der Gründung des Baugewerksbundes, aus dem 1949 nach der Vereinigung der Landesgewerkschaften die IG Bau-Steine-Erden hervorging, waren die beiden Langenselbolder Gewerkschafter Wilhelm Hamburger, Betriebsrat bei der Fa. Fuchs, Hoch- und Tiefbau, und Wilhelm Schäfer sowie Georg Ebert aus Langendiebach, alle drei bereits seit Anfang 1946 im Fachgruppenbeirat des AGB, beteiligt. Im Frühjahr 1947 richtete man eine Zahlstelle in Langenselbold ein mit Wilhelm Hamburger als Vorsitzendem und Johann Schäfer als Kassierer. Sie betreuten über 100 Mitglieder. Insgesamt zählte der Baugewerksbund, der seine Geschäftsstelle in Gelnhausen hatte, im Dezember 1947 1.394 Mitglieder.

Aus dem Geschäftsbericht der Nebenstelle Schlüchtern für das Jahr 1947 geht hervor, daß im März 1947 sieben Industriegewerkschaften eigene Geschäftsstellen und Sekretäre hatten: Chemie, Metall, öffentliche Verwaltungen und Betriebe, Druck und Papier, Land- und Forstwirtschaft, Baugewerksbund und die Gewerkschaft Freie Berufe.
Die kleineren Gewerkschaften hingegen hatten um die weitere Kassierung und Betreuung ihrer Mitglieder durch den FGB gebeten. Auf 42 Mitgliederversammlungen hatte der Schlüchterner FGB-Sekretär Willi Baus zur "Notwendigkeit der Aufgliederung der Einheitsgewerkschaft in Industriegewerkschaften" gesprochen; leider sind die Argumente gegen die Aufgliederung, die im ländlichen Raum tatsächlich einer Zersplitterung gleichkam, nicht überliefert. Aber es dauerte z. B. bis zum 14. Januar 1948, bis Willi Baus die Mitglieder der Gewerkschaft Land- und Forstwirtschaft im Kreis Schlüchtern "ordnungsgemäß" der vom Kollegen Münzer geleiteten Geschäftsstelle in Gelnhausen übergeben konnte.

Auf Schwierigkeiten bei der Aufgliederung wies Willi Baus in seinem Geschäftsbericht hin:
"Über die Tätigkeit der Industriegewerkschaften im Kreis Schlüchtern können wir berichten, daß es dringend notwendig wäre, wenn die verantwortlichen Sekretäre sich mehr für die Wahrnehmung ihrer Interessen im Kreis einsetzen würden. Bisher wurden alle anfallenden Arbeiten einschließlich der Kassierung von dem Bundessekretariat in Schlüchtern durchgeführt. Da wir uns in Zukunft nur noch mit den Bundesangelegenheiten beschäftigen können und die Gesamtgewerkschaftsinteressen im Kreis Schlüchtern wahrzunehmen haben, ist es dringend erforderlich, daß die Industriegewerkschaften mehr Aktivität in unserem Kreis entfalten."

Organisationsskizze des AGB Hanau.
August 1945
(DGB-Archiv Hanau)

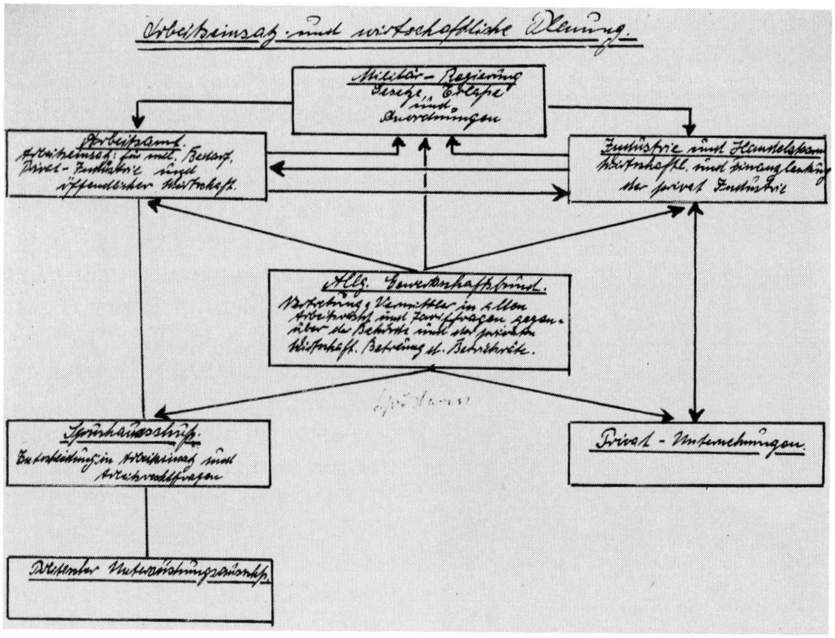

Fünftes Kapitel

Entnazifizierung in Hanauer Betrieben

Verhandlung vor der Spruchkammer Hanau, Schloß Philippsruhe, am 1. September 1946 (Foto: Stadtbildstelle Hanau)

Richtlinien

"Entnazifizierung, ein Begriff, der zunächst die Ausrottung des Nationalsozialismus in Deutschland bezeichnete, ist allmählich zu einem Synonym für das Reinwaschen von Nationalsozialisten degeneriert. Es ist nach fast vierjähriger Besetzung durchaus angemessen, die Entnazifizierung als ein ungerechtes, erledigtes und schlecht durchgeführtes Verfahren zu bezeichnen .... Wir, die wir aktiv an der Entnazifizierung beteiligt waren, konnten seit den ersten Tagen der Besetzung feststellen, daß wir gegen den Strom schwammen. Wir wurden als Kommunisten angegriffen, als Judenrächer und als unverbesserliche Idealisten. Diese Angriffe gegen uns erfolgten sowohl von deutscher als auch amerikanischer Seite."
(Joseph F. Napoli, Chef der Entnazifizierungsabteilung beim US-Hauptquartier in Frankfurt, später in Bremen, anläßlich seiner Rückkehr in die USA im Mai 1949)

Die Entnazifizierung der Betriebe und Verwaltungen schien im Sommer 1945 der Bereich zu sein, in dem die Interessen der gewerkschaftlichen Kräfte mit denen der Besatzungsmacht am weitesten übereinstimmten. Den antifaschistischen Ausschüssen war ausdrücklich das Recht eingeräumt worden, bei der Entfernung von Nazis aus den Betrieben verantwortlich mitzuwirken; sie hatten die gleichen Befugnisse wie die kommissarisch eingesetzte Kommunalverwaltung. Im Bereich der Stadtverwaltung z. B. waren bis Ende Mai 1945 bereits 26 Beamte und 7 Angestellte entlassen; im Tätigkeitsbericht des Magistrats für den Zeitraum 1. April 1945 bis 31. Dezember 1947 wird die Entnazifizierung der Stadt schließlich mit der Entlassung von 101 Lehrerinnen und Lehrer, 85 Beamten, 94 Angestellten und vier Arbeitern für beendet erklärt. In den Betrieben fanden bereits unmittelbar nach dem Einmarsch der US-Streitkräfte die ersten Entlassungen, vor allem von schwer belasteten Mitgliedern der Firmenleitungen, statt, und die Entnazifizierung wurde zur politischen Hauptaufgabe der neugegründeten Gewerkschaft.
Erste Richtlinien der Besatzungsmacht zur "Entfernung von Nazis und Militaristen aus verantwortlichen Stellen" stammen vom 7. Juli 1945; sie wurden am 10. August 1945 durch weitere Anordnungen, insbesondere durch die Pflicht für Mitglieder der NSDAP, wöchentlich 12 Stunden Aufräumungs- und Säuberungsarbeiten gegen Entgelt zu leisten, ergänzt.

Am 26. September 1945 trat dann das Gesetz Nr. 8 in Kraft, das die Militärregierung in Hanau am 17. Oktober 1945 öffentlich in Form von Plakaten und im Amtlichen Mitteilungsblatt bekanntgab:
Es verbot "die Beschäftigung von Mitgliedern der NSDAP und angeschlossener Organisationen in geschäftlichen Unternehmen und für andere Zwecke, mit Ausnahme der Beschäftigung als gewöhnliche Arbeiter". In den Ausführungsbestimmungen wurde festgelegt, daß spätestens bis zum 30. Oktober 1945 alle Betriebe beim Arbeitsamt Listen einzureichen hatten, in denen alle früheren Mitglieder der NSDAP und der ihr angeschlossener Organisationen aufzuführen sind mit Angaben, ob bereits entlassen oder noch im Betrieb beschäftigt. Diese Listen sollen "durch öffentlich anerkannte Arbeitnehmerorganisationen" überprüft und ergänzt werden. Für Personen, die glaubten zu Unrecht entlassen worden zu sein, gab es ein sogenanntes Vorstellungsverfahren bei einem vom Oberbürgermeister bzw. Landrat eingesetzten und unter Aufsicht der Militärregierung stehenden Prüfungsausschuß.

Im Klartext: Der Nazichef darf bleiben, der Naziangestellte muß gehen!

In seinen Ausführungsanweisungen hatte Major Thomas Turner seine Auslegung des Gesetzes Nr. 8 ausdrücklich betont:
"Von unserer Dienststelle wird das Gesetz dahingehend ausgelegt, daß Unternehmer, die Einzelbesitzer eines Betriebes sind (nicht AGs, GmbHs etc.), ihre Stellung nach Gesetz Nr. 8 nicht aufzugeben brauchen. Doch müssen sich alle Einzelbesitzer von Unternehmen hinsichtlich ihrer Angestellten nach den Bestimmungen des Gesetzes Nr. 8 richten. Bei Aktiengesellschaften, GmbHs etc. bezieht sich dieses Ge-

setz auf alle Aufsichtsrats- und Vorstandsmitglieder, Geschäftsführer, Prokuristen sowie Handlungsbevollmächtigte, und ferner die Personen, die andere als untergeordnete Arbeiten ausführen. Ferner legt unsere Dienststelle das Gesetz dahingehend aus, daß Personen, die nach dem 30. April 1937 Mitglieder der NSDAP geworden sind, wegen dieser Mitgliedschaft nicht als aktive Nazis angesehen werden brauchen, es sei denn, daß aufgrund von Ermittlungen festgestellt wird, daß sie sich im militaristischen oder nationalsozialistischen Sinne betätigt haben."
(Schreiben von Major Thomas Turner vom 17. 10. 1945 betr.: Entnazifizierung der Industrie an Oberbürgermeister, Landrat, Arbeitsamt und Handelskammer der Stadt Hanau. DGB-Archiv Hanau)

Trotz dieser "mildernden Umstände", die seine Dienststelle den Privateigentümern einräumte, hielt Major Turner die unverzügliche Durchführung des Gesetzes Nr. 8 für ein "Programm, welches von äußerster Bedeutung für den demokratischen Wiederaufbau Deutschlands ist".
Da mit Heinrich Fischer einer der Hanauer Gewerkschaftsbegründer Direktor des Arbeitsamtes war, war die Rolle des AGB bzw. der Betriebsräte bei der praktischen Durchführung des Gesetzes Nr. 8 recht groß. Bereits am 17. Oktober 1945 forderte August Schanz die Arbeitnehmervertretungen auf, bis zum 24. Oktober 1945 "alle noch im Betrieb befindlichen Nazis listenmäßig in einer

Militärregierung Deutschland - Amerikanische Zone

Gesetz Nr. 8

Verbot der Beschäftigung von Mitgliedern der NSDAP in geschäftlichen Unternehmen und für andere Zwecke, mit Ausnahme der Beschäftigung als gewöhnliche Arbeiter.

Zwecks verstärkter Ausschaltung des Einflusses der nationalsozialistischen Weltanschauung in Deutschland wird hiermit folgendes angeordnet:

1. Die Beschäftigung eines Mitgliedes der NSDAP oder einer der ihr angeschlossenen Organisationen in geschäftlichen Unternehmungen aller Art in einer beaufsichtigenden oder leitenden Stellung oder in irgendeiner anderen Stellung als der eines gewöhnlichen Arbeiters ist gesetzwidrig; ausgenommen hiervon sind Beschäftigungen auf Grund von Sondergenehmigungen der Militärregierung gemäß den Bestimmungen des Paragraphen 5 dieses Gesetzes.
2. Falls ein jetzt noch nicht in Betrieb genommenes geschäftliches Unternehmen eine Tätigkeit aufzunehmen beabsichtigt, hat seine Leitung als Voraussetzung für die Erteilung der Genehmigung zur Eröffnung oder zum Betrieb zu bescheinigen, daß niemand im Widerspruch mit den Bestimmungen des Paragraphen 1 dieses Gesetzes beschäftigt ist.
3. Jedes geschäftliche Unternehmen, das jetzt geöffnet oder in Betrieb ist, hat jede Person, die entgegen Paragraph 1 dieses Gesetzes beschäftigt ist, sofort zu entlassen, widrigenfalls das Unternehmen sofort von der Militärregierung geschlossen wird.
4. Jeder Verstoß gegen die Bestimmungen dieses Gesetzes wird nach Schuldigsprechung des Täters durch ein Gericht der Militärregierung nach dessen Ermessen mit jeder gesetzlich zulässigen Strafe bestraft.
5. Personen, die auf Grund dieses Gesetzes entlassen werden oder denen die Anstellung verweigert wird und die behaupten, sich nicht für irgendeine Tätigkeit der NSDAP oder einer der ihr angeschlossenen Organisationen aktiv eingesetzt zu haben, können bei der örtlichen Militärregierung Vorstellung erheben.
6. Dieses Gesetz tritt am 26. September 1945 in Kraft.

HANAU am Main, 17. Oktober 1945

Im Auftrage der Militärregierung

5fachen Ausfertigung zuzusenden. Die Liste muß enthalten: Vor- und Zuname, Wohnort und Straße, Art der Beschäftigung, Zugehörigkeit zur NSDAP und deren Untergliederungen, und bei jedem Namen eine kurze, aber sachliche Begutachtung." *(DGB-Archiv Hanau)*

MITTEILUNGSBLATT
der Stadtverwaltung Hanau

Herausgegeben vom Oberbürgermeister der Stadt Hanau mit Genehmigung der Militär-Regierung / Anzeigenpreis: 1 mm Höhe, 45 mm Breite 25 Rpf.

Folge 28 — Samstag, den 20. Oktober 1945 — Preis 10 Rpf.

Durchführung des Gesetzes Nr. 8

Die Denazifikation gemäß Gesetz Nr. 8 und der Ersten Ausführungsverordnung zu diesem Gesetz wird nach Weisung der Militärregierung Hanau in der Form durchgeführt, daß der Betriebsführer eines jeden geschäftlichen Unternehmens, das Angestellte im Sinne des Gesetzes Nr. 8, Ziffer 1, beschäftigt, seinen politischen Fragebogen vorzulegen hat. Ist der Betriebsführer mehr als ein nominelles Mitglied der NSDAP, so hat sein Stellve.treter den Fragebogen einzureichen. Ist auch dieser mehr als ein nominelles Mitglied der NSDAP, so ist für einen anderen geeigneten Angestellten der Fragebogen vorzulegen. Sollten keine geeigneten Angestellten da sein, so kann der Betriebsführer eine sonstige hierfür geeignete Persönlichkeit bestimmen, für die dann der Fragebogen einzureichen ist. Wird dies nicht getan, so kann von einem bereits beim Arbeitsamt eingerichteten Ausschuß ein Treuhänder hierfür bestimmt werden.

Die Fragebogen sind der Politischen Polizei Hanau einzureichen, und zwar sowohl für die Firmen des Stadtkreises als auch für die Firmen des Landkreises Hanau. Die Einreichung soll sofort erfolgen. Die Fragebogen sind bei der Handelskammer oder bei der Politischen Polizei zu erhalten.

Das Arbeitsamt stellt dann fest, wer die Entnazifizierung des Betriebes durchzuführen hat.

Die Betriebe werden ersucht, der Handelskammer mitzuteilen, für wen sie einen Fragebogen eingereicht haben unter Angabe, ob die Betreffenden völlig unbelastet sind oder wo und seit wann sie Mitglieder der NSDAP oder der in Frage kommenden Verbände waren und welche Aemter sie dort hatten, gleichgültig zu welcher Zeit und wie lange.

Unternehmer, die Einzelbesitzer eines Betriebes sind (nicht AGs., GmbHs. etc.) brauchen ihre Stellung nach Gesetz Nr. 8 nicht aufzugeben, doch müssen sich alle Einzelbesitzer von Unternehmungen hinsichtlich ihrer Angestellten nach den Bestimmungen des Gesetzes Nr. 8 richten und entsprechend den obigen Gesichtspunkten verfahren.

Für die von dem Arbeitsamt bestellten Betriebsführer (bzw. deren Stellvertreter etc.) werden weitere Weisungen am
Dienstag, den 23. Oktober 1945, vormittags 10 Uhr,
im Sitzungssaal des Schlosses Philippsruhe gegeben.

Handelskammer Hanau. Arbeitsamt Hanau.

Wilheim Keim: Geldstrafe von 1 000 RM innerhalb 30 Tagen. — Der Schmuck von dem geschätzten Einkaufswert von ungefähr 50 000 RM ist beschlagnahmt worden.

Hanau, 18. Oktober 1945. THOMAS TURNER Jr.
Major AUS
Military Govt. O. Commanding.

Schlupfloch 1. Mai 1937

Eine entscheidende Weichenstellung war mit den Ausführungsbestimmungen von Major Turner erfolgt, wonach eine NSDAP-Mitgliedschaft nach dem 30. April 1937 folgenlos bleiben sollte. Von diesem Schlupfloch haben Unternehmer und leitende Angestellte regen Gebrauch gemacht, indem sie als Datum ihres Parteieintritts den 1. Mai 1937 angaben; in einigen Fällen wurden diese falschen Angaben von den Betriebsräten korrigiert. Im Hanauer DGB-Archiv fanden wir Entnazifizierungslisten aus 27 Betrieben. Bei der Auswertung ergaben sich große Unterschiede, je nachdem, ob es sich um Betriebe, in der Regel mittelständische, ohne Betriebsrat oder gewerkschaftliche Vertrauensleute handelte oder um Betriebe, in denen Gewerkschafter die Entnazifizierung in die Hand nahmen. Bei der 1. Gruppe wurden die Bestimmungen sehr nachlässig gehandhabt, Arbeitgeber und Arbeitnehmer stellten sich gegenseitig "Persilscheine" aus. In der 2. Gruppe, wenn Gewerkschafter am Werk waren, sah die Entnazifizierung anders aus:

Aktive Nazis, einschließlich der Mitglieder der Firmenleitungen, waren im November 1945 bereits entlassen, so z. B. bei der Dunlop, bei Heraeus, bei der Marienhütte, bei Schwahn & Co u. a. Die Betriebsräte nahmen nun eine differenzierte Beurteilung der Betroffenen vor. So berücksichtigten sie bei jungen Menschen die automatische Überführung von der Hitlerjugend bzw. dem Bund Deutscher Mädchen in die NSDAP während des Krieges und natürlich das konkrete Verhalten im Betrieb. Zwei Kriterien bestimmten die vielen individuellen Beurteilungen:

Wer Menschenrechte, Menschenwürde verletzt hatte - durch Spitzeldienste, Denunziationen, Schinderei bei der Arbeit - wer ausländische Zwangsarbeiterinnen oder Zwangsarbeiter schlecht behandelt, gar geprügelt hatte, sollte auf jeden Fall entlassen werden. Das zweite Kriterium war die berufliche Qualifikation des Belasteten, die Frage, ob man ihn im Betrieb brauchte: Bemerkungen wie "kann ersetzt werden", "kann (noch) nicht ersetzt werden", "überflüssig im Betrieb" stehen für das Dilemma, auf Fachleute nicht verzichten zu können, wenn die Produktion wieder in Gang kommen soll. Doch selbst die, die nicht ersetzt werden können, so z. B. die Fachleute bei W.C. Heraeus, sollten auf keinen Fall mehr Leitungsfunktionen oder Prokura haben. So jedenfalls urteilten damals, im November 1945, die Betriebsräte.

"Kann nicht ersetzt werden."

Der Betriebsrat der Fa. E.F. Döring aus Hanau meldete 39 Betroffene, die meisten waren Mitglied in einer der faschistischen Massenorganisationen wie Bund deutscher Mädchen (BDM), Hitlerjugend (HJ), bzw. in der Deutschen Arbeitsfront

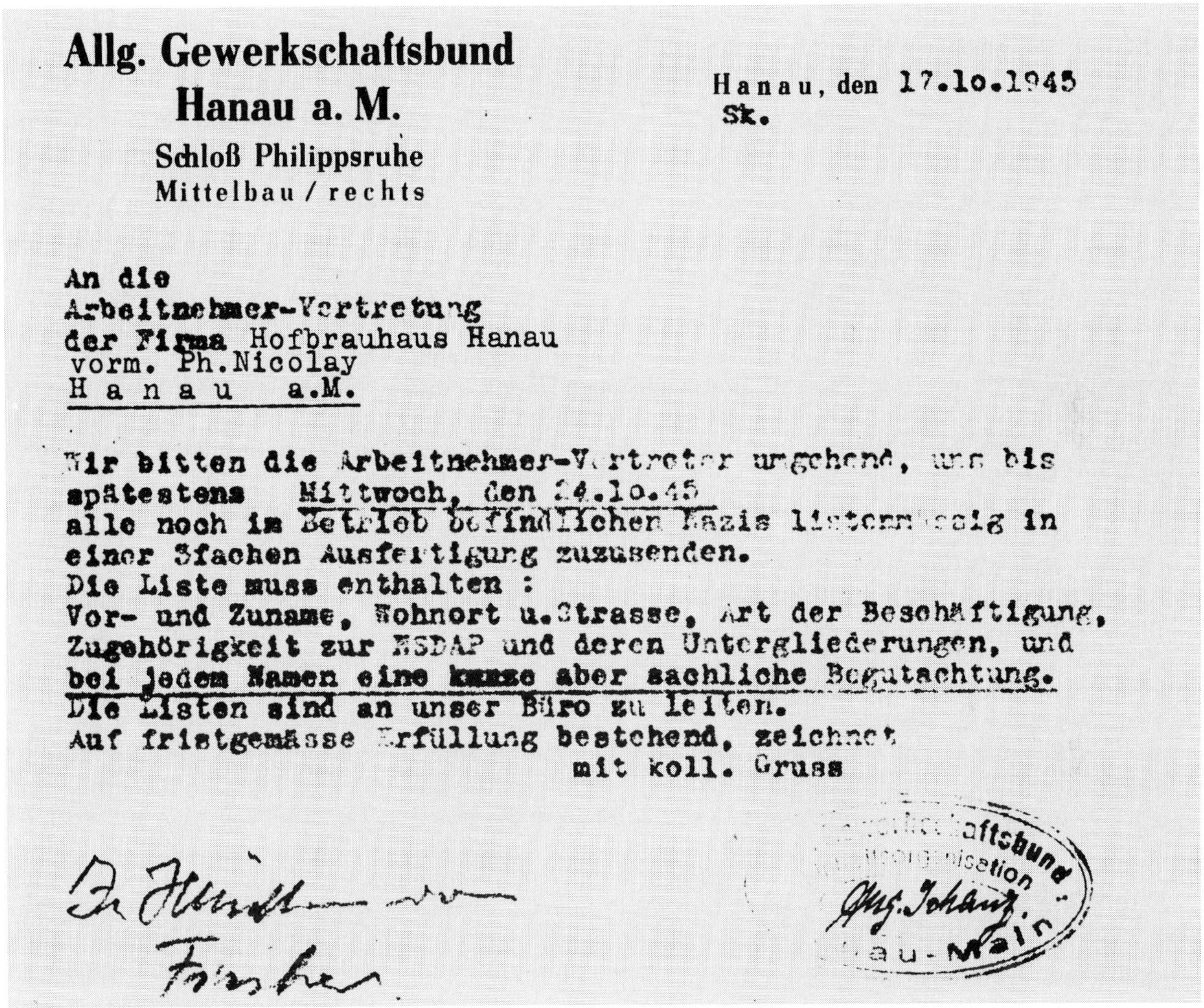

Allg. Gewerkschaftsbund
Hanau a. M.
Schloß Philippsruhe
Mittelbau / rechts

Hanau, den 17.10.1945
Sk.

An die
Arbeitnehmer-Vertretung
der Firma Hofbrauhaus Hanau
vorm. Ph.Nicolay
Hanau a.M.

Wir bitten die Arbeitnehmer-Vertreter umgehend, uns bis spätestens Mittwoch, den 24.10.45 alle noch im Betrieb befindlichen Nazis listenmässig in einer 3fachen Ausfertigung zuzusenden.
Die Liste muss enthalten :
Vor- und Zuname, Wohnort u.Strasse, Art der Beschäftigung, Zugehörigkeit zur NSDAP und deren Untergliederungen, und bei jedem Namen eine kurze aber sachliche Begutachtung.
Die Listen sind an unser Büro zu leiten.
Auf fristgemässe Erfüllung bestehend, zeichnet
mit koll. Gruss

(DAF), von 6 war die Mitgliedschaft in der NSDAP bekannt; doch lediglich bei einem - dem Prokuristen Viktor P.- war die Mehrzahl der Belegschaft für die Entlassung. Grund: Er hatte die Belegschaft ständig aufgefordert, mit "Heil Hitler" zu grüßen und bei Unterlassung mit Anzeige gedroht, er galt als "eifriger Vertreter der nationalsozialistischen Idee". Bei der Maschinenfabrik A. Pelissier waren es 10 Betroffene, darunter 7 NSDAP-Mitglieder und 2 SA-Männer, alle 1933, zum Teil auch früher dort eingetreten. Wer immer auch den Fragebogen ausfüllte, der hatte "keine Einwendungen" gegen eine weitere Beschäftigung; um so aufschlußreicher sind die handschriftlichen Bleistiftkorrekturen des gewerkschaftlichen Obmanns Wilhelm Hubert: Er strich einen 41jährigen Schlosser, der nie in der NSDAP, nur in der DAF war, gleich von der Liste und korrigierte die Einträge bei drei Betroffenen in "belastet" und "stark belastet". Wilhelm Hubert wurde im Herbst 1946 zum Betriebsratsvorsitzenden bei Pelissier gewählt.

Der Betriebsrat des Holzwerkes Bruchköbel meldete ohne weiteren Kommentar 21 Betroffene, von denen lediglich drei vor dem 1. Mai 1937 der NSDAP beigetreten seien. Bei der Fa. A. Middermann wurden 13 Belastete gemeldet, die meisten, erst seit Sommer 1945 im Betrieb, waren bereits auf einfache Arbeiten zurückgestuft. Einige erhielten Beurteilungen wie " ... war kein überzeugter Nazi, denn er zeigt heute eine sehr demokratische Einstellung"; bei anderen wurde hinzugefügt, daß es sich um eine "tüchtige Arbeitskraft" handelt, "die noch für eine gewisse Zeit beschäftigt werden muß". Die EAM meldete 11 Belastete: Bei einem Angestellten, seit 1933 in der NSDAP und aktiv, stand die Bemerkung: "kann von uns ersetzt werden"; bei einem Ingenieur, angeblich seit 1937 in der NSDAP und seit 1934 in der SA, wurde vermerkt: "Darf keinerlei Einfluß in der Arbeitseinteilung haben." Bei der Fa. Sieger, Abt. Wellpappe waren fünf Arbeiter Mitglieder der NSDAP und/oder der SA; von ihnen konnten zwei "nicht ersetzt" werden, die drei anderen waren anscheinend "nicht aktiv".

Bei der Fa. Carl Presser & Co wurden 7 Betroffene gemeldet; zwei von ihnen - der Prokurist und ein kaufmännischer Angestellter - sind "ihres Postens enthoben" und als "Arbeiter unter politischer Kontrolle vorläufig weiterbeschäftigt". Nicht jedoch der Betriebsleiter, nach eigenen Angaben seit 1938 Mitglied der NSDAP. Bei ihm steht als Bemerkung ein "doppelter Persilschein" - sowohl für den Chef als auch für die Belegschaft: "Auf Androhung, ihn als Betriebsführer abzusetzen und um den Geschäftsrückgang aufzuhalten, wurde er gezwungen, in die Partei einzutreten. Er verlor aber das politische Vertrauen seiner antifaschistischen Arbeiter nicht im geringsten."

Der Betriebsrat der Ochsi-Werke, Langenselbold, meldete 11 Betroffene, und man hat den Eindruck, daß mit jedem einzelnen beim Ausfüllen der Liste geredet wurde. Vier von ihnen waren junge Männer, die aus der Hitlerjugend 1942/1943 automatisch in die NSDAP überführt wurden. Der Werkstattleiter wurde als Soldat auf dem Flugplatz Langendiebach so lange unter Druck gesetzt, bis er Ende 1942 in die NSDAP eintrat. Der Meister der Abteilung Würze war vor der Machtübernahme langjähriges KPD-Mitglied gewesen, im Januar 1943 "kam er durch besondere Umstände, die er in einem beigefügten Schreiben darlegt, zur NSDAP. Seiner inneren Überzeugung nach war er nie Nationalsozialist." Ein anderer Kollege fiel seiner Flugbegeisterung zum Opfer und wurde dadurch Mitglied im NS-Fliegerkorps, ein anderer seiner Autoleidenschaft - er wurde Mitglied im NS-Kraftfahrerkorps. Für drei Belastete jedoch, die z. T. vor 1933 in die SA bzw. NSDAP eingetreten waren, fand der Betriebsrat keine mildernden Erklärungen: Einen von diesen, den Chemiker Dr. Pf., der früher bei den Oetker-Werken gearbeitet hatte, seit 1931 in der NSDAP, möchte man noch für kurze Zeit beschäftigen: "Er ist für uns nicht zu ersetzen, da wir in Kürze mit der Herstellung von Backpulver beginnen wollen." Bei der Quarzlampengesellschaft standen auf der Liste der Belasteten sechs Arbeiter und acht Angestellte, bei den meisten fügte der Betriebsrat Haase Bemerkungen wie "absolut harmlos", "sonst liegt nichts gegen ihn vor" hinzu; beim stellvertretenden Betriebsleiter, der 1942 in die NSDAP eingetreten war, findet sich die Bemerkung "allgemein beliebt und guter Charakter".

Bei der Werkstätte für feinste Juwelen und Goldarbeiten H. Kreuter & Co. war bei einer Belegschaft von 30 Mann nur der Prokurist Mitglied der NSDAP, dies allerdings schon seit 1932; in der Firma habe jedoch "die Zugehörigkeit zur Partei keine Rolle gespielt. Politische Meinungen konnten immer geäußert werden". Richard Zinkhan, Betriebsrat beim Hanauer Werk der Naxos-Union, meldete zwei "Nazis, die noch in unserem Hanauer Werk beschäftigt werden": Es waren ein früherer Obermeister und ein weiterer Angestellter, der nun als Hilfsarbeiter eingesetzt wurde. Bei der Eisengießerei Wilhelma GmbH in Kesselstadt gab es 16 Belastete; bei fünf - darunter dem kaufmännischen Direktor, einem Maschinenformer, einem Kernmacher, einem technischen Zeichner und dem Betriebsschreiber - stimmten die Arbeitnehmervertreter für "sofortige Entlassung", die übrigen stuften sie als "unbelastet" bzw. "Zwangsmitgliedschaft" ein.

Die Liste der Belasteten bei der Gummischuhfabrik enthält 31 Namen, davon waren 13 bereits 1933 bzw. 1934 in der NSDAP oder einer ihrer Nebenorganisationen. 5 Belastete kann der Betriebsrat nicht beurteilen, da sie erst kurze Zeit im Betrieb beschäftigt sind; 8 Belasteten attestierte er "einwandfreies Benehmen", bei anderen machte er Bedenken geltend: z. B. "politisch sehr starker Einsatz für die Partei, sozial ungerecht, förderte nur die Pg. Angestellten", "angeblich aus N.S.K.K. ausgeschlossen, soz. Schmarotzer nach oben" oder auch "politisch sehr regsam, kontrollierte ständig, ob er nicht jemand maßregeln konnte". Ein schon positiv zu nennendes Zeugnis erhält ein SA-Führer, der bereits seit 1932 dabei war: "trotz seiner Stellung als Obertruppführer vollkommen einwandfreies Benehmen, hat seine Person immer hintenan gestellt".

Auf der Liste der Stadtwerke, handschriftlich gefertigt von Wilhelm v. Rhein, der am 13. Januar 1946 in den Fachgruppenbeirat des AGB Hanau und im Herbst 1946 auch in den Betriebsrat der Stadtwerke gewählt wurde, standen 43 Belastete; zur Beurteilung der belasteten Personen wählte Wilhem v. Rhein vor allem das Kriterium "aktiver bzw. sehr aktiver Nazi", "Verräter" und "Denunziant": 29 Belastete bekamen diese Beurteilung, die bei einigen noch präzisiert wurde: "hat sich gegen Ausländer sehr übel benommen, sogar geschlagen", "Verräter, ein Genosse mußte wegen ihm ins Gefängnis". Die übrigen werden als "harmlos" eingestuft.

Die Bauleitung der Saar-Bauindustrie AG, Werk Hanau, meldete 7 belastete Arbeiter und Handwerker - ohne weiteren Kommentar, dieser findet sich auf dem Blatt als handschriftliche Notiz von einem Kollegen, der mehr wußte: "zu 1) Anzeige an Gestapo gegen ausländische Arbeiter, zu 2) Früher Konsumvereinigung, Erkundigung einziehen, zu 3) Stadtwerke, Erkundigung einziehen." Auch die Liste der Fa. C.A. Traxel mit 18 Belasteten enthält einige handschriftliche Eintragungen; die Empfehlung "von den Arbeitern nicht belastet, kann bleiben" steht hinter sechs Namen. Diese Bemerkung findet sich auch bei Karl J., NSDAP-Mitglied seit 1. Mai 1934. Am 3. Oktober 1945 hatte J., bestätigt von zwei Kollegen, dem Betriebsrat folgenden Sachverhalt geschrieben: "Ich kann mit meinem Gewissen aussagen, daß ich niemand, der irgendwelche Äußerungen gegen Hitler und seine Parteibonzen machte, in irgendeiner Art belästigte. Dies beweist ein Vorfall im Jahre 1944. Bei einem Alarm strömten die Arbeiter aus den Fabriken in den Lamboywald. Es standen mehrere Arbeiter zusammen, und es wurde gesagt: "Wenn nur Hitler verrecken würde, dieser Schuft und Lump, dieser Verbrecher!" Ich stand dabei und sagte nichts, weil ich ja selbst als Arbeiter sah, was gespielt wird! Dies können mir antifaschistisch gesinnte Arbeiter durch ihre Unterschrift bestätigen." Bei den übrigen vier wird die Entlassung gefordert: Der Werkmeister z. B. "war sehr aktiv tätig für die Kriegsproduktion und trieb die Arbeiter zu Höchstleistungen an unter Anwendung von verwerflichen Mitteln, muß entlassen werden". Der Obermeister wurde "von den Arbeitern schwer belastet und fordern diese seine Entlassung". Der Betriebsleiter "hat eifrig alle Nazigesetze und Anordnungen zugunsten des Betriebes und auf Kosten der Arbeiterschaft ausgeführt. Arbeiter fordern unbedingte Entlassung." Der Mitinhaber der Firma, Fritz Traxel, angeblich seit dem 1.Mai 1937 in der NSDAP, war wohl auf Druck der Belegschaft bereits "vor 6 Wochen als Betriebsführer zurückgetreten".

Bei den Condux-Werken in Wolfgang waren noch 8 "Parteimitglieder" beschäftigt, fünf galten als "harmlos", einer, als Hilfsarbeiter beschäftigt, war erst kurze Zeit im Betrieb, ein zweiter, von Beruf kaufmännischer Angestellter, immerhin seit 1933 im NSKK; ein dritter jedoch, der Einkäufer, war "PG von 1933-1945, als Aktivist bekannt, 1940-1943 Soldat"; eine Notiz von anderer Handschrift schwächt die Belastung ab: "für Betrieb tragbar".
Auf der Liste der Fa. G.J. Bracker Söhne, Maschinenbau AG, die 11 Namen enthält, waren ebenfalls mehrere Hände am Werk: Die erste - maschinenschriftlich - gibt zu den beiden Betriebsführern Otto und Heinrich Bracker als Parteieintritt das Datum 1. Mai 1937; die zweite - ebenfalls maschinenschriftlich - kommentiert dieses Datum: "Anga-

ben erscheinen unglaubwürdig, von P.A. zu überprüfen" und fügt bei einem Diplomingenieur hinzu "unbelastet, kann als Treuhänder verwendet werden" und bei allen anderen die Bemerkung "unbelastet". Die dritte Eintragung schließlich ist Ergebnis der Kontrolle und handschriftlich: Hinter den beiden Firmeninhabern steht das Datum "1. 5. 1933" für den Parteieintritt und die NSDAP-Mitgliedsnummer "344 28 21" und "344 28 22".

Von den drei NSDAP-Mitgliedern, die die Waisenhaus-Buchdruckerei Paul Nack melden mußte, war anscheinend keiner "aus Überzeugung" in der NSDAP: Der eine wurde gezwungen, der zweite mußte wegen einer Wohnung eintreten, und der dritte war es nur dem Namen nach. Der Obmann der Milchzentrale Hanau gab die bereits erfolgte Entlassung von zwei "Aktivisten" an; beschäftigt waren noch fünf belastete Kollegen, darunter der Geschäftsführer und der Maschinenführer, die beide "nach dem Gesetz Nr. 8 als Molkereifacharbeiter weiterbeschäftigt werden".

Diese fünf, die "politisch nicht hervorgetreten sind, haben sich gut geführt und zu keinerlei Beanstandungen Veranlassung gegeben". Sie sollen jedoch noch einmal überprüft werden.

Der Betriebsrat der Fa. Wilhelm Schwahn meldete 7 bereits entlassene NSDAP-Mitglieder, darunter die beiden Firmeninhaber Werner und Otto Schwahn, drei kaufmännische Angestellte, einen Schlosser, der als "Betriebsobmann der NSDAP ein großer Demagoge war", und einen Verzahnungsmeister, der Betriebsangehörige angezeigt hatte, sowie 14 noch im Betrieb beschäftigte Belastete: Die meisten seien nur "Parteimitglieder" gewesen, nur einer, ein Werkzeugmacher, sei ein Nazi geblieben, und zwei weitere, die Nachfolger der schwerbelasteten Brüder Schwahn, seien am 7. September 1945 als Firmeninhaber zurückgetreten. Von einem der früheren Firmeninhaber, dem Ingenieur Werner Schwahn, der die im Juni 1945 ausgesprochene Entlassung als "unbillige Härte" empfand, liegt der schriftliche Einspruch vor. So sei er erst im Jahr 1937 "nach Aufforderung" der NSDAP beigetreten, habe sich aber niemals politisch betätigt, "im Gegenteil wurde mir immer eine gewisse Laschheit vorgeworfen, da ich durch meine zwei Gärten die Abendstunden, die für Appelle und Schulungen vorgesehen waren, beanspruchte und auch geschäftlich meine Pflichten immer sehr ernst nahm". Dieser Einspruch nützte jedoch nichts, die Firma Wilhelm Schwahn wurde zunächst einem Treuhänder unterstellt.

Arbeiter der Firma Bracker auf dem Marktplatz. Januar 1946
(Foto: Stadtbildstelle Hanau)

"Auch hätte er gerne gesehen, wenn um die Marienhütte ein Stacheldraht gelegt würde und 'Er' als Kommandant mit uneingeschränkten Machtmitteln ausgestattet gewesen wäre."

Die Betriebsräte des von Arnimschen Eisenwerkes Marienhütte, die Kollegen Blum, Schweitzer, Kronenberger, und Möser, meldeten neun Belastete. Zwei davon - den kaufmännischen Direktor Emil P. und den Meister Otto Z. - hatten sie unmittelbar nach dem Einmarsch der Amerikaner, am 25. März 1945, entlassen. Die Gründe dafür legten die Kollegen in einem Schreiben an den Vorstellungsausschuß dar; denn P. hatte selbstverständlich gegen die damalige Entlassung Widerspruch eingelegt:

"Um dem Vorstellungsausschuß ein Bild zu geben, in welch unmenschlicher Art und Weise der kaufmännische Direktor der Marienhütte in Großauheim gegen die in der Marienhütte aus Rußland verschleppten Zwangsarbeiterinnen und -arbeiter vorging, gebe ich noch folgendes zu den Akten: Als nach dem Einfall in Rußland die ersten 'Arbeiter' aus Rußland der Marienhütte zugeteilt wurden, erhielten wir 5 jugendliche Russen im Alter von 14 - 15 Jahren, es war für die Hütte eine Sensation, man brachte die Jungen an, wie Schwerverbrecher, brachte sie in eine Baracke, die von einem Maschendraht umspannt war. Die Tür an der Baracke wurde verschlossen, und die Umgehung wurde verschlossen und noch mit einem Vorhängeschloß versehen ... Ich hatte alle 14 Tage, samstags und sonntags, Luftschutzwache, auch an dem ersten Sonntag, nachdem die jungen Russen angekommen waren, hatte ich Wache. Ich verschaffte mir aus dem Portierhaus die Schlüssel zu den Baracken und besuchte die kleinen, auf sich gestellten Russen, um mich über ihr Essen und die Unterkunft zu unterrichten. Die Jungens hatten schon um 2 Uhr mittags kein Brot mehr; auch beklagten sie sich über das schlechte Mittagessen. Sie standen auch im Recht; auf dem Tisch stand der Rest von nicht festzustellendem Inhalt, es glich mehr einem 'Schweinefutter' als einer menschlichen Nahrung. Für den Nachmittag hatte ich mir etwas Brot mitgenommen, da die Wache bis 9 Uhr abends dauerte, ich holte mein Brot und verteilte es unter den Jungen. Sie nahmen es mit Tränen in den Augen an, und zwei davon, die etwas deutsch sprachen, sagten 'Du guter Vater' und hingen sich an mich und weinten. Nun ging ich wieder in das Portierhaus zurück und hing die Schlüssel hin. Dort sagte mir der Arbeitskollege August Brand, er habe den Auftrag, den Russen um 6 Uhr das Brot zu holen. Es war die Portion für abends und den anderen Morgen. Er zeigte mir auf einer Fensterbank 5 Stücke Brot und eine Konservenbüchse, die halbvoll mit dünnter Marmelade war. Das Brot war von so schlechter Beschaffenheit, daß es jeder Beschreibung spottete, man sah noch die Rüben als ganze Stücke darin, auch roch es faul. Als ich es am Abend den Jungen brachte, zeigten sie mir das Brot, ich sollte einmal daran riechen. Sie selbst schüttelten sich vor Ekel, da sie aber nichts anderes zum Essen hatten, mußten sie das 'NSDAP-Ausländergemisch', wie man es nennt, hinunterwürgen.

Bei einer späteren Unterhaltung über das schlechte Essen der Russen sagte mir der Kraftfahrer Vaupel folgendes:
Er, Vaupel, sollte im Spessart mit dem Auto Kartoffeln holen; bei dieser Gelegenheit sagte Emil P. zu ihm: 'Bringen Sie mir ein paar Zentner Dickwurz mit'. Vaupel sagte: 'Wir haben doch gar keine Pferde hier'. Hierauf gab Emil P. ihm die Antwort: 'Es ist doch egal, was die Russen fressen, wenn sie nur den Magen vollhaben.' ... Über die Arbeit der jungen Russen noch kurz folgendes: Man stellte sie in die Formerei zum Sanddurchwerfen und einen in die Schlosserei. Den Arbeitern wurde durch Anschlag mit Strafandrohung das Sprechen mit den Ausländern und das Hingeben von Eßbarem oder sonstigem verboten. Eines Morgens - ich kann mich nicht mehr entsinnen, wann das gewesen ist - hörte ich, als ich in den Waschraum kam, 4 von den 5 jungen Russen sind in der Nacht durchgegangen.
Emil P. hat sofort die Polizei hinter ihnen hergehetzt. Ein paar Tage dar-

auf hörte ich, man hätte sie bei Aschaffenburg eingefangen und erschossen, weil sie sich Nahrung gestohlen hätten."

Die deutsche Belegschaft, so geht aus dem Brief weiter hervor, hatte der kaufmännische Direktor, wo es nur ging, um Lohn betrogen, und schließlich hatte er versucht, in der Nacht vom 25. auf den 26. März 1945, als die US-amerikanischen Truppen Großauheim besetzten, mit 12.000,- RM Lohngelder zu entfliehen. Emil P. sei durch und durch ein fanatischer Nazi gewesen, und "es hätte nur noch gefehlt, daß man ihm das Tragen eines Koppels mit langem Säbel und einer Pistole erlaubt hätte; auch hätte er gerne gesehen, wenn um die Marienhütte ein Stacheldraht gelegt würde und 'Er' als Kommandant mit unbeschränkten Machtmitteln ausgestattet gewesen wäre".

Die übrigen, noch bei der Marienhütte beschäftigten Nazis waren alle 1933 in die NSDAP bzw. SA eingetreten. Bei zweien befand der Betriebsrat "kann bleiben", ein dritter "kann bleiben, bis Ersatz kommt"; die anderen sind "lt. Gesetz zu entlassen". Nach Auffassung des Betriebsrates wäre auch der Betriebsleiter und Oberingenieur Richard B. zu entlassen; er war zwar nicht Mitglied der NSDAP gewesen, "sein Verhalten als Luftschutzleiter war nach Zeugenaussagen sehr aggressiv: Französische Kriegsgefangene zwang er während des Alarms zur Arbeit. Wurde gegen zwei Arbeiter tätlich wegen des Luftschutzes, einen Arbeiter ließ er zum Militär einberufen, der andere bekam 30 Tage Haft und wurde entlassen. Auch bedrohte er jeden, der nur der Wache fernblieb, mit Zuchthaus. Auch sein Verhalten gegen alle Fremdarbeiter und gefangenen Soldaten war ein sehr schlechtes."

Die Betriebsräte ermittelten auch gegen den Inhaber der Marienhütte, Franz Wagenführ von Arnim, der im Juli 1945 plötzlich in Großauheim aufgetaucht war, und fragten in Tangerhütte bei Stendal, einem weiteren von Arnim'schen Unternehmen, nach. Am 2. Januar 1946 erhielten sie Antwort vom Sekretär des Freien Deutschen Gewerkschaftsbundes Stendal: "Zusammenfassend kann ich sagen, daß Wagenführ von Arnim immer ein reaktionärer Arbeiterfeind und auch Militarist gewesen ist. Wenn er auch erst im Jahr 1942 der NSDAP beigetreten ist, so hat er doch durch seine Gesamteinstellung mit dafür gesorgt, daß Hitler zur Macht kommen konnte. Seit dem 1. Juli 1945 hat Wagenführ das hiesige Werk und seine ausgedehnte Land- und Forstwirtschaft verlassen und ist bis heute nicht wieder zurückgekehrt. Inzwischen haben wir auf dem Werk Treuhänder eingesetzt, die sämtlich gewerkschaftlich und politisch (SPD) organisiert sind. Diese leiten den Betrieb zur vollsten Zufriedenheit. Es ist sehr leicht möglich, daß dieser Betrieb in die Hände der Provinzial-Regierung Sachsen übergeht, d.h. also praktisch, daß dieser Betrieb enteignet wird."

Auch der Bürgermeister von Tangerhütte gab Auskunft: "Wagenführ war als Betriebsführer politischer Abwehrbeauftragter seines Werkes und in dieser Eigenschaft der Gestapo unterstellt. Inwieweit Wagenführ in dieser Tätigkeit an politischen Verfolgungen der antifaschistischen Kreise seines Werkes beteiligt ist, bleibt einer besonderen Prüfung vorbehalten. Dieser Prüfung durch die sowjet-russische Besatzungsbehörde wollte sich der Genannte scheinbar nicht unterziehen; denn er verließ beim Einmarsch der Roten Armee am 1. 7. 1945 fluchtartig seinen hiesigen Besitz. Seine Familie folgte ihm ebenfalls heimlich zu einem späteren Zeitpunkt nach. Von antifaschistischen Kreisen wurde sein hiesiger Industriebesitz zum Nutzen der Arbeiterschaft weitergeführt und ist jetzt in Treuhand der Provinzialverwaltung Halle übergegangen. Der Land- und Forstbesitz des Genannten aber wurde im Zuge der Bodenreform aufgeteilt und an Neubauern und Kleinbauern übereignet. Wagenführ ist Junker und Reaktionär reinsten Stils und hat das Recht auf Besitz in einem demokratischen Staatsgefüge verloren."

Das Ende der Entnazifizierung auf der Marienhütte ist den Akten des Vorstellungsausschusses bzw. der Spruchkammer Hanau zu entnehmen. Der Kernmachermeister Otto Z. kehrte im April 1946 auf die Marienhütte zurück, allerdings zunächst nur als "gewöhnlicher Arbeiter". Im Juli 1946 bestimmte die Spruchkam-

mer Hanau, deren Vorsitzender Karl Rehbein (SPD) war, ausgerechnet den Oberingenieur Richard B. zum Treuhänder gegen den Widerspruch des Betriebsrates. Rehbein berief sich dabei auf "neueste Bestimmungen des Herrn Ministers für Wiederaufbau und politische Befreiung", aufgrund derer "nur noch die zuständige Berufsvertretung (Industrie- und Handelskammer, Handwerkskammer, Landwirtschaftskammer u. a.) sowie das Amt für Vermögenskontrolle, nicht (Unterstreichung im Original, d.Vf.) aber die Betriebsvertretung gehört werden darf".
(Archiv der IG Metall Hanau, Akte Spruchkammer Marienhütte)

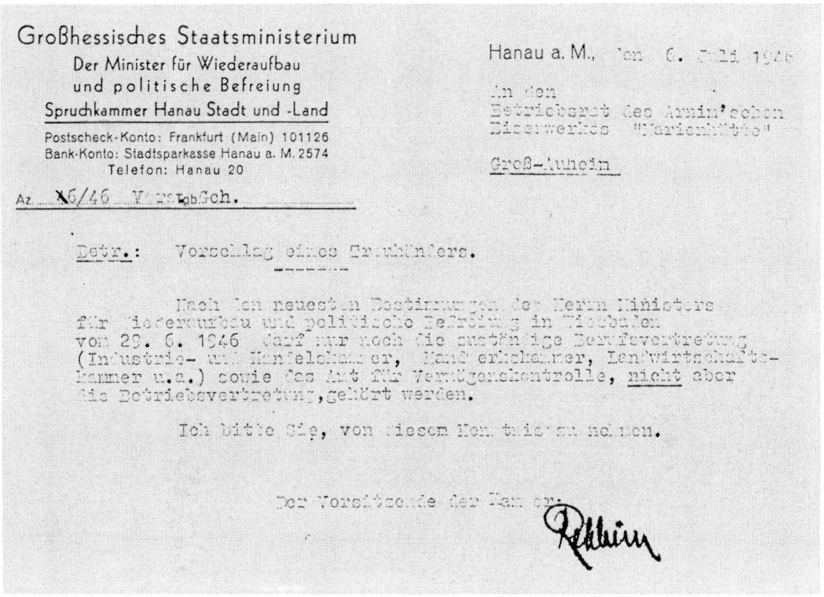
Großhessisches Staatsministerium
Der Minister für Wiederaufbau
und politische Befreiung
Spruchkammer Hanau Stadt und -Land
Postscheck-Konto: Frankfurt (Main) 101126
Bank-Konto: Stadtsparkasse Hanau a. M. 2574
Telefon: Hanau 20

Az. X6/46 Vors.Tgb.Gch.

Hanau a. M., den 6. Juli 1946

An den
Betriebsrat des Arnim'schen
Eisenwerks "Marienhütte"

Groß-Auheim

Betr.: Vorschlag eines Treuhänders.

Nach den neuesten Bestimmungen des Herrn Ministers für Wiederaufbau und politische Befreiung in Wiesbaden vom 29. 6. 1946 darf nur noch die zuständige Berufsvertretung (Industrie- und Handelskammer, Handwerkskammer, Landwirtschaftskammer u.a.) sowie das Amt für Vermögenskontrolle, nicht aber die Betriebsvertretung gehört werden.

Ich bitte Sie, von diesem Kenntnis zu nehmen.

Der Vorsitzende der Kammer:

Der Besitzer, Franz Wagenführ von Arnim, legte der Spruchkammer Hanau mehrere 'Bescheinigungen' vor, in denen ihm antifaschistische Gesinnung und soziale Haltung bestätigt wurden, u. a. von Ilse von Bismarck, die Rote-Kreuz-Führerin in Tangerhütte gewesen war. Der in der Zwischenzeit neugewählte Betriebsrat bestätigte im Februar 1947 dem Chef, daß er "sich bis heute politisch nicht betätigt hat; im Gegenteil - er hat sich als sozialer Betriebsleiter seiner Belegschaft gegenüber gezeigt". Ob auch Emil P. wieder auf die Marienhütte zurückkehren konnte, ist aus den uns vorliegenden Akten nicht ersichtlich.
Bei seinem Spruchkammerverfahren im Juni 1947 bescheinigte ihm der Betriebsrat erneut, daß er ein aktiver Nazi gewesen war und "den größten Teil seiner Untergebenen,

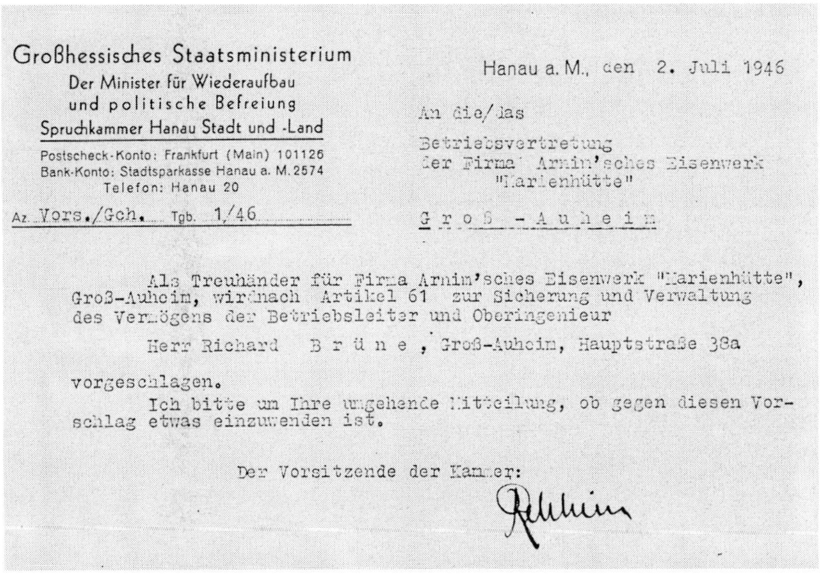
Großhessisches Staatsministerium
Der Minister für Wiederaufbau
und politische Befreiung
Spruchkammer Hanau Stadt und -Land
Postscheck-Konto: Frankfurt (Main) 101126
Bank-Konto: Stadtsparkasse Hanau a. M. 2574
Telefon: Hanau 20

Az. Vors./Gch. Tgb. 1/46

Hanau a. M., den 2. Juli 1946

An die/das
Betriebsvertretung
der Firma Arnim'sches Eisenwerk
"Marienhütte"

G r o ß - A u h e i m

Als Treuhänder für Firma Arnim'sches Eisenwerk "Marienhütte", Groß-Auheim, wird nach Artikel 61 zur Sicherung und Verwaltung des Vermögens der Betriebsleiter und Oberingenieur

Herr Richard B r ü n e , Groß-Auheim, Hauptstraße 38a

vorgeschlagen.
Ich bitte um Ihre umgehende Mitteilung, ob gegen diesen Vorschlag etwas einzuwenden ist.

Der Vorsitzende der Kammer:

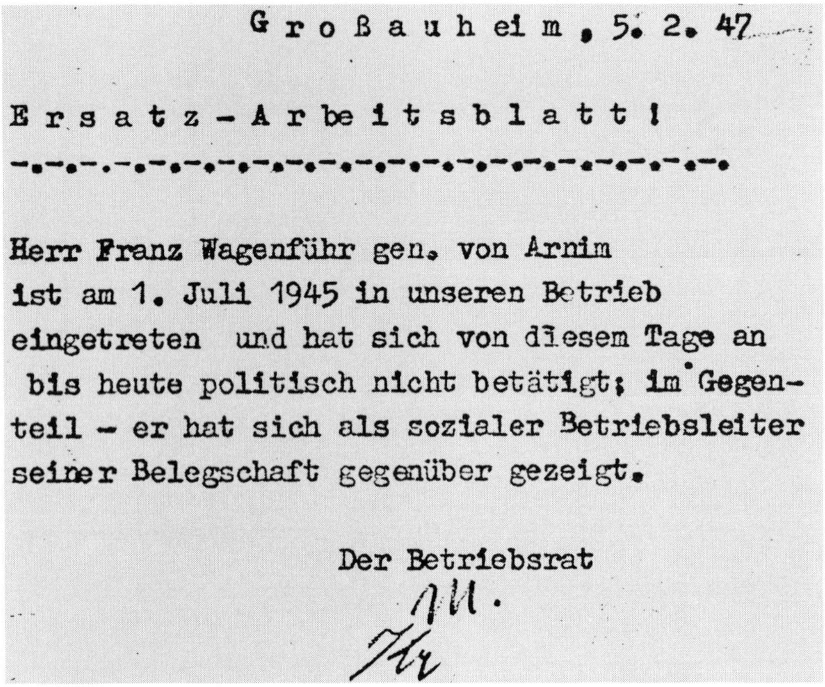

Großauheim, 5. 2. 47

Ersatz-Arbeitsblatt!

Herr Franz Wagenführ gen. von Arnim ist am 1. Juli 1945 in unseren Betrieb eingetreten und hat sich von diesem Tage an bis heute politisch nicht betätigt; im Gegenteil - er hat sich als sozialer Betriebsleiter seiner Belegschaft gegenüber gezeigt.

Der Betriebsrat

ob Arbeiter oder Angestellte, als Menschen zweiter Klasse betrachtet".

(Archiv der IG Metall Hanau)

Bei der Heraeus-Vacuumschmelze AG waren im November 1945 noch 34 Belastete beschäftigt. Bereits im Sommer 1945 hatten Mitarbeiterstab - so hieß das Gremium der Gewerkschafter bei der Vac - und Geschäftsleitung sich auf die Entlassung von sieben aktiven Nazis geeinigt. Gegen die Weiterbeschäftigung der übrigen NSDAP-Mitglieder lagen "von seiten des Mitarbeiterstabes keinerlei Bedenken" vor. Entscheidendes Kriterium war die "Arbeitsleistung im Betrieb". Betriebsrat Heinrich Gimbel beurteilte in Absprache mit seinen Kollegen die Betroffenen nach verschiedenen Kriterien: Etwa die Hälfte der Betroffenen bekam die Beurteilung "beruflich einwandfrei, ohne politische Tätigkeit", unter "Pflichterfassung" fielen junge Kolleginnen und Kollegen, die während des Krieges aus der Hitlerjugend bzw. dem BdM automatisch in die NSDAP übernommen wurden; von 8 jungen Männern und Frauen, die diese Beurteilung erhielten, stand nur bei einer technischen Angestellten noch der Zusatz "mit Lust für die Partei tätig gewesen". "Nicht einwandfreie Behandlung von Ausländern", "starker Einsatz für die Partei" bzw. "grenzt an Denunziant" waren die schärfsten Beurteilungen, die der Betriebsrat fand: Alle drei waren jedoch nur als "Aufbauarbeiter" eingesetzt. Sechs Belastete waren bereits 1933/34 in die NSDAP bzw. SA eingetreten. Betriebsrat und Werksleitung kamen in einer gemeinsamen Sitzung am 11. Dezember 1945 zum Ergebnis, daß acht leitende Angestellte, darunter der Leiter des Zweigwerkes Sterbfritz, "ohne Weisungsbefugnis" weiterbeschäftigt werden können, "falls es ihnen nicht gelingt, über das Vorstellungsverfahren uns die Möglichkeit zu bieten, ihnen diese zu erteilen".

(Protokoll über die Sitzung mit dem Betriebsrat am 11. Dezember 1945, Archiv des Betriebsrates der Vacuumschmelze)

"Überflüssig im Betrieb ..."

Der Betriebsausschuß der Fa. W.C. Heraeus - zu ihm gehörten die späteren Betriebsräte Fritz Martin, Adolf Fey, Wilhelm Gutermuth und Heinrich Hahn - stellte nicht einfach eine Liste zusammen, sondern lieferte ausführliche Beurteilungen. An erster Stelle stand der Betriebsführer Dr. Wilhelm Heinrich Heraeus, seit 1. Mai 1933 Mitglied der NSDAP. Während des Krieges ließ Wilhelm Heraeus in seinem Betrieb "Panzerschichten" fahren und schrieb im "Grünen Weg", der Werkszeitschrift der Betriebsgemeinschaft der W.C. Heraeus GmbH, Durchhaltebotschaften, so z. B. in der Aprilnummer 1943: "Meinen Kameraden bei der Wehrmacht! Haarscharf ist der Schlag, den der Bolschewismus in der Winteroffensive gegen uns geführt hat, vorbeigegangen. Es hätte auch anders kommen können. Daß

Unser Führer!

Von Dr. ROBERT LEY

Einmal im Jahr — zum 20. April — darf die gesamte deutsche Nation bekunden, wie lieb sie ihren Führer hat. Der Geburtstag des Führers ist in Deutschland nicht wie in anderen Ländern eine Angelegenheit der Politik, sondern vielmehr ein Ereignis der engeren, großdeutschen Familie. An diesem Tage hat nicht allein der Repräsentant des Reiches Geburtstag, den man zum Ansehen und zur Größe Deutschlands würdig und eindrucksvoll begeht, sondern „Unser Führer". Was in diesem Wort liegt, kann nur der Deutsche ermessen, deshalb wende ich mich in diesem Artikel auch nur an Deutsche.

Wir Deutschen des nationalsozialistischen Reiches kennen keinen Kaiser oder König, keinen Präsidenten oder Vorsitzenden eines Parteirates, wir haben e i n e n F ü h r e r! Dieses Wort gibt es nur im deutschen Wortschatz und appelliert deshalb wie kein anderes an den Verstand und an das Gefühl des deutschen Menschen und des Tiefstandes empfindet, und wie unendlich dankbar das deutsche Volk ist, aus dieser Ohnmacht und Entbehrung der Systemzeit durch den Führer erlöst zu sein, drückt der Deutsche mit aller Innigkeit in dem Wort aus: M e i n F ü h r e r!

In diesem Wort „Mein Führer" liegt alle Gefolgschaftstreue, die ein Deutscher ausdrücken kann. Dieser Führer würde uns nicht imponieren, wenn er etwa eine goldstrotzende, mit Orden „besäte" Uniform tragen und sich alle möglichen Titel zulegen würde.

Er braucht seine Befähigung, die deutsche Wehrmacht zu führen, nicht dadurch zu dokumentieren, daß er sich wie Herr Stalin zum Marschall ernennt, nein, alles das würde nur als lästiges Beiwerk gewertet werden und für einen einmalig Großen wie A d o l f H i t l e r lächerlich wirken. Er ist in seiner einzigartigen Schlichtheit gerade

Meine Kameraden bei der Wehrmacht!

Haarscharf ist der Schlag, den der Bolschewismus in der Winteroffensive gegen uns geführt hat, vorbeigegangen. Es hätte auch anders kommen können. Daß es nicht so kam, dafür danken wir Euch mit heißem Herzen. Wir sind uns in der Heimat vollständig darüber klar, daß die Gefahr sehr groß war und daß es auch nicht die letzte Gefahr dieses Krieges gewesen ist. Jeden Tag kann uns der Krieg neue Überraschungen bringen, denn nicht nur wir, sondern auch unsere Feinde wissen, daß es um alles geht. Wir werden darum weder in unserem Arbeitseifer, noch in unseren Leistungen nachlassen.

Am 12. März fand in der Stadthalle zu Hanau eine Betriebsversammlung statt, an der unsere ganze Betriebsgemeinschaft geschlossen teilnahm. Als Redner war der Propagandaleiter Pg. Stöhr anwesend, der noch wenige Tage vorher seine Pflicht als Soldat an der Ostfront erfüllt hatte.

Gleichzeitig kann ich Euch die erfreuliche Mitteilung machen, daß die Gewinnbeteiligung trotz zahlreicher Einberufungen von Gefolgschaftsmitgliedern zur Wehrmacht, auch in diesem Jahre in der Höhe des vergangenen Jahres ausgezahlt wurde. Das ist ein erfreuliches Zeichen dafür, daß unsere Produktion trotz kriegsbedingter Schwierigkeiten nicht abgesunken ist. Ich bin überzeugt, daß dieses Ergebnis zu einem großen Teil auf die gute Zusammenarbeit zwischen der Gefolgschaft und mir, sowie zwischen der Deutschen Arbeitsfront und mir zurückzuführen ist.

Die durch den totalen Kriegseinsatz erfaßten Frauen haben, soweit sie für unseren Betrieb vorgesehen waren, inzwischen ihre Arbeit aufgenommen. Zu ihrer Ehre muß ich sagen, daß sie die Erwartungen, die an sie gestellt wurden, durchaus erfüllen, ja teilweise sogar übertreffen.

Unsere KHD.-Maiden, die im Bericht über das Weihnachtsfest genannt wurden, haben inzwischen von uns Abschied genommen. Freitag, den 26. März, gaben wir ihnen in einem ganz kleinen Rahmen einen Abschiedsabend. Den Verhältnissen des Krieges entsprechend war diese Feier sehr einfach. Es freut mich sehr, von diesen Maiden hören zu können, daß sie sich immer gerne der Zeit erinnern werden, in der sie in unserem Betrieb tätig waren.

Am Samstag, den 20. März, hat unser Betrieb nachmittags eine Panzerschicht gearbeitet, deren Ertrag der Kriegs-WHW.-Sammlung zugeführt wurde. Es freut mich ganz besonders, daß die Gefolgschaft trotz aller Schwierigkeiten, die dem einzelnen durch den Krieg auferlegt werden, in anzuerkennender Weise ihre Pflicht erfüllt.

So grüße ich Euch gemeinsam mit allen Gefolgschaftsmitgliedern in der festen Überzeugung, daß, wenn wir weiterhin so treu zusammenhalten wie bisher, aus diesem schweren Kampf ein Sieg erwächst, der uns für alle Zukunft glücklich machen wird.

Euer Betriebsführer

Dr. W. H. Heraeus.

es nicht so kam, dafür danken wir euch mit heißem Herzen ... Am Samstag, dem 20. März, hat unser Betrieb nachmittags eine Panzerschicht gefahren, deren Ertrag der Kriegs-WHW-Sammlung zugeführt wurde." Wilhelm Heraeus war am 10. Oktober 1945 freiwillig ausgeschieden, der antifaschistische Betriebsausschuß faßte am 29. Oktober 1945 den Beschluß: "überflüssig im Betrieb".

Als ebenfalls "überflüssig im Betrieb" wurde der Chemiker Dr. Hans Br., Direktor der Elektrischen Abteilung, beurteilt, der am 19. Oktober 1945 entlassen worden war. "Vorläufig überflüssig" waren der "selbstherrische" Abteilungsleiter im Edelmetallankauf, seit 1. Mai 1938 Mitglied der NSDAP, der Meister der Lehrlingswerkstatt, "technisch gute Kraft", Mitglied der NSDAP seit Dezember 1939, und der Leiter der Versuchsabteilung Widerstandsthermometer, Mitglied der NSDAP seit 1. Mai 1933. Über 4 Belastete - den Meister und den technischen Leiter der Quarzglas-Abteilung, einen Arbeitsvorbereiter und den Leiter der Personalabteilung - konnten noch keine Beurteilungen ausgesprochen werden, da sie noch in Kriegsgefangenschaft waren. Am häufigsten findet sich der Beschluß: "zurück versetzt", so z. B. bei Dr. Reinhard Heraeus als "einfacher kaufmännischer Angestellter", beim kaufmännischen Leiter der Heraeus-Quarzglas-Gesellschaft, bei einem Patentbearbeiter, bei einem Bankbuchhalter - diesen drei Angestellten wurde jedoch selbstverständlich die Prokura entzogen - sowie bei den Leitern des Lohnbüros, des Baubüros, der Bohr-Abteilung usw.

Die Entnazifizierungsverfahren bei W.C. Heraeus war sehr an den Bedürfnissen des Betriebs orientiert. Sicher: Die Nazis sollten nicht mehr das Sagen haben, aber man brauchte die Fachleute. Ganz deutlich wurde das in der Beurteilung des technischen Direktors der Platin- und Quarzglas-Abteilung und Leiters des Versuchslaboratoriums: Der Chemiker Dr. R. war seit 1934 in der NSDAP, "hat an Hitler geglaubt", aber war im Oktober 1945 "wissenschaftlich für den Betrieb nicht entbehrlich". "Muß bleiben, wird dringend benötigt". "Zurückversetzt - Konstrukteur im technischen Büro" stand als Beurteilung für einen 40jährigen Betriebsingenieur, der im Juni 1940 in die NSDAP eingetreten war. Als "Kenner aller elektrischen Anlagen und der Energieversorgung" war er für den Wiederaufbau unverzichtbar.

Als der Betrieb wieder aufgebaut war, kehrte auch Dr. W.C. Heraeus wieder zurück. Fritz Martin, Mitglied im antifaschistischen Betriebsausschuß, faßte in einem Interview mit Rudolf Schneider 1984 seine damaligen Hoffnungen zusammen: "Aber es schien zunächst so, als habe sich wirklich etwas geändert nach der Befreiung vom Faschismus, nach der Beendigung des Krieges. Das Neue war: Der NSDAP-Freund und Betriebsführer W.C. Heraeus durfte kein Betriebsführer mehr sein. Er wurde aus dem Betrieb verbannt, sozusagen 'ausgesperrt'. Später erhob er Einspruch, ging vor einen amerikanischen Untersuchungsausschuß, der dann entschied, er könne in einem Tochterbetrieb eingesetzt werden.

Noch später wurde Heraeus wieder Konzernchef. Er hatte einwandfrei zu den Geldgebern der NSDAP gezählt. Ganz allgemein war die Vorstellung - insbesondere unter uns aktiven Gewerkschaftskollegen - , daß Unternehmern wie Heraeus, die mitverantwortlich waren für den Rüstungskurs der Nazis und nicht zuletzt für die Ausbeutung ausländischer Zwangsarbeiter und die immer wieder im Interesse Hitlers zum 'Durchhalten' aufriefen, die Macht aus den Händen genommen werden muß, wenn es gelingen soll, eine wirkliche Demokratie aufzubauen."

Über die Entnazifizierung der beiden Degussa-Betriebe in Hanau und in Wolfgang liegen ebenfalls Listen mit ausführlichen Stellungnahmen vor.

Für die Deutschen Kunstlederwerke Wolfgang, seit 1933 im 100%igen Besitz der Degussa, zeichneten die Mitglieder des antifaschistischen Betriebsausschusses und später in den Betriebsrat gewählten Kollegen Jakob Keim, Wilhelm Strauch, Peter Adam und Reus Keul verantwortlich: Von 366 Beschäftigten (Stand 31. März 1945) waren 34 Mitglied in der NSDAP oder einer faschistischen Massenorganisation. Davon wurden drei Arbeiter, ein Meister und zwei Buchhalter bereits im Au-

gust 1945 entlassen. Weitere 22 Belastete wurden nicht wieder eingestellt; ein Mitglied der Geschäftsleitung war zum 1. Oktober 1945 "freiwillig" ausgeschieden. Im Oktober 1945 befanden sich noch sechs ehemalige Nazis im Betrieb, lediglich ein Prokurist erhielt ein negatives Zeugnis; den übrigen wurde bescheinigt, daß sie sich "anständig" bzw. als "gute, ruhige Arbeitskollegen" verhalten hätten.
Ausführlich beschäftigen sich die Kollegen mit dem Technischen Direktor Dr. Karl Werner, der 1938 in das Werk Wolfgang gekommen war, von 1933-1937 in der SA-Reserve und seit 1942 Mitglied der NSDAP gewesen war. Dr. Werner wurde als "korrekt und objektiv" beurteilt; vor allem aber habe er sich bei vielen Gelegenheiten für Antifaschisten eingesetzt: "so z. B. hat er das Belegschaftsmitglied Josef Ohl (Kommunist aus Niederrodenbach, Anfang März 1933 verhaftet und zur "Schutzhaft" u. a. im KZ Sonnenburg. d. Vf.) nach dessen Rückkehr aus dem Konzentrationslager zu sich in das Laboratorium genommen, da dessen Arbeitsplatz inzwischen durch einen Nazi besetzt war. Weiter hat er das Belegschaftsmitglied Wilhelm Jakob insofern vor dem Konzentrationslager bewahrt, daß er alle Anschuldigungen gegen Jakob entkräftete." Besonders würdigten die Kollegen den Einsatz Dr. Werners für die Erhaltung der Produktionsanlagen: "Als Abwehrbeauftragter für den Betrieb hat er in den kritischen Tagen vor der Besetzung durch die Amerikaner entgegen dem Befehl des Rüstungskommandos im Betrieb Leute um sich gesammelt, die nachweislich antifaschistisch eingestellt waren. Nur so war es möglich, die Lähmung des Werkes zu verhindern." Auch habe er sich stets für die ausländischen Arbeiter eingesetzt, mit ihnen persönlich gesprochen und sie beruhigt. Die Kollegen kamen zum Beschluß, daß "die weitere Tätigkeit von Dr. Werner auf seinem Posten sowohl von der Belegschaft als auch von der Arbeitnehmer-Vertretung im Interesse des Gesamtbetriebes erwünscht ist".
Es ist - soweit wir das feststellen konnten - in Hanau der einzige Fall, daß sich Belegschaft und antifaschistischer Betriebsausschuß so wohlbegründet für den weiteren Verbleib eines durch NSDAP-Mitgliedschaft belasteten Mitglieds der Firmenleitung im Interesse des Betriebes einsetzten - und das bei einem Konzern wie der Degussa, der wie kein zweiter der rassistischen Politik des deutschen Faschismus diente und vom Atombombenprogramm des Dritten Reiches profitierte.

Auch im 2. Hanauer Degussa-Werk, bei der Platinschmelze G. Siebert, setzten sich die Betriebsräte Schnarr, Weitzel, Hoffmann und Köppel für den Verbleib früherer NSDAP-Mitglieder im Betrieb ein. Als Anlage zu der gemäß Gesetz Nr. 8 geforderten Liste der Belasteten gaben sie eine Stellungnahme ab:
"Wir machen darauf aufmerksam, daß in unserer Firma während der Nazizeit nie in irgendeiner Hinsicht eine politische Tendenz vorhanden war. Nationalsozialisten hatten aufgrund der antifaschistischen Einstellung des größeren Teils der Belegschaft keine Möglichkeit, irgendwie werbend oder aktivistisch in Erscheinung treten zu können. Es ist bekannt, daß die Belegschaft der Fa. Degussa-Siebert, Hanau, gelegentlich bei einer Rede des ehemaligen Kreispropagandaleiters Weber zur Hälfte demonstrativ den Saal der Stadthalle verließ, wie sich das Gleiche gelegentlich einer Rede hier im Werk ereignete ... Aus den vorher angeführten Gründen müssen wir auch aus Gerechtigkeitsgründen bei der Bewertung der ehemaligen Parteimitglieder objektiv unser Urteil fällen."

Bereits im Juli 1945 hatte sich der Betriebsausschuß mit der "Angelegenheit Dr. F." beschäftigen müssen. Dr. F., der vom Degussa-Stammwerk Frankfurt nach Hanau gekommen war, war vom ehemaligen Betriebsobmann, einem inzwischen entlassenen Werkmeister, der Mißhandlung des französischen Kriegsgefangenen André Besson aus Dijon beschuldigt worden. Dr. F. stritt die Mißhandlung des Franzosen auch nicht ab: Das Verhalten der Franzosen an diesem Tag, Ende 1944, sei "frech und herausfordernd gewesen, wie auch die Arbeitsleistungen sehr viel zu wünschen übrig ließen". Als André Besson trotz mehrmaliger Aufforderung nicht die Hände aus den Hosentaschen nahm, schlug ihn Dr. F., über dieses Verhalten empört, mehrere Male ins Gesicht, so daß, wie der später vernommene Ober-

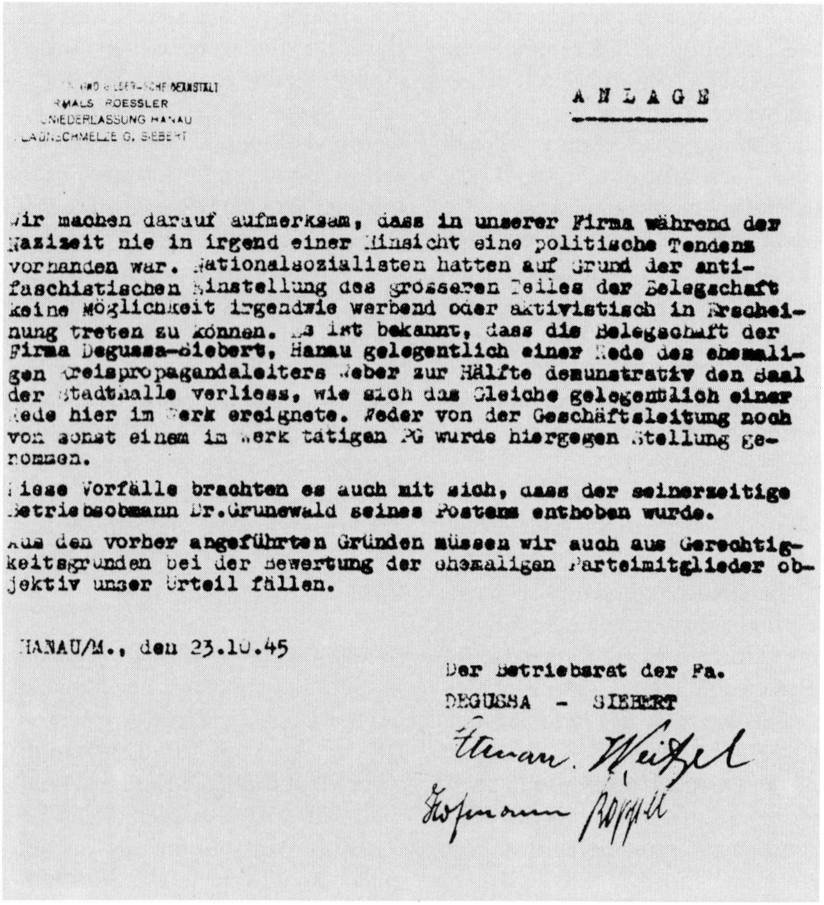

...SCHEIDEANSTALT
VORMALS ROESSLER
NIEDERLASSUNG HANAU
...SCHMELZE G. SIEBERT

ANLAGE

Wir machen darauf aufmerksam, dass in unserer Firma während der Nazizeit nie in irgend einer Hinsicht eine politische Tendenz vorhanden war. Nationalsozialisten hatten auf Grund der antifaschistischen Einstellung des grösseren Teiles der Belegschaft keine Möglichkeit irgendwie werbend oder aktivistisch in Erscheinung treten zu können. Es ist bekannt, dass die Belegschaft der Firma Degussa-Siebert, Hanau gelegentlich einer Rede des ehemaligen Kreispropagandaleiters Weber zur Hälfte demunstrativ den Saal der Stadthalle verliess, wie sich das Gleiche gelegentlich einer Rede hier im Werk ereignete. Weder von der Geschäftsleitung noch von sonst einem im Werk tätigen PG wurde hiergegen Stellung genommen.

Diese Vorfälle brachten es auch mit sich, dass der seinerzeitige Betriebsobmann Dr.Grunewald seines Postens enthoben wurde.

Aus den vorher angeführten Gründen müssen wir auch aus Gerechtigkeitsgründen bei der Bewertung der ehemaligen Parteimitglieder objektiv unser Urteil fällen.

HANAU/M., den 23.10.45

Der Betriebsrat der Fa.
DEGUSSA - SIEBERT

meister, Herr Gottlieb, angab, die Brille des Franzosen auf die Erde fiel ... und Herr Gottlieb sich genötigt sah, Herrn Dr. F. wegzureißen".
Die Hanauer Belegschaftsvertreter übergaben schließlich die protokollierte "Angelegenheit Dr. F." ihren Frankfurter Betriebsratskollegen, nachdem sie einmütig festgestellt hatten, "daß Herr Dr. F. den Franzosen zu Unrecht geschlagen habe, und daß überhaupt das Schlagen eines Ausländers insbesondere eines Mannes von der Bildung des Herrn Dr. F. unwürdig sei".
Die Liste der Belasteten bei der Platinschmelze enthält 65 Namen. Hinter drei Namen stand "mittlerweile entlassen": Betroffen waren ein am 1. März 1933 in die NSDAP eingetretener Werkstattschreiber, der als "aggressiver Kämpfer für Hitlers Ideen" galt, ein Meister, der seit 1942 Betriebsobmann war, und ein Buchhalter, ebenfalls "aggressiver Kämpfer für Hitlers Ideen". Die entlastende Beurteilung "aktivistisch im Geschäft nicht hervorgetreten" bzw. "zur Partei zwangsläufig übernommen" steht hinter 59 Namen; darunter auch bei Mitgliedern der Geschäftsleitung. Dem Prokuristen Adolf D., vor 1933 in die NSDAP eingetreten, bescheinigten die Betriebsräte: "in keiner Weise Aktivist gewesen. Ein sozial gerecht denkender Mensch, der politisch Verfolgte als Personalchef zur Einstellung brachte und beschützte. Menschen, die ihrer nichtarischen Abstammung wegen verfolgt wurden, behielt er in Stellung. Es ist der Wunsch der gesamten Belegschaft, daß dieser Mann in seiner bisherigen Stellung verbleibt." Über den Direktor Hans S., obwohl seit 1931 Mitglied der NSDAP und 1933 im NSKK, stand zu lesen: "Nie aktivistisch hervorgetreten. Keinerlei Benachteiligung der bekannten Antifaschisten. War mit der Personalpolitik seines Personalchefs voll und ganz einverstanden. In sozialer Hinsicht gegen jedermann gerecht - bei der Belegschaft allerseits beliebt - Wunsch der gesamten Belegschaft, ihn in seiner bisherigen Stellung zu belassen, da seine Tatkraft und Erfahrung entscheidende Voraussetzung für den Aufbau des Werkes hat." Auch einen Obermeister, den 60jährigen Wilhelm G., 1937 in die NSDAP eingetreten, wünschte die Belegschaft "behalten zu können. Man nennt ihn Vater des Betriebes." Am 6. Mai 1946 verfügte die Militärregierung die Entlassung von vier leitenden Angestellten, zwei Werkmeistern und einem Arbeiter; sechs Monate später waren alle wieder "auf Bewährung" eingestellt.

"Das Ergebnis dieser Entscheidungen ist, daß ein sehr großer Teil der Unternehmer und leitenden Angestellten ihre führende Funktion in Industrie und Handel behalten."

(Aus der Denkschrift des AGB Hanau vom 22. November 1945. DGB-Archiv Hanau)

Im Laufe des Novembers 1945 hielt der AGB zahlreiche Versammlungen hauptsächlich in den Hanauer Großbetrieben ab, um die Haltung der Gewerkschaft zu der durch das Gesetz Nr. 8 bestimmten Form der Entnazifizierung darzulegen und mit den Kolleginnen und Kollegen zu besprechen. Aufgrund der bei diesen Diskussionen geäußerten Kritik wandte sich der AGB Hanau am 22. November 1945 mit einer Denkschrift an die Militärregierung.

Die Belegschaften hatten nämlich mit dem Vorstellungsausschuß, dem in Hanau Dr. Canthal, der Präsident der Industrie- und Handelskammer, vorsaß, die Erfahrung gemacht, daß dieser ihre Beurteilungen insbesondere bei Unternehmern und leitenden Angestellten revidierte und ihnen wieder die Rückkehr in den Betrieb ermöglichte.

"Die Auffassungen darüber, wer war aktiv und wer war nur nominelles Mitglied", schrieben die Gewerkschafter, "gehen weit auseinander." Nach Ansicht der Gewerkschaft und der Arbeitnehmervertreter stellte be-

MILITARY GOVERNMENT DETACHMENT H 79 Fr/lc.
2nd MILITARY GOVERNMENT REGIMENT
HANAU, GERMANY

23. November 1945
21 November 1945

23 November 1945.

SUBJECT: Public meetings.

TO : Allgemeiner Gewerkschaftsbund, Hanau.

1. Permission is hereby granted to hold the following public meetings:

a. At W.C.Heraeus, Hanau, on Tuesday, 20 November 1945
b. At Heraeus Vacuumschmelze, Hanau 20 November 1945
c. At Degussa, Hanau on Thursday 22 November 1945
d. At Dunlop Co., Hanau on Friday 23 November 1945
e. At BBC, Gross-Auheim on Friday 23 November 1945

Subject: Trade Union and Law No. 8

f. At Niederrodenbach on Tuesday 20 November 1945 at 2000 hours, Hotel Peter Bach,

Subject: Gewerkschaft und Wiederaufbau.

2. The permission hereby granted to conduct a public meeting does not constitute permission to use the premises of the individual plants. Such permission must be obtained from the plants themselves.

MILITARY GOVERNMENT DETACHMENT H. .. U.S. ARMY

Thomas Turner, Jr.

THOMAS TURNER JR.
Major AUS
MGO

Betr.: Öffentliche Versammlungen.
An : Allgem.Gewerkschaftsbund, Hanau.

1. Hierdurch wird Ihnen die Genehmigung für nachstehende öffentliche Versammlungen erteilt:

(siehr oben)

2. Die hierdurch erteilte Genehmigung zur Abhaltung öffentlicher Versammlungen bedeutet nicht die Genehmigung zur Benutzung von Gebäuden der betr. Werke. Derartige Genehmigungen müssen bei den Unternehmen selbst eingeholt werden.

reits eine freiwillige Mitgliedschaft in der NSDAP oder einer ihrer Gliederungen schon eine aktive Beteiligung dar. "Wer auch immer freiwillig in die Partei eintrat, war nicht nur mit deren Maßnahmen einverstanden, sondern wollte sie auch fördern. Und alle diejenigen, die am 1. Mai 1933 zu den Nazis gingen, taten es unbedingt freiwillig, da ja zu dieser Zeit die Macht der Nazis noch nicht derartig war, daß man von einem Zwang sprechen konnte. Unternehmer und leitende Angestellte können überhaupt nicht von einem Zwang reden."

Scharf wurde die Auffassung des Prüfungsausschusses kritisiert, daß auch derjenige, der bereits 1933 oder früher in die NSDAP eingetreten war, aber kein Amt ausübte, als "nominelles Mitglied" zu behandeln sei: "Das Ergebnis dieser Entscheidungen ist, daß ein sehr großer Teil der Unternehmer und leitenden Angestellten ihre führende Funktion in Industrie und Handel behalten, obgleich sie zu den ältesten Mitgliedern der Partei, also zu den alten Kämpfern, zählten. Den Unternehmern und leitenden Angestellten war es während des Krieges ein leichtes, sich vom Militärdienst freizuhalten, indem sie einfach auf ihre Unentbehrlichkeit hinwiesen. Sie waren immer in der Lage, die von der Wehrmacht angeforderten Männer unter den Arbeitern und kleineren Angestellten auszusuchen.
Ebenso leicht fanden sie stets einen Vorwand, wenn ihnen von der Partei ein Amt angeboten wurde, denn auch in diesen Fällen schlugen sie Arbeiter oder kleinere Angestellte vor, die dann unter doppeltem Druck ihrer Vorgesetzten und der Partei nachgeben mußten. Hier liegt der Grund dafür, daß die Unternehmer und leitenden Angestellten es gar nicht notwendig hatten, irgendeine Parteifunktion zu übernehmen, aber dessenungeachtet den parteiamtlichen Anordnungen innerhalb ihres Unternehmens stets den erforderlichen Nachdruck verschafften, um die einwandfreie politische Haltung ihrer Belegschaft nachzuweisen, ohne selbst unmittelbar belastet zu sein."
Die Tatsache, ob einer ein Amt in der NSDAP ausgeübt hat, darf nach Meinung des AGB Hanau nicht das einzige Kriterium für aktive Mitgliedschaft und damit für die Entlassung sein. "Dies würde nämlich dazu führen, daß man nahezu alle Unternehmer und leitenden Angestellten als nominelle Mitglieder betrachten und auf ihren führenden Posten mit gewiß größerem Einfluß auf das Wirtschaftsleben belassen müßte, als die Arbeiter und Angestellten in untergeordneten Stellen haben, die zu entlassen wären, weil sie das umstrittene Amt in der Partei hatten."
Die Denkschrift endete mit der dringenden Bitte an die Militärregierung, "den Begriff der Aktivität im Sinne des Gesetzes genau zu bestimmen und dem Prüfungsausschuß klare Richtlinien für seine Entscheidungen zu geben, damit die Beseitigung des schädlichen Einflusses der nazistischen Elemente auch wirklich gewährleistet ist".

Heinrich Fischer berichtete am 6. Dezember 1945 der Militärregierung über den Stand der Entnazifizierung: Danach waren bis zu diesem Zeitpunkt 1.122 Firmen und Betriebe im Bereich des Arbeitsamtes Hanau "erfaßt"; 930 jedoch lediglich durch die Meldung der Betriebsinhaber; in 192 Betrieben wurde die Entnazifizierung gemäß den Ausführungsbestimmungen des Gesetzes Nr. 8 durchgeführt. Das Ergebnis: 105 Angestellte wurden entlassen, 144 zurückversetzt, die weitaus meisten, nämlich 552 Belastete, blieben in Stellung. Auch über die lasche Praxis des Prüfungsausschusses liegen Zahlen vor: 181 Angestellte hatten gegen ihre Entlassung Einspruch erhoben, bis Ende Dezember 1945 waren lediglich 44 Einsprüche abgewiesen, 50 Klagen waren noch anhängig, bei 87 Angestellten hatte der Prüfungsausschuß jedoch gegen das Votum der Belegschaften und Betriebsräte entschieden.

Lagen den Durchführungsbestimmungen zum Gesetz Nr. 8 noch Überlegungen zugrunde, daß die Entscheidung über aktive Nazi-Vergangenheit im sozialen Umfeld des Belasteten, also am Arbeitsplatz, in Betrieb und Verwaltung, getroffen werden soll, so lief zeitgleich dazu in der US-Zone eine aufwendige, bürokratische Fragebogenaktion, bei der jeder erwachsene Deutsche einen 131 Positionen umfassenden Fragebogen ausfüllen mußte: Durch Vergleich mit der von ihnen erbeuteten NSDAP-Zentralkartei, heute noch immer schwer zugänglich im

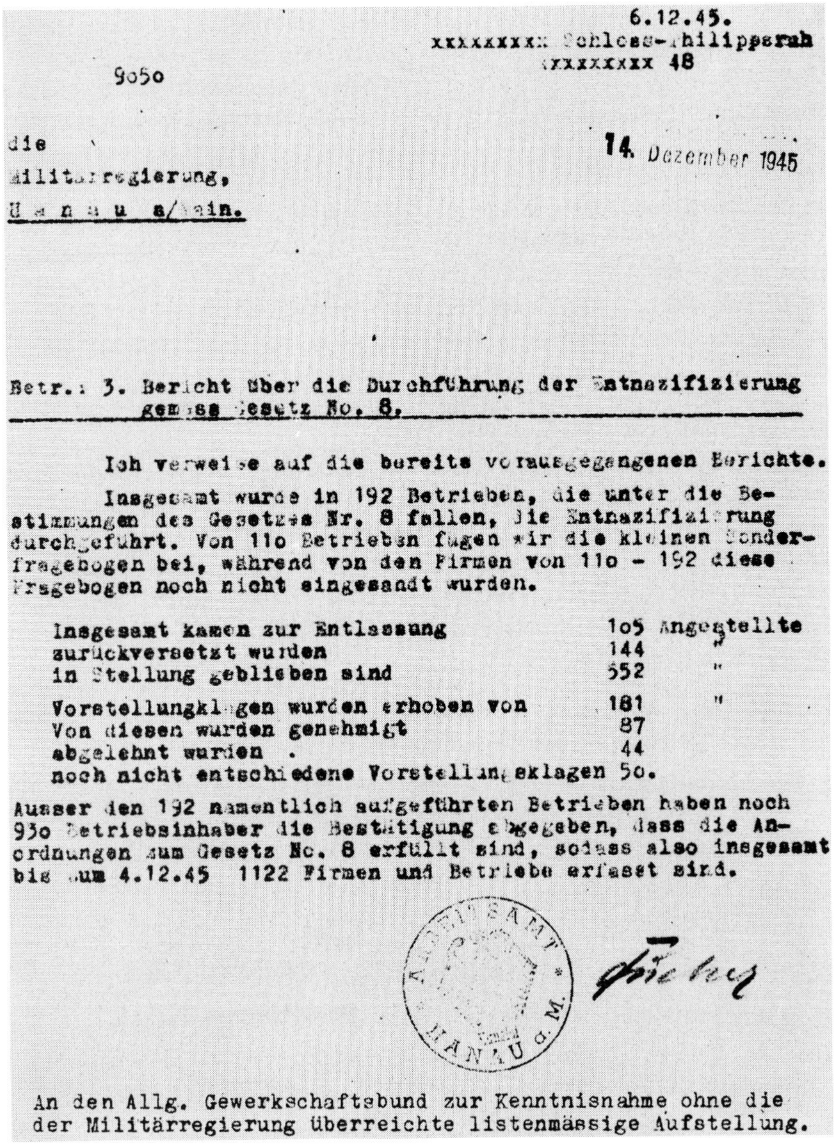

6.12.45.
xxxxxxxxx Schloss-Philippsruh
xxxxxxxx 48

9050

die
Militärregierung,
H a n a u a/Main.

14 Dezember 1945

Betr.: 3. Bericht über die Durchführung der Entnazifizierung gemäss Gesetz No. 8.

Ich verweise auf die bereits vorausgegangenen Berichte.

Insgesamt wurde in 192 Betrieben, die unter die Bestimmungen des Gesetzes Nr. 8 fallen, die Entnazifizierung durchgeführt. Von 11o Betrieben fügen wir die kleinen Sonderfragebogen bei, während von den Firmen von 11o - 192 diese Fragebogen noch nicht eingesandt wurden.

Insgesamt kamen zur Entlassung	1o5	Angestellte
zurückversetzt wurden	144	"
in Stellung geblieben sind	552	"
Vorstellungklagen wurden erhoben von	181	"
Von diesen wurden genehmigt	87	
abgelehnt wurden .	44	
noch nicht entschiedene Vorstellungsklagen	5o.	

Ausser den 192 namentlich aufgeführten Betrieben haben noch 93o Betriebsinhaber die Bestätigung abgegeben, dass die Anordnungen zum Gesetz No. 8 erfüllt sind, sodass also insgesamt bis zum 4.12.45 1122 Firmen und Betriebe erfasst sind.

ARBEITSAMT HANAU a. M.

An den Allg. Gewerkschaftsbund zur Kenntnisnahme ohne die der Militärregierung überreichte listenmässige Aufstellung.

Berliner document-center, wollte die US-Behörde jede Person nach fünf Einstufungskategorien beurteilen, wobei die beiden ersten Kategorien zum zumindest vorläufigen Ausschluß von öffentlichen Ämtern und leitenden Positionen in Verwaltung und Wirtschaft führen sollten. Diese perfektionistisch ausgeklügelte Massendurchleuchtung versagte in der Praxis total: Bis März 1946 waren von den bis Weihnachten 1945 eingegangenen rund 13 Millionen Fragebögen erst 1,6 Millionen bearbeitet, und die vorgenommenen Einstufungen wurden von den örtlichen Besatzungskommandanten häufig genug mißachtet, nicht selten aufgrund von Bestechung mit Schwarzmarktgütern, mit Luxusgegenständen, Jagdangeboten und mit Prostitution.

Im März 1946 übertrug die US-amerikanische Besatzungsmacht das Entnazifizierunsverfahren weitgehend in deutsche Verantwortung.

Die rechtliche Grundlage, das "Gesetz zur Befreiung vom Nationalsozialismus und Militarismus", wurde am 5. März 1946 von den Ministerpräsidenten der Länder der US-Zone - Hessen, Bayern sowie der Freien Hansestadt Bremen - unterzeichnet. Künftig urteilten in öffentlichen Spruchkammerverfahren Deutsche über Deutsche, allerdings unter der Kontrolle und letztendlichen Entscheidung der US-Militärregierung. Die Spruchkammern konnten die Belasteten in fünf Kategorien - "Hauptschuldige", "Belastete", "Minderbelastete", "Mitläufer" oder "Entlastete" - einstufen und mit Strafen belegen, die von Zwangsarbeit über Vermögenseinziehungen und Beschäftigungsverbote bis zur Aberkennung des passiven und aktiven Wahlrechts und zum Verbot, Mitglied in einer Gewerkschaft zu werden, reichten.

Vorsitzender der Hanauer Spruchkammer war zunächst der Sozialdemokrat und damalige Polizeidirektor Karl Rehbein, bis er am 18. Juli 1946 zum Oberbürgermeister von Hanau gewählt wurde. Ihm folgte mit Hans Kargl (SPD) ein Antifaschist, den die Nazis wegen seines Widerstandes verfolgt und in die Konzentrationslager Sachsenhausen und Dachau eingesperrt hatten. Hans Kargl, der damals auch im Vorstand der Vereinigung der Verfolgten des Naziregimes war, wurde im März 1947 von der US-Militärregierung entlassen, weil er angeblich "Hintergrundinformationen über US-Bürger gesammelt" habe. Ausschlaggebend für die Entlassung Kargls dürfte jedoch seine strengere Handhabung der Entnazifizierungsbestimmungen gewesen sein. In einem Dossier vom 23. Juli 1948, angelegt von der OMGUS - Sonderkommission zur Bekämpfung des Kommunismus - wurde Kargl als "Sozialdemokrat der alten Richtung" beschrieben und ein Berufsverbot für den gelernten Journalisten befürwortet.

Sowohl die US-amerikanische Fragebogenaktion des Jahres 1945 als auch die dann folgenden deutschen Spruchkammerverfahren, die zu einem Handel mit "Persilscheinen" führten, bewirkten eher das Gegenteil der mit ihnen angestrebten Zielsetzung der Entnazifizierung: Je weiter der Kreis der zu Entlastenden von den staatlichen Institutionen auf die Wirtschaft und die freien Berufe ausgedehnt wurde, desto mehr verstärkte sich ein Solidarisierungseffekt zwischen den nun fast unterschiedslos betroffenen "kleinen" und "größeren" Nazis, denen zudem die übrige Bevölkerung in wachsendem Maße mit Mitleid begegnete.

Die im Sommer 1946 von der US-Militärregierung erlassene Amnestie für alle unter 30jährigen sowie die Weihnachtsamnestie des gleichen Jahres für die sozial Schwachen und Kriegsversehrten fand bei der Bevölkerung große Zustimmung und hätte ja auch die Verfahren gegen die "großen Fische" beschleunigen können; doch diese zur Rechenschaft zu ziehen, war mit dem beginnenden Ost-West-Konflikt schon nicht mehr beabsichtigt.

Im Dezember 1948 veröffentlichte die US-Militärregierung eine Übersicht über die Entnazifizierung, die nunmehr als abgeschlossen galt. Danach waren von 4.828 Hauptschuldigen 396 und von 73.235 Belasteten 5.093 verurteilt worden.

Das Volk der "Mitläufer und Mitläuferinnen"

Von den in den drei Westzonen bis zum 31. Dezember 1949 insgesamt einem Spruchkammerverfahren unterzogenen 2,5 Millionen Personen waren nur 1,4 % als "Hauptschuldige" oder "Belastete" und 9,4 % als "Minderbelastete", dagegen 54 % als "Mitläufer" eingestuft worden. In 34,6 % der Fälle wurde das Spruchkammerverfahren eingestellt, ganze 0,6 % wurden formal als "entlastet", d. h. als Gegner des Nationalsozialismus anerkannt.

Spruchkammer Hanau, 1.9.1946. Auch damals ließ man die Fahrräder am besten nicht aus den Augen. (Foto: Stadtbildstelle Hanau)

MILITARY GOVERNMENT OF GERMANY

Fragebogen

WARNING: Read the entire Fragebogen carefully before you start to fill it out. The English language will prevail if discrepancies exist between it and the German translation. Answers must be typewritten or printed clearly in block letters. Every question must be answered precisely and conscientiously and no space is to be left blank. If a question is to be answered by either "yes" or "no", print the word "yes" or "no" in the appropriate space. If the question is inapplicable, so indicate by some appropriate word or phrase such as "none" or "not applicable". Add supplementary sheets if there is not enough space in the questionaire. **Omissions or false or incomplete statements are offenses against Military Government and will result in prosecution and punishment.**

WARNUNG: Vor Beantwortung ist der gesamte Fragebogen sorgfältig durchzulesen. In Zweifelsfällen ist die englische Fassung maßgebend. Die Antworten müssen mit der Schreibmaschine oder in klaren Blockbuchstaben geschrieben werden. Jede Frage ist genau und gewissenhaft zu beantworten, und keine Frage darf unbeantwortet gelassen werden. Das Wort „ja" oder „nein" ist an der jeweilig vorgesehenen Stelle unbedingt einzusetzen. Falls die Frage durch „ja" oder „nein" nicht zu beantworten ist, so ist eine entsprechende Antwort, wie z. B. „keine" oder „nicht betreffend" zu geben. In Ermangelung von ausreichendem Platz in dem Fragebogen können Bogen angeheftet werden. **Auslassungen sowie falsche oder unvollständige Angaben stellen Vergehen gegen die Verordnungen der Militärregierung dar und werden dementsprechend geahndet.**

A. PERSONAL / A. Persönliche Angaben

1. List position for which you are under consideration (include agency or firm). — 2. Name (Surname) (Fore Names). — 3. Other names which you have used or by which you have been known. — 4. Date of birth. — 5. Place of birth. — 6. Height. — 7. Weight. — 8. Color of hair. — 9. Color of eyes. — 10. Scars, marks or deformities. — 11. Present address. (City, street and house number). — 12. Permanent residence (City, street and house number). — 13. Identity card type and Number. — 14. Wehrpass No. — 15. Passport No. — 16. Citizenship. — 17. If a naturalized citizen, give date and place of naturalization. — 18. List any titles of nobility ever held by you or your wife or by the parents or grandparents of either of you. — 19. Religion. — 20. With what church are you affiliated? — 21. Have you ever severed your connection with any church, officially or unofficially? — 22. If so, give particulars and reason. — 23. What religious preference did you give in the census of 1939? — 24. List any crimes of which you have been convicted, giving dates, locations and nature of the crimes. —

1. Für Sie in Frage kommende Stellung: Arbeiter
2. Name Winter (Zu-(Familien-)name) Friederich (Vor-(Tauf-)name) 3. Andere von Ihnen benutzte Namen oder solche, unter welchen Sie bekannt sind. Keinen
4. Geburtsdatum 4.1.1904 5. Geburtsort Horbach
6. Größe 1,65 m 7. Gewicht 65 kg 8. Haarfarbe Blond 9. Farbe der Augen grau
10. Narben, Geburtsmale oder Entstellungen Keine
11. Gegenwärtige Anschrift Friedrich Winter, Horbach, Mittelstr. 83 (Stadt, Straße und Hausnummer)
12. Ständiger Wohnsitz Horbach Mittelstr. 83. (Stadt, Straße und Hausnummer)
13. Art der Ausweiskarte D.K. Nr. J 1204707 14. Wehrpaß-Nr. 04/242/1/6 15. Reisepaß-Nr. Keinen
16. Staatsangehörigkeit Hessen 17. Falls naturalisierter Bürger, geben Sie Datum und Einbürgerungsort an. nicht betreffend
18. Aufzählung aller Ihrerseits oder seitens Ihrer Ehefrau oder Ihrer beiden Großeltern innegehabten Adelstitel. Keinen
19. Religion Röm. Kath 20. Welcher Kirche gehören Sie an? Röm. kath. 21. Haben Sie je offiziell oder inoffiziell Ihre Verbindung mit einer Kirche aufgelöst? nein 22. Falls ja, geben Sie Einzelheiten und Gründe an nicht betreffend 23. Welche Religionsangehörigkeit haben Sie bei der Volkszählung 1939 angegeben? Röm. Kath 24. Führen Sie alle Vergehen, Uebertretungen oder Verbrechen an, für welche Sie je verurteilt worden sind, mit Angaben des Datums, des Orts und der Art. nicht betreffend

B. SECONDARY AND HIGHER EDUCATION / B. Grundschul- und höhere Bildung

Name & Type of School (If a special Nazi school or military academy, so specify) Name und Art der Schule (Im Fall einer besonderen NS oder Militärakademie geben Sie dies an)	*Location* Ort	*Dates of Attendance* Wann besucht?	*Certificate Diploma or Degree* Zeugnis, Diplom o. akademischer Grad	*Did Abitur permit University matriculation?* Berechtigt Abitur od. Reifezeugnis zur Universitätsimmatrikulation?	*Date* Datum
VolksSchule	Horbach	1910 – 1918	Keinen	Keine	

Sechstes Kapitel

Gewerkschaftliche Aktionen gegen Schwarzmarkt und Preiswucher (1946 - 1948)

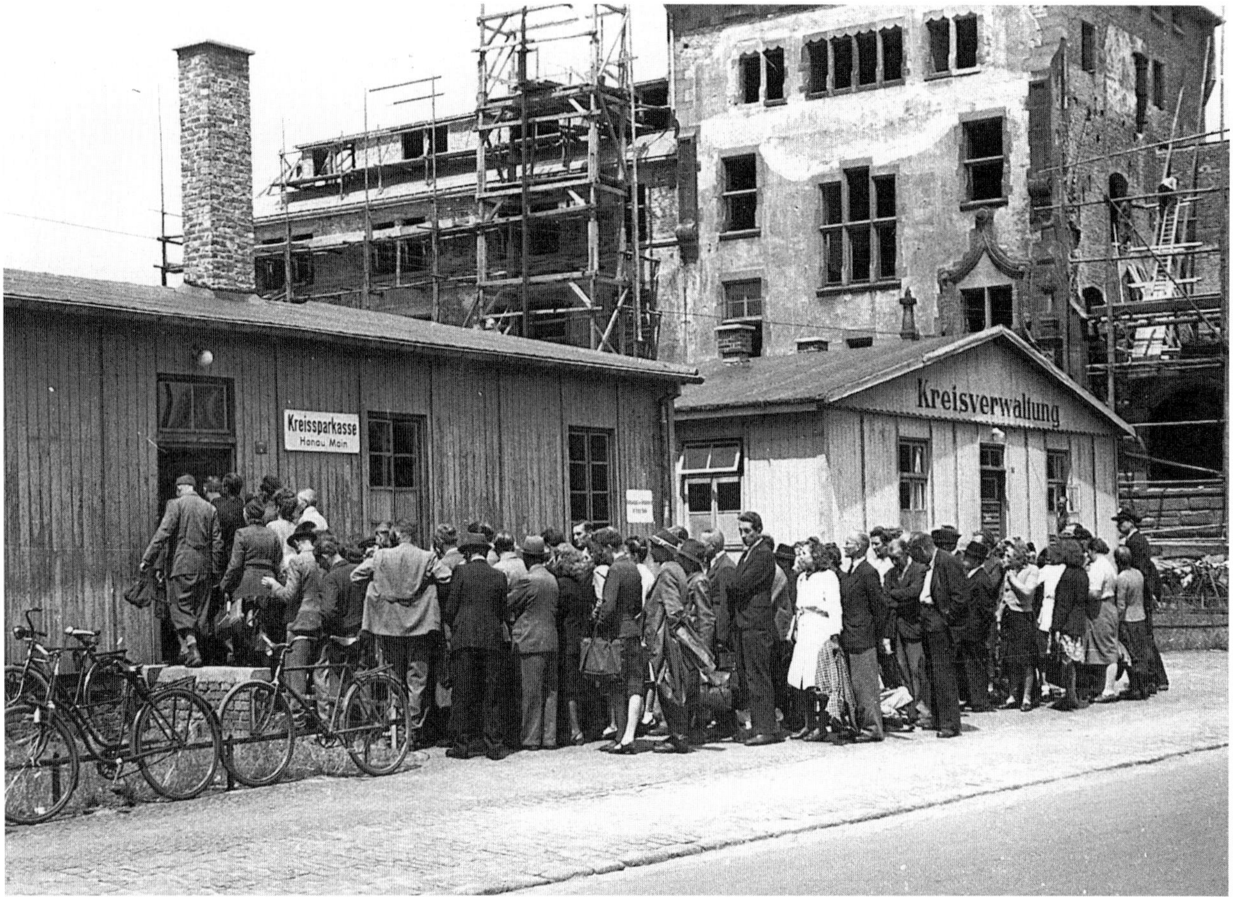

Schlangestehen für das neue Geld. Vor der Bretterbude der Hanauer Kreisverwaltung (Foto: Stadtbildstelle Hanau)

"Da sind neue Wege zur Kontrolle durchaus am Platze"

"Ich habe den Preis für alle Dinge erfahren müssen - weil ich ihn zahlen konnte -, als ich als sechzehnjähriger Lehrling allein in die Stadt kam: Der Hunger lehrte mich die Preise; der Gedanke an frisch gebackenes Brot machte mich ganz dumm im Kopf, und ich streifte oft abends stundenlang durch die Stadt und dachte nichts anderes als: Brot. Meine Augen brannten, meine Knie waren schwach, und ich spürte, daß etwas Wölfisches in mir war. (Heinrich Böll: Das Brot der frühen Jahre)

Die Gefahr des Verhungerns war den Deutschen in den sechs Kriegsjahren erspart geblieben. Hungertote hatte es in Hitlerdeutschland in den Konzentrationslagern, Zuchthäusern und Kriegsgefangenenlagern, in denen vor allem sowjetische Kriegsgefangene systematisch dem Hungertod preisgegeben wurden, gegeben.
Wenn auch ab 1943 Fleisch und Fett knapp wurden, was die Deutschen bis zur Niederlage als Hunger bezeichneten, war nur das Gefühl des Nicht-satt-geworden-Seins.
(Maria Eiken: "Das Brot der frühen Jahre". Wie die Kalorien Einzug hielten und aus Eicheln Kaffee wurde. In: Heiß und kalt. Die Jahre 1949 - 1969. Das Bilderbuch. Berlin: Elefantenpress 1988)

13. Lebensmittelrationen für die Woche vom 16.—22. 4. 45.
Es ist gelungen, für die kommende Woche vom 16. bis 22. 4. die nachstehend aufgeführten Rationssätze für den Stadt- und Landkreis Hanau festzusetzen. Es wird wiederholt darauf hingewiesen, daß für den Verbrauch äußerste Sparsamkeit walten muß.

Menge	Warenart	Personenkreis	Bezugsabschnitte der Lebensmittelkarten der 74. Periode
1500 g	Roggenbrot	üb. 6 J.	2 E, 2 Jgd.
1000 g	Weißbrot	0–6 J.	2 K.
500 g	Weißbr.o.375 g Mehl	üb. 6 J.	8 E, 8 Jgd.
200 g	Fleisch	üb. 6 J.	17—20 E, 17—20 Jgd., über je 50 g.
100 g	Fleisch	0–6 J.	15 u. 16 K. üb. je 50 g.
62,5 g	Margarine oder 50 g Schweineschmalz	für alle	32 E, 32 Jgd., 32 K.
125 g	Nährmittel oder Hülsenfrüchte	für alle	44 E, 44 Jgd., 44 K.
250 g	Zucker	für alle	37 E, 37 Jgd., 37 K.
1 N.-Pak. 1 „ 1 Stück	Waschpulver Waschhilfsmittel Einheitsseife	für alle	49 E, 49 Jgd., 49 K.
Für Selbstversorger			
1500 g	Roggenbrot	üb. 6 J.	102 E, 102 Jgd. 202 E, 202 Jgd.
1000 g	Weißbrot	0–6 J.	102 K, 202 K.
500 g	Weißbr.o.375 g Mehl	üb. 6 J.	108 E, 108 Jgd. 208 E, 208 Jgd.
200 g	Fleisch	üb, 6 J.	117-120 E, 117-120 Jgd. üb. je 50 g.
100 g	Fleisch	0–6 J.	115 u. 116 K. üb. je 50 g.
125 g	Nährmittel oder Hülsenfrüchte	für alle	144 E, 144 Jgd., 144 K. 244 E, 244 Jgd., 244 K.
250 g	Zucker	für alle	137 E, 137 Jgd., 137 K. 237 E, 237 Jgd., 237 K. 301 SV, 301 SV K
1 N.-Pak. 1 „ 1 Stück	Waschpulver Waschhilfsmittel Einheitsseife	für alle	149 E, 149 Jgd., 149 K. 249 E, 249 Jgd., 249 K. 319 SV, 319 SV K.
2000 g	Roggenbrot		Reichskarte für SV 402

Anstelle der nichtgedruckten Reichsmahlkarten erhalten Brot-Selbstversorger einen Berechtigungsschein, wonach sie gegen Ablieferung von 2,5 kg Getreide entsprechende Mahlerzeugnisse wöchentlich beziehen können. Es können zunächst nicht mehr

Im Sommer 1945 standen für die Ernährung der Hanauer Bevölkerung, inzwischen nach den Unterlagen des Ernährungsamtes wieder etwa 12.800 Menschen, davon 4.000 Kinder und Jugendliche bis 18 Jahre, nur die Restbestände des ehemaligen Heeresverpflegungsamtes zur Verfügung. Die Militärregierung setzte für die Normalverbraucher 1.150 Kalorien täglich fest; jedoch: 1.600 Kalorien sind das Existenzminimum zur Erhaltung der Körperfunktionen bei völliger Ruhe. Diese Festlegung entsprach der Direktive des US-amerikanischen Generalstabs vom 26. April 1945: "Sie werden Schätzungen darüber anstellen, welche Zuschüsse notwendig sind, um Hungersnot, die Ausbreitung von Krankheiten und zivilen Unruhen zu vermeiden, die die Besatzungsstreitkräfte gefährden könnten. Sie werden alle durchführbaren, wirtschaftlichen und polizeilichen Maßnahmen ergreifen, um sicherzustellen, daß die deutschen Hilfsquellen voll ausgenutzt werden und der Verbrauch auf dem Mindestmaß gehalten wird. Sie werden nichts unternehmen, was geeignet wäre, den Mindestlebensstandard der Deutschen auf einem höheren Niveau zu erhalten als in irgendeinem benachbarten Mitgliedstaat der Vereinten Nationen."

In dieser Direktive ist die gesamte Ernährungspolitik in der US-Zone in den folgenden Jahren festgelegt. Anders als der im kalten Krieg entstandene Mythos darstellte, kamen die Amerikaner als strafende Sieger und nicht als freundliche GIs, die Scho-

Heinrich Fischer in

Mitteilungsblatt für den Stadt- und Landkreis Hanau

Samstag, den 3. August 1945

So kann es nicht weitergehen!

Nur eines hat uns die Naziherrschaft im Ueberfluß zurückgelassen — Geld! Man sagt, dieses Geld ist nichts wert; dennoch steht hinter diesem Geld eine grauenvolle Realität. Es wirkt wie alles, was von der nationalsozialistischen Methodik gezeugt und geschaffen wurde, in furchtbarer Weise gegen die sozialen Grundlagen der Gesellschaft. Ebenso unheilvoll wie ein reißendes, alles zerstörendes Hochwasser ist auch die Auswirkung dieser Geldflut. Sie, eben diese Geldflut, ist in hohem Maße die Ursache der Arbeitsunlust, zumindest hemmt sie die Erreichung der notwendigen Arbeitsintensität. Die Geldflut ist aber auch ein Grundelement für den schwarzen Markt. Sie wirkt doppelt schlecht in Zeiten der Not, wo die Lebensmittel und Bedarfsartikel äußerst knapp sind.

So wie bisher kann es nicht weitergehen! Die gewerkschaftlich organisierte Arbeiterschaft, ganz gleich ob am Schraubstock, hinter dem Pflug oder hinter dem Schreibtisch, ist nicht bereit, einen Weg zu gehen und mit zuzusehen, wie durch einige passionierte Nichtstuer, Schieber und Wucherer unsere Wirtschaft zu Grunde gerichtet wird und die ehrliche Arbeit jeden Sinn verliert. Ein Arbeiter, der heute ein Durchschnittseinkommen von 28.— bis 30.— RM netto wöchentlich hat, was soll der anfangen? Er muß mit diesem Geld den Unterhalt für die Familie bestreiten, die Lebensmittel kaufen, die Wohnung bezahlen, die Kleider und Schuhe anschaffen und viele, viele Gebrauchsgegenstände, die verloren gingen, wieder ersetzen. Wie ist das möglich, wenn ein Bündel Karotten z. B. 40 Rpf. und mehr kostet, 1 Kohlrabi 20—30 Rpf., 1 Pfd. Salat 60 Rpf., oder wenn man für das Pfund Heidelbeeren 8—12 RM fordert, so daß schon für ein einfaches Mittagessen einige Mark ausgegeben werden müssen. Wie kann er da zurecht kommen, wenn er für ein Paar Arbeitsschuhe, die früher 7—8 RM kosteten, 28—35 RM zahlen muß, wenn ihm für eine Arbeitshose oder für einen Arbeitsanzug, den er sich irgendwie beschaffen muß, phantastische Preise abgefordert werden, wenn er für den Zentner Brennholz 3.75 RM hinlegen muß oder wenn er für die einfachsten Hausgeräte und Porzellansachen märchenhafte Preise zahlen soll. Wir fragen, wie kann er da zurechtkommen? Und wenn er dann noch auf den Genuß des Tabakrauchens und auf andere Dinge verzichten muß, weil es die nicht gibt und weil diese so sündhaft teuer sind, wenn er überdies noch zusehen muß, wie gewisse Geschäftsleute oder Faulenzer, Schieber und Wucherer alle die Dinge, die für ihn unerreichbar sind, sich gegenseitig zuschieben, wie kann er da noch Lust an der Arbeit haben?

Die gewerkschaftlich organisierten Arbeiter haben bisher Disziplin gehalten. Sie haben trotz der maßlosen Teuerung den Lohnstopp geachtet und müssen nun zusehen, wie sich ihr Lohn heute schon in einem unmöglichen Wettlauf mit den Preisen befindet. Sie müssen hungern, während andere immer mehr als satt werden. Sie müssen in elenden Quartieren hausen, das Herdfeuer teilen oder lange mühevolle Anmarschwege zur Arbeit gehen, während andere gemächlich sich in Sachwerte flüchten, ihre Häuser, Geschäfte und Wohnungen aufbauen und einrichten. Muß man sich da wundern, wenn die Arbeiter nicht mehr mittun wollen, wenn die Arbeitszeiten und die Arbeitsleistungen immer mehr absinken?

Nein, so kann es nicht weitergehen! Vielen Menschen in Deutschland geht es heute so, wie in dem Märchen „Hans im Glück". Für einen augenblicklichen Vorteil geben sie ihren „Goldklumpen" her, um schließlich nur noch einen zerbrochenen Wetzstein zu haben, den sie für einen Schluck Wasser eintauschen. Hoffentlich haben Sieger und Besiegte aus der Vergangenheit gleichermaßen gelernt und wiederholen nicht die Fehler von 1918. Die Arbeiterschaft erwartet von den Männern, die heute an verantwortlicher Stelle den neuen Staat führen, endlich durchgreifende Maßnahmen. Es wäre an der Zeit, daß alle Gedlnoten eingezogen, blockiert, für ungültig erklärt werden und neues Geld ausgegeben würde, in dem Maße, wie es sich der Einzelne durch eine wertschaffende Arbeit verdient hat. Es ist höchste Zeit, daß eine Neuordnung der Nahrungs- und Genußmittelverteilung erfolgt, in dem Maße, daß der Arbeiter in erster Linie mit seiner Familie auch satt werden kann. Es kann nicht schwer sein, zwischen Arbeitenden und Nichtsarbeitenden einen Unterschied zu machen. Höchste Zeit ist es auch, daß den Preistreibern, Schiebern und Wucherern das Handwerk gelegt wird. Diese Parasiten kann man nicht verbieten, auch nicht bestrafen, sie muß man vernichten. Mit 1000 RM Geldstrafe und 4 Wochen Gefängnis mit Straferlaß ist das allerdings nicht möglich. Auf wohllebende Schmarotzer kann unser Land verzichten, nicht aber auf die wertschaffende Arbeitskraft.

H. Fischer.

Lumpensammlung. April 1946 (Foto: Stadtbildstelle)

kolade an Kinder verteilen, auf einem Berg von Care-Paketen sitzen und mit den Millionen des Marshallplans winken. Ihr Ziel war nicht die Versorgung mit Lebensnotwendigkeiten, sondern die Vermeidung von "Seuchen und Unruhen".

Damals waren in Hanau die "Plünderer" unterwegs: Sie durchsuchten zerstörte oder unbewohnbare Häuser, Fabriken und Lagerräume, Kasernen - so vor allem die Eisenbahnkaserne, in der umfangreiche Vorräte an Lebensmitteln vermutet wurden - nach Eßbarem, nach Gebrauchsgegenständen, nach Dingen, die auf dem in den Ruinen entstandenen schwarzen Markt eintauschbar waren. Der Holzdiebstahl in den Wäldern um Hanau nahm in unglaublichem Maß zu; im Hungerwinter 1946/47 sollten die Diebstähle an Kahlschlag grenzen. Im Amtlichen Mitteilungsblatt der Stadt Hanau vom 16. Juni 1945 wurde die Bevölkerung gewarnt: Die Besatzungstruppen haben gegen Plünderer Schießbefehl; ab Juli 1945 wurden auf der ersten Seite des Mitteilungsblattes die Bestrafungen durch das US-Militärgericht veröffentlicht, die meisten wegen Diebstahls von US-Lieferungen bzw. wegen unerlaubten Betretens von US-Einrichtungen.

In den Betrieben, in denen bereits irgend etwas produziert wurde, begannen die Tauschgeschäfte: Produkte wurden in Naturalien bezahlt, ein Teil des Lohnes bestand ebenfalls aus Lebensmitteln und anderen Naturalien. Kompensationsgeschäfte - so nannte man diese Art der Bezahlung - wurden zur vordringlichen Aufgabe von Betriebsräten, denn nur auf diese Weise konnte die Versorgung der Belegschaft mit Lebensmitteln und Gebrauchsgütern ein wenig verbessert werden: Nicht Papiergeld war gefragt, sondern Gegenwerte zum Tauschen. Im Hungerwinter 1946/47 spitzte sich die Ernährungslage, die durch eine Mißernte verstärkt wurde, und ein noch nicht wieder funktionierendes Transportsystem, das Getreide- und Kartoffellieferungen in den Häfen von Hamburg und Bremen verrotten ließ, dramatisch zu. Auch im Frühjahr 1947 verbesserte sich die Lage nicht, und im Juni 1947 erreichte die zugeteilte Lebensmittelmenge einen neuen Tiefstand von 900 Kalorien pro Tag für Normalverbraucher. Der allgemeine Mangel hatte politische, soziale und individuelle Folgen: Solidarität im großen und im kleinen zerbrach. Im Lande machte sich die "Moral der 1.000 Kalorien " breit, wie der Wirtschaftsexperte und Gewerkschafter Victor Agartz formulierte.

Als im Mai 1947 das hessische Wirtschaftsministerium eine Genehmigungspflicht für Kompensationsgeschäfte verordnete, stieß sie auf den Widerspruch der Betriebsräte. Heinrich Gimbel, Betriebsratsvorsitzender bei der Vacuumschmelze, stellte klar, daß "von uns nur Kompensationsgeschäfte gemacht worden sind, um Baustoffe zu beschaffen oder die Werksküchenverpflegung zu verbessern. Der Betriebsrat stellt sich auf den Standpunkt, daß das grundsätzliche Verbot am Platze ist, daß aber bei den heutigen wirtschaftlichen Verhältnissen Kompensationsgeschäfte für unseren Betrieb unerläßlich sind, um unseren Betriebsangehörigen überhaupt etwas bieten zu können, was bei anderen Firmen in viel größerem Maßstab geschieht. Von uns aus wird ein Antrag auf Zulassung von Kompensationsgeschäften gestellt, um die Grundverpflegung in der Werksküche zu verbessern, und zweitens wird ein Antrag gestellt auf Genehmigung der Sachwertprämien für Mehrleistung. Geschäftsleitung und der Betriebsrat halten eine Beibehaltung der Kompensationsgeschäfte im seitherigen Rahmen für notwendig."

(Protokoll der Betriebsrat ssitzung am 30. Mai 1947, Archiv des Betriebsrates der Vacuumschmelze)

Die beiden Anträge des Betriebsrates wurden abgelehnt: Das hessische Wirtschaftsministerium genehmigte lediglich "5 % der Produktion als Kompensation zur Beschaffung von Rohstoffen, Hilfsstoffen und Betriebsmitteln auf Widerruf. Kompensationsgeschäfte zur Beschaffung zusätzlicher Lebensmittel für unsere Küchenverpflegung sind strikt verboten."

(Protokoll der Betriebsratssitzung am 9. Oktober 1947, Archiv des Betriebsrates der Vacuumschmelze)

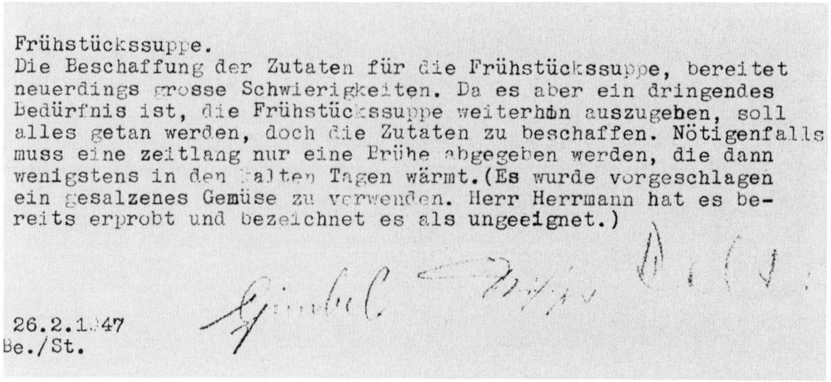
Frühstückssuppe.
Die Beschaffung der Zutaten für die Frühstückssuppe, bereitet neuerdings grosse Schwierigkeiten. Da es aber ein dringendes Bedürfnis ist, die Frühstückssuppe weiterhin auszugeben, soll alles getan werden, doch die Zutaten zu beschaffen. Nötigenfalls muss eine zeitlang nur eine Brühe abgegeben werden, die dann wenigstens in den kalten Tagen wärmt. (Es wurde vorgeschlagen ein gesalzenes Gemüse zu verwenden. Herr Herrmann hat es bereits erprobt und bezeichnet es als ungeeignet.)

26.2.1947
Be./St.

McNarney zur Frage der 1550 Kalorien

BERLIN, 22. November (DANA). Ob die gegenwärtige Tagesration von 1550 Kalorien den Winter hindurch aufrechterhalten werden kann, ist „zu dieser Zeit schwer zu sagen," erklärte der Oberbefehlshaber der amerikanischen Besatzungstruppen für Deutschland, General Joseph T. McNarney, am Donnerstag auf seiner regelmäßigen Berliner Pressekonferenz. Die Aufrechterhaltung der Rationen hänge von dem Umfang der Nahrungsmittelerfassung bei den deutschen Bauern und der Lebensmitteleinfuhr aus den Vereinigten Staaten ab. Um die Nahrungsmittelration aufrechtzuerhalten, müssen wir allmonatlich 100 000 Tonnen Lebensmittel aus den Vereinigten Staaten einführen, sagte der General. Im vergangenen Monat wurden 50 000 Tonnen importiert. Natürlich, fügte McNarney hinzu, werde die Dauer und der Umfang des Grubenarbeiterstreiks in Amerika eine bedeutende Rolle in dem Nahrungsmittel-Exportprogramm für Deutschland spielen und auf die Festsetzung der Tagesration einwirken.

Neue Presse vom 21. November 1946

Razzia gegen den Schwarzmarkt. Juli 1947 (Foto: Stadtbildstelle Hanau)

Es kam zu Hungerunruhen. Nach gewerkschaftlichen Protestkundgebungen in Nürnberg, Hannover, Hamburg und Stuttgart im Dezember 1946 und Januar 1947 spitzte sich die Streikbewegung im Frühjahr 1947 vor allem im Ruhrgebiet zu. Im Frühjahr 1947 wurde sie immer militanter und stärker. Als die Streikenden, gegen die Militärpolizei eingesetzt wurde, die Verstaatlichung von Großbetrieben und Volkskontrolle über die Nahrungsmittelversorgung forderten, verboten die Militärverwaltungen der britischen, französischen und US-amerikanischen Zone alle weiteren Streiks und Demonstrationen.

Oberst Newmann, US-Gouverneur in Hessen, drohte im Mai 1947 den Streikenden in einer Rundfunkansprache sogar mit der Todesstrafe, und das nicht, weil Hessen der Kern des Aufruhrs gewesen war - gestreikt wurde lediglich bei Opel Rüsselsheim und in Kassel - sondern weil die Leitrolle der Führungsmacht USA markiert werden sollte.

"Das Volk der USA kennt Ihre Ernährungslage, und es werden alle Anstrengungen gemacht, um Ihnen Ihren Mindestbedarf zur Verfügung zu stellen. Die Frage der Geldzuteilung zu diesem Zweck liegt jetzt dem Kongreß der Vereinigten Staaten vor. Jedoch müssen Sie durch Ihre Handlungen beweisen, daß sie der Ausgaben würdig sind, die von den Vereinigten Staaten getragen werden müssen, um Sie vor dem Verhungern zu retten. Ich muß in aller

"Zahnräder gegen Heringe"

Interview mit Oskar Ott, damals Jugendvertreter bei der Fa. Wilhelm Schwahn, Hanau

"Im März 1947 habe ich mich bei der Firma Schwahn gemeldet, um meine im Krieg begonnene und dann unterbrochene Lehre als Werkzeugmacher fortzusetzen. Der Meister schickte mich gleich zum Betriebsrat, um zu fragen, ob er mit meiner Einstellung einverstanden wäre. Ich bin dann im Portierhaus gelandet, da war ein gewisser Leo Herbert, ein Mann von kleiner Gestalt, leicht gerötetem Gesicht, der hat mich nach ein paar Nachfragen angenommen und dann gesagt:
"Damit Du Bescheid weißt, wenn's Ärger gibt, kommst Du wieder zu mir. Und komm auch so nochmal vorbei, ich habe noch was mit Dir zu bereden." Nach fünf Minuten war ich wieder bei ihm, und er fing an: "Damit Du Bescheid weißt, wir sind alle hier in der Gewerkschaft. Und die Gewerkschaft ist dafür da, daß wir unser Recht bekommen und ... und. Und wenn das schon vorher funktioniert hätte, daß alle organisiert gewesen wären, dann hätte es auch den Hitler gar nicht gegeben. Also hier gibt es keinen, der nicht in der Gewerkschaft ist, und ich fände es richtig, wenn Du auch drin bist. Und wenn was ist, ist auch die Gewerkschaft da und nicht nur der Betriebsrat!" Und er reichte mir mit den Worten "Ich hab's schon ausgefüllt!" den Aufnahmeantrag rüber.
So wurde ich mit 17 Jahren zum 1. April 1947 Mitglied beim Freien Gewerkschaftsbund Hessen, Bezirk Hanau. Paar Monate später ging es dann um die Jugendvertretung: Der Leo Herbert hat eine Jugendversammlung einberufen und mich für den Betriebsjugendausschuß vorgeschlagen. Wir waren drei Mann, kein Mädchen war darunter, es gab nur männliche Lehrlinge, und ich war der Vorsitzende. Als solcher durfte ich immer an den Betriebsratssitzungen teilnehmen, die jeden Freitag obligatorisch um 9 Uhr stattgefunden haben. Dort wurde alles durchgehechelt von der nicht mehr funktionierenden Kaffeemaschine über die Wärmer für die mitgebrachten Tender bis zu den Kompensationsgeschäften, z. B. Zahnräder gegen ein Faß Heringe aus Hamburg.
Als das Faß dann ankam und sie es im Betriebsratszimmer aufgemacht haben, um die Heringe zu verteilen, da hatten die Drecksleut' nur lauter Köpfe und Schwänze reingepackt, das ganze Faß voll. Daraufhin hat sich einer den Plastikbomber vom Treuhänder, so einen Zweitakter mit Holzvergaser, geben lassen und ist damit nach Hamburg gefahren, ohne Unterbrechung, und hat denen die Zahnräder wieder abgenommen. Und in Zukunft sah's dann so aus: Alle Kompensationsgeschäfte wurden bei uns im Hof unter Aufsicht des Betriebsrates abgewickelt. Wer was von uns wollte, der mußte kommen und uns beliefern, wir haben besichtigt und ausprobiert. Uns hat keiner mehr beschissen. Und ich, als jugendlicher Held, war da mittendrin.

Ich habe da erst mal gemerkt, was Gewerkschaft ist, und diese Leute waren für mich natürlich prägend. Mit Leo Herbert hatten wir einen Betriebsratsvorsitzenden, der die Firma wirklich von der ersten Stunde an in der Hand gehabt und alles organisiert hat, so daß die Frau Schwahn befürchtete, man wolle den Betrieb enteignen und in eigener Regie übernehmen.

Der Betriebsrat, das waren Sozialdemokraten und Kommunisten, aber diese Unterschiede hat man im Betrieb nicht gemerkt, weil das alles Männer gewesen sind, der Keßler, der Kommunist, ebenso wie der Sozialdemokrat Herbert, die sich um ihre Kolleginnen und Kollegen gesorgt haben. Wenn da einer gemerkt hat, der sieht ja heute so blaß aus, der Bub, was ist denn los mit ihm, es gab ja nichts zu fressen, dann hat er was zum Essen mitgebracht: Äpfel aus dem Garten oder mal ein Ei.
Ich selbst bin 1947 im Mai auf der Werkzeuggalerie vor dem Schraubstock gestanden, drei Tage nur Maisgrieß zu fressen gehabt - ich konnte die gelbe Farbe jahrelang nicht mehr sehen - auf einmal klatsch um und ich war fort. Wie ich wieder zu mir gekommen bin, habe ich auf einer Bank gelegen, und sie haben sich um mich gekümmert, mir was zum Essen besorgt. Da gab es keinen Unterschied, ob Kommunist oder Sozialdemokrat. Den politischen Machtkampf, den habe ich erst später in der Gewerkschaft, nicht im Betrieb kennengelernt."

In den Räumen der Fa. Schwahn, Wilhelmstraße - heute befinden sich hier die Lokalredaktion der Frankfurter Rundschau und die Verbraucherberatung - waren 1946/1947 drei ausgebombte Schmuckwarenfabriken untergebracht. (Fotos: Stadtbibliothek Hanau. Landeskundliche Abteilung)

Oben links: *W.C. Behrens - Werkraum und Büro*
Oben rechts: *Empfangsraum der Fa. Schwahn*
Unten links: *Drei Firmen in einem Raum: W.C. Behrens, Weber & Co, Korff*
Unten mitte: *W.C. Behrens*
Unten rechts: *Der Treuhänder der Fa. Schwahn, Jostal, in seinem Büro*

Schwarzmarkt in Hanau (Fotos: Stadtbildstelle Hanau)

Preiskontrolle auf dem Hanauer Wochenmarkt

Offenheit sagen, daß Sie in letzter Zeit Ihrer Sache geschadet haben. General Clay ist gerade von Washington unterrichtet worden, daß im Kongreß eine entscheidende Neigung besteht, sich weiteren Geldbewilligungen für Lebensmittel zu widersetzen. Dies ist zurückzuführen auf die jüngsten Berichte von Streiks, Androhungen von Streiks und einem gewissen Widerstand in der Haltung gegenüber den Richtlinien der Besatzung ...
Vergessen Sie nicht, daß nach den Gesetzen der Besatzungsarmeen und der Militärregierung die Schuldigen sogar mit der Todesstrafe belegt werden können."
(Oberst Newmann im Hessischen Rundfunk im Mai 1947, zitiert nach Maria Eiken, in: Heiß und Kalt. Die Jahre 1945 - 1969. Berlin: Elefanten-press 1988)

Die US-Militärregierung sah in dieser scharfen Drohung die Ursache, daß in Hessen keine große Streik- und Demonstrationsbewegung entstand. Die meisten Gewerkschaftsversammlungen - so auch die 3. Delegiertenkonferenz des FGB Bezirk Hanau am 10./11. August 1946 - begnügten sich mit der Aufstellung von Forderungen nach Preisstopp für Lebensmittel auf dem Stand von 1939, nach verstärkter Kontrolle der Lebensmittelzuteilung und stärkerer Staffelung der Rationen und mit der Aufforderung an die Gewerkschaftsleitung und Regierung, diese Forderungen zu verwirklichen.

In den Resolutionen der Schlüchterner Delegiertenkonferenz zur Versorgungslage wurde vor allem kritisiert, daß der Handel nach wie vor "in den Händen ehemaliger Pg.s" liege, und man forderte, "daß ein mühe- und leistungsloses Einkommen unmöglich gemacht wird".
Von der Hessischen Landesregierung wurde keine der gewerkschaftlichen Forderungen nach Schaffung von Kontrollorganen und Verankerung der gewerkschaftlicher Einflußnahme aufgegriffen, da man dort eine Lösung der Versorgungsprobleme ausschließlich in der Erhöhung der Lebensmittelimporte sah. Wie bereits der FGB-Vorstand wandte sich auch Ministerpräsident Christian Stock (SPD) am 25. April 1947 heftig gegen den Streik als Kampfmittel: "hetzerische Elemente" seien am Werk, die versuchen würden, das Volkselend zum Kampf gegen die Regierung zu benutzen.
(zitiert nach Anne Weiß-Hartmann: Der Freie Gewerkschaftsbund Hessen 1945-1949, S. 229).

Erst im Januar 1948 griff die Landesregierung die Forderung nach Kontrollausschüssen auf, die von Gewerkschaftern, auch in Hanau, schon seit Januar 1946 erhoben worden war. Doch die Konstituierung und Befugnisse mußten vor Ort erstritten werden; so konnte der Kontrollauschuß beim Wirtschaftsamt Schlüchtern nur gegen den Widerstand des Landrats eingerichtet werden. Am 7. Februar 1948 wurden in Hanau zwei Ausschüsse gebildet: der Ausschuß zur Überwachung der

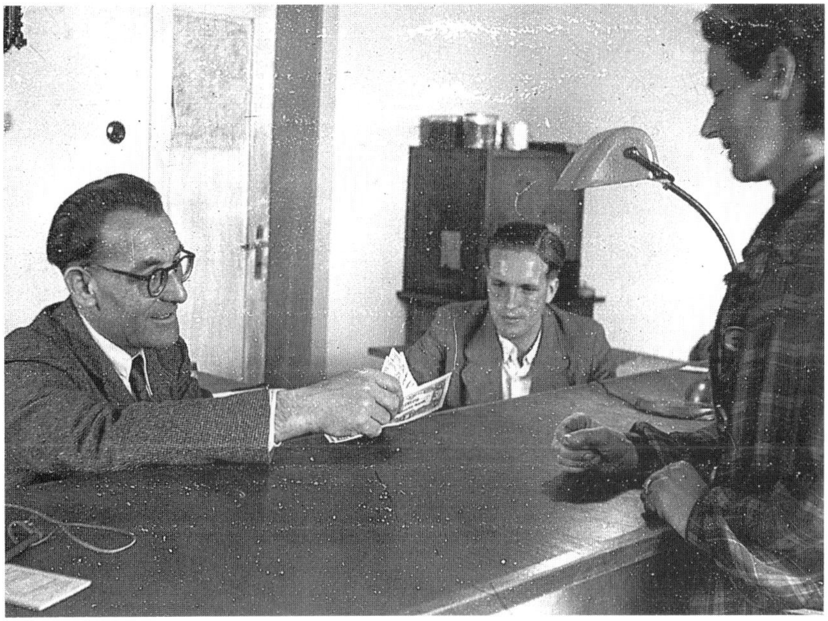

Währungsreform 20. Juni 1948: Auszahlungsstelle Bezirk 6, Post, Wilhelmstraße (Foto: Stadtbildstelle Hanau)
Fliegende Händler verkaufen gehortete Waren zu harter DM. (Foto: Stadtbildstelle Hanau)

Industrie, des Groß- und Einzelhandels und des Handwerks, in dem der FGB mit zwei Kollegen - Otto Rieß und Reinhold Kresse - vertreten war, und der Verbaucherausschuß beim Wirtschaftsamt, in den Johanna Krück entsandt wurde.
Eine Wende in der Lebensmittelversorgung erfolgte erst mit der Währungsreform. Mit den jetzt nicht mehr so stark reglementierten Exporten konnten Lebensmittel von einer von alliierter Bevormundung freien Nahrungsmittelindustrie und -verwaltung eingekauft werden. Der Austausch von Industrieprodukten und Rohstoffen gegen Lebensmittel, der für das Industrieland Deutschland notwendig war, funktionierte wieder - nach den Gesetzen der freien Marktwirtschaft. Selbst exotische Nahrungsmittel wie Kaffee und Südfrüchte waren schon bald gegen Industrieprodukte "Made in Germany" erhältlich. Den drei Hungerjahren folgte die "Freßwelle".

Gutes Geld! Es war wie Zauberei: Das neue Geld war kaum verteilt, da gaben die Kühe wieder Milch, die Hühner legten wieder Eier, die Kartoffeln wuchsen wieder. Was Hungerstreiks, Schweigemärsche, Erfüllungssoll und Strafandrohungen nicht vermocht hatten, gelang dem bunten DM-Papier: Gegen gutes Geld taten sich alle die geheimen Lager auf, in denen Fabrikanten, Grossisten und Einzelhändler die rarsten Waren deponiert hatten.

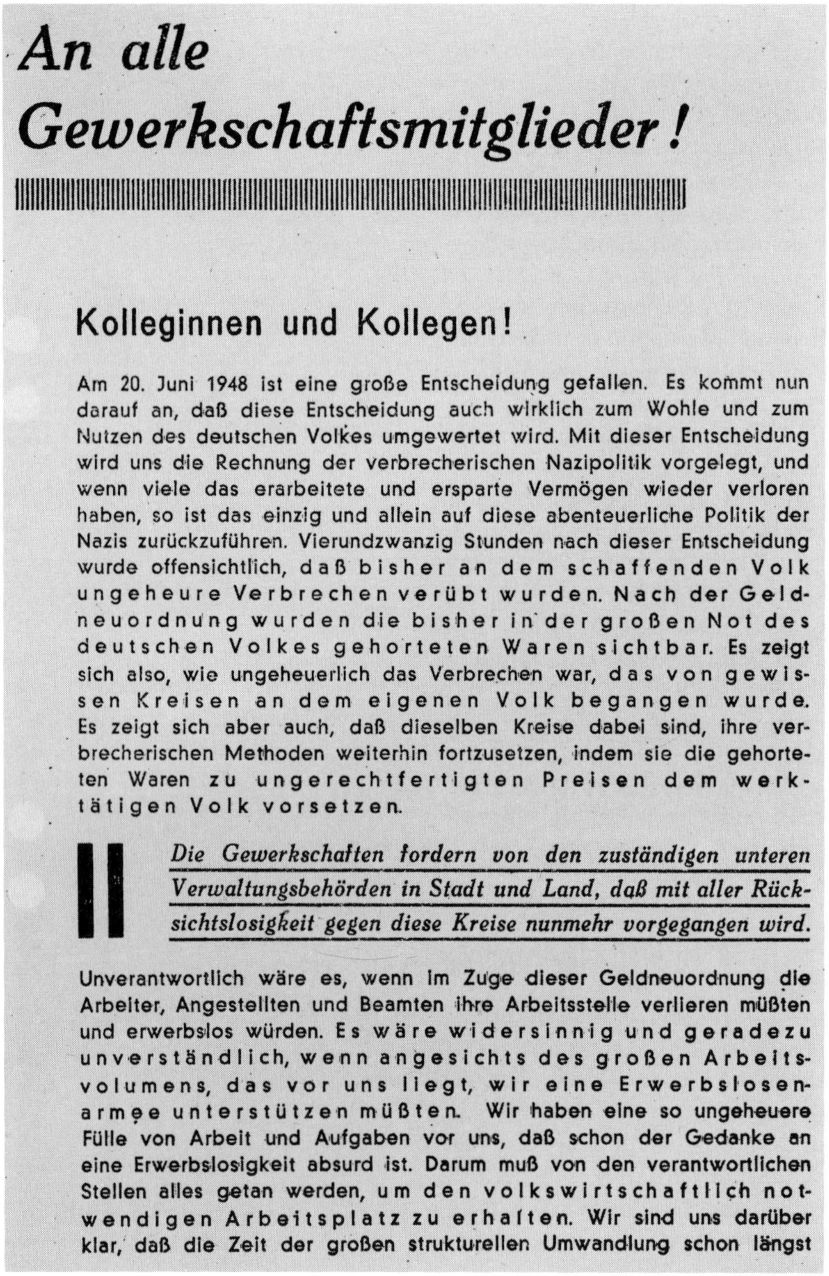

An alle Gewerkschaftsmitglieder!

Kolleginnen und Kollegen!

Am 20. Juni 1948 ist eine große Entscheidung gefallen. Es kommt nun darauf an, daß diese Entscheidung auch wirklich zum Wohle und zum Nutzen des deutschen Volkes umgewertet wird. Mit dieser Entscheidung wird uns die Rechnung der verbrecherischen Nazipolitik vorgelegt, und wenn viele das erarbeitete und ersparte Vermögen wieder verloren haben, so ist das einzig und allein auf diese abenteuerliche Politik der Nazis zurückzuführen. Vierundzwanzig Stunden nach dieser Entscheidung wurde offensichtlich, daß bisher an dem schaffenden Volk ungeheure Verbrechen verübt wurden. Nach der Geldneuordnung wurden die bisher in der großen Not des deutschen Volkes gehorteten Waren sichtbar. Es zeigt sich also, wie ungeheuerlich das Verbrechen war, das von gewissen Kreisen an dem eigenen Volk begangen wurde. Es zeigt sich aber auch, daß dieselben Kreise dabei sind, ihre verbrecherischen Methoden weiterhin fortzusetzen, indem sie die gehorteten Waren zu ungerechtfertigten Preisen dem werktätigen Volk vorsetzen.

Die Gewerkschaften fordern von den zuständigen unteren Verwaltungsbehörden in Stadt und Land, daß mit aller Rücksichtslosigkeit gegen diese Kreise nunmehr vorgegangen wird.

Unverantwortlich wäre es, wenn im Zuge dieser Geldneuordnung die Arbeiter, Angestellten und Beamten ihre Arbeitsstelle verlieren müßten und erwerbslos würden. Es wäre widersinnig und geradezu unverständlich, wenn angesichts des großen Arbeitsvolumens, das vor uns liegt, wir eine Erwerbslosenarmee unterstützen müßten. Wir haben eine so ungeheuere Fülle von Arbeit und Aufgaben vor uns, daß schon der Gedanke an eine Erwerbslosigkeit absurd ist. Darum muß von den verantwortlichen Stellen alles getan werden, um den volkswirtschaftlich notwendigen Arbeitsplatz zu erhalten. Wir sind uns darüber klar, daß die Zeit der großen strukturellen Umwandlung schon längst gekommen war. Weil der Umwandlungsprozeß so weit hinausgeschoben wurde, deshalb ist er so schwierig geworden, und weil diese notwendige Neuordnung nur einen Teil der deutschen Nation im Gegensatz zum anderen Teil stellt, deshalb ist es so schmerzvoll, und weil die Alliierten sich nicht einig sind, deshalb ist es so gefahrvoll. Aber die Geldneuordnung ist notwendig.

Wie immer bei großen Entscheidungen wird auch diesmal die Reaktion versuchen zum Zuge zu kommen. Darum müssen sich die Gewerkschaftsmitglieder und alle schaffenden Menschen um so fester zusammenschließen. Es kommt jetzt darauf an, nicht nur die Arbeitskraft, sondern auch die Arbeitsstelle, Lohn und Brot dem schaffenden Menschen zu sichern. Der Kampf um die gerechte Verteilung des Sozialproduktes wird entbrennen. Je stärker und geschlossener die Gewerkschaftsfronten stehen, um so leichter werden wir den Angriffen der Reaktion entgegentreten können.

Darum, Kolleginnen und Kollegen, in dieser bedeutungsvollen Stunde gilt es, uns zu einer Schicksalsgemeinschaft zu verschmelzen. Gemeinsame Not wird nur gemeinsam überwunden.

Die Gewerkschaften haben, um der Situation gerecht zu werden, einen Aktionsausschuß gebildet, um gemeinsam das zu tun, was im Interesse der schaffenden Menschen jetzt nun getan werden muß.

Alle betrieblichen Schwierigkeiten, die sich aus der Neuordnung ergeben, sind über den Betriebsrat an den Aktionsausschuß in Schloß Philippsruhe, Zimmer 14, zu richten.

Hanau, im Juli 1948

FGB Hessen

Bezirk Hanau
mit Gelnhausen u. Schlüchtern

Der Aktionsausschuß

Verantwortlich FGB Hessen, Bezirk Hanau – Druck: Jakob Wörner, Bischofsheim

"Die Währungsreform ist gelungen, die Taschen der Arbeitnehmer sind leer."

Mit der Einschätzung der Lage nach der Währungsreform beschäftigte sich die FGB-Vorstandssitzung vom 29. Juni 1948. Heinrich Fischer kritisierte die "Auswirkung der Währungsreform, die von der Militärregierung vorbereitet worden ist und von ihr auch verantwortet werden muß; denn deutsche Regierungsstellen hätten sich bestimmt nicht bereit gefunden, eine solche Reform herauszubringen, die Deutschland in zwei Teile spaltet". Er warnte vor dem Bestreben der Arbeitgeber, die Auswirkungen allein auf die Schultern der Arbeitnehmer abzuwälzen. Mit kurzfristiger Arbeitslosigkeit "in geringem Umfang" müsse gerechnet werden, aber etwas Gutes habe die Währungsreform bereits gezeigt: "die Arbeitsmoral habe sich erheblich gebessert". Hauptaufgabe sei nun, "die Lohnverhältnisse nicht abgleiten zu lassen und die eventuelle Arbeitslosigkeit aufzufangen".

Protokollauszüge zur Diskussion in der Vorstandssitzung vom 29. Juni 1948:
Kollege Ernst: Die Währungsreform ist gelungen, die Taschen der Arbeitnehmer sind leer. Die Erfahrungen der letzten Tage gehen dahin, übertarifliche Leistungen abzubauen, und es wird sogar der Versuch unternommen, den Arbeitern untertarifliche Löhne anzubieten.

Kollege Mattes: Es werden Arbeitskräfte freigesetzt. Notstandsarbeiten werden nicht zu vermeiden sein als Mittel zur Vermeidung wirtschaftlicher Störungen. Besonders die Bauwirtschaft kann und darf nicht zum Erliegen kommen, wenn die dringend notwendige Beschaffung von Wohnraum gesichert werden soll. Wo Schwierigkeiten auftreten, muß die öffentliche Hand eingreifen. Die Neuordnung der Währung kann nur sinnvoll sein, wenn zugleich eine Neuordnung der Wirtschaft durchgeführt wird. Wir haben als Gewerkschafter dafür zu sorgen, daß der Anteil am Sozialprodukt gerecht verteilt wird.

Kollege Eckhardt: Ohne Marshallplan keine Währungsreform, ohne Währungsreform kein Besatzungsstatut. Die Industrieherren wittern wieder Morgenluft. Die Erwerbslosigkeit wird nicht zu verhindern sein; es ist deshalb notwendig, einen Entlassungsstopp herbeizuführen. Ein Aufruf an die Arbeiter ist angebracht.

Kollege Breidenbach: Die Angestellten werden in den Betrieben jetzt überflüssig, sie können von den Arbeitgebern jetzt nach Willkür und Gutdünken zu jedem beliebigen Lohn eingesetzt werden.

Kollege Kallnik: Es kann nicht der Sinn der Militärregierung sein, die deutsche Wirtschaft zu zerschlagen, denn auch die Besatzungsmächte können sich einen brodelnden Wirtschaftsherd in Europa nicht leisten. Notwendig ist, daß die Verbraucher auch beim Einkauf Disziplin bewahren, denn die derzeit bestehenden Preise werden auf die Dauer nicht bestehen bleiben. Die Gewerkschaften müssen stur am Reallohn festhalten.

Man beschloß einen Aktionsausschuß zu bilden, der sich mit einem Flugblatt "An alle Gewerkschaftsmitglieder" wandte. Schwerpunkte der Argumentation waren die Gefährdung der Arbeitsplätze und der Preiswucher. Handlungsanleitungen enthielt dieser Aufruf nicht:

"Alle betrieblichen Schwierigkeiten, die sich aus der Neuordnung ergeben, sind über den Betriebsrat an den Aktionsausschuß in Schloß Philippsruhe, Zimmer 14, zu richten."

Der Aktionsausschuß organisierte in den folgenden Wochen Betriebsversammlungen und Betriebsräteschulungen und bereitete schließlich den landesweiten Protesttag am 12. August 1948 vor, an dem sich auf dem Hanauer Marktplatz Tausende Kolleginnen und Kollegen zu einer Kundgebung gegen Preiswucher, für die Aufhebung des Lohnstopps und Mitbestimmung versammelten. Diese landesweiten Protestkundgebungen und der Streik vom 12. November 1948 zeigten Erfolg: Der Lohnstopp wurde aufgehoben, die ersten Streiks um eine "gerechte Verteilung des Sozialproduktes" begannen. Vom 10. - 18. Oktober 1948 stand die Gewerkschaft Handel und verwandte Gewerbe als erste Gewerkschaft in Hessen im Streik für höheren Lohn; es folgten im April 1950 ein Streik bei den privaten Speditionsfirmen, in den auch Hanauer Betriebe miteinbezogen waren, im September 1950 ein Lohnstreik der IG Bau und schließlich im August / September 1951 der vierwöchige Lohnstreik der hessischen Metallarbeiter.

(siehe Kapitel: Der Metallarbeiterstreik im August/September 1951)

Währungsreform 20. Juni 1948: Freiverkauf - Bauern bieten ihre Erzeugnisse an - gegen harte DM. (Foto: Stadtbildstelle Hanau)

Siebtes Kapitel

Von der Diskussion über Mitbestimmung und Gemeineigentum in der hessischen Verfassung über den Kampf um das hessische Betriebsrätegesetz zum Betriebsverfassungsgesetz (1946 - 1952)

Protestkundgebung "gegen Preiswucher, Lohndruck, für Mitbestimmung" auf dem Hanauer Marktplatz am 12. August 1948. "Das war eine sehr machtvolle Demonstration. Wir bei BBC demonstrierten geschlossen aus dem Betrieb nach Großauheim und dann zum Marktplatz." (Rolf Knecht)
(Foto: Stadtbildstelle Hanau)

"Um eine wirkliche, lebendige Wirtschaftsdemokratie"

(Aus der Resolution des FGB Bezirks Hanau vom 14.7.1946)

Die zweite Delegiertenkonferenz des AGB Hanau, die am Sonntag, dem 24. Februar 1946, in Langendiebach im Hotel Stadt Hanau stattfand, beschäftigte sich vor allem mit der Diskussion um ein neues Betriebsrätegesetz. Bereits in der Vorbereitung dieser Konferenz hatten in mehreren Großbetrieben - so bei der Dunlop, bei BBC, auf der Marienhütte, bei den Ochsi-Werken und bei der Fa. Presser & Co - Betriebsversammlungen mit dem AGB-Vorstandsmitglied Heinrich Eckhardt zum Thema "Die Arbeitnehmervertreter und ihre Aufgaben" stattgefunden: Die umfassende Mitbestimmung, so war der überwiegende Tenor dieser Versammlungen, bot die sicherste Gewähr dafür, "nazistische und reaktionäre Kräfte für immer aus der Wirtschaft auszuschalten", man sah in ihr das Instrument nicht allein zur Absicherung der unmittelbaren Lebens- und Arbeitsbedingungen, sondern auch zur grundlegenden Neuordnung von Wirtschaft und Gesellschaft. Insofern war die Forderung nach Mitbestimmung immer auch eng verbunden mit der Forderung nach Überführung der Schlüsselindustrien in Gemeineigentum und nach Planwirtschaft. Die Diskussionen zeugten vom gewachsenen Selbstbewußtsein der Betriebsräte aus den ersten Monaten nach der Befreiung, aus der Erfahrung, daß ohne sie nichts ging. Je nach politischem Standort wurde in der Mitbestimmungsdiskussion mehr der partnerschaftliche Aspekt der Gleichberechtigung von Kapital und Arbeit betont oder stärker auf die Notwendigkeit, im Kampf gegen das Kapital Machtpositionen zu erringen, hingewiesen. Zur Delegiertenkonferenz hatte der AGB-Vorstand den hessischen Arbeitsminister Oskar Müller (KPD) eingeladen, der seine Vorstellungen, wie ein umfassendes Mitbestimmungsrecht im neuen Betriebsrätegesetz und in der Verfassung zu verankern sei, zur Diskussion stellte. Über das Wie scheint es dann auch zu größeren Diskussionen gekommen zu sein; die Mehrheit der Anwesenden forderte, um die Kräfte im Kampf gegen das Kapital zu stärken, "die Vereinigung der beiden Arbeiterparteien".

Am 10. April 1946 verabschiedete der Alliierte Kontrollrat als Gesetz Nr. 22 ein Betriebsrätegesetz. Waren im August 1945 die Aufgaben der betrieblichen Interessenvertretungen noch auf Fragen der Arbeitsbedingungen und der Entnazifizierung begrenzt worden, so erweiterte das Gesetz Nr. 22 die Rechte der Betriebsräte. Artikel 5 nannte die Aufgabenfelder: Verhandlungen über Tarifverträge und Betriebsordnun-

---

Hanauer Einheitsgewerkschaft

he HANAU, 4. März (Drahtmeldung). 300 Delegierte aus dem Kreis Hanau, die an der Arbeitstagung der Einheitsgewerkschaft teilnahmen, beschlossen eine Reihe von Resolutionen für ihre künftige Tätigkeit.

Das Arbeitsministerium wurde aufgefordert, alle Kräfte zur Wahrung der Interessen der Jugend einzusetzen, damit eine weitere Verwahrlosung verhindert werden kann. Lehrwerkstätten und Mustergüter sollen eingerichtet und der Beginn der Schulpflicht vom 6. auf das 7. Lebensjahr heraufgesetzt werden, damit die Schulentlassungen in Zukunft ins 15. Lebensjahr fallen. 5. 3. 46

Der Austausch antifaschistischer Kriegsgefangener gegen Nazi-Aktivisten wurde gefordert, ebenso ein allgemeiner sechswöchiger Einsatz sämtlicher Pgs beim Wiederaufbau, bei Entlohnung nach dem Erdarbeitertarif.

Mit 75%iger Mehrheit wurde ein Brief an die groß-hessische Arbeiterschaft beschlossen, in dem die Vereinigung von SPD und KPD verlangt wird.

Mit einem Leserbrief wandte sich der AGB-Vorstand am 14. März 1946 gegen diese Berichterstattung der Frankfurter Rundschau vom 5. März 1946:

"Es wird festgestellt, daß obengenannter Bericht nicht den Tatsachen entspricht. Wir ersuchen daher, in Zukunft nur solche Berichte in Ihrer Zeitung zu veröffentlichen, welche von uns als Organisation eingeschickt werden. Auch hätten wir gerne erfahren, von wem der oben erwähnte Bericht eingesandt wurde. Zu Ihrer Kenntnis: die Feststellung, daß die Langendiebacher Delegiertenkonferenz nicht einwandfrei nur von Delegierten, sondern darüber hinaus von Gästen und solchen Arbeitern, welche am Referat des Arbeitsministers interessiert waren, besucht war. Die Zusammensetzung dieser Versammlung war infolgedessen nicht als Stimme der Delegierten zu werten".

(DBG-Archiv Hanau)

Betriebsrätegesetz
des Alliierten Kontrollrates
Gesetz Nr. 22

Der Kontrollrat hat folgendes Gesetz beschlossen:

Artikel 1: Zur Wahrnehmung der beruflichen, wirtschaftlichen und sozialen Interessen der Arbeiter und Angestellten in den einzelnen Betrieben wird hiermit die Errichtung und Tätigkeit von Betriebsräten in ganz Deutschland gestattet.

Artikel 2:
1. Der Betriebsrat eines Betriebes ist lediglich aus dem Kreise der Personen zu bilden, die tatsächlich in diesem Betriebe tätig sind.
2. Funktionäre der früheren Deutschen Arbeitsfront oder Mitglieder der NSDAP. können nicht Mitglieder des Betriebsrates sein.

Artikel 3:
1. Die Wahl der Mitglieder des Betriebsrates muß unter Anwendung demokratischer Grundsätze und mittels geheimer Abstimmung erfolgen.
2. Die Mitglieder des Betriebsrates üben ihr Amt für höchstens ein Jahr aus, jedoch ist Wiederwahl zulässig.

Artikel 4:
1. Die Arbeiter und Angestellten eines Betriebes können einen vorbereitenden Ausschuß zu dem Zwecke bilden, Vorschläge über die Zusammensetzung des Betriebsrates und die Durchführung der Wahl von Betriebsratsmitgliedern zu machen. Diese Vorschläge bedürfen der Zustimmung der Arbeiter und Angestellten des Betriebes, die durch Mehrheitsbeschluß zu geben ist.
2. Anerkannte Gewerkschaften können an der Bildung von vorbereitenden Ausschüssen und an der Organisierung von Wahlen zu Betriebsräten teilnehmen und Kandidaten für den Betriebsrat aus den Reihen der Arbeiter und Angestellten des betreffenden Betriebes aufstellen.

Artikel 5:
1. Soweit nicht anderweitige gesetzliche Regelung oder Beschränkungen bestehen, hat der Betriebsrat grundsätzlich die folgenden, den Schutz der Interessen der Arbeiter und Angestellten eines Betriebes betreffenden Aufgaben:
   a) Mit den Arbeitgebern über Anwendung der Tarif-(kollektiv-)Verträge und der internen Betriebsordnung auf die einzelnen Betriebe zu verhandeln.
   b) Mit den Arbeitgebern über Vereinbarungen für den Erlaß von Betriebsordnungen zum Zwecke des Arbeitsschutzes, einschl. der in das Gebiet der Unfallverhütung, ärztlichen Betreuung, betriebshygienischen und sonstigen Arbeitsbedingungen, Regelung von Einstellungen und Entlassungen und Abstellung von Beschwerden fallenden Angelegenheiten, zu verhandeln.
   c) Dem Arbeitgeber Vorschläge für die Verbesserung der Arbeitsmethoden und Produktionsweise zur Vermeidung von Arbeitslosigkeit zu unterbreiten.
   d) Beschwerden zu untersuchen und mit dem Arbeitgeber zu besprechen. Arbeiter, Angestellte und Gewerkschaften bei der Vorbereitung von Fällen, die den Gewerbeaufsichtsbeamten, den Sozialversicherungs- und Arbeitsschutzbehörden, den Arbeitsgerichten und anderen Behörden, die für die Schlichtung von Arbeitsstreitigkeiten zuständig sind, unterbreitet werden sollen, behilflich zu sein.
   e) Mit den Behörden bei der Verhinderung aller Rüstungsindustrie und bei der Denazifizierung von öffentlichen und privaten Betrieben zusammenzuarbeiten.
   f) An der Schaffung und Leitung von sozialen Einrichtungen, die der Wohlfahrt der Arbeiter eines Betriebes dienen sollen, unter Einschluß von Kinderheimen, ärztlicher Fürsorge, Sport und ähnlichen Einrichtungen, mitzuwirken.
2. Die Betriebsräte bestimmen im Rahmen dieses Gesetzes selbst ihre Aufgaben im einzelnen und die dabei zu befolgenden Verfahren.

Artikel 6:
1. Der Betriebsrat oder dessen Vertreter haben das Recht, Zusammenkünfte im Betrieb abzuhalten und von dem Arbeitgeber oder dem von ihm bestimmten Vertreter gehört zu werden, um mit ihm über zu ihrer Zuständigkeit gehörende Angelegenheit verhandeln zu können.
2. Der Arbeitgeber hat dem Betriebsrat in regelmäßigen Zeitabständen alle Unterlagen, die zur Durchführung seiner grundsätzlichen Aufgaben erforderlich sind, zu unterbreiten.
3. Der Betriebssrat und der Arbeitgeber treffen ein Übereinkommen über den Inhalt der dem Betriebsrat zu unterbreitenden Berichte und über den Tag und Stunde von Zusammenkünften. Ein solches Übereinkommen kann die Anwesenheit von Vertretern des Betriebsrates bei Zusammenkünften des aufsichtführenden Organs des Betriebes zu Informationszwecken vorsehen.

Artikel 7: Die Betriebsräte führen ihre Aufgaben in Zusammenarbeit mit den anerkannten Gewerkschaften aus.

Artikel 8: Die Betriebsräte müssen neben ihren regelmäßigen Zusammenkünften mindestens einmal im Vierteljahr in einer Generalversammlung der Arbeiter und Angestellten ihres Betriebes einen vollen Tätigkeitsbericht ablegen.

Artikel 9: Der Arbeitgeber darf weder die Errichtung von Betriebsräten in seinem Betriebe verhindern noch deren Tätigkeit stören oder Mitglieder des Betriebsrates benachteiligen.

gen, über Einstellungen und Entlassungen, über Beschwerden in personellen Angelegenheiten. Der Betriebsrat sollte ein Vorschlagsrecht für die Verbesserung der Arbeitsmethoden und Produktionsweise "zur Vermeidung von Arbeitslosigkeit", ein Mitwirkungsrecht bei der Schaffung von Sozialeinrichtungen haben und war zur Zusammenarbeit mit den Behörden "zur Verhinderung aller Rüstungsindustrie und bei der Denazifizierung" verpflichtet. Artikel 6 enthielt u. a. das Recht des Betriebsrates, Zusammenkünfte im Betrieb während der Arbeitszeit abzuhalten und das Recht auf Einsicht in alle Unterlagen, "die zur Durchführung seiner grundsätzlichen Aufgaben erforderlich sind". Über diese beiden Rechte sollten Betriebsrat und Arbeitgeber jeweils Übereinkommen treffen. Auch die Teilnahme von Betriebsräten bei Vorstands- bzw. Aufsichtsratssitzungen konnte in Betriebsvereinbarungen festgelegt werden.

Die gewerkschaftliche Kritik am Gesetz Nr. 22 betraf insbesondere die unzureichende Mitbestimmung in Fragen der Produktion. Man hoffte, auf die beginnende Diskussion um die neue Verfassung Einfluß nehmen und dort das Mitbestimmungsrecht und die Sozialisierung der Grundstoffindustrien verankern zu können.

Aus dem Sommer 1946 ist eine Reihe von Aktivitäten und Resolutionen erhalten, mit denen die Hanauer Gewerkschafter ihre Forderungen nach Mitbestimmung und Sozialisierung ausdrückten. Auf Betriebsversammlungen in mehreren Großbetrieben wurde ausgiebig über die bevorstehende Wahl zur verfassungsberatenden Landesversammlung und die Notwendigkeit, den Einfluß der Arbeiterschaft zu sichern, diskutiert. Der Ausgang der Wahl am 1. Juli 1946 ließ große Hoffnungen aufkommen: Mit 50 von 90 Sitzen verfügten die beiden Arbeiterparteien SPD und KPD gegenüber den bürgerlichen Parteien CDU und LPD über eine stabile Mehrheit. In Hanau erwiesen sich, wie schon bei den Kommunalwahlen im Mai 1946, SPD und CDU als etwa gleich stark, die dritte Kraft stellte die KPD dar.

Aufgrund dieser Mehrheitsverhältnisse schätzte man die Chance, das Mitbestimmungsrecht und die Sozialisierung in der Verfassung verankert zu bekommen, sehr hoch ein. Erste gleichlautende Resolutionen richteten die Delegierten und die Betriebsräte der FGB Nebenstelle Schlüchtern und des FGB Bezirk Hanau am 16. bzw. am 18. Juli 1946 an die verfassungsberatende Versammlung: Sie erwarteten von dieser Versammlung, "daß sie bei ihren Beschlüssen mit die Voraussetzung dafür schafft, eine wirkliche, lebendige Wirtschaftsdemokratie für das Land Groß-Hessen zu gewährleisten. Hierzu gehört vor allem die gesetzliche Verankerung des Mitbestimmungs- und Mitwirkungsrechtes der Betriebsräte in der Wirtschaft."

Noch konkreter waren diese Erwartungen in einer Resolution vom 20.

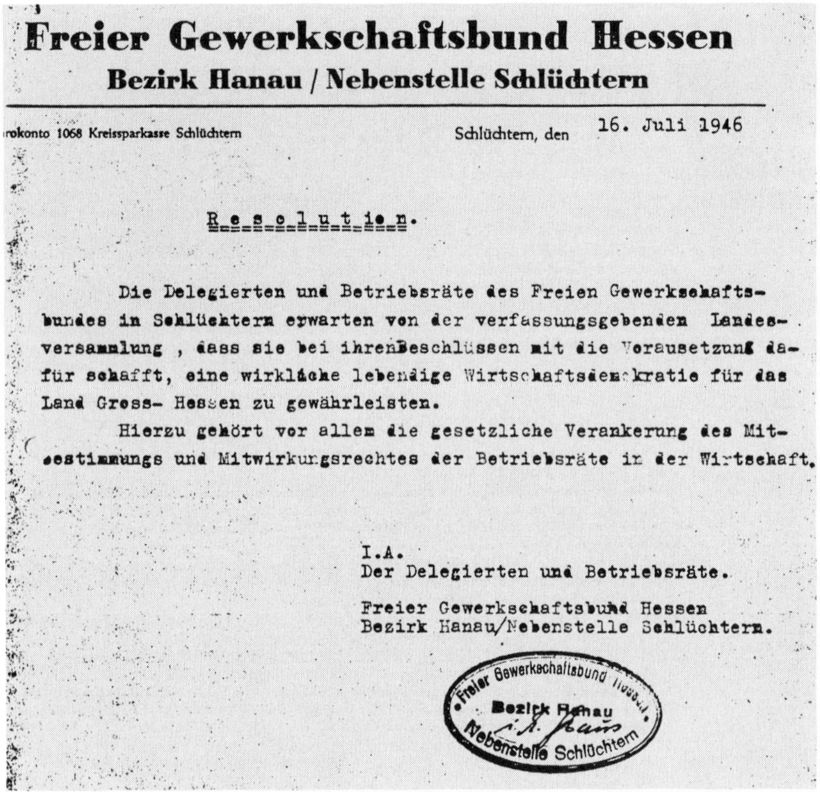

Freier Gewerkschaftsbund Hessen
Bezirk Hanau / Nebenstelle Schlüchtern

rokonto 1068 Kreissparkasse Schlüchtern — Schlüchtern, den 16. Juli 1946

Resolution.

Die Delegierten und Betriebsräte des Freien Gewerkschaftsbundes in Schlüchtern erwarten von der verfassungsgebenden Landesversammlung , dass sie bei ihrenBeschlüssen mit die Vorausetzung dafür schafft, eine wirkliche lebendige Wirtschaftsdemokratie für das Land Gross- Hessen zu gewährleisten.

Hierzu gehört vor allem die gesetzliche Verankerung des Mitbestimmungs und Mitwirkungsrechtes der Betriebsräte in der Wirtschaft.

I.A.
Der Delegierten und Betriebsräte.

Freier Gewerkschaftsbund Hessen
Bezirk Hanau/Nebenstelle Schlüchtern.

Ergebnisse der Wahl zur verfassungsberatenden Landesversammlung am 1. Juli 1946

	SPD	KPD	CDU	LPD
Hanau-Stadt	7.470	4.779	6.444	821
Hanau-Land	10.297	6.200	7.946	414
Gelnhausen	10.851	2.523	11.204	3.138
Schlüchtern	6.430	801	8.384	572
Hessen	655.090	144.272	550.342	120.346
Sitze	43	7	34	6

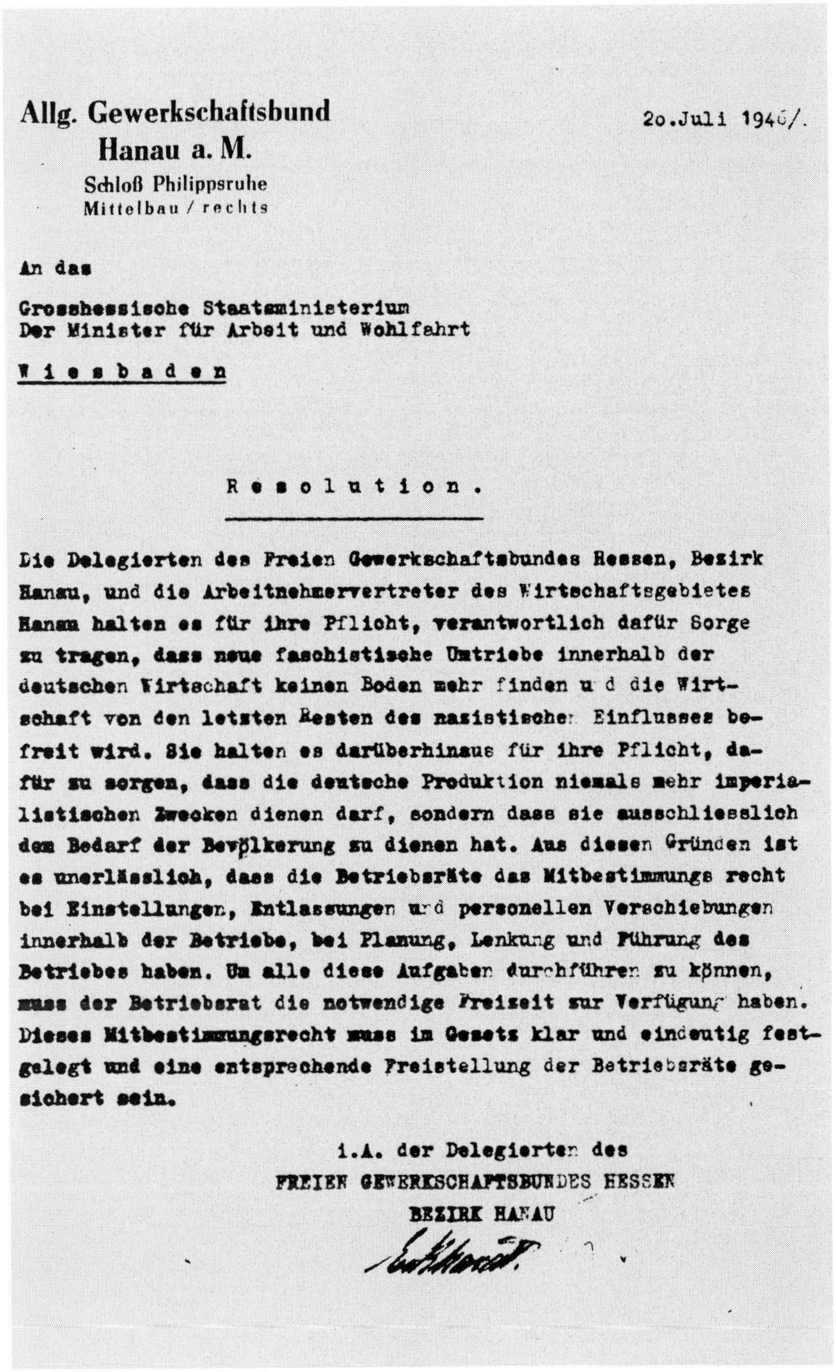

Allg. Gewerkschaftsbund
Hanau a. M.
Schloß Philippsruhe
Mittelbau / rechts

20.Juli 1946/.

An das

Grosshessische Staatsministerium
Der Minister für Arbeit und Wohlfahrt

Wiesbaden

Resolution.

Die Delegierten des Freien Gewerkschaftsbundes Hessen, Bezirk Hanau, und die Arbeitnehmervertreter des Wirtschaftsgebietes Hanau halten es für ihre Pflicht, verantwortlich dafür Sorge zu tragen, dass neue faschistische Umtriebe innerhalb der deutschen Wirtschaft keinen Boden mehr finden und die Wirtschaft von den letzten Resten des nazistischen Einflusses befreit wird. Sie halten es darüberhinaus für ihre Pflicht, dafür zu sorgen, dass die deutsche Produktion niemals mehr imperialistischen Zwecken dienen darf, sondern dass sie ausschliesslich dem Bedarf der Bevölkerung zu dienen hat. Aus diesen Gründen ist es unerlässlich, dass die Betriebsräte das Mitbestimmungs recht bei Einstellungen, Entlassungen und personellen Verschiebungen innerhalb der Betriebe, bei Planung, Lenkung und Führung des Betriebes haben. Um alle diese Aufgaben durchführen zu können, muss der Betriebsrat die notwendige Freizeit zur Verfügung haben. Dieses Mitbestimmungsrecht muss im Gesetz klar und eindeutig festgelegt und eine entsprechende Freistellung der Betriebsräte gesichert sein.

i.A. der Delegierten des
FREIEN GEWERKSCHAFTSBUNDES HESSEN
BEZIRK HANAU

Juli 1946 von den Delegierten des FGB Bezirk Hanau formuliert, die an den Arbeitsminister ging. Die Delegierten begründeten die Notwendigkeit eines umfassenden Mitbestimmungsrechtes mit den noch zu bewältigenden Aufgaben der Entnazifizierung und Entmilitarisierung der Industrie: "Aus diesen Gründen ist es unerläßlich, daß die Betriebsräte das Mitbestimmungsrecht bei Einstellungen, Entlassungen und personellen Verschiebungen innerhalb der Betriebe, bei Planung, Lenkung und Führung des Betriebes haben. Um all diese Aufgaben durchführen zu können, muß der Betriebsrat die notwendige Freizeit zur Verfügung haben. Dieses Mitbestimmungsrecht muß im Gesetz klar und eindeutig festgelegt und eine entsprechende Freistellung der Betriebsräte gesichert sein."

Die Frage der Mitbestimmung spielte auf der 3. Delegiertenkonferenz des FGB Bezirk Hanau am 10. / 11. August 1946 in Schlüchtern eine große Rolle: Arbeitsminister Oskar Müller (KPD) kritisierte das Kontrollratsgesetz Nummer 22, in dem die wirtschaftliche Mitbestimmung nicht enthalten sei; er hielt es als vordringliche Aufgabe der Gewerkschaften und Betriebsräte, "sich durchzusetzen und Mitbestimmung zu erkämpfen", und forderte "mehr Ellenbogenfreiheit für die Gewerkschaften, für die deutschen Regierungsstellen, die Besatzungsmächte sollen uns selbst unser Schicksal bestimmen lassen". Der Hanauer Bezirksvorsitzende Heinrich Fischer

(SPD) erinnerte an den "schweren Kampf", den es gekostet habe, "bis die Betriebsräte, die kommisarisch eingesetzt worden waren, sich gegenüber den Unternehmern durchsetzen konnten. Überall dort, wo Kollegen an verantwortliche Stellen berufen wurden, hatten sie übermenschliche Arbeit zu leisten. Aber heute sind wir trotz aller geleisteten Arbeit nicht zufrieden mit dem Erfolg. Der Weg, der bisher in Groß-Hessen und auch in den anderen Zonen eingeschlagen wurde, ist nach unserer Meinung nicht der richtige Weg, der zum Sozialismus führen kann. Wir müssen aber, wenn nicht ein noch größerer Zusammenbruch kommen soll, eine neue Ordnung haben, eine Ordnung, die getragen ist von den Ideen der sozialistischen Weltanschauung. Bei unseren Betrachtungen dürfen wir allerdings die Fehler auch nicht allein beim deutschen Volk suchen. Es muß dies heute einmal ausgesprochen werden. Wir müssen uns überhaupt daran gewöhnen, das zu sagen, was ist! Die Gegensätzlichkeit, die zwischen den Besatzungsmächten besteht, hemmt uns heute am meisten in unserer Arbeit."

Fischer knüpfte hieran die Forderung, daß die Zonengrenzen fallen müßten, daß das deutsche Volk endlich eine eigene Verwaltung erhalte und souverän werden müßte.

(Protokoll der 3. Delegiertenkonferenz, DGB-Archiv Hanau)

Bis zum August 1946 hatten im Bezirk Hanau in 153 Betrieben Betriebsrätewahlen stattgefunden. Zu

Auszug aus dem von den Gewerkschaften ausgearbeiteten neuen Betriebsrätegesetz

Aufgaben und Rechte des Betriebsrates

Der Betriebsrat hat folgende Aufgaben und Rechte:

a) Mitwirkung beim Wiederaufbau der deutschen Volkswirtschaft und bei der Wiedergutmachung innerhalb des Betriebes. Säuberung der Betriebsleitung von Nazis und Ausrottung des nazistischen und imperialistischen Gedankengutes in den Reihen der Betriebsangehörigen. Mitarbeit bei der Umstellung des Betriebes auf die Friedensproduktion und Verhinderung jedes getarnten oder versteckten Versuchs faschistischer reaktionärer Arbeitgeber, den Betrieb zu gegebener Zeit wieder auf Kriegsproduktion umzustellen.

b) Mitarbeit bei der Entwicklung und Steigerung der Produktion und bei der Ermittlung neuer Arbeitsmethoden. Um diese Mitarbeit zu ermöglichen, hat der Arbeitgeber vierteljährlich dem Betriebsrat einen Bericht über die Lage und den Gang des Unternehmens und Gewerbes im allgemeinen und über die Leistungen des Betriebes und den zu erwartenden Arbeitsbedarf im besonderen zu erstatten.

c) Vertretung der Interessen der Arbeitnehmer dem Arbeitgeber gegenüber. Mitarbeit beim Abschluß einer Arbeitsordnung für den Betrieb und bei der Behandlung von Personalfragen. Zur Durchsetzung des zuletzt genannten Rechts ist der Betriebsrat befugt, vom Arbeitgeber Auskunft über alle den Dienstvertrag und die Tätigkeit der Arbeitnehmer berührenden Betriebsvorgänge sowie Vorlage der Lohnbücher und der zur Durchführung der Tarifverträge erforderlichen Unterlagen zu verlangen.

d) Mitwirkung bei der Durchführung der Tarifverträge, der Festsetzung der Akkorde sowie der Regelung der Arbeitszeit und des Urlaubs.

e) Sicherung der Einhaltung der Unfallverhütungsvorschriften und Kontrollen der Unfallschutzvorrichtungen, Überwachung der sozialen und sanitären Einrichtungen, Mitwirkung bei der Ausgestaltung des Gesundheitsdienstes und des Arbeiterschutzes sowie aktive Mitarbeit an den Aufgaben der Sozialversicherung im Interesse der Versicherten.

f) Mitwirkung bei der Verwaltung und Schaffung sozialer Einrichtungen innerhalb des Betriebes (Werksküchen, Werkswohnungen, Pensions- und Unterstützungskassen, Kindergärten usw.) und Fürsorge für ihre weitere Ausgestaltung.

g) Sicherung eines guten Einvernehmens innerhalb der Belegschaft und Wahrung der Vereinigungsfreiheit.

h) Enge Zusammenarbeit mit dem Gewerkschaftsausschuß des Freien Deutschen Gewerkschaftsbundes im Betrieb und Schutz der gewerkschaftlichen Tätigkeit der Mitglieder und Vertrauensleute des Bundes der Betriebsleitung gegenüber.

Der Betriebsrat hat den Arbeitnehmern in regelmäßigen Betriebsversammlungen über seine Tätigkeit Rechnung abzulegen und ihnen zugleich Gelegenheit zu geben, zu den Betriebsangelegenheiten und den sie selbst betreffenden Fragen Stellung zu nehmen. Die Beschlüsse der Betriebsversammlungen sind für die Tätigkeit des Betriebsrates richtunggebend.

Die Versammlungen sollen in der Regel außerhalb der Betriebsstunden durchgeführt werden. Verlangt ein Viertel der Belegschaft die Einberufung einer Betriebsversammlung, so ist diesem Verlangen Rechnung zu tragen.

In Unternehmungen, für die ein Aufsichtsrat besteht und nicht auf Grund anderer Gesetze eine gleichartige Vertretung der Arbeitnehmer im Aufsichtsrat vorgesehen ist, hat der Betriebsrat zwei seiner Mitglieder in den Aufsichtsrat zu entsenden. Diese haben die Interessen und Forderungen der Arbeitnehmer im Aufsichtsrat zu vertreten. Sie haben inallen Sitzungen des Aufsichtsrates Sitz und Stimme, erhalten jedoch keine andere Vergütung als eine Aufwandsentschädigung. Sie sind verpflichtet, über die ihnen gemachten vertraulichen Angaben Stillschweigen zu bewahren.

Bei Einstellungen und Entlassungen von Arbeitnehmern hat der Betriebsrat ein Mitbestimmungsrecht. Er hat insbesondere darauf zu sehen, daß niemand wegen seiner Betätigung in der Gewerkschaft oder sonst im Interesse der Arbeitnehmer entlassen wird. Der Arbeitgeber darf gegen den Willen des Betriebsrates weder Einstellungen noch Entlassungen vornehmen. Kommt es zu keiner Einigung, dann entscheidet das Arbeitsgericht, das sowohl vom Betriebsrat als vom Arbeitgeber angerufen werden kann.

Mitglieder des Betriebsrates können nur entlassen werden, wenn eine behördliche Betriebsstillegung erfolgt oder wenn sie sich grobe Verstöße gegen die Arbeitsordnung oder die Interessen der Belegschaft haben zu schulden kommen lassen. In den letzteren Fällen bedarf die Entlassung der Zustimmung der übrigen Mitglieder des Betriebsrates.

Betriebseinschränkungen oder Betriebsstillegungen, die zu einer größeren Anzahl von Kündigungen führen, dürfen nur mit Genehmigung des Landesamtes für Wirtschaft und Ernährung und des Landesamtes für Arbeit und Sozialfürsorge vorgenommen werden.

Betriebsobmann

Der in Betrieben mit nicht mehr als 19 Beschäftigten zu wählende Betriebsobmann hat die gleichen Rechte und Pflichten wie der Betriebsrat.

Freier Deutscher Gewerkschaftsbund

Den Organen des Freien Deutschen Gewerkschaftsbundes ist bei der Ausübung ihrer gewerkschaftlichen Aufgaben im Betriebe sowohl vom Betriebsrat als auch vom Arbeitgeber weitgehende Unterstützung zu gewähren. Vertreter der Leitung des Bundes haben das Recht, an den Verhandlungen zwischen Betriebsvertretung und Arbeitgeber mit beratender Stimme teilzunehmen.

Entwurf für ein Betriebsrätegesetz des FDGB Thüringen vom Sommer 1946
DGB-Archiv Hanau

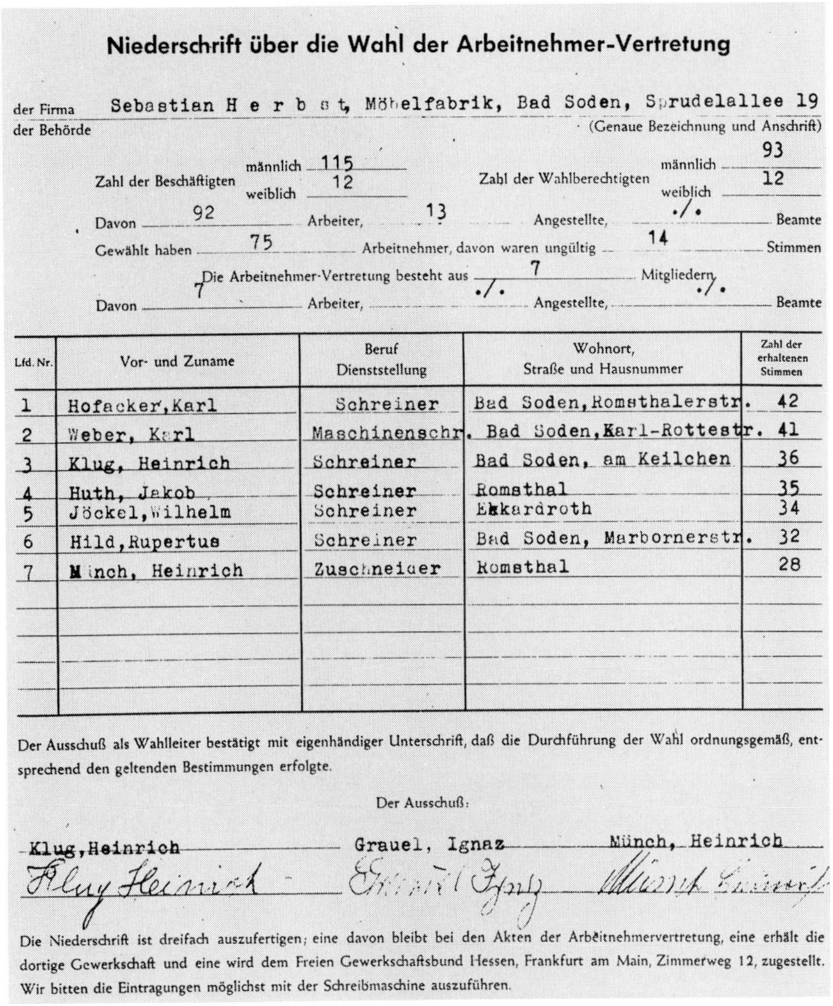

Niederschrift über die Wahl der Arbeitnehmer-Vertretung

der Firma / der Behörde: Sebastian H e r b s t, Möhelfabrik, Bad Soden, Sprudelallee 19
(Genaue Bezeichnung und Anschrift)

Zahl der Beschäftigten: männlich 115, weiblich 12
Zahl der Wahlberechtigten: männlich 93, weiblich 12

Davon 92 Arbeiter, 13 Angestellte, ./. Beamte

Gewählt haben 75 Arbeitnehmer, davon waren ungültig 14 Stimmen

Die Arbeitnehmer-Vertretung besteht aus 7 Mitgliedern

Davon 7 Arbeiter, ./. Angestellte, ./. Beamte

Lfd. Nr.	Vor- und Zuname	Beruf Dienststellung	Wohnort, Straße und Hausnummer	Zahl der erhaltenen Stimmen
1	Hofacker, Karl	Schreiner	Bad Soden, Romsthalerstr.	42
2	Weber, Karl	Maschinenschr.	Bad Soden, Karl-Rottestr.	41
3	Klug, Heinrich	Schreiner	Bad Soden, am Keilchen	36
4	Huth, Jakob	Schreiner	Romsthal	35
5	Jöckel, Wilhelm	Schreiner	Ekkardroth	34
6	Hild, Rupertus	Schreiner	Bad Soden, Marbornerstr.	32
7	Münch, Heinrich	Zuschneider	Romsthal	28

Der Ausschuß als Wahlleiter bestätigt mit eigenhändiger Unterschrift, daß die Durchführung der Wahl ordnungsgemäß, entsprechend den geltenden Bestimmungen erfolgte.

Der Ausschuß:

Klug, Heinrich — Grauel, Ignaz — Münch, Heinrich

Die Niederschrift ist dreifach auszufertigen; eine davon bleibt bei den Akten der Arbeitnehmervertretung, eine erhält die dortige Gewerkschaft und eine wird dem Freien Gewerkschaftsbund Hessen, Frankfurt am Main, Zimmerweg 12, zugestellt.
Wir bitten die Eintragungen möglichst mit der Schreibmaschine auszuführen.

diesen Wahlen ließ der FGB Hanau ein Plakat mit Auszügen "Aus dem von den Gewerkschaften ausgearbeiteten neuen Betriebsrätegesetz" drucken. Die Überschrift täuscht: Im Sommer 1946 lag in Hessen noch kein Entwurf zu einem Betriebsrätegesetz vor. Der FGB Hessen hatte lediglich eine kleine Broschüre zusammengestellt, die das Kontrollratsgesetz Nr. 22 und Hinweise für die Wahl- und Geschäftsordnung enthielt. Den Gewerkschaftern in Hanau war dies zu wenig; so griffen sie auf einen vom FDGB Thüringen, also in der sowjetischen Zone, erarbeiteten Entwurf zurück, der ihren Vorstellungen von wirtschaftlicher Mitbestimmung entsprach. An erster Stelle steht in diesem Entwurf die "Mitarbeit bei der Umstellung des Betriebes auf die Friedensproduktion und die Verhinderung jedes getarnten oder versteckten Versuches faschistischer, reaktionärer Arbeitgeber, den Betrieb zu gegebener Zeit wieder auf Kriegsproduktion umzustellen."

Der Arbeitgeber ist dazu verpflichtet, dem Betriebsrat vierteljährlich einen Bericht über die wirtschaftliche Lage mit allen Einzelheiten vorzulegen. Anstelle der Kann-Bestimmungen im Gesetz Nr. 22 hinsichtlich der Arbeitnehmervertreter im Aufsichtsrat fordert der Entwurf zwei Sitze für Betriebsräte; ferner enthält er die Genehmigungspflicht bei Betriebsstillegungen oder -Betriebsinschränkungen, das Mitbestimmungsrecht bei Einstellungen und Entlassungen sowie den Kündigungsschutz für Betriebsräte.

Unter den bis August 1946 im Bezirk Hanau gewählten 310 Betriebsräten waren 32 Frauen; die meisten von ihnen waren im Dienstleistungsbereich sowie in der mittelständischen Textilindustrie im Raum Schlüchtern beschäftigt. Vier Frauen waren Betriebsratsvorsitzende: die Näherin Emmi Hofmann bei der Kleiderfabrik Petrykowski & Fritz in Schlüchtern-Elm, die Hilfsarbeiterin Johanna Euler bei der Industrie- und Handelsgesellschaft mbH in Steinau, die Angestellte Charlotte Hahn beim Arbeitsamt Hanau und die Verkäuferin Anne Winter beim Konsum Hanau. Bei den Hanauer Großbetrieben gab es lediglich drei Betriebsrätinnen: Käthe Lehn bei der Dunlop, Minna

Eckhardt bei der Degussa Platinschmelze und Margot Steinleiter bei der Gummischuhfabrik.
Die Betriebsratswahlen vom August 1946 brachten fast überall, besonders in den Großbetrieben, eine Bestätigung der Kollegen, die im Mai 1945 die ersten antifaschistischen Betriebsausschüsse gebildet hatten. Über die parteipolitische Zugehörigkeit der Hanauer Betriebsräte gibt eine vom FGB Hessen nach den Wahlen vom August 1947 zusammengestellte Übersicht Auskunft: Danach waren 65 % der Betriebsräte Sozialdemokraten, 20 % Kommunisten und 15 % Mitglieder der CDU *(zitiert nach: Anne Weiß-Hartmann, Der FGB Hessen 1945 - 1949 S. 392 Anm. 333)*

"Die Arbeiterschaft erwartet von der Landesversammlung mit ihrer sozialistischen Mehrheit, daß sie diese Forderung unbedingt verwirklicht."

Die Belegschaften von zwei Hanauer Chemiebetrieben - Degussa Wolfgang, damals noch Deutsche Kunstlederwerke, und Dunlop - griffen mit Resolutionen in die Diskussion um den Artikel 41 ein. Um die Frage, welche Schlüsselindustrien in Gemeineigentum zu überführen seien, war in der verfassungsberatenden Versammlung eine Auseinandersetzung entbrannt:
Die Kommunisten hielten die chemische Industrie in Hessen für die

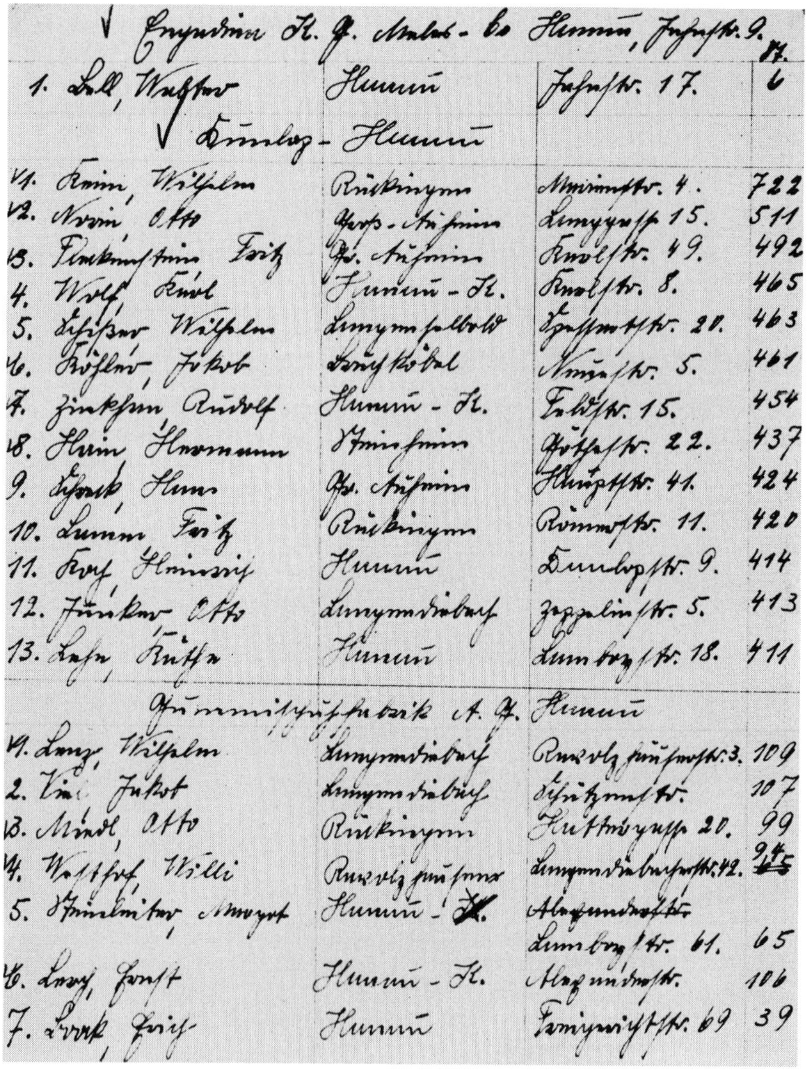

Betriebsrätewahlen im
Bezirk Hanau - Gelnhausen -Schlüchtern 1946 - 1949

	Betriebe	Betriebsräte	davon Frauen	gew. organisiert
1946	153	310	32	-
1948	181	708	67	632
1949	211	801	70	700

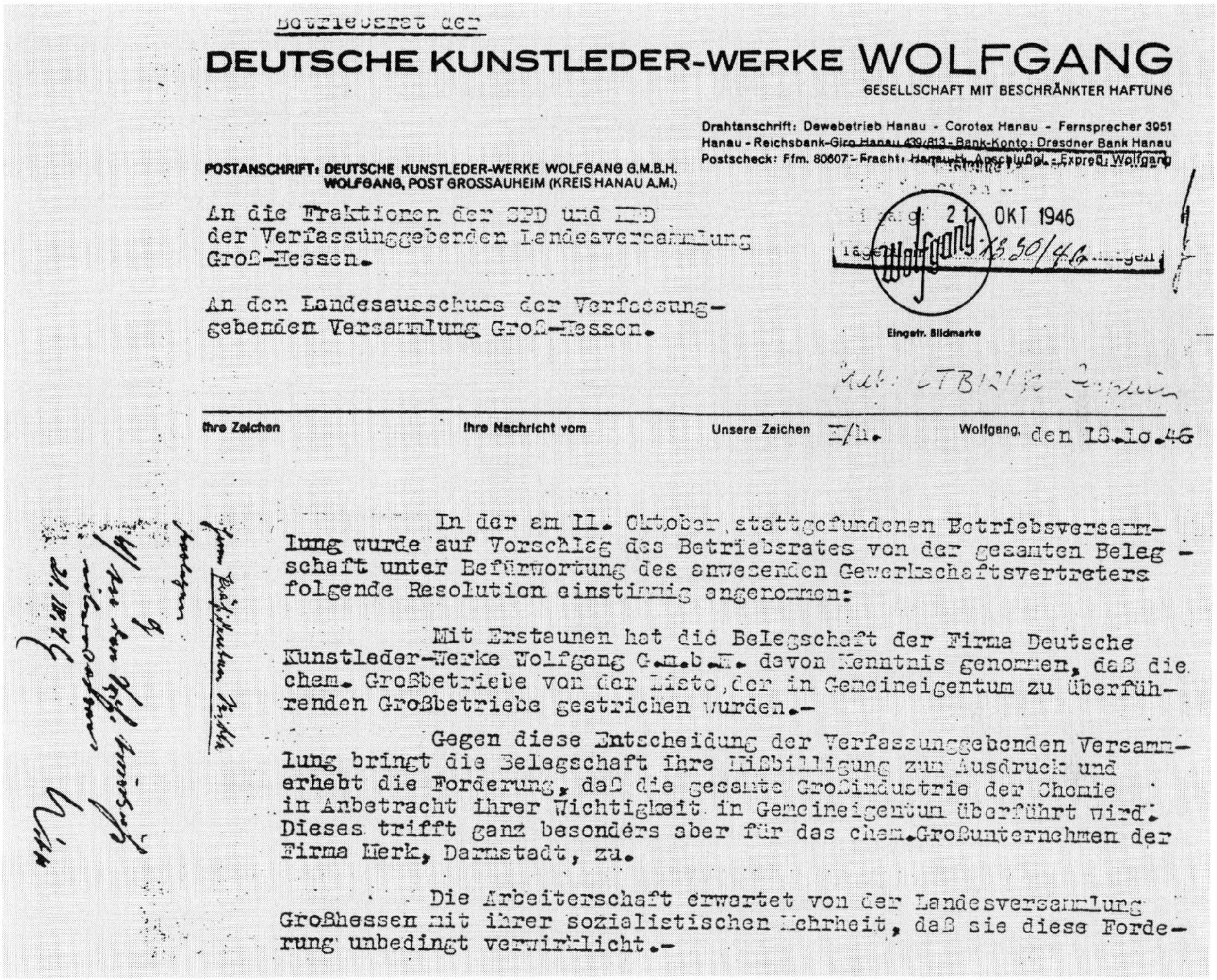

Betriebsrat der

DEUTSCHE KUNSTLEDER-WERKE WOLFGANG

GESELLSCHAFT MIT BESCHRÄNKTER HAFTUNG

Drahtanschrift: Dewebetrieb Hanau - Corotex Hanau - Fernsprecher 3951
Hanau - Reichsbank-Giro Hanau 439/813 - Bank-Konto: Dresdner Bank Hanau
Postscheck: Ffm. 80607 - Fracht: Hanau H. Anschlußgl. - Expreß: Wolfgang

POSTANSCHRIFT: DEUTSCHE KUNSTLEDER-WERKE WOLFGANG G.M.B.H.
WOLFGANG, POST GROSSAUHEIM (KREIS HANAU A.M.)

An die Fraktionen der SPD und KPD
der Verfassunggebenden Landesversammlung
Groß-Hessen.

An den Landesausschuss der Verfassung-
gebenden Versammlung Groß-Hessen.

Eing.: 21. OKT 1946

Eingetr. Bildmarke

Ihre Zeichen | Ihre Nachricht vom | Unsere Zeichen I/h. | Wolfgang, den 18.10.46

In der am 11. Oktober stattgefundenen Betriebsversammlung wurde auf Vorschlag des Betriebsrates von der gesamten Belegschaft unter Befürwortung des anwesenden Gewerkschaftsvertreters folgende Resolution einstimmig angenommen:

Mit Erstaunen hat die Belegschaft der Firma Deutsche Kunstleder-Werke Wolfgang G.m.b.H. davon Kenntnis genommen, daß die chem. Großbetriebe von der Liste, der in Gemeineigentum zu überführenden Großbetriebe gestrichen wurden.-

Gegen diese Entscheidung der Verfassunggebenden Versammlung bringt die Belegschaft ihre Mißbilligung zum Ausdruck und erhebt die Forderung, daß die gesamte Großindustrie der Chemie in Anbetracht ihrer Wichtigkeit in Gemeineigentum überführt wird. Dieses trifft ganz besonders aber für das chem. Großunternehmen der Firma Merk, Darmstadt, zu.

Die Arbeiterschaft erwartet von der Landesversammlung Großhessen mit ihrer sozialistischen Mehrheit, daß sie diese Forderung unbedingt verwirklicht.-

entscheidende Grundindustrie und forderten daher das Gemeineigentum nicht nur für die IG Farben AG, womit sich die Sozialdemokraten begnügen wollten, sondern auch für die anderen Chemiegroßbetriebe.
Bei der Degussa Wolfgang fand am 11. Oktober 1946 zu dieser Frage eine Betriebsversammlung statt; die Belegschaft und die anwesenden Gewerkschaftsvertreter verabschiedeten einstimmig eine Resolution, in der sie ihre "Mißbilligung" darüber zum Ausdruck brachten, "daß die chemischen Großbetriebe von der Liste der in Gemeineigentum zu überführenden Großbetriebe gestrichen wurden". Die Belegschaft "erhebt die Forderung, daß die gesamte Großindustrie der Chemie in Anbetracht ihrer Wichtigkeit in Gemeineigentum überführt wird. Dieses trifft ganz besonders aber für das chemische Großunternehmen der Firma Merck, Darmstadt, zu. Die Arbeiterschaft erwartet von der Landesversammlung Groß-Hessens mit ihrer sozialistischen Mehrheit, daß sie diese Forderung unbedingt verwirklicht."
Der Betriebsrat der Dunlop begründete seine Forderung nach Verstaatlichung der chemischen Industrie

VOLKSENTSCHEID I
(Verfassung)
Stimmen Sie für
die von der Verfassungberatenden Landesvers...
am 29. Oktober 1946
verabschiedete Verfassung des Land...
23. 11.
Ja

VOLKSENTSCHEID II
(Aufnahme des Artikels 41 in die Verfassung)
Stimmen Sie für die Aufnahme folgenden Artikels 41 in die Verfassung?
„Mit Inkrafttreten dieser Verfassung werden
1. in Gemeineigentum überführt: der Bergbau (Kohlen, Kali, Erze), die Betriebe der Eisen- und Stahlerzeugung, die Betriebe der Energiewirtschaft, das an Schienen oder Oberleitungen gebundene Verkehrswesen,
2. vom Staate beaufsichtigt oder verwaltet: die Großbanken und Versicherungsunternehmen und diejenigen in Ziffer 1 genannten Betriebe, deren Sitz nicht in Hessen liegt. Das Nähere bestimmt das Gesetz.
Wer Eigentümer eines danach in Gemeineigentum überführten Betriebes oder mit seiner Leitung betraut ist, hat ihn als Treuhänder des Landes bis zum Erlaß von Ausführungsgesetzen weiterzuführen."

Ja Nein

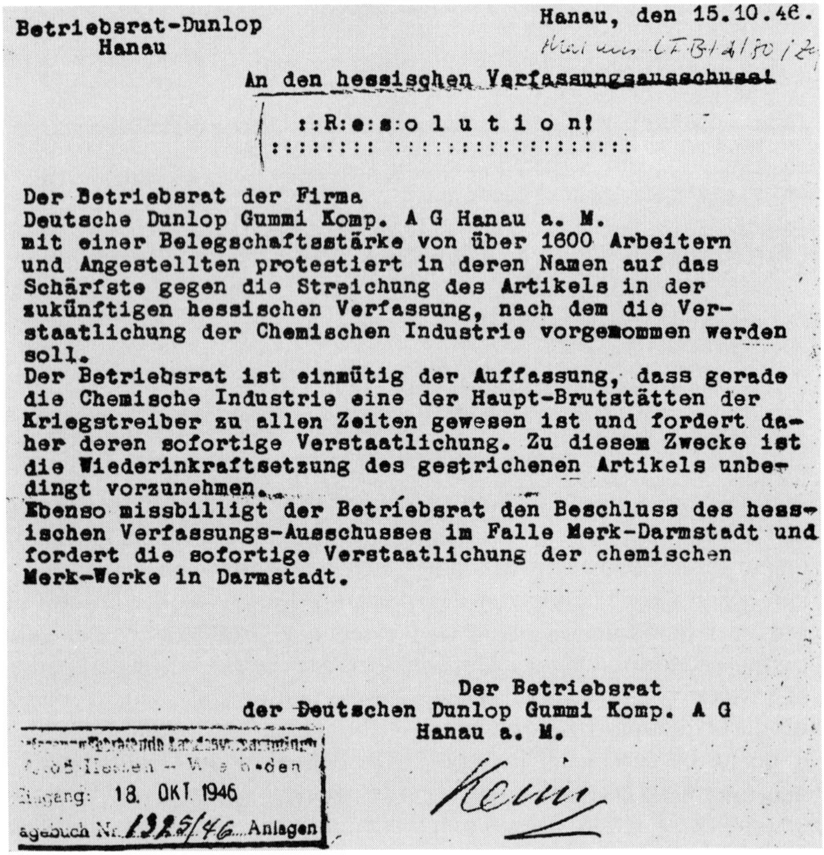

Betriebsrat-Dunlop
Hanau

Hanau, den 15.10.46.

An den hessischen Verfassungsausschuss!

::R:e:s:o l u t i o n!

Der Betriebsrat der Firma
Deutsche Dunlop Gummi Komp. A G Hanau a. M.
mit einer Belegschaftsstärke von über 1600 Arbeitern und Angestellten protestiert in deren Namen auf das Schärfste gegen die Streichung des Artikels in der zukünftigen hessischen Verfassung, nach dem die Verstaatlichung der Chemischen Industrie vorgenommen werden soll.
Der Betriebsrat ist einmütig der Auffassung, dass gerade die Chemische Industrie eine der Haupt-Brutstätten der Kriegstreiber zu allen Zeiten gewesen ist und fordert daher deren sofortige Verstaatlichung. Zu diesem Zwecke ist die Wiederinkraftsetzung des gestrichenen Artikels unbedingt vorzunehmen.
Ebenso missbilligt der Betriebsrat den Beschluss des hessischen Verfassungs-Ausschusses im Falle Merk-Darmstadt und fordert die sofortige Verstaatlichung der chemischen Merk-Werke in Darmstadt.

Der Betriebsrat
der Deutschen Dunlop Gummi Komp. A G
Hanau a. M.

Eingang: 18. OKT. 1946
Anlagen

mit deren Rolle bei der Kriegsvorbereitung: "Der Betriebsrat ist einmütig der Auffassung, daß gerade die chemische Industrie eine der Haupt-Brutstätten der Kriegstreiber zu allen Zeiten gewesen ist und fordert daher deren sofortige Verstaatlichung."

Doch in der verfassungsberatenden Versammlung gab es in bezug auf die chemische Industrie keine "sozialistische Mehrheit"; als Kompromiß zwischen SPD und CDU entstand der Artikel 41 in folgendem Wortlaut:
"(1) Mit Inkrafttreten dieser Verfassung werden
1. in Gemeineigentum überführt: der Bergbau (Kohle, Kali, Erze), die Betriebe der Eisen- und Stahlerzeugung, die Betriebe der Energiewirtschaft und das an Schienen oder Oberleitungen gebundene Verkehrswesen.
2. Vom Staat beaufsichtigt oder verwaltet: die Großbanken und Versicherungsunternehmen und diejenigen in Ziffer 1 genannten Betriebe, deren Sitz nicht in Hessen liegt.
(2) Das Nähere bestimmt das Gesetz.
(3) Wer Eigentümer eines danach in Gemeineigentum überführten Betriebes oder mit seiner Leitung betraut ist, hat ihn als Treuhänder des Landes bis zum Erlaß von Ausführungsgesetzen weiterzuführen."

Am 1. Dezember 1946 stimmte die Bevölkerung Hessens über die Verfassung und in einem Volksentscheid, den die US-Militärregierung angesichts der politischen Tragwei-

Verfassung und Artikel 41 angenommen
Linksmehrheit im Hessischen Landtag

Wahlkreise	Wahlberecht.	Verfassung			Artikel 41			Landtag				
		Ja	Nein	ungültig	Ja	Nein	ungültig	SPD	CDU	KPD	LDP	ungültig
I Darmstadt-Stadt und Land, Gr.-Gerau	162 939	90 174	17 306	17 604	86 023	21 370	17 919	53 377	28 430	20 372	10 924	13 120
II Offenbach-Stadt u. Land, Dieburg	173 845	103 201	17 312	18 823	97 804	22 042	19 188	54 537	42 815	20 554	10 758	12 190
III Bergstraße, Erbach	127 069	69 967	9 011	14 434	66 984	11 749	14 671	34 675	36 564	10 936	4 751	7 231
IV Gießen-Stadt und Land, Alsfeld, Lauterbach	140 532	60 211	22 296	11 420	56 790	25 501	11 491	41 028	25 931	6 089	14 742	6 651
V Büdingen, Friedberg	122 282	60 071	18 805	11 502	56 792	22 598	11 741	39 212	21 072	9 976	14 272	6 413
VI Kassel-Stadt u. Land, Hofgeismar	154 512	84 444	25 253	12 510	101 613	27 633	12 938	63 591	18 240	11 875	21 109	8 520
VII Fritzlar-Homberg, Waldeck, Wolfhagen	120 968	48 818	22 073	10 247	46 454	24 325	10 459	34 095	18 537	4 458	18 716	5 885
VIII Eschwege, Melsungen, Rotenburg, Witzenhausen	128 428	63 785	23 821	13 080	61 722	25 566	13 443	50 143	16 487	6 218	20 400	7 963
IX Marburg-Stadt und Land, Frankenberg, Ziegenhain	137 990	48 222	27 170	10 324	46 004	29 183	9 481	32 116	23 069	4 207	21 629	5 018
X Fulda-Stadt und Land, Hersfeld, Hünfeld	123 430	66 262	19 482	12 413	61 358	24 171	12 811	26 664	49 251	3 262	14 481	6 752
XI Frankfurt a. M.	312 249	149 886	51 372	17 783	136 826	63 802	18 291	85 484	57 012	29 045	37 211	11 875
XII Hanau-Stadt und Land, Gelnhausen, Schlüchtern	129 809	74 736	14 533	14 012	70 303	19 316	14 462	37 776	31 249	15 979	9 713	9 098
XIII Wiesbaden, Rheingaukreis	193 796	77 315	28 537	15 585	67 726	37 630	15 990	41 990	41 262	12 024	18 578	9 125
XIV Main-Taunus-Kreis, Obertaunus, Limburg, Usingen	168 320	83 704	24 524	19 194	75 184	33 595	19 704	41 754	52 962	8 492	15 424	10 442
XV Biedenkopf, Dillenburg, Oberlahnkreis, Wetzlar	176 379	75 914	27 863	17 237	69 766	17 658	17 582	49 986	32 786	8 286	18 707	11 757

te gefordert hatte, besonders über den Artikel 41 ab; gleichzeitig wählte sie die erste Hessische Landesregierung.
Der Wahlkreis XII - Hanau Stadt und Land, Gelnhausen und Schlüchtern - gehörte zu den sieben Wahlkreisen, die mit großer Mehrheit für den Artikel 41 stimmten.

Die Durchführung des Artikels 41 war jedoch in den nächsten Jahren für die Gewerkschaft kein Thema mehr: Man verließ sich weitgehend auf die SPD-geführte Regierung der großen Koalition, die großes Vertrauen genoß. Vereinzelt wurden kritische Stimmen an der Verzögerung jeglicher Ausführungsbestimmungen laut, so von Heinrich Fischer, der am 30. Oktober 1946 in der "Stimme der Arbeit" schrieb: "Wir haben gutes Recht zu glauben und anzunehmen, daß es der deutschen Reaktion allein darauf ankommt, Zeit zu gewinnen." Aber auch die US-Militärregierung setzte auf Zeit: Sie hatte im September 1947 mit dem Gesetz Nr. 75 verfügt, daß 21 Industriebetriebe, die gemäß Artikel 41 in Gemeineigentum überführt werden sollten, an ihre alten Besitzer zurückgegeben werden müssen. Damit war der Artikel 41 praktisch außer Kraft gesetzt, denn es verblieben jetzt nur noch die Kaligruben und einige kleine Unternehmen in Gemeineigentum.

1947/1948 war der Schwerpunkt gewerkschaftlicher Neuordnungspolitik der Kampf um Mitbestimmung, um ein neues Betriebsrätegesetz. Im Frühjahr 1947 legte eine Kommission des FGB Hessen unter Vorsitz von Willi Richter einen Entwurf vor, der in der Kernfrage der wirtschaftlichen Mitbestimmung von einem sozialpartnerschaftlich bestimmten Ansatz ausging: "§ 30. Die gleichberechtigte Mitbestimmung des Be-

triebsrates in wirtschaftlichen Fragen gemeinsam mit dem Unternehmer soll mit dazu beitragen, daß der Neuaufbau der gesamten Volkswirtschaft dem Wohl des ganzen Volkes und der Befriedigung seines Bedarfes dient. Die Produktionsstätten dürfen nur einer Friedenswirtschaft dienen, die Verwaltung nur der gesamten Bevölkerung ...
Der Betriebsrat hat in allen sachlichen Angelegenheiten, die den Bestand, den Aufbau und die Entwicklung des Betriebes und gesamten Unternehmens beeinflussen, mitzubestimmen.
Dazu gehören insbesondere: die Bestimmung des Betriebszweckes, die Festsetzung des Produktionsprogramms, die Einführung neuer Produktionszweige, die Anschaffung, Verwendung und Veräußerung der Betriebsanlagen und Teile derselben sowie der sachlichen und immateriellen Betriebsmittel, die Einführung neuer Fertigungsmethoden, die Erweiterung, Einschränkung oder Stillegung des Betriebes. Die Ausführung der gemeinsamen Aufgaben und die Wahrung der laufenden Geschäfte erfolgt durch den Unternehmer."
(Zit. nach Anne Weiß-Hartmann, Der FGB Hessen 1945 - 1949, S. 181 f.)

Dem Hessischen Landtag lagen im Frühjahr 1947 drei Entwürfe zu einem neuen Betriebsrätegesetz vor: ein SPD-Entwurf, der sich weitgehend an den FGB-Vorstellungen orientierte, ein darüberhinausgehender KPD-Entwurf und ein Entwurf aus dem Arbeitsministerium, zu diesem Zeitpunkt mit J. Arndgen (CDU) besetzt, der den Vorstellungen der CDU entsprach, wonach "das Mitbestimmungsrecht lediglich die interne Willensbildung innerhalb des Betriebes regelt und keinerlei Außenwirkung hat".
(Zit. nach Anne Weiß-Hartmann, S. 185 f.)

In Hanau befaßte sich im August 1947 eine Betriebsräteversammlung mit dem Mitbestimmungsrecht:
Unstrittig war, daß die volle Mitbestimmung in allen Betriebsfragen kommen müsse, wenn man die Lehren aus der Nazidiktatur und der "Rolle des reaktionären Unternehmertums" beherzigen wolle.
Über das Wie gingen allerdings die Meinungen auseinander: Die Bandbreite reichte vom vorsichtigen Druck auf die Regierung z. B. durch Terminfestsetzungen über den Abschluß von Betriebsvereinbarungen bis zur Aktivierung der Basis. Doch es hat den Anschein, daß der Blick für das politisch Notwendige durch das vor Ort in einigen Großbetrieben Erreichte verstellt war.
Bei der Dunlop z. B. gab es den "Werkausschuß", der dem Betriebsrat weitgehende Mitbestimmung ermöglichte. In diesem im Sommer 1947 gebildeten Ausschuß war die Arbeitnehmerseite mit 12 von dem Betriebsrat und den Vertrauensmännern gewählten Mitgliedern vertreten. Die Arbeitergeberseite stellte 10 von der Geschäftsführung ernannte Mitglieder. Acht Unterausschüsse beschäftigten sich mit Wohlfahrt, Verbesserungsvorschlägen, Unfallverhütung, , Kantine, Baudarlehen, Erholungsheim, Jugend und Werkszeitung. Beschlüsse konnten nur gefaßt werden, wenn jeweils die Mehrheit der Arbeitnehmerseite und der Arbeitergeberseite dafür stimmten.

Sehr positiv beurteilte Karl Schnarr, Betriebsratsvorsitzender bei der Degussa, das Erreichte:
"Sofort nach der Bildung der Betriebsräte wurde von diesen eine große Fühlungsnahme mit Vorstand und Geschäftsleitung angestrebt, die auch zustande kam. Der Vorstand wie auch die Geschäftsleitung innerhalb der Degussa hatten damals sofort die Erkenntnis, daß wir nur mit Einschaltung und Einhaltung demokratischer Grundsätze aus dieser fürchterlichen Katastrophe herauskommen können. Während allerorts noch Diskussionen über

das in der Hessischen Verfassung geforderte Mitbestimmungsrecht geführt werden, haben wir schon längst ein Abkommen getroffen, welches uns als Betriebsrat das in der hessischen Verfassung geforderte Mitbestimmungsrecht einräumt. Vorstand, Geschäftsführung und Betriebsrat arbeiten in der Scheideanstalt im Sinne einer demokratischen Wirtschaftsentwicklung auf einer Basis des Vertrauens ... Wir als Vertreter der Arbeitnehmer sind uns vollkommen bewußt, welche Aufgaben wir als Vertragspartner der Degussa gegenüber zu erfüllen haben. Wir wissen, daß die Degussa und darüber hinaus die deutsche Wirtschaft nur dann wieder zur Blüte kommen kann, wenn restlos alle, gleich ob Arbeitgeber oder Arbeitnehmer, ihre Pflicht im demokratischen Sinne erfüllen."

(Rede des Betriebsratsvorsitzenden Karl Schnarr anläßlich des 75jährigen Jubiläums der Degussa am 30. Januar 1948)

Bei der Vacuumschmelze war es nicht gelungen, die praktisch erreichte Mitbestimmung durch eine Betriebsvereinbarung festzuschreiben. Es blieb bei einer im Protokoll notierten gemeinsamen Willenserklärung: "Der Betriebsrat stellte an die Geschäftsleitung den Antrag, seine Stellung im Unternehmen durch eine schriftliche Vereinbarung festzuhalten. Die Geschäftsleitung vertritt aber die Meinung, daß eine derartige Formulierung und Festlegung dieser Stellung erst nach einer gesetzlichen Regelung erfolgen dürfe. Der Betriebsrat will aber diese Vereinbarung bereits vor einer gesetzlichen Regelung erreichen. Da die Zusammenarbeit zwischen Geschäftsleitung und Betriebsrat in unserer Firma auf der Basis Vertrauen gegen Vertrauen zur beiderseitigen Zufriedenheit sich gestaltet hat und in der weiteren Zukunft so bleiben soll, soll erst die gesetzliche Regelung abgewartet werden, bis eine schriftliche Vereinbarung getroffen werden soll."

(Protokoll der gemeinsamen Sitzung mit dem Betriebsrat vom 24. Oktober 1946, Archiv des Betriebsrates der Vacuumschmelze)

Am 28. Mai 1948 wurde schließlich das Hessische Betriebsrätegesetz mit den Stimmen von SPD, KPD und CDU gegen die Stimmen der LPD verabschiedet. Im Vergleich zu dem FGB-Entwurf enthielt es erhebliche Einschränkungen: So wurde z. B. die Mitbestimmung in personellen Fragen im öffentlichen Dienst auf die Anhörung reduziert. Hinsichtlich der wirtschaftlichen Mitbestimmung schränkte § 52 dieses auf Fragen von "wesentlicher Bedeutung" ein, z. B. bei Änderungen des Betriebszweckes, des Betriebsumfangs und der Produktion sowie bei der Einführung grundlegend neuer Arbeitsmethoden. Bei der Aufstellung des Arbeits- und Erzeugnisplanes sah es lediglich eine Mitwirkung vor. Dennoch war das Hessische Be-

"Hausfrauen, unterstützt unseren Kampf gegen Preiswucher!" Kundgebung auf dem Hanauer Marktplatz am 12. August 1948 (Foto: Stadtbildstelle Hanau)

triebsrätegesetz gegenüber den früheren und dem anderer Bundesländer das fortschrittlichste. Es mußte jedoch erst noch die Hürde der Genehmigung durch die US-Militärregierung nehmen. Die Hessische Landesregierung drohte im Falle einer Nichtgenehmigung mit ihrem Rücktritt, und der FGB rief erstmals seit 1945 zu landesweiten Protestkundgebungen für Donnerstag, den 12. August 1948, auf.

Landesweite Protestkundgebungen gegen Preiswucher, Lohndruck, für Mitbestimmung

In ganz Hessen beteiligten sich rund 300.000 bis 400.000 Menschen an dieser bis dahin größten Massenaktion der Gewerkschaften seit ihrem Wiederaufbau; in Hanau waren Tausende dem Aufruf gefolgt. Bei allen Kundgebungen verlasen die Redner eine Entschließung, in der außer Preiskontrolle, Verbot der Warenhortung und Aufhebung des Lohnstopps vor allem die Genehmigung des hessischen Betriebsrätegesetzes gefordert wurde:

"Das hessische Volk hat am 1. Dezember 1946 mit überwältigender Mehrheit einer Verfassung zugestimmt, die das Mitbestimmungsrecht der Arbeitnehmer in den Betrieben der Wirtschaft und Verwaltung vorsieht. Der Hessische Landtag hat mit 70 gegen 14 Stimmen das Betriebsrätegesetz verabschiedet.
Die amerikanische Militärregierung hat bis jetzt die erforderliche Zustimmung nicht ausgesprochen. Eine Besatzungsmacht, die sich zu den Prinzipien der Demokratie bekennt, kann einem Gesetz, das nach demokratischen Regeln zustande gekommen ist, nicht suspendieren oder die Zustimmung versagen. Wer es trotzdem tun sollte, leistet der Demokratie einen schlechten Dienst."

Die US-Militärregierung ließ sich davon nicht beeindrucken: Ende August 1948 genehmigte sie zwar das Betriebsrätegesetz, suspendierte jedoch alle Bestimmungen zur wirtschaftlichen Mitbestimmung.
Im September schließlich gab die Hessische Landesregierung, die im Mai noch zurücktreten wollte, nach und verkündete das in seinem Kern amputierte Gesetz. Ministerpräsident Christian Stock (SPD) begründete die Inkrafttretung mit folgenden Worten: "Das vorliegende Gesetz kann sich auch ohne das wirtschaftliche Mitbestimmungsrecht sehr wohl neben dem alten Betriebsrätegesetz von 1920 sehen lassen ...Vergessen wir auch in dieser Stunde nicht, daß wir ein von einer Militärmacht besetztes Land sind und in unseren Handlungen nicht vollkommen frei sind. Wir haben deshalb zu prüfen. Politik ist die Kunst des Möglichen."
Knapp ein Jahr nach der Gründung der Bundesrepublik, im April 1950, traten auch die Bestimmungen zur wirtschaftlichen Mitbestimmung in Hessen in Kraft - doch nur für eine ganz kurze Zeitspanne. Die gesamtgesellschaftlichen Rahmenbedingungen zur Durchsetzung der wirtschaftlichen Mitbestimmung hatten sich inzwischen erheblich verschlechtert. Zwar war 1952 in den Betrieben noch eine große Bereitschaft vorhanden, für die Verankerung der wirtschaftlichen Mitbestimmung im von der Adenauer-Regierung vorgelegten Betriebsverfassungsgesetz zu kämpfen, ja notfalls zu streiken, doch die DGB-Spitze verpaßte diese letzte Gelegenheit zur Neuordnung.

Sepp Sigulla, Jg. 1930, damals Mitglied der IG-Metall Ortsverwaltung, seit 1968 DGB-Kreisvorsitzender, schätzt die Auseinandersetzung um das Betriebsverfassungsgesetz im Jahr 1952 ein:

"Aber es hat eben der letzte Pfiff gefehlt!"

"Nach dem Metallarbeiterstreik 1951 kommt die große Phase der Auseinandersetzung um das Betriebsverfassungsgesetz. Da haben wir einige tausend Kolleginnen und Kollegen auf die Beine gebracht, als es um die Proteste ging.

Wir Hanauer hatten uns in Frankfurt angeschlossen, und ich weiß noch, daß wir in Sonderzügen von Hanau nach Frankfurt gefahren sind - es hatte damals ja auch niemand ein Auto, und mit Fahrrädern war das ein bißchen schwierig. So sind wir mit der Bahn gefahren, und wir haben uns in Frankfurt an verschiedenen Stellen gesammelt. Wir Hanauer sind zum Ostbahnhof und sind von dort in großen Zügen zur zentralen Kundgebung auf den Römer demonstriert.

Ich will damit nur sagen, daß damals um die Mitbestimmung und das Betriebsverfassungsgesetz sehr hart gekämpft wurde und daß das noch ein Thema war, das eigentlich alle Organisierten berührt hat. Ich bedauere das sehr, daß wir diese Zeit nicht genutzt haben, um eine echte, paritätische Mitbestimmung festzuklopfen. Da wäre wohl noch die Zeit gewesen, und ich glaube, der DGB und seine Gewerkschaften hätten, wenn sie das richtig angepackt hätten, auch weiter mobilisieren können und sich nicht so schnell auf einen Kompromiß einlassen dürfen. Damals wäre es sicher gelungen, mindestens ein solches Betriebsverfassungsgesetz hinzubekommen mit einer Mitbestimmungsmöglichkeit, wie sie das hessische Betriebsrätegesetz hatte.

Ich will nicht sagen, daß wir auf einen Streikaufruf gewartet haben, aber wir waren bereit, und es hätte genügt, wenn irgendein Gremium oder ein Vorstand gesagt hätte 'Jetzt geht's los'. Vielleicht war das auch ein Fehler, daß wir von der Basis her nicht den Anstoß gegeben haben und gesagt haben: 'Es muß jetzt weiter gemacht werden!'

Wir Gewerkschafter und Gewerkschafterinnen waren in so einer Haltung, daß wir uns alles zugetraut haben und daß wir auch zu allem bereit waren. Aber es haben eben der letzte Pfiff und der letzte Schwung noch gefehlt.

Vor allem, nachdem 1949 die Bundestagswahlen so danebengegangen waren, daß die konservativen Kräfte das Sagen bekommen haben, hätte das eigentlich das Alarmzeichen sein müssen, daß jetzt die Gewerkschaften das festklopfen, was erforderlich ist - vor allem die wirtschaftliche Mitbestimmung. Das ist ein großes Versäumnis, und darunter haben wir bis heute zu leiden, daß wir die politische Chance, die wir damals hatten, nicht genutzt haben.

Ich habe den Eindruck, daß die Bereitschaft zu kämpfen wirklich sehr groß war, und wir hätten uns auch darüber hinwegsetzen können, daß wir in dieser Zeit in den Vorständen schon ein bißchen die Position hatten 'eigentlich dürfen wir nicht so sehr in einem politischen Streit tätig sein', aber im großen und ganzen, glaube ich, waren die Mitglieder, die Organisationen damals durchaus zum Streik bereit gewesen. Wir hätten uns damals nicht abspeisen lassen dürfen. Seitdem es uns mit der wirtschaftlichen Mitbestimmung nicht gelungen ist, haben wir nach und nach - so ist mein Eindruck - und stetig unseren Einfluß zurückgeschraubt".

Achtes Kapitel

Maikundgebungen 1946 - 1952

1. Mai 1947 in Hanau, Schloß Philippsruhe.
Auf dem Transparent: "Wir fordern das Mibestimmungsrecht der Betriebsräte."
(Foto: Stadtbildstelle Hanau)

Der 1. Mai 1946: "Es gilt die Fronten zu ordnen, alle Kräfte für den Wiederaufbau, aber auch für den politischen Umbau der Deutschen Nation zu mobilisieren."

(Aus dem Maiaufruf des FGB Hessen, Bezirk Hanau)

Sowohl den Alten, die nach den dunklen Jahren der Naziherrschaft zum ersten Mal wieder einen selbstbestimmten kämpferischen 1. Mai erlebten, als auch den Jungen, die damals neu zur Gewerkschaft kamen, ist der 1. Mai 1946 in besonderer Erinnerung: Es war ein Mittwoch, und die Kundgebung begann um 10 Uhr vor dem Schloß Philippsruhe. Die US-Militärregierung hatte genehmigt, daß die Belegschaften aus Betrieben und Verwaltungen von drei Sammelstellen aus, der Friedrichstraße, der Marienstraße und dem Hafen, gemeinsam zum Schloß Philippsruhe demonstrierten. Die Hanauer Bevölkerung war mit einem Aufruf im Amtlichen Mitteilungsblatt zur Teilnahme eingeladen. Tausende Menschen waren diesem Aufruf gefolgt. Aus den Dörfern des Landkreises fuhren überfüllte Autobusse und Lastwagen zur Kundgebung - so aus Marköbel, Hüttengesäß, Ravolzhausen, Langendiebach, Eichen, Wachenbuchen und Mittelbuchen.

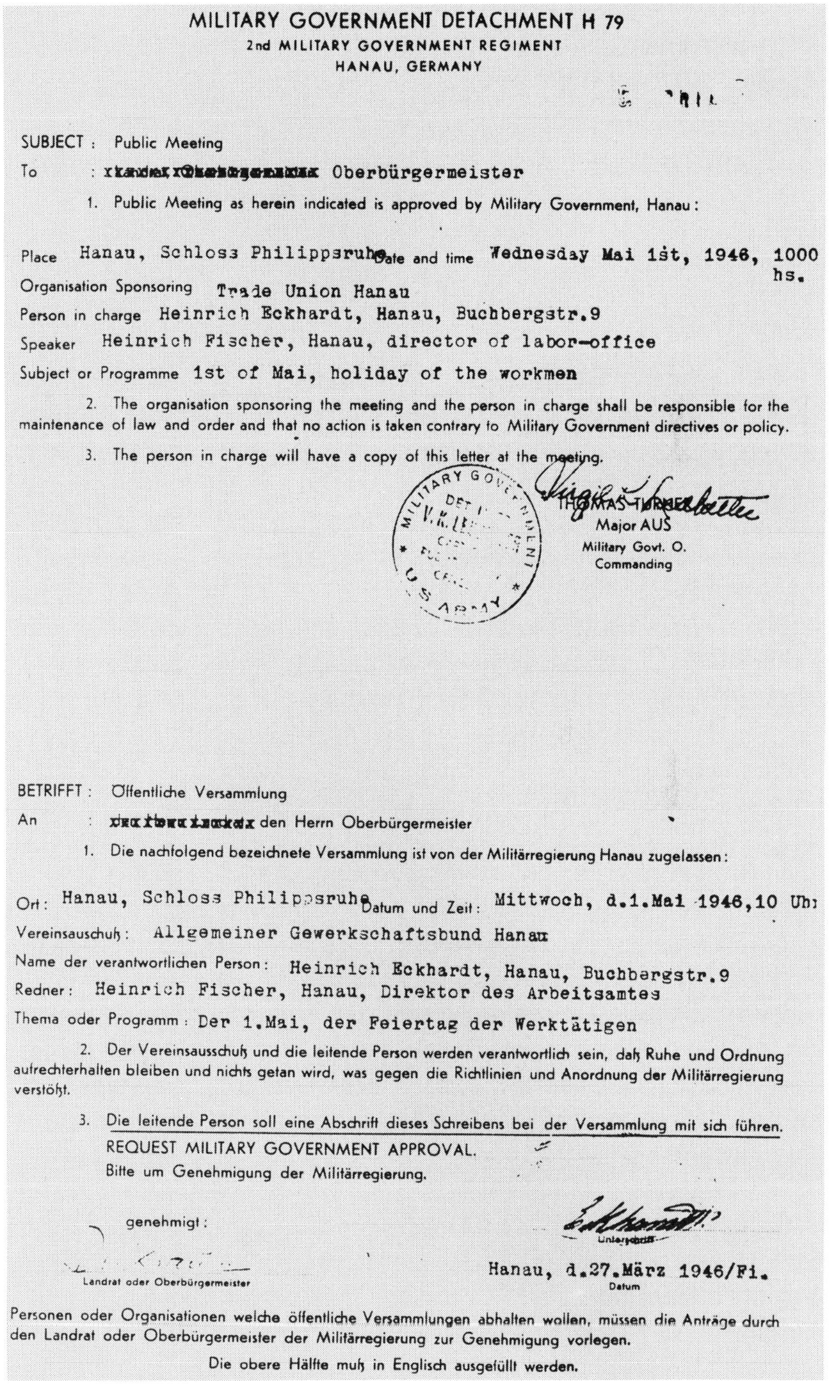

MILITARY GOVERNMENT DETACHMENT H 79
2nd MILITARY GOVERNMENT REGIMENT
HANAU, GERMANY

SUBJECT : Public Meeting
To : Oberbürgermeister

1. Public Meeting as herein indicated is approved by Military Government, Hanau :

Place Hanau, Schloss Philippsruhe Date and time Wednesday Mai 1st, 1946, 1000 hs.
Organisation Sponsoring Trade Union Hanau
Person in charge Heinrich Eckhardt, Hanau, Buchbergstr.9
Speaker Heinrich Fischer, Hanau, director of labor-office
Subject or Programme 1st of Mai, holiday of the workmen

2. The organisation sponsoring the meeting and the person in charge shall be responsible for the maintenance of law and order and that no action is taken contrary to Military Government directives or policy.

3. The person in charge will have a copy of this letter at the meeting.

THOMAS TURNER
Major AUS
Military Govt. O.
Commanding

BETRIFFT : Öffentliche Versammlung
An : den Herrn Oberbürgermeister

1. Die nachfolgend bezeichnete Versammlung ist von der Militärregierung Hanau zugelassen :

Ort : Hanau, Schloss Philippsruhe Datum und Zeit : Mittwoch, d.1.Mai 1946,10 Uhr
Vereinsausschuß : Allgemeiner Gewerkschaftsbund Hanau
Name der verantwortlichen Person : Heinrich Eckhardt, Hanau, Buchbergstr.9
Redner : Heinrich Fischer, Hanau, Direktor des Arbeitsamtes
Thema oder Programm : Der 1.Mai, der Feiertag der Werktätigen

2. Der Vereinsausschuß und die leitende Person werden verantwortlich sein, daß Ruhe und Ordnung aufrechterhalten bleiben und nichts getan wird, was gegen die Richtlinien und Anordnung der Militärregierung verstößt.

3. Die leitende Person soll eine Abschrift dieses Schreibens bei der Versammlung mit sich führen.

REQUEST MILITARY GOVERNMENT APPROVAL.
Bitte um Genehmigung der Militärregierung.

genehmigt :

Landrat oder Oberbürgermeister

Unterschrift

Hanau, d.27.März 1946/Fi.
Datum

Personen oder Organisationen welche öffentliche Versammlungen abhalten wollen, müssen die Anträge durch den Landrat oder Oberbürgermeister der Militärregierung zur Genehmigung vorlegen.

Die obere Hälfte muß in Englisch ausgefüllt werden.

Sepp Sigulla, seit 1968 DGB-Kreisvorsitzender,
erinnert sich an den 1. Mai 1946:

"... Damals ist auch noch der Direktor der Vacuumschmelze, Dr. Deisinger, mitgelaufen."

"Ich bin im Oktober 1945 nach Hanau gekommen und habe als Auszubildender, damals noch Lehrling, bei der Vacuumschmelze begonnen. Das war unmittelbar nach dem Kriegsende, nach dem Zusammenbruch, und da galt es zunächst, die Arbeitsstätten wiederaufzubauen, und wir mußten auch eine demokratische Gewerkschaftsorganisation aufbauen.
Ich bin dann am 1. April 1946 in die IG Metall eingetreten. Zu dieser Zeit hatten die Gewerkschaften natürlich eine starke Stellung, auch in den Betrieben, und es war damals so, was ich heute stark vermisse, daß die Basisarbeit bei den Gewerkschaften in den Betrieben gelaufen ist. In dieser Phase des Wiederaufbaus hatten die Gewerkschaften natürlich alle Rechte, die sie sich nur wünschten, und es war ganz selbstverständlich, daß alle Versammlungen, alle Sitzungen im Betrieb stattgefunden haben, und wir haben uns dabei über alle gewerkschaftspolitischen und politischen Themen unterhalten. Es war ganz natürlich, daß wir alle Gewerkschaftsmaterialien im Betrieb verteilt und, soweit es um die Gewerkschaftszeitung 'Stimme der Arbeit' ging, auch verkauft haben, daß der Beitrag im Betrieb kassiert wurde und daß eigentlich in den Betrieben nichts ohne die Gewerkschaften gelaufen ist.

Aber das war natürlich auch klar: Die damaligen Direktoren, insbesondere auch der Vacuumschmelze, waren durch die Nazizeit belastet, sie waren 'Betriebsführer', wie sie sich damals nannten, gewesen, und haben natürlich großen Wert darauf gelegt, daß sie sich nun auf die demokratische Seite schlagen und sie haben deshalb auch die Gewerkschaften toleriertund alles hingenommen.
Ich kann mich erinnern, daß am 1. Mai 1946, dem ersten 1. Mai nach der faschistischen Diktatur, daß wir uns da zuerst im Betrieb gesammelt haben und vom Betrieb aus in einem großen Zug zur Maikundgebung gegangen sind, und an der Spitze waren nicht nur die Betriebsräte und Gewerkschafter, sondern auch der Direktor der Vacuumschmelze, Dr. Deisinger, ist damals noch mitgelaufen.
Damals haben zehntausend Kolleginnen und Kollegen an der Maikundgebung vor Schloß Philippsruhe teilgenommen. Das war ein Zeichen dafür, daß die Arbeitnehmer nach dieser Diktatur und nach dem Krieg sich in ihrer großen Mehrheit zu den Gewerkschaften bekannt haben und sich in der Not, die bestand, hinter die Forderungen der Gewerkschaften gestellt hatten.

Den Gewerkschaften ging es in erster Linie um eine Demokratisierung des Staates und der Gesellschaft, es ging sehr stark um Mitbestimmung, es ging darum, gegen den Kapitalismus anzutreten, und vor allem standen wir damals geschlossen hinter der Parole 'Nie wieder Faschismus, nie wieder Krieg!'. Es war eine Hauptaufgabe, gegen die Faschisten, die diesen Krieg und dieses Elend über uns gebracht hatten, anzugehen, daß wir die ausschalten und daß wir sichern, daß sich ähnliches nicht wiederholen kann."

Die drei Redner - Franz Kallnik, CDU, Fritz Martin, KPD, und Heinrich Fischer, SPD - stellten mit unterschiedlichem Temperament und durchaus recht unterschiedlicher Gewichtung die Neuordnung von Gesellschaft und Wirtschaft in den Mittelpunkt ihrer Ausführungen: Immerhin standen für den Sommer so entscheidende Etappen wie der Entwurf eines neuen Betriebsrätegesetzes und die Diskussion der neuen hessischen Landesverfassung bevor. Alle Redner machten deutlich, daß gewerkschaftliche Positionen nur über starke Einheitsgewerkschaften in der verfassungsberatenden Versammlung Gehör finden würden. Die Reden sind nicht im Wortlaut erhalten.
In Langenselbold, vermutlich auch an anderen Orten, so in Schlüchtern und Gelnhausen, hatten weitere Maikundgebungen stattgefunden.

Wenige Tage nach dieser Maikundgebung - am 7. Mai 1946 - wurde in Hanau der erste Angriff auf die Einheitsgewerkschaft gestartet.
Die Kreisgruppe der CDU Hanau verfaßte eine Stellungnahme, die an die CDU-Landesgruppe und an die Hauptgeschäftsführung des FDGB in Frankfurt geschickt sowie "Herrn Kallnik zur Kenntnis mit der Bitte um Rückgabe" gegeben wurde.
Die CDU-Kreisgruppe forderte darin "eine unpolitische Gewerkschaftsorganisation für alle Arbeitnehmer, der jeder Schaffende mit ruhigem Gewissen angehören kann". Die derzeitige Gewerkschaftsarbeit sei nicht unpolitisch und bei den dies-

1, Mai 1946. Der mit Buchenzweigen geschmückte Lastwagen wurde von der Militärregierung zur Verfügung gestellt. (Foto: Stadtbildstelle Hanau)

1. Mai 1946 in Langenselbold (Foto: Dokumentationsarchiv Frankfurt)

Anhand von Zeitungsberichten, seinen Aufzeichnungen und Erinnerungen von anderen Teilnehmerinen und Teilnehmern, vor allem aber in mehreren Gesprächen mit dem heute über 80jährigen Fritz Martin, hat der Journalist Rudolf Schneider dessen damalige Rede rekonstruiert:

"Werktätige! Männer, Frauen und Jugendliche von Hanau und Umgebung!

Der 1. Mai 1946 ist der Tag der Wiedergeburt der deutschen Arbeiterbewegung. Heute marschieren die werktätigen Massen nicht nur in Deutschland, sondern in fast allen Ländern - frei vom Druck des Hakenkreuzes, des Faschismus und des Krieges. Schon über ein halbes Jahrhundert ist verflossen, seitdem die Sozialistische Internationale in Paris beschlossen hatte, alljährlich zum 1. Mai die Arbeit ruhen zu lassen. Aber es sollte nicht nur ein Ruhetag werden, sondern ein Tag des Kampfes für den 8-Stundentag und für soziale Gerechtigkeit. Darüber hinaus, diese große Heerschau des internationalen Proletariats war und ist angetreten für die Beseitigung der Ausbeutung des Menschen durch den Menschen, für eine bessere Gesellschaftsordnung, für den Sozialismus.

Die Geschichte der Arbeiterbewegung ist eng verbunden mit der praktischen Durchführung des 1. Mai, der Arbeitsruhe, den Kundgebungen, den Demonstrationen. Groß ist die Zahl der Opfer, die durch Maßregelungen Arbeit und Brot verloren, in die Gefängnisse und Zuchthäuser wanderten. Die herrschende Klasse hat mit Polizeieinsatz laufend versucht, die Maidemonstrationen zu verbieten. Die Arbeiter haben die Straßen gebaut, sie haben die Häuser gebaut, sie haben das Recht, auf diesen ihren Straßen für ihre Forderungen zu demonstrieren. Trotz Verbots reaktionärer Polizeipräsidenten! Die Mutlosen und Verzagten wurden von den fortschrittlichen Kräften immer wieder aufgerüttelt mit dem Lied der Internationale: 'Wacht auf, Verdammte dieser Erde!' (Beifall)

Am 1. Mai 1916, als die Materialschlacht des 1. Weltkrieges tobte, als an den Fronten die Arbeiter und Bauern Deutschlands, Frankreichs und Rußlands verbluteten, sprach Karl Liebknecht auf dem Potsdamer Platz zu Berlin auf einer Kundgebung. Liebknecht rief den Massen zu: 'Dieser Krieg ist kein Verteidigungskrieg, dieser Krieg ist ein imperialistischer Krieg. Nieder mit den Waffen, nieder mit der Regierung! Der Feind steht nicht jenseits unserer Grenzen, der Feind steht im eigenen Land! Diesem System keinen Mann und keinen Groschen!' Als die Herren des Militärtribunals den Reichstagsabgeordneten Liebknecht ins Zuchthaus steckten, sagte er: 'Kein General trug jemals seine Uniform mit so viel Stolz, wie ich diesen Zuchthauskittel tragen werde!'

Wären die deutschen Arbeiter im November 1918 Karl Liebknecht und seiner Idee gefolgt, hätte dieser 2. Weltkrieg nie stattgefunden. Ein Meer von Blut und Tränen wäre dem deutschen Volk und der Menschheit erspart geblieben. Es hätte keinen Adolf Hitler gegeben, keine Konzentrationslager, keine Judenvernichtung. Europa wäre nicht zum Trümmerfeld geworden. Ich entsinne mich, daß im Jahre 1920 die Arbeiterchöre die Friedenshymne sangen:

'Ruhe sei der Welt beschieden,
rosten soll des Krieges Erz,
denn die Völker wollen Frieden,
Frieden jedes Menschen Herz.
Weltenfrieden, Weltenfrieden,
letzter Sieg, den wir erflehn!'

Frieden kann man nicht erflehen. Die Erhaltung und Festigung des Friedens muß erkämpft werden. Wenn man dem Volk den Frieden erhalten will, dann muß man die Kriegstreiber entmachten. Nur der Kaiser war gegangen, die Generäle, die Krautjunker und Schlotbarone waren an der Macht geblieben. Es dauerte nicht lange, und es wurden wieder Panzerkreuzer gebaut. Die Arbeiterklasse muß aus diesen Fehlern lernen. Niemals wieder darf es geschehen, daß diese Betriebe, die Ihr jetzt wieder aufbaut, Waffen herstellen. Mit trockenem Brot, mit knurrendem Magen beseitigt Ihr jetzt die Trümmer. Das, was Ihr aufbaut, darf niemals durch einen Krieg vernichtet werden. Es ist deshalb die erste Voraussetzung, daß die Arbeiter in den Betrieben das Sagen haben, daß die wirklich Schuldigen entmachtet und bestraft werden. Wir stehen vor einer Aufgabe, die so gewaltig ist. Nicht nur die einzelnen Wohnungen, Betriebe, Schulen, Krankenhäuser usw., sondern das ganze Staatswesen muß erneuert werden. Wir brauchen eine Demokratisierung der Wirtschaft, eine Verwaltungsreform, eine Justizreform, Boden- und Schulreform. Dies ist ein gigantischer Berg von Aufgaben, die gegenwärtig vom deutschen Volk bewältigt werden müssen. Wir haben deshalb die Zersplitterung der Gewerkschaft überwunden und die Einheitsgewerkschaft geschaffen. Um die Kraft der Arbeiterklasse aber voll zur Entfaltung zu bringen, wäre es notwendig, daß neben der Einheit der Gewerkschaft in schneller Folge entstehen möge die politische Einheit der Arbeiterklasse. (Beifall)

Wir haben zwei Arbeiterparteien, die ich vergleiche mit zwei kleinen Motoren, von denen der eine auf Gleichstrom, der andere auf Wechselstrom läuft. Wir brauchen einen starken Dynamo, nicht nur für den Aufbau, sondern eine Kraft, die jederzeit unsere demokratischen Rechte behaupten kann. Nur die Einheit der Arbeiterklasse ist in der Lage zu verhindern, daß die Schuldigen an diesem Völkermord wieder Oberwasser bekommen. Das neue Deutschland muß ein Land des Friedens werden. Niemals wieder darf von deutschem Boden aus ein Krieg ausgehen. Frieden, Freundschaft und Solidarität mit allen Völkern muß in Zukunft der Leitgedanke des deutschen Volkes werden, insbesondere mit den Völkern der Sowjetunion. Die russischen Arbeiter und Bauern haben mit ihrem Blut einen neuen Staat geschaffen und diesen ihren Staat auch mit ihrem Blut verteidigt. Wir alle haben aus den Fehlern der Weimarer Republik und aus der Verfolgung durch den Nationalsozialismus gelernt. Wir haben die Einheitsgewerkschaft als Garant für eine reale demokratische Entwicklung geschaffen, für einen antifaschistischen, demokratischen Staat. Für einen solchen Staat sind wir bereit zu arbeiten mit aller unserer Kraft.

Ich schließe meine Ausführungen mit den Worten: Herbei aus Stadt und Land, nehmet den Hammer in Eure Hand, schmiedet und schmiedet, die Kette springt, das neue Jahrhundert Ihr Euch erringt. Erwache, Volk, erwache!"

(Archiv Rudolf Schneider)

1. Mai 1946 vor Schloß Philippsruhe (Foto: Stadtbildstelle Hanau)

jährigen Maifeiern habe es sich "offensichtlich herausgestellt, daß die Parteien die Gewerkschaft mit in ihr Betätigungsfeld ziehen". Die CDU bemängelte insbesondere, daß in den Reden nicht klar zum Ausdruck gekommen sei, "daß alle Schaffenden (Unterstreichung im Original) die gleichen wirtschaftlichen Interessen haben" und daß, zur besseren Durchsetzung von Arbeiterinteressen, "die Vereinigung von KPD und SPD" gefordert worden wäre. Um ihrem Ziel einer "unpolitischen Gewerkschaft" näher zu kommen, forderte die CDU Hanau:

"1.) Schon bei den Betriebsräten muß unter Überwachung durch die Gewerkschaft Parteipolitik im Zuge echter Demokratie unterbleiben. Durch Richtlinien im Betriebsrätegesetz muß festgelegt sein, daß die Rechte aller (Unterstreichung im Original) Schaffenden gleichmäßig gewahrt werden müssen. Verstöße sind zu ahnden.
2.) Hauptamtliche Gewerkschaftsfunktionäre sind durch die Betriebsräte zu wählen und dürfen nicht durch Parteien protektiert (so im Original) werden.
3.) Scharfe Richtlinien für Gewerkschaftsfunktionäre, die jede parteipolitische Betätigung während der gewerkschaftlichen Arbeit verbieten.
4.) Überwachung der unpolitischen Gewerkschaftsarbeit durch sämtliche Parteien und Einspruchs- und Nachprüfungsrecht bei der höchsten Gewerkschaftsinstanz."
(DGB-Archiv Hanau)

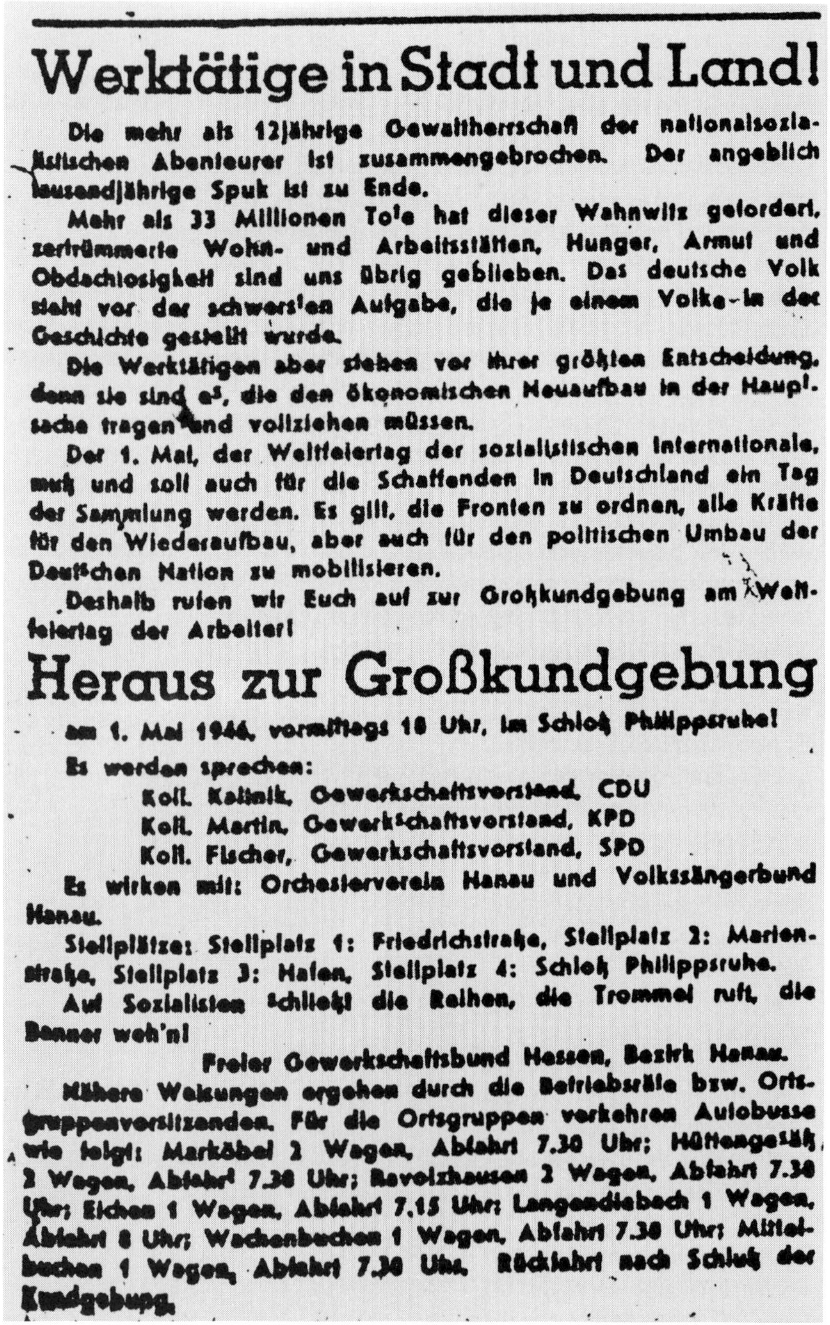

Werktätige in Stadt und Land!

Die mehr als 12jährige Gewaltherrschaft der nationalsozialistischen Abenteurer ist zusammengebrochen. Der angeblich tausendjährige Spuk ist zu Ende.

Mehr als 33 Millionen Tote hat dieser Wahnwitz gefordert, zertrümmerte Wohn- und Arbeitsstätten, Hunger, Armut und Obdachlosigkeit sind uns übrig geblieben. Das deutsche Volk steht vor der schwersten Aufgabe, die je einem Volke in der Geschichte gestellt wurde.

Die Werktätigen aber stehen vor ihrer größten Entscheidung, denn sie sind es, die den ökonomischen Neuaufbau in der Hauptsache tragen und vollziehen müssen.

Der 1. Mai, der Weltfeiertag der sozialistischen Internationale, muß und soll auch für die Schaffenden in Deutschland ein Tag der Sammlung werden. Es gilt, die Fronten zu ordnen, alle Kräfte für den Wiederaufbau, aber auch für den politischen Umbau der Deutschen Nation zu mobilisieren.

Deshalb rufen wir Euch auf zur Großkundgebung am Weltfeiertag der Arbeiter!

Heraus zur Großkundgebung

am 1. Mai 1946, vormittags 10 Uhr, im Schloß Philippsruhe!

Es werden sprechen:

Koll. Kalinik, Gewerkschaftsvorstand, CDU
Koll. Martin, Gewerkschaftsvorstand, KPD
Koll. Fischer, Gewerkschaftsvorstand, SPD

Es wirken mit: Orchesterverein Hanau und Volkssängerbund Hanau.

Stellplätze: Stellplatz 1: Friedrichstraße, Stellplatz 2: Marienstraße, Stellplatz 3: Hafen, Stellplatz 4: Schloß Philippsruhe.

Auf Sozialisten schließt die Reihen, die Trommel ruft, die Banner weh'n!

Freier Gewerkschaftsbund Hessen, Bezirk Hanau.

Nähere Weisungen ergehen durch die Betriebsräte bzw. Ortsgruppenvorsitzenden. Für die Ortsgruppen verkehren Autobusse wie folgt: Marköbel 2 Wagen, Abfahrt 7.30 Uhr; Hüttengesäß 2 Wagen, Abfahrt 7.30 Uhr; Ravolzhausen 2 Wagen, Abfahrt 7.30 Uhr; Eichen 1 Wagen, Abfahrt 7.15 Uhr; Langendiebach 1 Wagen, Abfahrt 8 Uhr; Wachenbuchen 1 Wagen, Abfahrt 7.30 Uhr; Mittelbuchen 1 Wagen, Abfahrt 7.30 Uhr. Rückfahrt nach Schluß der Kundgebung.

Maiflugblatt 1946

1. Mai 1947: "Für Völkerfrieden und Sozialismus"

Zu einer "machtvollen Kundgebung für den Völkerfrieden und den Sozialismus" rief der FGB Bezirk Hanau zum 1. Mai 1947 auf.
Kritik an der miserablen Versorgungslage, an den nur zögerlichen Maßnahmen gegen die sich ausbreitenden Schwarzmärkte, an der noch immer ausstehenden Neuordnung und Mitbestimmung in Wirtschaft und Gesellschaft prägten den Aufruf: "Mit dem Weg, der bisher gegangen wurde, können wir nicht einverstanden sein, wenn nicht neues Unglück über die Menschheit kommen soll. In einer machtvollen Kundgebung wenden wir uns gegen die immer sichtbarer werdende Reaktion, gegen die Bombenattentäter und all jene, die den Wiederaufbau unseres Staates und unserer Wirtschaft sabotieren. Wir fordern strengste Bestrafung der Aktivisten, der Saboteure, der Schieber und Wucherer."
Die Forderung nach Bestrafung der Bombenattentäter hatte einen konkreten Hintergrund: Wenige Wochen zuvor, am 16. März 1947, war auf die Spruchkammer Schlüchtern ein Bombenattentat verübt worden. Daraufhin hatte der FGB zur Arbeitsniederlegung und zu einer Kundgebung aufgerufen, an der sich trotz strömenden Regens 3000 Menschen beteiligten; doch die polizeilichen Ermittlungen schleppten sich dahin. Weitere Forderungen dieser Maikundgebung waren das Mitbestimmungsrecht der Betriebsräte, die

Mitteilungsblatt
für den Stadt- und Landkreis Hanau

Herausgegeben vom Magistrat der Stadt Hanau mit Genehmigung der Militär-Regierung / Anzeigenpreis: 1 mm Höhe, 45 mm Breite 25 Rpf.

Folge 106 — Samstag, den 26. April 1947 — Preis 10 Rpf.

Heraus zur 1. Mai-Kundgebung in Hanau!

vorm. 10 Uhr im Schloß Philippsruhe. Redner: F. J. Furtwängler, Leiter der Akademie der Arbeit Frankfurt a. M.

Werktätige in Stadt und Land!

Zum zweiten Male nach dem katastrophalen Niederbruch rufen wir Euch zur Mai-Demonstration. Noch immer lastet auf allen Völkern unsagbares Leid. Mit dem Weg, der bisher gegangen wurde, können wir nicht einverstanden sein, wenn nicht neues Unglück über die Menschheit kommen soll. In einer machtvollen Kundgebung wenden wir uns gegen die immer sichtbarer werdende Reaktion, gegen die Bombenattentäter und all jene, die den Wiederaufbau unseres Staates und unserer Wirtschaft sabotieren. Wir fordern strengste Bestrafung der Aktivisten, der Saboteure, der Schieber und Wucherer. Die Toleranz muß dort ihre Grenzen finden, wo sie die Grundfesten der Demokratie bedroht. Wir fordern die Aufhebung der Zonengrenzen, die Einstellung der Demontagen, die Freigabe der Kriegsgefangenen und eine auskömmliche Lebensmöglichkeit für das gesamte deutsche Volk.

Die Sicherung einer Produktions- und Ernährungsbasis ist vordringlich und für die Befriedung Deutschlands Voraussetzung. Die Sozialisierung der Rohstoff- und Schlüsselindustrie ist ebenso wie das Mitbestimmungsrecht der Betriebsräte eine unabdingbare Voraussetzung für den Wiederaufbau der deutschen Wirtschaft. Wir wenden uns an die Sozialisten in allen Ländern und bitten sie, uns in unserem schweren Ringen zu unterstützen.

Darum heraus zu einer machtvollen Kundgebung für den Völkerfrieden und den Sozialismus.

Freier Gewerkschaftsbund Hessen, Bezirk Hanau.

Stellplätze: 1. Friedrichstraße, 2. Marienstraße, 3. Hafen, 4. Schloß Philippsruhe.

Aufhebung der Zonengrenzen, die Einstellung der Demontagen, die Freigabe der Kriegsgefangenen und eine auskömmliche Lebensmöglichkeit für das gesamte deutsche Volk. "Unabdingbare Voraussetzung für den Wiederaufbau der deutschen Wirtschaft ist die Sozialisierung der Rohstoff- und Schlüsselindustrie und das Mitbestimmungsrecht der Betriebsräte."

Ein Transparent, das schon zum 1. Mai 1946 angefertigt worden war, forderte:
"Die Befreiung von Ausbeutung und Unterdrückung, von Wirtschaftskrise, Armut, Arbeitslosigkeit und imperialistischer Kriegsdrohung kann nur das Werk des vereinten schaffenden Volkes sein."

Die Maikundgebungen fanden 1947 nicht nur in Hanau, sondern auch im Landkreis Hanau - so in Rückingen und in Langenselbold und in den Kreisen Gelnhausen und Schlüchtern statt. Dem Bürgermeister von Rückingen hatte die Militärregierung genehmigt, aus 50 kg auf dem schwarzen Markt beschlagnahmtem Weizenmehl Brötchen für die Schulkinder zum 1. Mai backen zu lassen. Für den Kreis Schlüchtern wurden Maifeiern in Sterbfritz, in Altengronau und in Salmünster gemeldet; die größte Kundgebung mit über 3000 Teilnehmerinnen und Teilnehmern, auf der Heinrich Fischer sprach, war in Schlüchtern selbst.
(Jahresbericht der Nebenstelle Schlüchtern vom 1. Januar - 31. Dezember 1947, DGB-Archiv Hanau)

1. Mai 1947. Der Volkschor vor dem Schloß Philippsruhe (Foto: Stadtbildstelle Hanau)

1. Mai 1948: "Für ein geeintes Deutschland, Demokratie und Sozialismus"

Bei den Vorbereitungen zum 1. Mai 1948 kam es zu einer Diskussion darüber, ob die örtliche Maikundgebungen nicht zu einer Schwächung der erwünschten Großkundgebungen führen würden. In der FGB-Vorstandsitzung vom 6. März 1948 sprach sich Heinrich Fischer entschieden für die Festlegung auf zentrale Maiveranstaltungen aus: "Mittlerweile hat sich die Auffassung eingebürgert, daß jeder Ortsverein eine Maifeier für sich organisieren kann. Wir müssen uns davor hüten, daß die Maikundgebungen sich zu einem Festtag à la DAF entwickeln. Unsere Mai-Kundgebung muß als Massenkundgebung einen ganz anderen Sinn haben. Der schaffende Mensch aus dem Betrieb muß das Gefühl haben, daß Tausende mit ihm zusammenstehen." Kritik an den "auf den Orten wohnenden Arbeitern, die auch am 1. Mai auf ihrem Acker herumgraben", wurde laut; sie anzusprechen und für die Maikundgebung zu mobilisieren, sei Aufgabe der Einzelgewerkschaften. Man beschloß, an drei Orten - auf dem Hanauer Marktplatz, in Gelnhausen und in Schlüchtern - zentrale Kundgebungen durchzuführen, für örtliche Maifeiern in den Dörfern sei auch nachmittags oder abends Zeit. Wie schon die beiden Jahre zuvor

1. Mai 1948. Marktplatz Hanau (Foto: Stadtbildstelle Hanau)

gab es viele praktische Probleme zu lösen:
Der Transport der Kolleginnen und Kollegen nach Hanau mußte organisiert werden, dazu stellte man einen Antrag an das Ministerium für Verkehr und Wirtschaft, damit "der nötige Betriebsstoff zur Verfügung stehe". Große Schwierigkeiten machte noch im April die Beschaffung von Papier für Handzettel und Plakate. Hingegen konnten 20.000 Festabzeichen "in Form von japanischen Rosen" in Auftrag gegeben werden; das Papier dazu hatte der Betriebsrat von Degussa Wolfgang beschafft. Für den 1. Mai 1948 ist kein Maiaufruf mit politischen und sozialen Forderungen überliefert; möglicherweise konnte er aus Papiermangel auch gar nicht gedruckt werden. Im Mittelpunkt jedenfalls stand, so die Losung am Hanauer Rathaus, die Forderung nach Wiedervereinigung. Im Mitteilungsblatt für den Stadt- und Landkreis Hanau wurden die "Schaffenden aller Stände" zur Kundgebung auf den Marktplatz eingeladen: "Im Mittelpunkt steht die Festansprache des Leiters der Akademie der Arbeit in Frankfurt, F. J. Furtwängler, der darin auch auf die Tage von 1848 und auf die Jahrhundertfeier der Hanauer Turnerschaft eingehen wird." Mit etwa 4000 Menschen in Hanau - aus Gelnhausen und Schlüchtern liegen keine Zahlen vor - blieb die Teilnehmerzahl weit hinter den Erwartungen zurück; hingegen wurden die Mairosen gut verkauft: 9.756 in Hanau, 3.848 in Schlüchtern und 1.400 in Gelnhausen.

1. Mai 1949: "Für Freiheit und Frieden, für Völkerverständigung und soziale Gerechtigkeit"

Im Aufruf zu den zentralen Kundgebungen in Hanau, Gelnhausen und Schlüchtern heißt es: "Es ist heute notwendiger denn je, daß die Werktätigen aller Stände und Berufe laut ihre Stimme erheben, um dem unerträglichen Zustand der Verelendung und Ausbeutung (entgegen) zu steuern. Es muß Friede werden, wenn nicht eine ganze Welt der Vernichtung preisgegeben werden soll. Die soziale Gerechtigkeit muß erzwungen werden, soll nicht die derzeit bestehende Verelendung zum Dauerzustand werden auf Jahrzehnte hinaus. Deshalb muß sich die gesamte werktätige Bevölkerung zusammenfinden und in wuchtiger Demonstration ihren Willen kundtun."
(Amtl. Mitteilungsblatt für den Stadt- und Landkreis Hanau vom 30. April 1949)

Hauptredner der Hanauer Kundgebung, bei der der Volkschor und ein Bläserchor mitwirkten, war Fritz Tarnow vom Gewerkschaftsrat der vereinten Zonen in Frankfurt.

Mitteilungsblatt
für den Stadt- und Landkreis Hanau
Herausgegeben vom Magistrat der Stadt Hanau mit Genehmigung der Militär-Regierung
Folge 210 Samstag, den 30. April 1949 Preis 10 Pfg.

Groß-Kundgebung am 1. Mai

Der Freie Gewerkschaftsbund Hessen, Bezirk Hanau, ruft alle Werktätigen auf zu einer Großkundgebung am 1. Mai um 10 Uhr auf dem Marktplatz in Hanau. Der 1. Mai ist der Feiertag der Arbeit. An diesem Tage demonstriert die Arbeiterschaft der ganzen Welt für Freiheit und Frieden, für Völkerverständigung und soziale Gerechtigkeit. Es ist heute notwendiger denn je, daß die Werktätigen aller Stände und Berufe laut ihre Stimme erheben, um dem unerträglichen Zustand der Verelendung und Ausbeutung zu steuern. Es muß Friede werden, wenn nicht eine ganze Welt der Vernichtung preisgegeben werden soll. Die soziale Gerechtigkeit muß erzwungen werden, soll nicht die derzeit bestehende Verelendung zum Dauerzustand werden auf Jahrzehnte hinaus. Deshalb muß sich die gesamte werktätige Bevölkerung zusammenfinden und in wuchtiger Demonstration ihren Willen kundtun. Die Festansprache hält Kollege Fritz Tarnow vom Gewerkschaftsrat der vereinten Zonen in Frankfurt. Es wirken mit der Volkschor Hanau und ein Bläserchor. Gleiche Veranstaltungen finden statt in Gelnhausen und Schlüchtern. Die gesamte Arbeiterschaft wird aufgerufen zur Beteiligung: Heraus zur Kundgebung am 1. Mai!

FGB Hessen, Bezirk Hanau

1. Mai 1950: "Für Völkerfrieden, Vollbeschäftigung, Neuordnung der Wirtschaft, sozialen Wohnungsbau"

Bei der Vorbereitung hatte es Überlegungen gegeben, an diesem 1. Mai durch die Stadt zum Marktplatz zu demonstrieren. Daran könne man gar nicht denken, meinte die Mehrheit, "da die Stadt noch zu sehr in Trümmern liege". Im Zentrum des 1. Mai 1950 standen Massenarbeitslosigkeit, von der vor allem Jugendliche und Frauen betroffen waren, Wohnungsnot und mangelnde soziale Sicherheit. Der wirtschaftliche Aufschwung hatte zwar begonnen, doch der Lebensstandard der arbeitenden Menschen verbesserte sich kaum; im Gegenteil: Die Zahl der Arbeitslosen war seit der Währungsreform ständig gestiegen und lag bei mittlerweile 1,5 Millionen Menschen. Der zentrale Aufruf des DGB zum 1. Mai 1950 forderte: "Die Vollbeschäftigung aller arbeitsfähigen und arbeitswilligen Kräfte, den Schutz der Arbeitskraft, insbesondere der weiblichen und derjenigen der jungen Menschen, als dem wertvollsten Gut unseres Volkes, einen schnellen und nach sozialen Gesichtspunkten geordneten Wiederaufbau unserer Städte und Wohnungen. Wir, die Gewerkschaften, fordern als erste und oberste Voraussetzung hierfür das uneingeschränkte Mitbestimmungsrecht in der gesam-

ten Wirtschaft und Verwaltung sowie die Überführung der Grundstoffindustrie in Gemeineigentum."
Kolleginnen und Kollegen forderten auf ihren Transparenten die 40-Stunden-Woche, eine Forderung, die zwei Jahre später offizielle Maiparole wurde.
Redner auf der Hanauer Maikundgebung waren Heinrich Fischer und der hessische Arbeitsminister Albert Wagner, der das in den Betrieben erreichte Mitbestimmungsrecht als großen Erfolg begrüßte:
"Aber dieser Erfolg ist nur ein Anfang. Als vor 60 Jahren gefordert wurde, den 8-Stunden-Tag einzuführen, die Kinderarbeit zu verbieten, wurde behauptet, die Wirtschaft müsse an diesen Forderungen zerbrechen. Aber sie ist nicht daran zugrunde gegangen, und wenn wir wiederum 60 Jahre weiter sind, dann ist vielleicht schon die 40-Stunden-Woche überholt." Die Werkskapelle von W. C. Heraeus und der Volkschor trugen zur musikalischen Gestaltung der Kundgebung bei, die in Hanau "bei strahlendem Sonnenschein" mit 6000 - 7000 Teilnehmerinnen und Teilnehmern "weit aus besser wie in den vorhergehenden Jahren" besucht war.
Kritik gab es im Kreisvorstand an den Maikundgebungen in kleineren Orten, weil dort "Vertreter parteipolitischer Richtungen" gesprochen hätten. Im Landkreis Hanau hatten Maikundgebungen u. a. in Wachenbuchen, Rückingen, Windecken, Mittelbuchen, Langendiebach und Ostheim stattgefunden, meistens mit Festumzug, Brezelverteilung an die

1. Mai 1950. Marktplatz Hanau. Oben: Eröffnung der Kundgebung durch Heinrich Fischer (Fotos: Stadtbildstelle Hanau)

aus: "Die Quelle" 1950

Kinder und anschließendem Tanz. In Ostheim stand die Maikundgebung im Saal Hartenfeller unter Mitwirkung des Arbeitergesangvereins Liederlust unter dem Motto "Nie wieder Krieg".

1. Mai 1951: "Völkerfrieden, soziale Sicherheit, Freiheit"

"In einer Welt von Unfrieden, Unfreiheit, Furcht und Not begehen wir den 1. Mai" - so beginnt der DGB-Aufruf zum 1. Mai 1951. Der kalte Krieg war in Korea zum heißen Krieg eskaliert; in der Bundesrepublik begann der Kampf gegen die Wiederaufrüstung und gegen die Einführung der Wehrpflicht.

1. Mai 1952: "Völkerfrieden, Freiheit"

Erstmals findet sich im DGB-Maiaufruf die Forderung nach Verkürzung der Arbeitszeit: "Wir fordern von den herrschenden Gewalten und den gesetzgebenden Körperschaften zur Abwehr sozialer und wirtschaftlicher Katastrophen Verkürzung der Arbeitszeit durch Einführung der 40-Stunden-Woche. Es muß wahr werden, daß die Erde Raum für alle hat. Es muß erreicht werden, daß der Segen menschlicher Arbeit allen zuteil wird, die ein Leben lang gearbeitet haben." Gegen die Wiederaufrüstung richtete sich ein Transparent "Wer gegen den Willen des Volkes handelt, ist ein Staatsfeind". Andere Transparente forderten die "Anpassung der Löhne an die Preise" und einen "baldigen Friedensvertrag und Einheit Deutschlands".

Ein Thema, das die Menschen seit zwei Jahren ebensosehr beschäftigte wie ihre schlechte Lebenssituation, nämlich die geplante Wiederaufrüstung, schlug sich in den Maireden nur in sehr allgemeinen Ausführungen nieder. Im Frühjahr 1952 hatte sich der Hanauer DGB-Vorstand mit einer Gegenstimme hinter die Entschließung des DGB-Bundesvorstandes gestellt, in der ein "deutscher Verteidigungsbeitrag", wie man es nannte, keineswegs prinzipiell abgelehnt wurde, sondern man diese Frage schlicht den "politischen Instanzen" zur Entscheidung überließ: "Die Gewerkschaften weisen aber daraufhin, daß die Verteidigung der Demokratie und Freiheit nur dann von den schaffenden Menschen getragen werden kann, wenn die demokratischen Staaten eine bewußt fortschrittliche Wirtschafts- und Sozialpolitik betreiben."

(Resolution des DGB-Bundesausschusses vom 23. Januar 1952 zur Frage des Verteidigungsbeitrages. DGB-Archiv Hanau)

In der Hanauer Vorstandssitzung vom 3. März 1952, auf der man sich auch mit der Vorbereitung zum 1. Mai beschäftigte, warnte der Kreisvorsitzende Hermann Ernst sogar davor, die Wiederaufrüstung und die Einführung der allgemeinen Wehrpflicht in Betriebsversammlungen und auf Betriebsräteschulungen zu diskutieren; dort gehörten sie auf "gar keinen Fall" hin. Vor allem würde dann die Presse Redebeiträge aus dem Zusammenhang zitieren, und der DGB stünde in der Nähe des Aktionsausschusses gegen die Remilitarisierung Deutschlands, der von den Kommunisten ins Leben gerufen worden war.

Legt man die im Geschäftsbericht des Kreisvorstandes für die Jahre 1951 und 1952 genannten Zahlen zugrunde, dann wird deutlich, daß die Teilnehmerzahlen an den Maikundgebungen seit 1950 wieder stiegen. 1951 hatten im Stadt- und Landkreis Hanau, in den Kreisen Gelnhausen und Schlüchtern 16 Maikundgebungen mit 13.500 Besucherinnen und Besucher stattgefunden, 1952 waren 15.000 Menschen zu 20 Kundgebungen gekommen.

1. Mai 1952. Marktplatz Hanau
(Fotos: Stadtbildstelle Hanau)

Neuntes Kapitel

Das "Haus der Gewerkschaften", Nordstraße 88

Das "Haus der Gewerkschaften", Hanau, Nordstraße 88 (Foto: Stadtbildstelle Hanau)

Ein Wirtschaftskrimi

Am 15. Oktober 1949 zogen der DGB Hanau und die Einzelgewerkschaften Metall, Chemie, ÖTV, HBV, NGG sowie die Gewerkschaft der Eisenbahner endlich unter ein Dach. Der Weg dorthin war im wahren Sinn des Wortes ein steiniger und glich über weite Strecken einem Wirtschaftskrimi.

Ursprünglich, im Januar 1946, hatte man noch den Wiederaufbau des 1945 bis auf die Grundmauern zerstörten alten Gewerkschaftshauses, den Saalbau an der Mühlstraße 2, ins Auge gefaßt - "unter weitestgehender Verwendung der dort vorhandenen Baumaterialien und durch freiwillige Arbeit der Gewerkschaftsmitglieder". Dieser Plan mußte jedoch deshalb aufgegeben werden, weil das Grundstück zum beschlagnahmten DAF-Vermögen gehörte und von der US-Militärregierung ebenso wie das Konto der DAF mit einem Bestand von 38.055.- RM im April 1945 nicht freigegeben wurde.

Auf der Suche nach einem nicht völlig zerstörten, in der Innenstadt gelegenen Haus stieß man auf die Villa an der Nordstraße, die in den 20er Jahren der Fabrikantenfamilie Weinig gehört hatte. Dieses Haus er-

Kontoabschrift des von der Militärregierung gesperrten Gewerkschaftskontos
DGB-Archiv Hanau

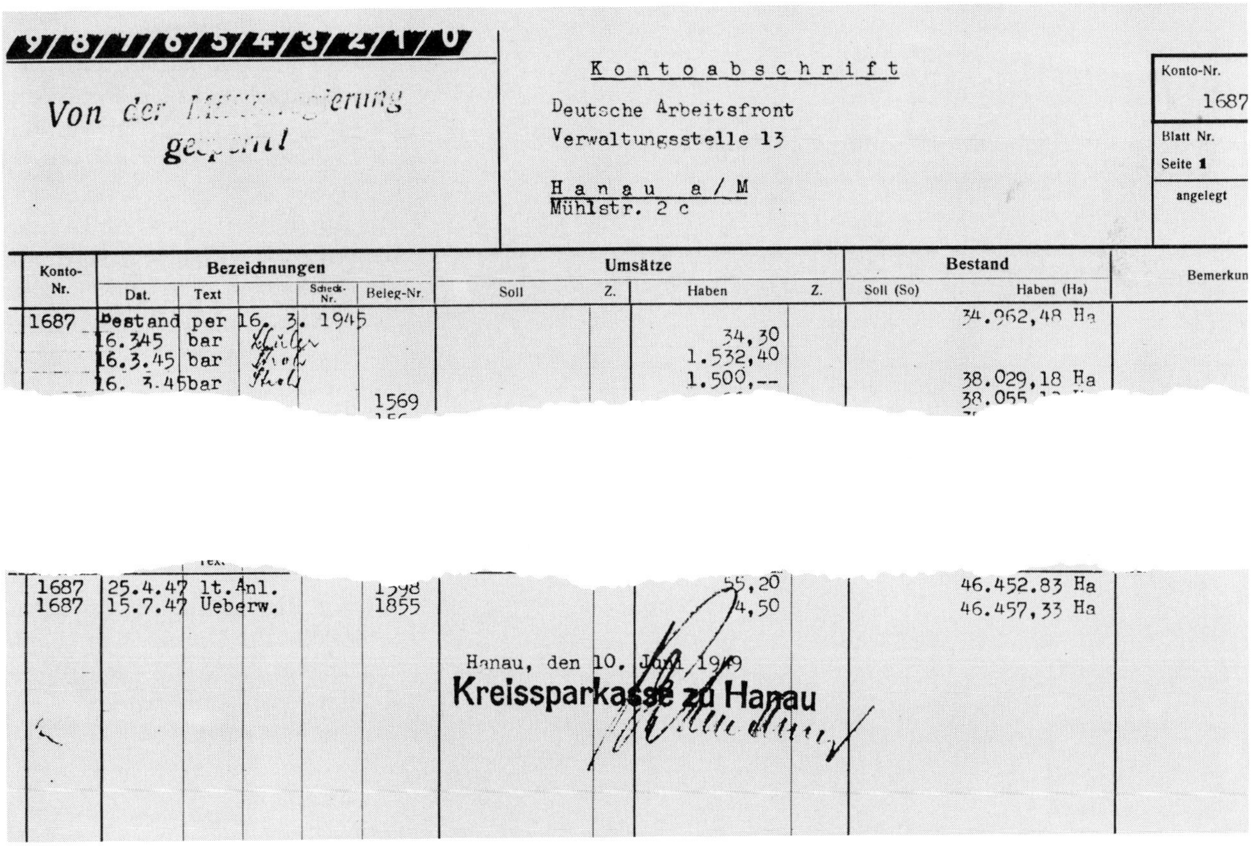

9 / 8 / 7 / 6 / 5 / 4 / 3 / 2 / 1 / 0

Von der Militärregierung gesperrt

Kontoabschrift

Deutsche Arbeitsfront
Verwaltungsstelle 13

Hanau a/M
Mühlstr. 2 c

Konto-Nr. 1687
Blatt Nr.
Seite 1
angelegt

Konto-Nr.	Dat.	Text		Scheck-Nr.	Beleg-Nr.	Soll	Z.	Haben	Z.	Soll (So)	Haben (Ha)	Bemerkungen
1687	Bestand	per	16. 3. 1945								34.962,48 Ha	
	16.3.45	bar						34,30				
	16.3.45	bar						1.532,40				
	16. 3.45	bar						1.500,--			38.029,18 Ha	
					1569						38.055	
1687	25.4.47	lt. Anl.			1598			55,20			46.452.83 Ha	
1687	15.7.47	Ueberw.			1855			4,50			46.457,33 Ha	

Hanau, den 10. Juni 1949
Kreissparkasse zu Hanau

Der Saalbau in der Mühlstraße vor und nach der Zerstörung (Fotos: Stadtbildstelle Hanau)

schien dem FGB um so geeigneter, als der Besitzer Wilhelm Kaus als Nazi im Internierungslager war und sein Vermögen von der US-Militärregierung gesperrt war. Am 15. März 1946 schrieb Heinrich Fischer an die Militärregierung und bat um die Freigabe bzw. den Verkauf des Hauses "unter Berücksichtigung folgender Tatsachen:

1. Die Gewerkschaften verhindern durch die Instandsetzung des Gebäudes den weiteren Verfall.
2. Das in Frage stehende Gebäude ist Bestandteil des aufgrund des Gesetzes Nr. 52 gesperrten Vermögens und sehr gut für die Zwecke der Gewerkschaft geeignet.
3. Das Vermögen der Arbeiterschaft in den Gewerkschaften wurde von den Machthabern des Dritten Reiches enteignet.
4. Die Gewerkschaften haben wichtige Aufgaben bei dem Aufbau der deutschen Wirtschaft, der Sicherung der Demokratie, der überstaatlichen Verständigung auf dem Gebiet der Arbeit, des Friedens und der Kultur, insbesondere in den Fragen der gewerkschaftlichen Schulung ihrer Funktionäre, der gewerkschaftlichen, fachlichen und wissensmäßigen Schulung der Jugend und der sozialen Betreuung der Mitglieder usw. zu erfüllen.
5. Neue Räume sind unbedingt erforderlich zur Unterbringung der Unfall- und Krankenversicherungsabteilungen der Gewerkschaften.

Wir glauben, daß die Freigabe bzw. der Verkauf des Hauses und Grundstückes im Rahmen einer Wiedergutmachung liegt und bitten des-

halb die Militärregierung um ihre Zustimmung"."
(DGB-Archiv Hanau)

Die Militärregierung verwies den FGB an den Treuhänder des Kausschen Vermögens, mit dem 1947 auch ein Vertrag ausgehandelt wurde. Ein Jahr später - das nach Gesetz Nr. 52 beschlagnahmte Vermögen des Herrn Kaus war inzwischen freigegeben worden - begannen die direkten Verhandlungen mit dem Eigentümer. Noch war der Zeitgeist nicht so weit gewendet, daß ein ehemaliger Nazi herumkommandieren konnte: Herr Kaus äußerte auf der FGB-Vorstandssitzung vom 3. Januar 1948, zu der er zwecks Abschluß eines Mietvertrages eingeladen worden war, "seine innere Genugtuung, daß das wertvolle Grundstück nicht zu einer Mietskaserne degradiert, sondern den Gewerkschaften für besondere Zwecke überlassen werden kann. Wer das Haus vor seiner Zerstörung gekannt habe, werde verstehen, daß er besonders an diesem Haus hänge." Im Mietvertrag einigte man sich auf eine Miete von 550.- RM. In den Vorstandssitzungen von März bis Mai 1948 beschäftigte man sich hauptsächlich mit dem Wiederaufbau, den benötigten Baumaterialien und den notwendigen Arbeitskräften - jeweils in Anwesenheit von Herrn Kaus, der die Bauleitung übernommen hatte und mit immer neuen Forderungen kam. Über die Betriebsräte wurde es möglich, Steine, Holz, Zement und andere kaum erhältlichen Materialien zu beschaffen; so übernahm die Fa. W.C. Heraeus die Herstellung und den Einbau der Fenster, die Jugendgruppe der Dunlop leistete freiwillige Samstagsschichten, Kalk wurde aus Schlüchtern geliefert.
Dann schlug am 20. Juni 1948 die Währungsreform, jene große Enteignung der kleinen Geldsparer zugunsten der Sachwertbesitzer, ein: Über Nacht war der auf dem Konto "Gewerkschaftshaus" angesparte Betrag von RM 99.426.- auf DM 5.965.- zusammengeschmolzen.
Und es sollte noch schlimmer kommen: Herr Kaus, inzwischen wieder fest im Sattel und ganz Bauunternehmer, sah sich nicht mehr an den vor der Währungsreform geschlossenen Vertrag gebunden und forderte nun DM 950.- als Miete. Den Versuch des FGB, die geleisteten Sachwerte und Arbeitsstunden - zudem hatte man auch zähneknirschend das Honorar für den von Kaus beauftragten Architekten übernommen - in Rechnung zu stellen, schmetterte Herr Kaus mit der unverschämten Bemerkung ab, daß "die von den Gewerkschaften in der RM-Zeit beschafften Materialien einen ganz nebensächlichen Wert darstellen, höchstens RM 2.000.-". Er hingegen habe seit der Währungsreform 40.000.- DM für den Wiederaufbau investiert, und bis zur endgültigen Fertigstellung kämen noch einmal 12.000.- DM hinzu; von daher sei eine höhere Miete gerechtfertigt. Ein auf der Vorstandssitzung vom 21. Februar 1949 gefundener Kompromiß über eine Miete von DM 700.- und Verzicht von seiten der Gewerkschaften auf Rückzahlung eines unmittelbar nach der Währungsreform geleisteten Zuschusses von DM 40.000.- wurden von Kaus später nicht unterzeichnet; er setzte auf Zeit und die immer drängendere Raumnot des FGB und der Industriegewerkschaften.

Die IG Metall, die IG Chemie und die ÖTV waren vom Oberbürgermeister dringend aufgefordert worden, ihre Büros im Zollamt so schnell wie möglich zu räumen, da das Zollamt sich sonst gezwungen sähe, seine Dienststelle ganz nach Offenbach zu verlegen. Die Arbeitsbedingungen im FGB-Büro im Schloß Philippsruhe waren ganz unmöglich geworden, von der ständigen Suche nach geeigneten Versammlungsräumen ganz zu schweigen. Im September 1949 forderte Herr Kaus bereits eine Miete von DM 1.000.- ohne Nebenkosten sowie die Übernahme der Wiederaufbaukosten durch die Gewerkschaften. Auf der Vorstandssitzung vom 27. September 1949 standen zwei Vorschläge zur Abstimmung: 1. Vom Mietvertrag zurückzutreten oder 2. in einem Brief an Kaus darauf zu drängen, daß das Haus zum 15. Oktober bezugsfertig ist, und darauf aufmerksam zu machen, daß man sich hinsichtlich der Wiederaufbaukosten an den vor der Währungsreform geschlossenen Vertrag halte, d. h. daß diese Sache des Vermieters seien. Man beschloß den zweiten Vorschlag. Ausschlaggebend für diese Entscheidung in der Vorstandssitzung vom 6. Oktober 1949 waren die Stellungnahmen des FGB-Vorsitzenden Heinrich Fischer und des Geschäftsführers der

IG Metall, Franz Küchler, während Jakob Köhler von der IG Chemie erklärte, daß er "den Auftrag habe, dem Einzug in das Gewerkschaftshaus nur zuzustimmen, wenn die Miethöhe bei der vertraglich festgesetzten Höhe von DM 550.- bleibe, alles andere interessiere die Chemie nicht". Doch schließlich stimmte auch Jakob Köhler dem 8 Punkte umfassenden Beschluß zu, der den FGB Bezirk Hanau zum Hauptmieter bestimmte. Neben dem Einzugstermin zum 15. Oktober wurde in diesem Beschluß hinsichtlich der Miete festgehalten: "3. Mit den einzelnen Gewerkschaften die Mietverträge abzuschließen in dem Sinne, daß die jetzt festgelegte Miete als eine vorläufige anzusehen ist und die endgültige Regelung der Miete nach der Auseinandersetzung mit Kaus dann erfolgt. 4. Bei der Errechnung der Miete wird von dem Grundbetrag von DM 900.- einschließlich Heizung, Beleuchtung und Hausverwaltung ausgegangen."

Am 15. Oktober 1949 zogen FGB Bezirk Hanau, IG Metall, IG Chemie, ÖTV, HBV, NGG und die Gewerkschaft der Eisenbahner in das "Haus der Gewerkschaften" ein; wenig später folgten die IG Druck und Papier sowie die Arbeiterwohlfahrt. Auch die Gewerkschaftsjugend erhielt endlich einen eigenen Raum. Die Kosten für die von der Arbeiterwohlfahrt und der Gewerkschaftsjugend genutzten Räume legte man auf die Einzelgewerkschaften um. Nach dem schließlich mit Kaus abgeschlossenen Mietvertrag zahlte man 1951 monatlich DM 1.210.- einschließlich Nebenkosten.
Den veränderten Zeitgeist spiegelt ein Schreiben aus dem Jahr 1951 wieder, in dem der DGB auf die mangelhafte Heizung aufmerksam machte und Abhilfe einforderte: "Sehr geehrter Herr Kaus, wir gestatten uns den Wunsch, Sie bald wieder einmal in Ihrem unseren Haus begrüßen zu dürfen, um uns im persönlichen Gespräch über den Alltag und das Zeitgeschehen zu begegnen. Mit freundlichen Grüßen und vorzüglicher Hochachtung!
gez. Hermann Ernst"

Nachtrag: Im Zusammenhang mit den Geldnöten nach der Währungsreform und der Finanzierung des "Hauses der Gewerkschaften" fragte der FGB im Juni 1949 noch einmal bei der Kreissparkasse Hanau nach dem Konto der DAF. Er erhielt einen Kontoauszug mit dem letzten Stand vom 15. Juli 1947, der ein Vermögen von RM 46.457.- auswies, und die lapidare Auskunft, das Konto, "von der Militärregierung gesperrt", sei verfallen. Dieser Vorgang kennzeichnet die zweifache Enteignung der örtlichen Gewerkschaften: 1933 war ihr Besitz von der DAF enteignet worden, nach 1945 erfolgte die "Wiedergutmachung" lediglich auf zentraler Ebene; d.h. Zahlungen aus den von Treuhändern verwalteten Vermögen an Geld und Sachwerten wurden ausschließlich an die Landesgewerkschaften bzw. an den DGB, als er sich im Oktober 1949 konstituiert hatte, geleistet. So entstehen Abhängigkeiten!

Zur Person: Willy Kaus - eine deutsche Karriere

Den Grundstock seines Vermögens legte Willy Kaus, ein gebürtiger Langenselbolder, in der Nazizeit. Als jüdische Unternehmer immer stärker unter Druck gerieten und eine Lebensperspektive nur noch in der Aufgabe ihrer Geschäfte und der Flucht ins Ausland sahen, erwarb Willy Kaus "für einen Apfel und ein Ei" die Gummiwerke Odenwald in Neustadt aus dem Besitz der jüdischen Familie Kayser. Als nächstes wurde er Hauptaktionär bei der Val. Mehler AG in Fulda, dem bedeutendsten Zuliefererbetrieb der deutschen Gummiindustrie. Unmittelbar nach Kriegsbeginn bot sich ihm eine weitere Gelegenheit, seine Position in der Gummiindustrie auszubauen: er übernahm die britischen Aktien an der Deutschen Dunlop AG in "treuhänderische Verwahrung" und gab sie auch dann nicht heraus, als das Reichswirtschaftsministerium diese einigen prominenten Nazis zuschanzen wollte. Angeblich war er deshalb auch zweimal kurze Zeit in Haft, falls diese Angaben nicht zu seiner Entlastungslegende für die Nachkriegszeit gehören. Wie dem auch sei, geschehen ist ihm nichts; im Gegenteil: Die Gestapo charakterisierte ihn zwar als "eigensinnige, egoistische, zum Reaktionären neigende Unternehmerpersönlichkeit", der man aber "große Arbeitsleistung" und "persönlichen Anstand" -

was immer auch die Gestapo darunter verstand - nicht absprechen könne.
(Zitiert nach: Der Spiegel vom 13. März 1957)

In der kriegswichtigen Gummiindustrie wurde Kaus "Wehrwirtschaftsführer" und machte riesige Gewinne, u. a. durch die gnadenlose Ausbeutung ausländischer Zwangsarbeiterinnen und Zwangsarbeiter. In seinem Fuldaer Betrieb mußten etwa 900 vor allem aus der Sowjetunion und aus Polen verschleppte Frauen und Männer arbeiten; mindestens ebenso viele bei den Gummiwerken Odenwald und bei der Dunlop in Hanau. Aufgrund der harten Arbeitsbedingungen - bei chronischer Unterernährung - an Tuberkulose erkrankte "Ostarbeiter" wurden in die sogenannte Landes-Heil- und Pflegeanstalt Hadamar abgeschoben und dort ermordet, wie z. B der Fall eines damals 40jährigen "Ostarbeiters" bezeugt: "gemäß einem Schreiben der Gummiwerke Odenwald, Willy Kaus, Neustadt im Odenwald", wurde Grigorj Tscherkassenko "von der Firma selbst nach dort gebracht"; wenige Tage später war er tot.

Auch von der Dunlop AG kamen an Tuberkulose erkrankte "Ostarbeiter" nach Hadamar.

Welche Rolle Kaus bei der im September 1944 geplanten Errichtung eines KZ-Außenkommandos in der Dunlop spielte, konnte noch nicht ermittelt werden. Jedenfalls waren die SS-Wachmannschaften aus dem KZ Natzweiler für diesen Einsatz bereits zusammengestellt, doch die Dunlop AG bekam möglicherweise keine Häftlinge zugeteilt.

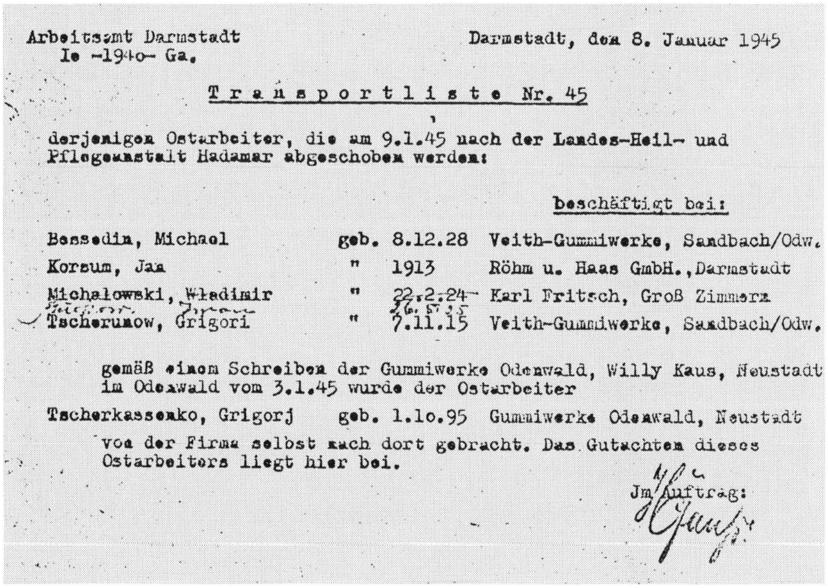

Arbeitsamt Darmstadt
Ie -1940- Ga.

Darmstadt, den 8. Januar 1945

Transportliste Nr. 45

derjenigen Ostarbeiter, die am 9.1.45 nach der Landes-Heil- und Pflegeanstalt Hadamar abgeschoben werden:

			beschäftigt bei:
Bessedin, Michael	geb.	8.12.28	Veith-Gummiwerke, Sandbach/Odw.
Korsum, Jan	"	1913	Röhm u. Haas GmbH., Darmstadt
Michalowski, Wladimir	"	22.2.24	Karl Fritsch, Groß Zimmern
Tscherumow, Grigori	"	7.11.15	Veith-Gummiwerke, Sandbach/Odw.

gemäß einem Schreiben der Gummiwerke Odenwald, Willy Kaus, Neustadt im Odenwald vom 3.1.45 wurde der Ostarbeiter

Tscherkassenko, Grigorj geb. 1.1o.95 Gummiwerke Odenwald, Neustadt

von der Firma selbst nach dort gebracht. Das Gutachten dieses Ostarbeiters liegt hier bei.

Jm Auftrag:

Nach 1945 schien die Karriere des Gummiindustriellen zunächst beendet: Die US-Militärregierung ließ ihn verhaften und in ein Internierungslager bringen. Die britische Dunlop AG bekam ihren Aktienanteil an der Hanauer Dunlop zurück, und Willy Kaus mußte die von ihm "arisierten" Gummiwerke Odenwald an die jüdische Familie Kayser zurückgeben sowie als Entschädigung 56 % seiner Beteiligung an der Val. Mehler AG. Daraufhin verkaufte Kaus seine restlichen 25,5 % Aktien an die Mehler AG und investierte den Erlös von 4,4 Millionen in den Neckermannschen Versandhandel.
Dort war das Geld gut angelegt: 1954 ließ er sich seine Beteiligungsquote einschließlich Gewinnanteil auszahlen und kassierte samt Aufwendungen für Miet- und Baukosten rund zehn Millionen DM. 1956 ergriff er die Gelegenheit, wieder in die Gummiindustrie einzusteigen und wurde Mehrheitsaktionär bei der Metzeler Gummiwerke AG, indem er alle Schwierigkeiten ausnützte, die sich bei der Sanierung des bisherigen Mehrheitsaktionärs, des Hirschkonzerns, ergaben. "Kaus kam als Wolf im Schafspelz", beschrieb der Bevollmächtigte des Hirschkonzerns in einem Spiegel-Interview die damalige Rolle von Kaus.
(Der Spiegel Nr. 11 vom 13. März 1957)

In seiner Heimatstadt Langenselbold war Willy Kaus, der in einer prachtvollen Villa an der Zeppelinallee in Frankfurt wohnte, ein hochange-

sehener Mann: Kam er zu Besuch, bei Festen und anderen Anlässen, gab es Freibier. Er spendete 125.000 DM zum Bau des Freischwimmbades. Kein Wunder, daß ihm die Stadtväter die Ehrenbürgerschaft anboten, die er gerne annahm. Ganz nach alter Unternehmerart verhalf er begabten Kindern von Arbeitern aus dem väterlichen Baugeschäft zum Studium. Das ging solange gut, bis es im November 1967 zum Streik in der hessischen Gummiindustrie kam: Der Wolf zog seinen Schafspelz aus und sperrte die Arbeiter in einem seiner Betriebe, in den Correcta-Gummiwerken in Bad Wildungen, aus.
Diesen Bruch der hessischen Verfassung wollte das Ortskartell Langenselbold nicht hinnehmen. Es organisierte eine spontane Demonstration in der Gemeindevertretung. Heiner Dudéne vom DGB-Landesbezirk Hessen forderte die Aberkennung der Ehrenbürgerschaft von Willy Kaus. Aufgegriffen wurde diese Forderung von den beiden Kommunisten Emil Schäfer und Helmut Röder; beide waren auf der Liste der Deutschen Friedensunion ins Langenselbolder Parlament gewählt worden. Es kam zu einer tumultartigen Sitzung; von den Worten, die damals fielen, war "Nestbeschmutzer" noch das zahmste. Das Stadtparlament mit Bürgermeister Peter Neugebauer (SPD) an der Spitze stand einmütig hinter dem "großen Sohn" der Stadt, auch wenn dieser gerade mal die Verfassung gebrochen hatte. Doch Kaus hatte seinen Stolz: Er gab die Ehrenbürgerschaft von sich aus zurück. Seitdem gab es aber auch kein Freibier und keine Spenden mehr.

Mahnwache vor dem alten Gewerkschaftshaus, Mühlstraße (Foto: DGB-Fotogruppe, DGB-Archiv Hanau)

Zehntes Kapitel

Der Metallarbeiterstreik im August / September 1951

Metallgewerkschafter demonstrieren für ihre Forderungen
(Foto: Die Geschichte der IG Metall seit 1945, Köln 1986, S. 95)

"Die Forderung lautete: 12 Pfennig mehr die Stunde"

Dieser Streik war nicht nur ein Streik um dringend notwendige Lohnerhöhungen; es ging auch damals um Grundsätzliches. Die Arbeitgeber, unterstützt von der Adenauer-Regierung, wollten einen Lohnstopp durchsetzen - zu einem Zeitpunkt, an dem zwar die Unternehmen vom "Korea-Boom" profitierten, der Lebensstandard der arbeitenden Bevölkerung jedoch noch immer auf einem sehr niedrigen Niveau lag. Im Zuge der allgemeinen Restauration war es die Strategie der Unternehmer, das Tarifvertragssystem zu beherrschen und damit eine auf Umverteilung gerichtete Tarifpolitik zu verhindern. In diesem vierwöchigen Streik, dem ersten großen Lohnstreik in der noch jungen Bundesrepublik, ging es über die Anpassung der Löhne an die galoppierende Inflation hinaus erstmals von seiten der Gewerkschaften auch um ein qualitativ politisches Ziel: um die "gerechte Verteilung" des Sozialproduktes.

Man muß sich die damalige Lage vergegenwärtigen: Sämtliche Manteltarife stammten noch aus der Nazizeit. Erst mit der Währungsreform kamen - allerdings äußerst zäh - Verhandlungen zwischen den Tarifparteien in Gange. In seinem Geschäftsbericht für das Jahr 1950 schrieb der Geschäftsführer der IG Metall Ortsverwaltung Hanau, Franz Küchler:

"Bei einem Teil dieser Verhandlungen war der Unterzeichnete zugegen, bis tief in die Nachtstunden mußte um das Ergebnis im einzelnen mit den Arbeitgebervertretern geboxt werden. Es sei besonders an die Verhandlungen zum Lohnabkommen für die Industrie vom Februar und September 1950 erinnert, wo die Verhandlungskommission eine Urabstimmung in den Betrieben durchführen lassen mußte. Dadurch wurde den Arbeitgebern bewiesen, daß die Mitgliedschaft in der IG Metall Hessen geschlossen hinter der Verhandlungskommission gestanden hat. Dagegen hatten die Arbeitgebervertreter in allen Verhandlungen behauptet, daß die Belegschaften sich ruhig verhalten, nur die Gewerkschaftsvertreter seien diejenigen, die die Forderungen stellen und daran festhalten."
(Geschäftsbericht der IG Metall für das Jahr 1950, Archiv der IG Metall Hanau)

Hanauer Anzeiger vom 28. August 1951

Hanauer Metallarbeiter streiken

Es kam bisher zu keinen Zwischenfällen

Die Industriegewerkschaft Metall hat ihre Mitglieder in Frankfurt, Darmstadt, Offenbach und Hanau aufgefordert zu streiken, um höhere Löhne zu erreichen. Seit gestern morgen wird in Hanau dieser Aufforderung der IG Metall bis auf einige Ausnahmen Folge geleistet. Der Streik verlief hier bisher ruhig. Es kam zu keinen besonderen Zwischenfällen.

Hanau stand gestern in den frühen Morgenstunden gebietsweise im Zeichen des von der Gewerkschaft ausgerufenen Streiks. Die langen Kolonnen der Arbeiter, die allmorgendlich auch zum Teil vom Bahnhof her den metallverarbeitenden Betrieben zueilen, stauten sich verschiedentlich vor den Fabrikeingängen. An den Toren waren große Plakate angebracht, die die Arbeiter zum Streik aufriefen. An verschiedenen Stellen standen Streikposten, die die Arbeitswilligen am Betreten der Arbeitsstelle hindern sollten. Aus diesem Grunde hatten sich in verschiedenen Straßen in der Nähe von Fabrikbetrieben um die Zeit des Arbeitbeginns gegen 6 und 7 Uhr Gruppen von Arbeitern gebildet, die lebhaft die allgemeine Lage diskutierten.

Am Wochenende vor dem Streik waren Arbeitgeber und Gewerkschaft bekanntlich bemüht, ihre Argumente an die Arbeiter heranzutragen. Die IG Metall warnte ihre Mitglieder teilweise in Flugblättern davor, daß „das Unternehmertum durch Drohungen und Irreführung der Oeffentlichkeit die Kampfkraft zu lähmen versuchen werde". Der Arbeitgeberverband erklärte in großen Zeitungsanzeigen, daß ein bestreikter Betrieb Aufträge und Exportmärkte verliere und daher nach wirtschaftlichen Verlusten seine Arbeitsplätze verringern müsse. Jeder Streikende gefährde deshalb seinen Arbeitsplatz. Die Betriebe hielten jedoch die Tore für alle Arbeitswilligen offen.

Vom Arbeitgeberverband Hanau wurde darauf hingewiesen, daß in Hanau alle Betriebe für die Arbeitswilligen offen stünden. Eine größere Fabrik und einige kleinere Betriebe hätten auch entgegen allen Aufforderungen zum Streik die Arbeit in vollem Umfang aufgenommen. Der größte Teil der Arbeiter sei arbeitswillig. Auf der Degussa beispielsweise seien die zur Arbeit Erschienenen darauf aufmerksam gemacht worden, daß sie bei Aufnahme der Arbeit nicht damit rechnen könnten, bei einer eventuellen späteren Arbeitslosigkeit in einem organisierten Betrieb unterzukommen.

Auch heute halten die vom Streik in erster Linie betroffenen Betriebe die Arbeit nur provisorisch mit den vom Streik ausgeschlossenen Betriebsangehörigen wie Angestellte, Meister, Lehrlinge usw. aufrecht. Als größerer Betrieb ist es lediglich die Quarzlampengesellschaft, in der die Arbeit heute morgen in vollem Umfang wieder aufgenommen wurde. Die Betriebsleitung gab dort der Gewerkschaft gestern Gelegenheit auf einer Betriebsversammlung ihren Standpunkt darzulegen.

Das Problem lag jedoch noch woanders. Als erste Kampfmaßnahme hatte die hessische Bezirksleitung der IG Metall Anfang September 1950 die Ablehnung von Überstunden angeordnet, was bei den Kollegen, die jeden Pfennig in der Lohntüte brauchten, schlecht ankam.
Dann hatte sie zwar die Urabstimmung eingeleitet, in den Verhandlungen jedoch die hohe Streikbereitschaft nicht ausnützen können und ein Lohnabkommen weit unter den Forderungen aus den Betrieben abgeschlossen. Gegen diesen Abschluß protestierten in Hanau die Delegierten der Metallbetriebe mit einer von Robert Schreck, Betriebsratsvorsitzender bei BBC Großauheim und Mitglied der Ortsverwaltung, zudem noch Kommunist, verfaßten Erklärung:

"Die am 21. September 1950 in Hanau versammelten Delegierten der Metallbetriebe protestieren aufs schärfste gegen das Lohn- und Gehaltsabkommen, das zwischen der Gewerkschaftsführung und den Metallunternehmern abgeschlossen wurde, obwohl die Forderung der Metallarbeiter, Erhöhung des Stundenlohns um 20 Pfennig, nicht erfüllt wurde. Die Delegierten sind entschlossen, die von der Gewerkschaftsführung propagierte Mindestforderung von 20 Pfennig aufrechtzuerhalten und diese gerechte Forderung kompromißlos durchzukämpfen.
Mit dem schärfsten Mißtrauen gegen die Gewerkschaftsführung stellen die Delegierten fest, daß durch die Zustimmung zu diesem Abkommen das demokratische Gewerkschaftsprinzip, das die Mitbestimmung der Gewerkschaftsmitglieder vorsieht, sowie die Interessen der Metallarbeiter nicht gewahrt wurden. Sie verlangen, daß der Wille der Metallarbeiter, der in der Urabstimmung zum Ausdruck kam, durch Streik sämtlicher Metallbetriebe im Bereich Hanau-Stadt und -Land die Forderungen zu erkämpfen, anerkannt und alle Maßnahmen hierfür eingeleitet werden. Sollte das aus formellen Gründen nicht mehr möglich sein, so verlangen die Delegierten die sofortige Ausrufung des Streiks zur Erkämpfung einer Teuerungszulage in Höhe von DM 40.- monatlich."

Über diese Protesterklärung gab es in der Vorstandssitzung der Ortsverwaltung am 16. Oktober 1950 eine erbitterte Auseinandersetzung. Da der Tarifabschluß auf "demokratische Weise" zustande gekommen sei, könne solch eine Protesterklärung "nur eine zersetzende Wirkung" haben. Noch deutlicher wurde Franz Küchler in seinem Schreiben an die Bezirksleitung vom 6. Oktober 1950:
"Aus diesem Grunde bitte ich die Bezirksleitung, in der nächsten Vorstandssitzung zugegen zu sein, damit wir endlich einmal dem Kollegen Schreck von seiten der Bezirksleitung bzw. des Hauptvorstandes klarmachen können, daß solche ferngelenkten Entschließungen in unserer Gewerkschaft und Funktionärssitzungen keinen Platz mehr haben und unsere Funktionäre sich in Zukunft einer sachlichen Arbeit zu widmen haben, andernfalls sie sich selbst außerhalb der Organisation stellen."

Auch im DGB - Vorstand Hanau hielt kaum einer den Streik für das richtige Mittel. Heinrich Fischer z. B., damals schon Wirtschaftsminister, benannte als Gastredner auf der 3. Delegiertenkonferenz am 17. Februar 1951 in Gelnhausen den Koreakrieg zwar als Grund für die enormen Preissteigerungen, hielt aber den Lohnkampf für das falsche Mittel, vielmehr sei die "Lenkung der Wirtschaft" gefordert. Von seiten der IG Chemie wurde geraten, auf keinen Fall vor den Betriebsrätewahlen zu streiken.
Nach 35 ergebnislosen Besprechungen zwischen den Tarifpartnern leitete die IG Metall Bezirk Hessen schließlich am 16. August 1951 die Urabstimmung ein: In der Hanauer Ortsverwaltung wurde in 37 Betrieben abgestimmt; 85,4 % der Gewerkschaftsmitglieder waren für den Arbeitskampf. Am 27. August 1951 begann der Streik, der als Schwerpunktstreik in ausgesuchten Betrieben vor allem in Südhessen geführt wurde. 3.000 streikende Metaller demonstrierten an diesem Tag zum "Haus der Gewerkschaften" an der Nordstraße. Die örtliche Streikleitung hatte beschlossen, daß in Hanau alle Betriebe - mit Ausnahme der Quarzlampengesellschaft mit 444 Beschäftigten, davon mehr als die Hälfte Frauen - bestreikt werden sollten. Bei der Urabstimmung in der

Quarzlampengesellschaft hatten sich nur 62 % der Gewerkschaftsmitglieder für den Streik ausgesprochen. Bei einem Organisationsgrad von 38 % und unter der Voraussetzung, daß die Nicht-Organisierten gegen den Arbeitskampf waren, hatten also nur knapp 20 % für Streik gestimmt.

Aber auch bei den großen Metallbetrieben, bei den beiden Degussa-Werken und bei W.C. Heraeus, war die Zustimmung zum Streik, umgerechnet auf die gesamte Belegschaft, nicht ganz so überragend, wie das hohe Urabstimmungsergebnis vermuten ließ. Generell nicht zum Streik aufgerufen waren Angestellte, Auszubildende, Schwerbeschädigte und Rentner über 65 Jahren.

"Man kann die streikenden Kollegen erst nach langem Hin und Her und ständigen Telefonaten halbwegs vernünftig unterrichten."

Am 30. August 1951 standen in der Verwaltungstelle Hanau ca. 3.500 Metallarbeiter, die allermeisten zum ersten Mal in ihrem Leben, im Streik. Doch die Stimmung war gut und kämpferisch, wurde von einer total überfüllten Streikversammlung mit Hans Eick, dem Bezirksleiter der IG Metall Hessen, in der Kultur- und Sporthalle am Abend dieses Tages berichtet. Auf der DGB-Vorstandssitzung am 31. August 1951 stand der Bericht über die Streiksituation als erster Punkt auf der Tagesordnung; trotzdem waren, so bedauerte der Kreisvorsitzende Hermann Ernst, nur wenige Vorstandsmitglieder anwesend. Der von den Kollegen Koch und Küchler vorgetragene Bericht ging vor allem auf die Frage ein, weshalb die Angestellten nicht zum Streik aufgerufen worden waren. Die Gründe dafür - so Koch - waren, daß die Angestellten noch die restlichen Lohnzahlungen fertig machen könnten bzw. - so Küchler - man vor allem die Produktion lahmlegen wolle und deshalb nur die Arbeiter aus den Betrieben gezogen habe; auch seien die Angestellten - und das war wohl der ausschlaggebende Grund - schlecht organisiert. Offensichtlich hatte man nur die Gruppe der kaufmännischen Angestellten im Blickfeld, während es gerade bei Heraeus sehr viele technische Angestellte gab, die nun zu Streikbrechern wurden. Man könne, führte Franz Küchler als Schwierigkeit an, bei Heraeus kaum zwischen Arbeitern und Angestellten unterscheiden. Beide räumten organisatorische Mängel ein, ohne sie jedoch präzise zu benennen: Bei Degussa und W.C. Heraeus bröckele der Streik bereits langsam ab, das läge jedoch daran, daß die dortigen Gewerkschaftsfunktionäre "nicht gerade aktiv" seien. Die Quarzlampengesellschaft habe weitergearbeitet, "trotzdem letztere einen kommunistischen Betriebsrat habe". Allgemein hätten sich die Funktionäre nicht so zur Verfügung gestellt, wie

An unsere Arbeiter im Bezirk Hanau-Gelnhausen-Schlüchtern!

Rund 4000 Arbeiter im Bezirk waren zum **Streik aufgerufen** worden.

Über 1500 von diesen Arbeitern sind heute schon wieder in ihren Betrieben und arbeiten zu ihren alten Löhnen.

Diese 1500 Arbeiter erhalten wieder jeden **Freitag ihren vollen Lohn.**

Diese 1500 Arbeiter haben sich damit **den Arbeitsplatz gesichert,** während die Arbeitsplätze der Streikenden durch **Auftragsentzug gefährdet sind.**

Und was tust Du am Montag?

Arbeitgeberverband der hessischen Metallindustrie e.V.
Bezirksgruppe Hanau-Gelnhausen-Schlüchtern e.V.

zu erwarten gewesen wäre ... infolgedessen müßte hier Kleinarbeit geleistet werden." Auf die unzureichende Vorbereitung wies der Kollege Grossmann hin: Die Nebenstellen des DGB in Schlüchtern und Gelnhausen seien bis heute so gut wie gar nicht über die Einzelheiten unterrichtet, "so daß man die streikenden Kollegen, die ihre Kontrollstempel holen und Auskunft erhalten wollen, erst nach langem Hin und Her und ständigen Telefonaten halbwegs vernünftig unterrichten kann". Von praktischer Unterstützung war den ganzen Abend nicht die Rede, dafür faßte man den Beschluß, "eine Sympathieerklärung auszuarbeiten".

Mangelnde Erfahrung und schlechte organisatorische Vorbereitung machten sich vom ersten Tag an bemerkbar: Erst am 4. Streiktag richtete die Streikleitung vor allen bestreikten Betrieben einen "kontinuierlichen Streikpostendienst" ein. Bei W.C. Heraeus mußten nach wenigen Tagen die Streikposten verdoppelt werden, aber auch dadurch verhinderte man nicht, daß massenhaft Streikbrecher ins Werk gelangten. Ähnlich sah es bei der Degussa aus. Sowohl bei Heraeus als auch bei der Degussa, beides Betriebe mit hohem Angestelltenanteil und überdurchschnittlichen Sozialleistungen, die auch die Streikbereitschaft bei der Gruppe der Arbeiter schmälerten, konnte die Produktion zum großen Teil aufrechterhalten werden. Am 13. September 1951 ging die Polizei gegen Streikposten bei W. C. Heraeus vor; zugleich kündigte die Unternehmensleitung an, daß sie bei einer Fortdauer des Streiks die sozialen Leistungen abbauen würde. Die Streikleitung ließ sich jedoch davon nicht beeindrucken und zog die Streikposten nicht ab. Daraufhin bot Heraeus den Abschluß eines Sonderabkommens an (75 % Zuschlag für Überstunden, Versprechen einer höheren Gewinnbeteiligung und Vorauszahlung von DM 20.- bei Arbeitsaufnahme), dem man zustimmte. Am 15. September 1951 wurde die Arbeit bei Heraeus wieder aufgenommen. Daraufhin brach die Streikfront bei der Degussa zusammen; dort zog man am 18. September 1951 die Streikposten ab.

Die hochgelobte Taktik, das Unternehmerlager durch Sonderabkommen zu schwächen, erwies sich als äußerst zwiespältig.

Hanauer Anzeiger vom 1. September 1951

Die tägliche Streikmeldung

Unruhen vor Metallbetrieben

In den heutigen Morgenstunden hatten sich vor der Firma Degussa und der Firma W. C. Heraeus größere Menschenmassen angesammelt, die versuchten, die Arbeitswilligen von den Arbeitsplätzen fernzuhalten. Während vor der Firma Degussa die Demonstrationen ruhig verliefen, mußte vor der Einfahrt zur Firma Heraeus die Polizei einschreiten, um den Arbeitswilligen den Zugang zum Werk zu ermöglichen. Ein junger Mann, der fotografieren wollte, wurde festgenommen und der Film sichergestellt. Nach Feststellung seiner Personalien wurde er wieder entlassen.

Insgesamt hat sich die örtliche Streiklage trotz dieser kleinen Unruhen vor verschiedenen Werken, in denen die Zahl der Arbeitswilligen besonders groß ist, kaum geändert.

Hanauer Anzeiger vom 12. September 1951

Streikende wollten demonstrieren

Vor dem Werk der Firma W. C. Heraeus kam es in den heutigen frühen Morgenstunden zu einer Menschenansammlung, als Streikende versuchten, durch eine Demonstration für den Streik die Arbeitswilligen zur Niederlegung der Arbeit zu veranlassen Es kam zu keinen Zwischenfällen. Auch sonst verläuft der Streik in Hanau und der näheren Umgebung weiter ruhig. Wie wir in Erfahrung bringen konnten, wird neben der Quarzlampengesellschaft in der Zwischenzeit auch in zwei weiteren größeren Betrieben nahezu mit voller Kapazität wieder gearbeitet. Der Kreis der Arbeitswilligen soll sich in fast allen Betrieben weiter vergrößert haben.

"Es ist falsch, zum Streik aufzurufen, ohne alle Beschäftigten zu beteiligen."

In anderen Metallbetrieben, so bei der Vacuumschmelze und bei BBC in Großauheim, war der Streik viel besser gelaufen. Sepp Sigulla, damals Mitglied der Streikleitung, berichtete:

"Als Mitglied der Ortsverwaltung war ich auch in der Streikleitung. Nun war ich damals Angestellter und zum Streik nicht aufgerufen, war aber Mitglied der Streikleitung, was dann zur Folge hatte, daß ich mich jeden Morgen erstmal im Betrieb - ich arbeitete bei der Vacuumschmelze - einfinden mußte, mich beim kaufmännischen Direktor persönlich abmelden mußte und dann jeden Tag ins Streiklokal gegangen bin und praktisch mitgestreikt habe. Ich habe jeden Tag meine Aufgaben in der Streikleitung erfüllt. Das fand damals noch die Zustimmung der Betriebsleitung und hatte keinerlei Folgen für mich; aber ein gewisser Druck stand dahinter, daß sie eben verlangt haben, daß ich mich täglich verabschiede. Aber das hat mir weiter nichts ausgemacht, ich konnte dabei auch bekunden, daß ich mich täglich erneut zum Streik bekenne. Ich wurde im Streiklokal auch dringend gebraucht und habe dort auch meine Arbeit erledigt. Aber es hat sich damals schon gezeigt, daß es falsch ist, zum Streik aufzurufen, ohne alle Beschäftigten zu beteiligen und mit in den Streik einzubeziehen. Sie hatten ja die Angestellten, die Azubis, die Kriegsversehrten herausgenommen, und das kann ich nur als eine gewisse Schwächung der Streikfront ansehen, und das hat sich auf jeden Fall nicht bewährt. In solchen Fällen müssen wir alle zusammenstehen und, wenn es darauf ankommt, eben auch alle aus dem Betrieb herausgehen. Die Streikbeteiligung war sehr gut, bei der VAC, und im großen und ganzen auch im Bereich Metall. Eine Schwierigkeit hatten wir bei Heraeus, aber die ist uns lange Zeit erhalten geblieben. Ansonsten war der Kampfeswille der Arbeitnehmerinnen und Arbeitnehmer sehr stark, das Ergebnis des Streiks nicht so sehr erfreulich, aber es bestand damals die Bereitschaft, auch für geringere Ergebnisse sich länger als drei Wochen einzusetzen."

Anfang September drohte die Hessische Landesregierung mit einem Gesetz für die staatliche Zwangsschlichtung, legte sogar einen Entwurf dafür vor. Sie zog diesen Eingriff in die Tarifautonomie, der das in der hessischen Verfassung verankerte Aussperrungsverbot aufgehoben hätte, jedoch schnell wieder zurück, weil nicht nur die IG Metall, sondern auch die Arbeitgeber dagegen waren. Statt dessen berief Ministerpräsident Georg August Zinn (SPD) eine Schiedskommission ein, die am 19. September 1951, spät abends, ihren Spruch verkündete: Erhöhung der Ecklöhne um 3 Pfennige, eine soziale Zulage für Frauen und Kinder von 1 bis 2 Pfennige sowie eine einmalige Wirtschaftsbeihilfe von 30,- DM für Verheiratete und 20,- DM für ledige Kollegen. Die Urabstimmung am 21. September 1951 verdeutlichte die Unzufriedenheit der Streikenden mit diesem Ergebnis: In ganz Hessen beteiligten sich von 61.888 Abstimmungsberechtigten nur noch 49.315; davon lehnten 63,1 % (39.050) das Ergebnis ab. Da jedoch zur Weiterführung des Streiks eine Dreiviertelmehrheit notwendig war, wurde der Streik beendet. In der Verwaltungsstelle Hanau war die Beteiligung an der 2. Urabstimmung die geringste von ganz Hessen; von 3.500 Streikenden beteiligten sich nur noch 63,3 %; davon lehnten 39,9 % das Ergebnis ab, nur 768 Streikende (22,9 %) stimmten für Annahme.

"Ein Streik verloren, und Du knabberst Jahre daran"

Rolf Knecht, damals Lehrling bei BBC in Großauheim, seit 1961 Betriebsrat bei Honeywell, erinnerte sich vor allem an die heftigen politischen Debatten, die der Streikverlauf und das Ergebnis in seinem Betrieb hervorrief: "Ganz entscheidend für meine Orientierung wurde dann der Streik 1951. Damals war ich noch Lehrbub, da mußten wir Stifte rein in den Betrieb, wir durften ja nicht mitstreiken. Das war der erste

Metallarbeiterstreik nach dem Krieg, wo es um Lohnerhöhungen ging, und da wurde ein ganz fauler Kompromiß noch während des Streiks abgeschlossen. Bei der BBC wurde dieser Kompromiß - zunächst war es um 13 bis 14 Pfennige gegangen und dann hat es 3 oder 4 Pfennige mehr gegeben - mit haushoher Mehrheit abgelehnt, und gleichzeitig war die BBC ein Zentrum des Streiks gewesen. Da ging es politisch im Betrieb wieder hoch her. Die Sozialdemokraten waren dafür, die Kommunisten dagegen, und die Mehrheit der Belegschaft war auch dagegen. Dieser beschissene Ausgang des Streiks hat übrigens noch Jahre lang nachgewirkt in Hanau, Jahrzehnte. Für mich war das eine große Lehre. Als wir später den ersten Streik bei der Honeywell angefangen haben, habe ich gewußt, der muß gewonnen werden. Ein Streik verloren und Du knabberst Jahre daran."

Im Geschäftsbericht der IG Metall Verwaltungsstelle Hanau, vorgetragen auf der Kreisdelegiertenkonferenz des DGB am 18. April 1953, waren jedoch die Wogen scheinbar längst geglättet: "Wenn das finanzielle Ergebnis am Ende des Kampfes auch nicht den gehegten Erwartungen entsprach, so war der Kampf dennoch ein Erfolg, denn durch ihn wurden die Absichten der Unternehmer zerschlagen und das Tor geöffnet für weitere Tarifverbesserungen, die auch anderen Gewerkschaften zugute kamen. Die Metallarbeiter erwiesen sich damit wieder einmal als Vortrupp für alle Arbeitnehmer."

Versäumte Lehren: Das Konzept der "expansiven Lohnpolitik" von Viktor Agartz

Der Arbeitskampf war gescheitert, weil das Konzept einer offensiven Lohnpolitik nicht durchgesetzt werden konnte. Dieses Ergebnis nimmt etwas vorweg, was die 50er und 60er Jahre prägen wird: nämlich, daß die Lohnpolitik im besten Falle die Inflationsrate ausgleichen kann, aber keine Umverteilung des Volkseinkommens zuläßt.

Verglichen mit der Not und dem Hunger der 40er Jahre verbesserten sich die Lebensbedingungen der abhängig Beschäftigten in den beiden folgenden Jahrzehnten. Diese Tatsache darf jedoch nicht den Blick darauf versperren, daß in den 50er Jahren eine Entwicklung begann, die bis heute fortdauert: Eine gigantische Um-und Neuverteilung von Einkommen und Vermögen zugunsten der Unternehmer und der Kapitalbesitzer. Nach der Niederlage bei der Neuordnung der Wirtschaft standen die Gewerkschaften objektiv gesehen vor der Aufgabe, in den Jahren des Aufschwungs einen möglichst großen Teil der geschaffenen Werte - also des Volkseinkommens - für die Arbeitnehmer zu erringen. Wichtigster theoretisch-strategischer Kopf, der eine solche expansive Lohnpolitik begründete und politisch offensiv vertrat, war der Leiter des WWI, des Wirtschaftswissenschaftlichen Institutes der Gewerkschaften, Viktor Agartz.

In seinen Anfang der fünfziger Jahre veröffentlichten Thesen zur "expansiven Lohnpolitik" formulierte Agartz ein theoretisch fundiertes, politisch durchsetzungsfähiges Lohnkonzept der Gewerkschaften gegen eine "defensive", der Preis- und Produktivitätsentwicklung nur hinterherhinkende Tarifpolitik. Durch eine expansive Lohnpolitik sollten der Anteil der Arbeitnehmer am Volkseinkommen vergrößert und gleichzeitig durch eine kräftige Steigerung der Massenkaufkraft die Konjunktur angekurbelt werden.

Die Praxis gewerkschaftlicher Tarifpolitik konnte diesem Konzept nicht gerecht werden, weil es nicht möglich war, in den Einzelgewerkschaften darüber einen Konsens zu erzielen. Im Gegenteil: Die gewerkschaftliche Tarifpolitik hat sich immer mehr auseinanderdifferenziert. Zudem bewirkte der zunehmende "Wohlstand" der abhängig Beschäftigten einen Rückgang der Organisationsbereitschaft und damit der Mobilisierungsfähigkeit.

Die politische Auseinandersetzung mit dem Agartzschen Konzept der "expansiven Lohnpolitik" geriet immer mehr zu einem Grundsatzstreit über die Rolle freier Gewerkschaften in einem modernen kapitalistischen Staat. Da es nicht gelang, seine von ihm und vielen Kolleginnen und Kollegen entwickelten Positionen sachlich zu widerlegen, wurde schließlich ein schmutziges Spiel mit dem Namen "Landesverrat" inszeniert, um Viktor Agartz mundtot zu machen.

Das Exempel hat gewirkt.

Viktor Agartz wurde im März 1946 zum Generalsekretär des Deutschen Wirtschaftsrates für die britsche Zone berufen. Ab Juli 1946 war er für die SPD Mitglied des Nordrhein-westfälischen Landtags, im Dezember 1946 wurde er zum Leiter des Zentralamtes für Wirtschaft - praktisch zum Wirtschaftsminister für die US-amerikanische und britische Zone berufen. Am 20. Mai 1949 wurde Viktor Agartz hauptamtlicher Leiter des von ihm mitgegründeten Wirtschaftswissenschaftlichen Institutes (WWI) der Gewerkschaften in Köln. Nach seinem Hauptreferat auf dem 3. ordentlichen Bundeskongreß des DGB vom 4. - 9. Oktober 1954, in dem er die restaurative Nachkriegsentwicklung auf das schärfste kritisierte und zugleich ein marxistisches Gewerkschafts- und Aktionsprogramm vorlegte, das von den Delegierten mit stehenden Ovationen begrüßt wurde, setzte eine beispiellose politische Hetzkampagne gegen den führenden Theoretiker des DGB ein. Im Zusammenspiel amerikanischer Geheimdienst mit dem "Ostbüro" der SPD, gekauften Gewerkschaftsfunktionären und Adenauers Verfassungsschutz wurde Agartz politisch eingekesselt und schließlich kaltgestellt. Am 8. Oktober 1955 wurde er als Leiter des WWI beurlaubt, zum 13. Dezember dann schließlich gekündigt. Im Februar 1956 gründete Agartz die "Gesellschaft für wirtschaftswissenschaftliche Forschung mbH" und gab die "Korrespondenz für Wirtschafts- und Sozialwissenschaften" (WISO) in Köln heraus. Als bekannt wird, daß die WISO vom FDGB der DDR mitfinanziert wird, wird Agartz unter dem Vorwurf "landesverräterischer Beziehungen" verhaftet. Im Dezember 1957 spricht der Bundesgerichtshof Viktor Agartz vom Vorwurf des Landesverrates frei. Doch seine Rehabilitierung nützt ihm nichts mehr. 1958 wird Agartz aus der SPD ausgeschlossen. 1961 stellt der FDGB seine Unterstützung der WISO wegen Agartz' Kritik an der DDR ein. 1960 wird Agartz schließlich auch aus dem DGB ausgeschlossen. Das Exempel hat gewirkt. Ein Nachfolger hat sich bis heute nicht gefunden.

Aus der Rede von Viktor Agartz auf dem 3. ordentlichen DGB-Bundeskongreß 1954:

"Wir wissen, daß die liberale Freiheit, die im System der kapitalistischen Wirtschaft ihre Vollendung erfuhr, die demokratische Freiheit überspielt hat, die dann als politisches Ideal ins Volk wanderte und zur Hoffnung der arbeitenden Schichten wurde. Nach dem Ende des letzten Krieges war man sich durchaus bewußt, daß man den Kapitalismus als ökonomisches System, welches gerade im Faschismus eine weitere Vollendung erfahren hatte, nicht mit demokratischen Argumenten verteidigen kann. Man erkannte die Notwendigkeit, sich von dem überwundenen System des Faschismus zu distanzieren, und fand gleichzeitig die Chance, sich selbst dem totalitären System des Ostens gegenüberzustellen.

So griff man zurück auf den Freiheitsbegriff des Liberalismus, sprach von der Freiheit des Konsums, der Freiheit des Verbrauchers und der Freiheit der Konkurrenz.

Man meinte aber die Freiheit des ökonomischen Bürgers,
die Freiheit des Eigentums an den Produktionsmitteln,
die Freiheit der privaten Gewinnerzielung,
die Freiheit, über das Sozialprodukt und seine Verteilung zu bestimmen,
die Freiheit, über die menschliche Arbeitskraft zu verfügen und darüber zu entscheiden, ob ein Mensch arbeiten kann oder erwerbslos sein muß.

Wenn wir uns gegen die sogenannte soziale Marktwirtschaft wenden, dann einmal gegen den in ihr verkörperten wirtschaftlichen Liberalismus, ferner gegen die Unehrlichkeit, als ob weitgehend noch freie Konkurrenz oder freie Preisbildung bestände."

(Zitiert nach: Michael Schneider: Die Wiedergutmachung oder Wie man einen verlorenen Krieg gewinnt. Schauspiel mit Dokumentation. Köln: Kiepenheuer & Witsch, 1985)

Elftes Kapitel

Der Mohr hat seine Schuldigkeit getan, die Kommunisten können gehen

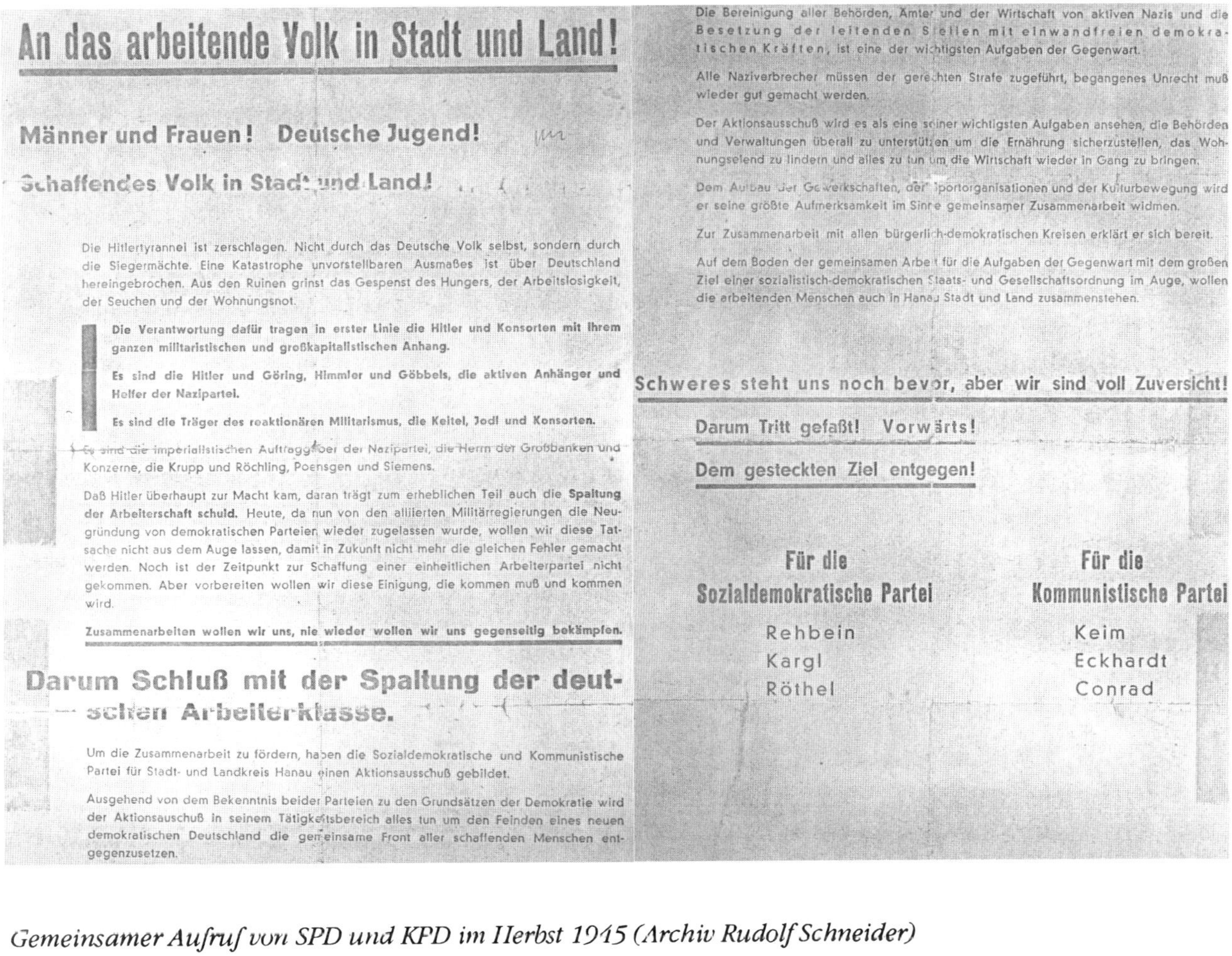

An das arbeitende Volk in Stadt und Land!

Männer und Frauen! Deutsche Jugend!

Schaffendes Volk in Stadt und Land!

Die Hitlertyrannei ist zerschlagen. Nicht durch das Deutsche Volk selbst, sondern durch die Siegermächte. Eine Katastrophe unvorstellbaren Ausmaßes ist über Deutschland hereingebrochen. Aus den Ruinen grinst das Gespenst des Hungers, der Arbeitslosigkeit, der Seuchen und der Wohnungsnot.

Die Verantwortung dafür tragen in erster Linie die Hitler und Konsorten mit ihrem ganzen militaristischen und großkapitalistischen Anhang.

Es sind die Hitler und Göring, Himmler und Göbbels, die aktiven Anhänger und Helfer der Nazipartei.

Es sind die Träger des reaktionären Militarismus, die Keitel, Jodl und Konsorten.

Es sind die imperialistischen Auftraggeber der Nazipartei, die Herrn der Großbanken und Konzerne, die Krupp und Röchling, Poensgen und Siemens.

Daß Hitler überhaupt zur Macht kam, daran trägt zum erheblichen Teil auch die **Spaltung der Arbeiterschaft schuld.** Heute, da nun von den alliierten Militärregierungen die Neugründung von demokratischen Parteien wieder zugelassen wurde, wollen wir diese Tatsache nicht aus dem Auge lassen, damit in Zukunft nicht mehr die gleichen Fehler gemacht werden. Noch ist der Zeitpunkt zur Schaffung einer einheitlichen Arbeiterpartei nicht gekommen. Aber vorbereiten wollen wir diese Einigung, die kommen muß und kommen wird.

Zusammenarbeiten wollen wir uns, nie wieder wollen wir uns gegenseitig bekämpfen.

Darum Schluß mit der Spaltung der deutschen Arbeiterklasse.

Um die Zusammenarbeit zu fördern, haben die Sozialdemokratische und Kommunistische Partei für Stadt- und Landkreis Hanau einen Aktionsausschuß gebildet.

Ausgehend von dem Bekenntnis beider Parteien zu den Grundsätzen der Demokratie wird der Aktionsauschuß in seinem Tätigkeitsbereich alles tun um den Feinden eines neuen demokratischen Deutschland die gemeinsame Front aller schaffenden Menschen entgegenzusetzen.

Die Bereinigung aller Behörden, Ämter und der Wirtschaft von aktiven Nazis und die Besetzung der leitenden Stellen mit einwandfreien demokratischen Kräften, ist eine der wichtigsten Aufgaben der Gegenwart.

Alle Naziverbrecher müssen der gerechten Strafe zugeführt, begangenes Unrecht muß wieder gut gemacht werden.

Der Aktionsausschuß wird es als eine seiner wichtigsten Aufgaben ansehen, die Behörden und Verwaltungen überall zu unterstützen um die Ernährung sicherzustellen, das Wohnungselend zu lindern und alles zu tun um die Wirtschaft wieder in Gang zu bringen.

Dem Aufbau der Gewerkschaften, der Sportorganisationen und der Kulturbewegung wird er seine größte Aufmerksamkeit im Sinne gemeinsamer Zusammenarbeit widmen.

Zur Zusammenarbeit mit allen bürgerlich-demokratischen Kreisen erklärt er sich bereit.

Auf dem Boden der gemeinsamen Arbeit für die Aufgaben der Gegenwart mit dem großen Ziel einer sozialistisch-demokratischen Staats- und Gesellschaftsordnung im Auge, wollen die arbeitenden Menschen auch in Hanau Stadt und Land zusammenstehen.

Schweres steht uns noch bevor, aber wir sind voll Zuversicht!

Darum Tritt gefaßt! Vorwärts!

Dem gesteckten Ziel entgegen!

Für die Sozialdemokratische Partei	Für die Kommunistische Partei
Rehbein	Keim
Kargl	Eckhardt
Röthel	Conrad

Gemeinsamer Aufruf von SPD und KPD im Herbst 1945 (Archiv Rudolf Schneider)

Der Mohr hat seine Schuldigkeit getan, die Kommunisten können gehen

Wann genau es angefangen hat, weiß keiner mehr genau: Doch das 1945 von Neuanfang und Gemeinsamkeit geprägte Verhältnis zwischen sozialdemokratischen und kommunistischen Gewerkschaftern wurde zunehmend gespannter. Im Herbst 1945 hatten SPD und KPD für Stadt- und Landkreis Hanau einen gemeinsamen Aktionssauschuß gebildet: "Daß Hitler überhaupt an die Macht kam, daran trägt zum erheblichen Teil auch die Spaltung der Arbeiterschaft schuld. Heute, da nun von den alliierten Militärregierungen die Neugründung von demokratischen Parteien zugelassen wurde, wollen wir diese Tatsache nicht aus dem Auge lassen, damit in Zukunft nicht mehr die gleichen Fehler gemacht werden. Noch ist der Zeitpunkt einer einheitlichen Arbeiterpartei nicht gekommen. Aber vorbereiten wollen wir diese Einigung, die kommen muß und kommen wird. Zusammenarbeiten wollen wir, nie wieder wollen wir uns bekämpfen!" *(An das arbeitende Volk in Stadt und Land! Gemeinsamer Aufruf von SPD und KPD vom Herbst 1945. Archiv Rudolf Schneider)*

Am Einfluß von Kommunisten in den Gewerkschaften kann es nicht gelegen haben: 1947 waren im Bezirk Hanau lediglich 20 % der Betriebsräte Kommunisten, die drei hauptamtlichen FGB-Sekretäre Wilhelm Schneider, Hermann Ernst und Karl Mattes gehörten der SPD an. Die beiden kommunistischen Sekretäre der Gründungsphase waren zu den Industriegewerkschaften gewechselt: Heinrich Eckhardt zur IG Metall und Josef Breidenbach zur IG Chemie. Der Kommunist Fritz Martin, stellvertretender Vorsitzender des FGB Hanau, war zugleich 1. Bevollmächtigter der IG Metall.
Die zunehmende Spannung zwischen sozialdemokratischen und kommunistischen Gewerkschaftern, wie sie sich in den Betrieben äußerte, hatte ihre Ursache in den unterschiedlichen politischen Positionen zu den Kernfragen der gesellschaftlichen Entwicklung und im kalten Krieg.

Die US-Militärregierung versuchte auf ihre Weise, noch vor der Gründung der Bundesrepublik den kommunistischen Einfluß in den Gewerkschaften auszuschalten. Im April 1948 setzte sie eine "Sonderkommission zur Bekämpfung des Kommunismus" ein, die ihre Hauptanstrengungen auf die Städte Hanau, Offenbach und Kassel richten sollte; dabei war eine "enge Zusammenarbeit mit deutschen Gewerkschaftsführern" vorgesehen. Spuren ihrer Tätigkeit, die auch zur Überwachung von linken Sozialdemokraten führte, lassen sich in Hanau nachweisen, z. B. im Dossier vom 23. Juli 1948 über den Journalisten Hans Kargl, der als "Sozialdemokrat alter Richtung" eingeschätzt wurde und auf keinen Fall mehr, wie vor 1933, als Lizenzträger einer Zeitung tätig sein soll.
Ein Konflikt mit der Gewerkschaftsjugend ist im Protokoll der FGB-Vorstandssitzung vom 6. Dezember 1948 festgehalten: Vertreter der Betriebsjugend mehrerer Hanauer Betriebe hatten sich an den Vorstand mit der Bitte um Unterstützung für ein Jugendtreffen in Bochum gewandt, das die britische Militärregierung verboten hatte. Man erkundigte sich zunächst in Frankfurt, ob die Gewerkschaft bzw. die Gewerkschaftsjugend damit etwas zu tun habe, und erhielt die Auskunft, daß dieses Treffen von der Freien Deutschen Jugend (FDJ), der kommunistischen Jugendorganisation, der damals viele linke Jugendliche angehörten, einberufen worden sei. Das Treffen, so der Bezirksvorstand weiter, sei wahrscheinlich auch deshalb verboten worden, weil die Gewerkschaften jede Mitwirkung abgelehnt hätten. Statt einer inhaltlichen Diskussion reagierte daraufhin die Mehrheit des Hanauer Vorstandes formal: Die Hanauer Unterzeichner "haben kein Recht, im Namen der Betriebsjugend, die ja auch gleichzeitig die Gewerkschaftsjugend ist, zu unterschreiben. Eine entsprechende Beantwortung soll an die Betriebsräte der Betriebe, denen die Unterzeichnenden angehören, unter Verständigung der zuständigen Gewerkschaft gehen." *(Protokoll der FGB-Vorstandssitzung vom 6. Dezember 1948, DGB-Archiv Hanau)*

Rolf Knecht, 1948 Auszubildender bei BBC Großauheim, berichtete über die Verlagerung parteipolitischer Kämpfe in den Betrieb:

"Der markanteste Punkt der Auseinandersetzung war sicherlich die Remilitarisierung"

"Damals - ich muß das immer wieder betonen - waren das Prägende die handfesten politischen Auseinandersetzungen innerhalb der Gewerkschaft zwischen sozialdemokratischer und kommunistischer Linie, der Kampf darüber, ob die Gewerkschaft eine revolutionäre oder eine reformistische Bewegung ist. Das bestimmte alles, ob es um den Marshallplan, um die Mitbestimmung oder um die Remilitarisierung ging.

Z. B. bei der Mitbestimmung: Es gab harte Auseinandersetzungen darüber, geht man in die Aufsichtsräte oder nicht. Es gab dann immer nur die Trennung: Wer dafür ist, ist sozialpartnerschaftlich eingestellt,und umgekehrt. Ich war nie ein Freund von Sozialpartnerschaft. Weil das Wirtschaftswunder noch nicht so ausgeprägt war, war wirklich noch umstritten, wo man hinmarschiert. Damals hatten wir ja noch kein Wirtschaftswunder, das dann alles so vertuscht hat. Damals war ja einer, wenn er krank wurde, wirklich arm dran; er kriegte kein Geld, er mußte also Angst haben, krank zu werden.

Der markanteste Punkt der politischen Auseinandersetzungen war sicherlich die Remilitarisierung, die Frage: Sind wir für die Armee oder nicht? Das ging tief in die Gewerkschaften hinein. Die Gewerkschaftsjugend in Hanau war mit haushoher Mehrheit, ich möchte fast sagen: einstimmig, gegen das Militär. Die KPD, alle linken Organisationen waren dagegen, und innerhalb der Gewerkschaften, die ja immer geturnt haben zwischen rechts und links, war die Gewerkschaftsjugend eindeutig auf seiten der Linken. Da wurde nun innerhalb der Gewerkschaften gekämpft. Die Remilitarisierung, die Frage 'Militär - ja oder nein' hat in Hanau dazu geführt, daß die Gewerkschaftsjugend mindestens dreimal aufgelöst wurde. Aus nichtigen Anlässen: Einmal hatten wir beschlossen, wir fahren nach Mülheim zu einer Veranstaltung mit Pastor Martin Niemöller, der in der Friedensbewegung eine große Rolle spielte; der DGB-Kreisvorstand war dagegen, und wir sind trotzdem gefahren und sind dann anschließend aufgelöst worden. Aber wir haben daraus kein großes Theater gemacht, wir haben uns nach vierzehn Tagen wieder neu getroffen und uns wieder neu gegründet, wir haben einfach weitergemacht.

Eines Tages kam heraus, daß der Kreisvorstand auch der Gewerkschaftsjugend Sitzungsgeld - pro Sitzung zwei Mark - zubilligt. Wir wollten das nicht, aber wir mußten. Daraufhin haben wir eine Sammelkasse angelegt, wir hatten also unseren Holzkasten, und da kamen die zwei Mark - das war damals schon viel - rein. Darüber gab es dann eine riesige Auseinandersetzung, wir hätten eine illegale Kasse. Heute lacht man darüber, aber damals war das alles Mittel zum Zweck, zum Disziplinieren. Die Kommunisten haben immer zu uns gehalten in diesen Auseinandersetzungen. Aber man war jedes Mal ganz schnell in der linken Ecke. Entweder hast Du das ausgehalten, oder Du hast geduckt, klein beigegeben."

Mauerinschriften gegen die Remilitarisierung 1950 / 1951: "Go Home Eisenhower" und "Studieren, aber nicht marschieren" (an der Mauer gegenüber dem ehemaligen Gebäude der Hohen Landesschule) (Fotos: Stadtbildstelle Hanau)

Beim Rausschmiß kommunistischer Gewerkschaftssekretäre spielte die Ortsverwaltung Hanau der IG Metall eine Vorreiterrolle. Der Vorwand waren Unregelmäßigkeiten in der Kassenführung. Auf der Delegiertenkonferenz der IG Metall am 10. Mai 1950 trug der Kollege Schnellbacher den Bericht der Revisoren vor und gab bekannt, daß sich unter den Belegen zwei über Defizite befinden, der eine gegengezeichnet von Heinrich Eckhardt über DM 81,57, der zweite über DM 334,80 auf dem Markenkonto bei der Firm a. W.C. Heraeus, die der "Koll. Fritz Martin in seiner Eigenschaft als freigestellter Betriebsrat und 1. Bevollmächtigter zu verantworten hat". In der Diskussion teilte einer der Revisoren, Kollege Lange von der Firma. W.C. Heraeus, mit, daß er zu dem Revisionsbericht in der Angelegenheit Martin nicht eingeladen worden war, dieser also vom Kollegen Schnellbacher allein bearbeitet worden wäre. Auch der zweite bestellte Revisor, Kollege Leipold von der Degussa, hatte an diesem Teil des Revisionsberichtes nicht teilgenommen.

Der Geschäftsführer Franz Küchler widersprach dem nicht, bestätigte aber dem Kollegen Schnellbacher, daß er "der einzige der Revisoren gewesen sei, der die gesamte Revision auch mit der Bezirksleitung zusammen bis zum Ende auf das Gewissenhafteste durchgeführt hat". Damit war gerade derjenige entlastet, der zwei Jahre später, genau wegen dieser Vorgänge, wegen Veruntreuung von Gewerkschaftsgel-

dern verhaftet und verurteilt wurde. Gegen Fritz Martin hingegen war bereits im Mai 1950 ein Ausschlußverfahren beim Hauptvorstand eingeleitet worden.
Damals, im Mai 1950, nach diesem Eklat, nahmen die Delegiertenversammlung und vor allem die Wahlen ihren gewollten Verlauf. Der Antrag des Bezirksleiters Hans Eick, die Diskussion über den Geschäftsbericht zurückzustellen und zunächst die Wahlen zur Ortsverwaltung und zum Ortskartell durchzuführen, wurde mit 51 gegen 46 Stimmen angenommen.
Auf der Vorschlagsliste des Vorstandes stand zunächst kein Kommunist; diese wurden aus der Delegiertenversammlung vorgeschlagen. Es waren die Kollegen Eckhardt, Schreck, Knecht und Habermann.
Während der Stimmenauszählung diskutierte man über den Geschäftsbericht: Es wurde eine Diskussion über den Fall Fritz Martin, gegen den die Bezirksleitung ein Ausschlußverfahren beim Hauptvorstand eingeleitet hatte. Mit dem Hinweis, daß in ein schwebendes Verfahren nicht eingegriffen werden dürfe, versuchten Hans Eick und Franz Küchler, diese Diskussion abzuwürgen.
Doch es gab einige kritische Wortmeldungen: "Jeder Mensch hat das Recht, sich zu verteidigen, dieses Recht hat man dem Kollegen Martin abgesprochen, indem man den Ausschlußantrag stellte, damit er an der heutigen Tagung nicht teilnehmen kann" (Kollege Fröb).
"Die ganze Sache hat eine tiefere Ursache, da der seitherige Vorstand in seiner Zusammensetzung aus bestimmten Gründen nicht mehr tragbar war" (Kollege Schreck). Der Kollege Kriegshäuser, Mitglied der Vierer-Kommission, äußerte sich betroffen über den Verlust von 1 / 8 der Mitglieder und gab den Rat, "besser als bisher zusammenzuarbeiten, um so dem Gedanken der gesamten Arbeiterbewegung zu dienen". Doch Hans Eick war der erfahrenere Taktierer: In der Diskussion, an der acht Kollegen teilnahmen, ergriff er allein sechs Mal das Wort. Die inzwischen erfolgte Stimmenauszählung ergab dennoch nicht das gewünschte Ergebnis:
Unter den neun zu wählenden Mitgliedern des Ortskartells waren noch drei Kommunisten: Eckhardt, Schreck und Knecht. In die Ortsverwaltung wurde schließlich nur noch Robert Schreck, Betriebsrat bei BBC Großauheim, gewählt.
Der Kampf ging nun auf den folgenden Vorstandssitzungen weiter:
Am 19. Mai 1950 unterlag Robert Schreck bei der Wahl zum 1. Bevollmächtigten mit 4 : 8 Stimmen gegen Peter Koch und bei der Wahl zum 2. Bevollmächtigten mit 5 : 7 Stimmen gegen den Kollegen Dehos. Heinrich Eckhardt blieb zunächst noch hauptamtlicher Sekretär und Kassierer, erhielt jedoch mit dem Kollegen Schnellbacher einen "ehrenamtlichen" Kassierer zur Seite, "der Koll. Eckhardt die Anweisungen gibt".
Im folgenden Jahr wurde Heinrich Eckhardt entlassen und aus der Gewerkschaft ausgeschlossen. Im Geschäftsbericht der IG Metall-Ortsverwaltung für das 1. Halbjahr 1952 wurde den Delegierten über die "Vorgänge" - immerhin waren mit Fritz Martin und Heinrich Eckhardt zwei Mitbegründer der Gewerkschaftsbewegung in Hanau ausgeschlossen worden - nur im Abschnitt "Mitgliederbewegung" Bericht erstattet:
"Die vorstehend aufgeführte Mitgliederbewegung (173 Austritte gegenüber 199 Zugängen, d. Vf.) läßt erkennen, daß bis heute trotz der finanziellen Schäden, die der Ortskasse durch die fahrlässige Kassenführung des früheren Kollegen Heinrich Eckhardt und durch die Veruntreuungen des Hauptkassierers verursacht wurden, die Organisation unerschüttert geblieben ist und die Aufwärtsentwicklung nicht gehemmt wurde."
Eckhardt und Schnellbacher wurden beide wegen Gewerkschaftsschädigung aus der Organisation ausgeschlossen. Schnellbacher wurde verhaftet und vor einigen Wochen aus der Haft entlassen. Die Gerichtsverhandlung hat noch nicht stattgefunden. Seine verdiente Strafe wird er also noch erhalten." Die in diesem Geschäftsbericht angekündigte "restlose Aufklärung" blieb aus.

Bei der Fa. Vacuumschmelze, wo Schnellbacher beschäftigt war, hatte seine am 29. Januar 1952 erfolgte Verhaftung beinahe zum von der Unternehmensleitung erzwungenen Rücktritt des Betriebsratsvorsitzenden Peter Koch (SPD) geführt. Dieser hatte nämlich im Beisein eines Betriebsschlossers den Schreibtisch Schnellbachers im Lohnbüro geöffnet, um an die für die Betriebsratsarbeit notwendigen Unterlagen zu kommen. Direktor Dr. Deisinger wertete dies als "schwere, verbrecherische Tat" und ließ sich erst nach mehreren Gesprächen überzeugen, daß es sich nur um Betriebsratsunterlagen gehandelt hat. So blieb es bei einer Verwarnung für den Betriebsrat und der Entlassung des sich in Untersuchungshaft befindenden Herrn Schnellbacher.

Was Robert Schreck, den einzigen in der Ortsverwaltung der IG Metall Hanau verbliebenen Kommunisten betrifft, hatte er dort einen schweren Stand, nachzulesen im Kapitel über den Metallarbeiterstreik im September 1951. 1953 wurde er als Betriebsrat bei BBC fristlos entlassen, doch davon später.

Auf der Delegiertentagung der IG Metall vom 19. Juli 1950 wurde zwar eine von Robert Schreck eingebrachte Entschließung einstimmig angenommen, in der zum Ausgleich für die steigenden Lebenshaltungskosten - die Brotpreise waren gerade erhöht worden - an die Tarifkommission die Forderung gestellt wurde, Lohnerhöhungen von 22 Pfennig pro Stunde zu fordern und bis zum Abschluß der Verhandlungen Teuerungsbeilagen zu erkämpfen, einstimmig angenommen. Alle erforderlichen Schritte - sofortige Einberufung einer Betriebsrätevollversammlung durch den DGB-Kreisausschuß und die "Einleitung von Kampfmaßnahmen auf Bundesebene" - unterblieben jedoch.
Eine Entschließung von Rolf Knecht zu Kampfmaßnahmen gegen die Kriegsvorbereitungen, "vor allem gegen die Atombombe und deren Anwendung", führte zu einer "längeren Aussprache, die ins Politische lief, was von einem großen Teil der Anwesenden nicht gebilligt wurde. Um dieser nutzlosen und für unsere Bewegung nichts Gutes bringenden Diskussion ein Ende zu bereiten, ließ Koll. Koch abstimmen. Die Resolution wurde abgelehnt."
(Protokoll der Delegiertentagung der IG Metall Ortsverwaltung Hanau vom 19. Juli 1950. Archiv der IG Metall Hanau)

Auf Grund der ungeklärten Beschuldigungen gegen Kommunisten in der IG Metall wurde bei der 1. Delegiertenkonferenz des DGB Bezirk Hanau am 24./25. Juni 1950 kein Kommunist in den Vorstand gewählt: Gegen den bisherigen stellvertretenden Vorsitzenden F. Martin war ja ein Ausschlußverfahren eingeleitet worden.

Für die Jahre 1951 und 1952 sind in den Vorstandsprotokollen vor allem Disziplinierungsmaßnahmen im Zusammenhang mit dem Kampf gegen die Remilitarisierung verzeichnet, sie richteten sich gegen linke Gewerkschafter: So hatte z. B. der Betriebsratsvorsitzende der Schlüchterner Seifenfabrik den Aufruf zur Volksbefragung unterzeichnet. Im Protokoll der Vorstandssitzung vom 28. Mai 1951 heißt es dazu: "Es wurde von allen Vorstandsmitgliedern auf das schärfste verurteilt, daß man versucht, die Gewerkschaften in die Propaganda der Ostzone einzuspannen. Die Kollegen sind einstimmig der Auffassung, daß derartige Machenschaften künftig unter keinen Umständen mehr geduldet werden dürfen."

Im März 1952 schloß sich der Hanauer DGB-Vorstand mit einer Gegenstimme der vom Bundesvorstand verabschiedeten Entschließung "Zur Frage des Verteidigungsbeitrages" an, in der zwar vor einem "Wiedererstarken" des "alten Militarismus" gewarnt wurde, man jedoch die Entscheidung den "politischen Instanzen" überließ und so auf eine Mobilisierung der eigenen Mitgliedschaft gegen die Remilitarisierung verzichtete - aus Angst, vor den kommunistischen Karren gespannt zu werden.
Gegen die Aktivitäten von Kommunisten gegen die Wiederaufrüstung grenzte sich der DGB-Kreisvorstand erneut in seiner Sitzung vom 7. Juli 1952 ab: Die KPD hatte in Hanau eine Betriebsrätekonferenz zu dieser Frage einberufen und darüber in ihrer Zeitung, der "Sozialistischen Volkszeitung", unter der Überschrift "Hanauer Arbeiterschaft kämpft gegen den Generalvertrag" berichtet. Man diskutierte überhaupt nicht mehr die Frage, wie nun eigentlich die Stimmung im Betrieb war, sondern nur noch, wie der Einfluß der Kommunisten ausgeschaltet werden könnte. Man drohte Konsequenzen, die härteste - den Gewerkschaftsausschluß -, an.

Auszüge aus dem Hanauer Anzeiger vom 26. Juni 1951 und vom 28. Juni 1951

Volksbefragung in Hanau vereitelt

Das „Abstimmungsergebnis" war schon vorher festgelegt

Gestern vormittag gab Radio Leipzig in seinem Nachrichtendienst bekannt, daß im Rahmen der Volksbefragung die Hanauer Bevölkerung sich am Sonntag zu 90 Prozent gegen die Remilitarisierung und für den baldigen Abschluß eines Friedensvertrages ausgesprochen hat.

Wenige Stunden später wurde durch Oberbürgermeister Rehbein eine Pressebesprechung anberaumt, auf der Amtmann Lehmann den Pressevertretern über die sonntäglichen Vorgänge in Hanau Auskunft gab.

Die Hanauer Polizei hatte schon Informationen erhalten, wonach am Sonntag die durch die Bundesregierung als ungesetzlich erklärte Volksbefragung in Hanau durchgeführt werden sollte. Bereits am Samstag war ein Motorradfahrer festgenommen worden, der Flugzettel verteilte, auf denen die Aktion angekündigt wurde. Er besaß eine Kennkarte aus der englischen Zone und hatte keinen Führerschein.

Ab 7 Uhr befand sich daher die Polizei in Alarmbereitschaft. Sie hielt die Hanauer Bahnhöfe besetzt und kontrollierte außerdem die Steinheimer Brücke, da die „Volksbefrager" aus Frankfurt erwartet wurden. Sie kamen jedoch auf anderen Wegen in die Stadt. Mit zwei Omnibussen, Autos, auf Motorrädern und Fahrrädern trafen etwa 200 Befrager in Hanau ein und wollten mit ihren Stimmzetteln systematisch alle Straßenzüge nach einem festgelegten Plan erfassen. Die Befrager stammten durchweg nicht aus Hanau. Sie waren aus Frankfurt, Offenbach, Bentzheim, Bierstadt, Reichenbach, Darmstadt, Groß-Gerau und anderen Ortschaften gekommen. Die Hanauer KPD trat bei der Aktion nicht in Erscheinung. Es wurden lediglich einige Funktionäre beobachtet, die die Aktion abschirmten und die Befrager in die jeweiligen Stadtteile einwiesen.

Durch Auto- und Motorradstreifen sowie durch Telephonanrufe der Bevölkerung hatte die Hanauer Polizei jedoch rasch die Befrager ermittelt und konnte die gesamte Aktion vereiteln. 54 Befrager, darunter zehn Frauen, wurden in das Polizeigefängnis eingeliefert. Alle sind inzwischen wieder entlassen worden. Es handelte sich hierbei — so wurde ausdrücklich betont — nicht um eine Festnahme, sondern um eine polizeiliche Inverwahrungnahme. Sie wird dann angewandt, wenn Personen an der Fortsetzung einer strafbaren Handlung gehindert werden sollen.

Auf den Abstimmungszetteln, die im Besitz der Volksbefrager gefunden wurden, stand die Frage: „Sind Sie gegen die Remilitarisierung Deutschlands und für den Abschluß eines Friedensvertrages mit Deutschland?" Darunter waren die üblichen Kreise für Ja- und Nein-Stimmen eingedruckt. Außerdem stellte die Hanauer Polizei vier Pakete Propagandamaterial sicher, und zwar waren es Druckschriften, die in positiver Betonung die Zustände hinter dem Eisernen Vorhang schilderten.

Obwohl also die gesamte Aktion in Hanau scheiterte, gab Radio Leipzig am Montagmorgen die Ergebnisse der Befragung durch. Auch Extrablätter waren bereits vervielfältigt, auf denen bekanntgegeben wurde, daß in Hanau von 16 000 Wahlberechtigten 87 Prozent mit „Ja" gestimmt hätten, während nur vier Prozent Nein-Stimmen eingegangen seien. Neun Prozent der Wahlberechtigten hätten sich der Stimme enthalten. Sogar über den Verlauf der Volksbefragung gibt das Extrablatt ausführlich Auskunft. So habe sich ergeben, daß der Anteil der Ja-Stimmen im Stadtteil Lamboy besonders hoch gewesen sei. Hier und da hätten Polizisten die Aktion zu stören versucht, doch seien die Polizeimaßnahmen ohne Erfolg geblieben. Die Beamten hätten Verständnis gezeigt bzw. die Anordnungen ihrer Vorgesetzten nur widerwillig befolgt. Lediglich einzelne Polizisten seien scharf vorgegangen. Im übrigen sei das Ergebnis der Volksbefragung in Hanau bereits durch eine Brieftaube dem Hauptausschuß in Berlin übermittelt worden.

Zum Abschluß der Pressebesprechung wurde die Notwendigkeit betont, im Hinblick auf die verbotene Volksbefragung Gesetze mit Strafparagraphen zu schaffen, damit die Befrager nicht nur vorübergehend an der Ausübung ihrer Tätigkeit gehindert, sondern dem Untersuchungsrichter zugeführt werden können.

KPD-Protest gegen die Polizeiaktion

War die Stadtverordnetensitzung bisher ruhig verlaufen, so wurde es im Saale außerordentlich lebhaft, als Stadtv. Schanz sich erhob und gegen die Polizeiaktion protestierte, die am Sonntag in Hanau gegen die Volksbefragung durchgeführt wurde. Die hessische Verfassung lege jedem Bürger die Pflicht auf, sich gegen kriegsvorbereitende Maßnahmen zu wehren. Die Volksbefragung sei daher rechtmäßig, während man in den Anordnungen zu ihrer Unterdrückung eine ungesetzliche Handlung erblicken müsse. Das Verhalten des Polizeidirektors in der Person des Oberbürgermeisters sei daher zu mißbilligen, zumal er seine Polizeibeamten gesinnungsmäßig belastet und gewisse Personen zur Denunziation aufgefordert habe. Trotz aller Verfolgung sei die angeblich kommunistische Volksbefragung in Hanau durchgeführt worden und erfolgreich verlaufen. „Wir sprechen im Namen der 16 000 Menschen, die sich in Hanau zur Volksbefragung bekannten!" rief Stadtv. Schanz und löste damit unter den Stadtverordneten ein homerisches Gelächter aus. Er verlange von dem Oberbürgermeister eine Auskunft, woher er die Anweisung zu einem solchen Vorgehen habe. Die KPD-Fraktion werde sich mit allen Mitteln gegen derartige Maßnahmen wenden, denn noch gebe es eine hessische Verfassung.

Oberbürgermeister Rehbein war auf diesen Protest offensichtlich vorbereitet, denn nachdem der Tumult sich einigermaßen gelegt hatte, gab er anhand eines Konzeptes seine Antwort. Er fragte, weshalb sich die KPD-Fraktion so aufrege, wenn die Volksbefragung laut Radio Leipzig und Extrablatt so erfolgreich verlaufen sei. Daß dies aber nicht den Tatsachen entspreche, dafür habe die Hanauer Polizei gesorgt.

„Solange ich auf diesen Posten berufen bin", rief der Oberbürgermeister, „werde ich dafür sorgen, daß die Demokratie nicht wieder mit ihren eigenen Mitteln untergraben wird!" Die KPD beanspruche für sich den Schutz der Verfassung, die jedem Deutschen das Recht auf freie Meinungsäußerung garantiere, und trete dabei für ein Regime ein, das die kaum errungene Freiheit wieder beseitigen wolle. Die Maßnahmen zur Verhinderung der Volksbefragung seien auf Beschluß des Bundestages und auf Anordnung der hessischen Regierung erfolgt. Er sehe daher keine Veranlassung, irgendeine seiner Anordnungen vom Sonntag zurückzunehmen, sondern werde im Gegenteil im Wiederholungsfalle noch schärfer durchgreifen, d. h. außer den Verführten auch die Hintermänner, die diesmal Schmiere standen, für ihre gesetzwidrige Handlungsweise verantwortlich machen. Im übrigen müsse er den Vorwurf, daß die Beamten Mißhandlungen begangen hätten, entschieden zurückweisen.

Als Stadtv. Martin (KPD) sich in politischen Ausführungen erging, brach ein erneuter Tumult los, und die SPD-Fraktion verließ geschlossen den Saal, während die übrigen zwei Fraktionen sich ebenfalls von den Plätzen erhoben. Der Stadtverordnetenvorsteher betätigte heftig die Klingel und entzog dem KPD-Sprecher schließlich das Wort.

*

Ob die Gemüter sich wieder besänftigten, blieb der Presse verborgen, denn anschließend traten die Stadtverordneten zu einer nichtöffentlichen Sitzung zusammen.

Zugespitzt wurde das ungleiche, mit genügend Konflikten beladene Verhältnis zwischen sozialdemokratischen und kommunistischen Gewerkschaftern durch den Rückfall der KPD in eine ultralinke Gewerkschaftspolititk, wie sie sie bereits einmal, in den Jahren vor 1933, praktiziert hatte. Auf ihrem Parteitag vom 3. - 5. März 1951 hatte die KPD 53 Thesen "Zur gegenwärtigen Lage und den Aufgaben der KPD" beschlossen. These 37 übte schärfste Kritik an den "rechten Gewerkschaftsführern" und verlangte von den in den Gewerkschaften aktiven Genossinnen und Genossen, die Beschlüsse der Partei über die der Gewerkschaften zu stellen: "Im Auftrag und im Interesse des amerikanischen Imperialismus und im Einklang mit den deutschen Monopolisten versuchen die rechten Gewerkschaftsführer, die Gewerkschaftsorganisation in den Dienst der Kriegsvorbereitungen zu stellen. Dies beweisen ihre Abmachungen mit den deutschen Monopolisten über die Vertretung in den Aufsichtsräten. Diese Vereinbarungen sollen die Gewerkschaften einreihen in die Organisation der Kriegsproduktion und Kriegswirtschaft. Durch die Arbeitsgemeinschaftsvereinbarungen zwischen Konzern-Herren und Gewerkschaftsführern werden die Arbeiter und Angestellten in den Betrieben um ihr Mitbestimmungsrecht betrogen ...

Aus dieser Lage heraus ergibt sich die Aufgabe, den wachsenden Kampf- und Widerstandswillen der Arbeiter zu entwickeln und zu festigen und Kampfhandlungen auszulösen auch gegen den Willen rechter Gewerkschaftsführer."

(Zitiert nach: Georg Fülberth: KPD und DKP 1945 - 1990. Zwei kommunistische Parteien in der vierten Periode kapitalistischer Entwicklung. Heilbronn: Distel, 1990)

Mit dieser These 37 hat die KPD sich selbst außerordentlich geschadet, denn sie lieferte damit den Anstoß für innergewerkschaftliche Gegenmaßnahmen. IG Metall und IG Chemie verlangten daraufhin von "allen Kollegen, die Funktionäre unserer Gewerkschaft sind oder es werden wollen, die Unterschrift unter eine Erklärung ("Revers"), mit der sie sich verpflichten, der These 37 wegen ihres gewerkschaftsfeindlichen Charakters mit allem Nachdruck entgegenzutreten" (Revers der IG Chemie). KPD-Mitglieder, welche diesen Revers nicht unterschrieben, verloren ihre Gewerkschaftsfunktionen; diejenigen, die unterzeichneten, wurden von der KPD ausgeschlossen.

In Hanau kam es im August 1953 zur Entlassung und zum Gewerkschaftsausschluß des letzten hauptamtlichen kommunistischen Gewerkschaftsfunktionärs, des Kollegen Josef Breidenbach, ebenfalls einer der Mitbegründer der Hanauer Gewerkschaften. Josef Breidenbach wandte sich in einem offenen Brief "An alle Mitglieder der IG Chemie der Verwaltungsstelle Hanau" und bat um Solidarisierung: "Durch meine seitherige Tätigkeit in der Gewerkschaft habe ich bewiesen, daß ich eindeutig auf dem Boden der Einheit der Gewerkschaftsbewegung stehe. In dem Vordergrund meiner ganzen Arbeit steht der Kampf um die Interessen der Mitglieder unserer Verwaltungsstelle ohne Rücksicht auf die persönliche, religiöse oder politische Einstellung der Kolleginnen und Kollegen ... Ich konnte meine Unterschrift nach reiflicher Überlegung nicht geben, weil es ein Verrat an meinem ganzen bisherigen Leben und somit auch an den Interessen der arbeitenden Menschen bedeutet hätte."

Die IG Chemie Bezirksleitung Hessen und die Verwaltungsstelle Hanau rechtfertigten daraufhin in ihrem Flugblatt die Entlassung und ließen dabei erkennen, daß es ihnen nicht um den jeweiligen konkreten Kollegen ging, sondern um die prinzipielle Ausgrenzung von Kommunisten vor dem Hintergrund des Ost-West-Konfliktes, der Systemauseinandersetzung: "Hier offenbart sich ja, daß Breidenbach und KPD eins sind. Wir haben nicht die Absicht, uns mit einem Häuflein Sektierer auseinanderzusetzen. Der 17. Juni hat der KPD den letzten Rest von Kredit bei den schaffenden Menschen der Bundesrepublik genommen. Wir beabsichtigen auch nicht, die Verdienste Breidenbachs zu schmälern, obwohl es nicht sein persönliches Verdienst, sondern das Verdienst aller Funktionäre ist, wenn die Entwicklung der Verwaltungsstelle Hanau nach 1945 eine gute war ... Kolleginnen und Kolle-

DIE INDUSTRIE GEWERKSCHAFT
Chemie, Papier Keramik

stellt richtig:

Die Kommunistische Partei Deutschlands, Kreisleitung Hanau
nimmt zur Entlassung des Kollegen Breidenbach Stellung und stellt damit, besser als wir es gekonnt hätten, unter Beweis,

daß wir recht gehandelt haben, Breidenbach zu entlassen.

Denn hier offenbart sich ja, daß Breidenbach und KPD eins sind.

Wir haben nicht die Absicht, uns mit einem Häuflein Sektierern auseinanderzusetzen. Der 17. Juni hat der KPD **den letzten Rest von Kredit** bei den schaffenden Menschen der Bundesrepublik genommen. Wir beabsichtigen auch nicht, die Verdienste Breidenbachs zu schmälern, obwohl es nicht sein persönliches Verdienst, sondern das Verdienst aller Funktionäre ist, wenn die Entwicklung der Verwaltungsstelle Hanau nach 1945 eine gute war.

Wir wollen auch nicht in den Krümeln herumsuchen und Breidenbach nachweisen, daß er gegen die Interessen der Organisation gearbeitet hat. Feststeht, daß er **einiges unterlassen** hat, was die Organisation als parteipolitisch neutrale Arbeitnehmervertretung von ihm hätte erwarten müssen.

Wir wollen uns darauf beschränken, einiges richtigzustellen.

Zunächst verschweigt die KPD schamhaft den Inhalt des Reverses, dessen Unterschrift Breidenbach verweigert hat. Darum lassen wir ihn nachstehend folgen:

Erklärung

Ich bestätige hiermit, daß ich durch Schreiben des Hauptvorstandes vom ... den Beschluß des Beirates vom 26. Januar 1953, betreffend Unterstützung antidemokratischer oder antigewerkschaftlicher Bestrebungen von Personengruppen, Parteien oder deren Tarnorganisationen zur Kenntnis genommen habe.

Ich erkenne diesen Beschluß für mich als verbindlich an.

Ich verpflichte mich, derartigen Bestrebungen — insbesondere, wie sie durch die These 37 des Parteitages 1951 der Kommunistischen Partei Deutschlands zum Ausdruck kommen — wegen ihres gewerkschaftsfeindlichen Charakters mit allem Nachdruck entgegenzutreten.

Im übrigen stellen wir fest:

1. Niemand in der Gewerkschaft wird gezwungen, seiner politischen Überzeugung abzuschwören. Selbst ein Kommunist kann Mitglied der Gewerkschaft sein und bleiben, **wenn er die Grenze zu wahren weiß zwischen gewerkschaftlicher Arbeit und politischer Überzeugung.** Das beweisen die 21 von 24 Kommunisten, die den Revers unterzeichnet haben **und heute noch Mitglied der Gewerkschaft** und im Besitz ihrer Funktionen sind.

gen! Laßt Euch nicht durcheinanderbringen, Ihr besorgt sonst das Geschäft der östlichen Brandstifter. Laßt Euch durch Eure menschlichen Sympathien für den Menschen Breidenbach nicht verleiten, für den kommunistenhörigen Breidenbach einzutreten."

Josef Breidenbach wurde entlassen und aus der IG Chemie ausgeschlossen, andere kommunistische Gewerkschafter, Betriebsräte, traten aus der KPD aus.

"Eine Lehre habe ich wirklich verinnerlicht: Wenn man eine Gewerkschaft für alle will, eine Einheitsgewerkschaft, muß man kompromißbereit sein."

Rolf Knecht über seine persönlichen Konsequenzen aus diesen Auseinandersetzungen:

"Damals wurde für mich der Grundstein gelegt, daß ich eigentlich immer mehr Gewerkschafter als Parteimensch war. Ich bin in die KPD eingetreten, als ich erfahren habe, daß mein Vater ausgetreten war. Mein Vater war müde geworden, er war beim Arbeitsamt, sollte den Revers unterschreiben und trat deshalb aus der KPD aus. Ich war ihm deshalb nicht böse, später war er auch noch aktiver Personalrat. Aber ich sagte mir: 'Wenn einer weggeht, dann gehe ich hinein!' So bin ich in die Partei eingetreten, aber aktiv war ich in der FDJ, die dann bald verboten wurde, und eben, wie viele andere auch, in der Gewerkschaftsjugend. Ich habe meine ganze Aktivität in die Gewerkschaftsarbeit gelegt, und zwar aus Überzeugung, nicht wegen der Parole 'Ein Kommunist muß in der Gewerkschaft aktiv sein', sondern aus meiner inneren Überzeugung. Ich war Arbeiter, die Gewerkschaft war meine Organisation - das ist bis heute meine tiefste Überzeugung geblieben. Ich habe nie gesagt 'die Gewerkschaft', sondern 'meine Gewerkschaft', es war immer meine Gewerkschaft, egal wie beschissen sie auch manchmal war ... Bei den Kommunisten gab es ein paar Betriebsräte, die mich sehr beeindruckt haben, die sich sehr geschickt verhalten haben, die klug waren - die haben mir gefallen. Das war der Wilhelm Habermann bei Heraeus, der ausgeschlossen wurde, aber nie seine gewerkschaftliche Tätigkeit auf-

Zum Zeitgeist:
"Parteipolitische Betätigung" war der Anlaß für die fristlose Entlassung des Betriebsrates Robert Schreck (KPD), gedeckt durch das Betriebsverfassungsgesetz. Ohne Sanktion blieb die Resolution der Betriebsvertretung und der Belegschaft der Vacuumschmelze AG anläßlich des 17. Juni 1953 in der ehemaligen DDR. Es ging dabei ja um den "unmenschlichen Zustand im sowjetischen Besatzungsgebiet" und um die "Einheit Deutschlands" - zwar auch Politik, aber das Feindbild stimmte.

R e s o l u t i o n !

Mit Bewunderung verfolgen wir den Kampf unser Kolleginnen und Kollegen für Freiheit und Menschlichkeit im Ostsektor Berlins und in der ganzen Sowjetzone. Wir wissen, daß dieser Kampf sehr hart und schwer ist und bereits blutige Opfer gefordert hat. Ungeheuerlich ist der Einsatz von schwerbewaffneten Rotarmisten und Volkspolizisten gegen die Demonstranten.

Von ganzem Herzen versichern wir Euch, daß Eure Forderungen auch unsere Forderungen sind. Deshalb erklären wir uns mit Euch solidarisch.

Möge die Stunde nicht mehr fern sein, wo freie und gemeinsame Wahlen in ganz Deutschland diesem unmenschlichen Zustand im sowjetischen Besatzungsgebiet ein Ende bereiten.

Es lebe der Friede, die Freiheit und die
E i n h e i t   D e u t s c h l a n d s !

Betriebsvertretung und Belegschaft der
VACUUMSCHMELZE AKTIENGESELLSCHAFT, Hanau

gegeben hat. Er ist heute noch bei den Rentnern aktiv und kommt zu den Delegiertenversammlungen. Er hat gegen seinen Ausschluß gekämpft und ist dann wieder aufgenommen worden. Das war der Jakob Keim von der Degussa Wolfgang, der wurde im Betrieb immer wieder gewählt, da konnten die anderen hetzen, wie sie wollten. Dann der Betriebsratsvorsitzende Wilhelm Keim von der Dunlop, der war auch bei der KPD; den haben sie mit dem Revers erpreßt, da ist er zur SPD übergetreten, der war nie mehr ein glücklicher Mensch. Sehr geschätzt habe ich den Robert Schreck bei der BBC, von Beruf Schweißer, ein ganz ruhiger Mensch, der bei allen Wahlen die meisten Stimmen erhielt, jedoch nie Betriebsratsvorsitzender wurde, weil die SPD diesen Posten für sich beanspruchte. Es gab also eine ganze Menge Leute, die sich korrekt in den Gewerkschaften verhalten haben. Diese ganzen politischen Auseinandersetzungen wurden stark von außen hineingetragen, sowohl von der KPD als auch von der SPD. Als ich später Betriebsrat wurde, haben sie nichts unversucht gelassen, von außen zu stänkern, um mich im Betrieb abzuschießen. Eine Lehre habe ich wirklich verinnerlicht:
Wenn man eine Gewerkschaft für alle, eine Einheitsgewerkschaft, will, muß man kompromißbereit, kompromißfähig sein. Wenn man eine Einheitsgewerkschaft ist, muß man andere Meinungen darin gelten lassen, nicht nur formell, sondern auch richtig. Das haben viele ja nicht so gesehen, auch unter den Kommunisten: Für die einen war die Gewerkschaft eine sozialdemokratische Organisation, für die anderen zwar keine kommunistische, aber ihr Bestreben ging dahin, möglichst viele kommunistische Elemente hineinzubringen."

Zu fragen bleibt, welche Konsequenzen diese politischen Säuberungen im Funktionärsapparat für die weitere Entwicklung der Gewerkschaften hatten. Grob skizziert, lassen sich wohl mindestens die folgenden Gesichtspunkte benennen:

Das Gewicht der zentralen Führungen innerhalb der Gewerkschaften wurde (dauerhaft) gestärkt, die Bedeutung betrieblicher und örtlicher Gremien nahm dementsprechend ab.
Anstelle inhaltlicher Positionen trat eine zunehmende Personifizierung. Unterschiede äußerten sich künftig eher in Stärken bzw. Schwächen von Personen, weniger in unterschiedlichen politischen Auffassungen. Das gilt für alle Ebenen gewerkschaftlicher Politik, von den Vorständen bis in den Betrieb hinein.
Zumindest für die 50er Jahre gilt, daß in vielen Gewerkschaften ein Klima des Schweigens, der Anpassung entsteht. Solidarität wird zur Worthülse, Verhältnisse als kleineres Übel interpretiert. In einem solchen Klima entwickeln sich in der Regel keine selbstbewußten, engagierten Menschen. Erst Anfang der 80er Jahre wird wieder über Diskussionskultur geredet, von der Notwendigkeit des Diskurses, der offenen Diskussion gesprochen.
Es wurden innergewerkschaftliche Regeln und Sanktionsmechanismen geschaffen, welche die offene Vertretung parteipolitischer Positionen (mindestens links von der SPD) im Rahmen der Einheitsgewerkschaft eher erschwerten.
Die Formulierung alternativer, kritischer Positionen gegen den jeweiligen Mehrheitskurs wurde sehr oft mit Rückgriff auf die Erfahrungen der 50er Jahre, als "Wiederbelebung kommunistischer Fraktionsarbeit" diffamiert, so z. B. in bestimmten Debatten in der IG Chemie Ende der 70er Jahre. Die Vorgänge stellten das 1945 gemeinsam gefundene Prinzip der Einheitsgewerkschaft grundlegend in Frage. Der CDU und einem Flügel des politischen Katholizismus gelingt es mit der Drohung, sich einen eigenen christlichen Gewerkschaftsbund zu schaffen, die Gewerkschaftsführungen zu erpressen. Die Vertretung der CDU angehörender Funktionäre in den Leitungsgremien wird zum Dogma. Machtpolitisches Proporzdenken tritt an die Stelle von Diskussion um unterschiedliche Weltanschauungen, Inhalte und Strategien.
Insgesamt läßt sich schlußfolgern, daß die Vorgänge in den 50er Jahren die gewerkschaftliche Theorie und Praxis stark in Richtung Anpassung und Pragmatismus verschoben haben. Positionen der Gestaltung der Gesellschaft, der prinzipiellen Gegenmacht, des Veränderns der gesellschaftlichen Verhältnisse gerieten deutlich ins Hintertreffen.

Protokoll einer Entlassung: Der Fall Robert Schreck, BBC Großauheim

(Aufgezeichnet nach den Betriebsratsprotokollen, Archiv der IG Metall Hanau)

22. April 1953:
Der Betriebsrat Robert Schreck, der sich ordnungsgemäß krank gemeldet hat, wird von der Betriebsleitung aufgefordert, die Dauer seiner Erkrankung zu melden.

29. April 1953:
Erste Sitzung des neugewählten Betriebsrates. Direktor Dr. Klan will ihn auf das neue Betriebsverfassungsgesetz verpflichten: Besonders § 49 sei von nicht zu unterschätzender Wichtigkeit, schreibe er doch die "vertrauensvolle Zusammenarbeit zwischen Betriebsrat und Arbeitgeber" vor. Auch kenne das neue Gesetz keine politischen Betriebsgruppen. Konkret geht es ihm um die kommunistische Betriebszeitung "Elektrofunken", die "allgemein als Störung des Betriebsfriedens empfunden" werde. Besonders die Betriebsräte sollen das, was in den Sitzungen mit der Werksleitung besprochen wird, nicht weitertragen. Wenn man aber den "Elektrofunken" lese, komme der Verdacht auf, daß Leute dabei sind, die nicht dichthalten. Dann läßt Dr. Klan die Katze aus dem Sack: Er verlangt von den Betriebsräten, daß sie eine von ihm verfaßte Erklärung unterschreiben. Wer sich weigere, könne nicht Betriebsrat sein und müsse die Konsequenzen ziehen.

Die Erklärung hat folgenden Wortlaut:
"Die unterzeichneten Mitglieder des Betriebsrates der Brown, Boveri & Cie AG, Werk Großauheim, erklären hiermit, daß sie das Betriebsverfassungsgesetz und seine zugehörigen Durchführungsbestimmungen als gesetzliche Grundlage für ihre Tätigkeit als Betriebsrat ausdrücklich anerkennen. Wir sind insbesondere bereit, in Durchführung des § 49 des Betriebsverfassungsgesetzes alles zu tun, um den Betriebsfrieden zu wahren. Wir erklären ausdrücklich, daß wir aus dieser Haltung heraus die Flugschrift 'Elektrofunke' in ihrem Inhalt ablehnen und als Betriebsstörung empfinden. Wir distanzieren uns von dem Inhalt dieser Flugschrift und erklären ausdrücklich, daß wir weder Material noch Informationen aus Betriebsratssitzungen weitergegeben haben noch weitergeben werden. Da uns als Betriebsrat jede politische Tätigkeit innerhalb des Werkes verboten ist, erklären wir, keiner politischen Betriebsgruppe innerhalb des Betriebes anzugehören. Wir erklären ausdrücklich, daß uns die Zusammensetzung der KPD-Betriebsgruppe nicht bekannt ist und daß aus dem Betriebsrat niemand dieser Betriebsgruppe angehört oder sie unmittelbar unterstützt."

Der Betriebsrat vertagt die Diskussion über diese Erklärung auf die nächste Sitzung. Robert Schreck informiert den Betriebsrat über die drohende Abmahnung; der herbeigerufene Kollege Trapp aus dem Lohnbüro bestätigt, daß sich Robert Schreck ganz korrekt verhalten hat.

29. April 1953:
Robert Schreck erhält einen Verweis, weil er angeblich die Dauer seiner Erkrankung nicht angegeben hatte.

8. Mai 1953:
Betriebsratssitzung.
Man diskutiert über die von der Geschäftsleitung geforderte Erklärung, die Mehrheit ist gegen die Unterzeichnung. Der Betriebsratsvorsitzende August Noll läßt abstimmen: Die zwölf anwesenden Betriebsräte lehnen einstimmig die Unterzeichnung der Erklärung ab.
Es folgt die gemeinsame Sitzung des Betriebsrates mit der Geschäftsleitung, d. h. mit Dr. Klan und Herrn Neumeister. August Noll teilt das Ergebnis der Abstimmung mit und gibt die

nicht unterzeichnete Erklärung zurück. Daraufhin Dr. Klan: "Es ist für mich schwierig, mit dem Betriebsrat noch eine Verhandlung zu führen, wenn nicht klargestellt ist, ob jedes einzelne Betriebsratsmitglied auf dem Boden des BetrVG steht und die Arbeit des 'Elektrofunken' ablehnt." Auf seinen Antrag hin wird die Sitzung als "sogenannte Geheimsitzung im Sinne des § 55 BetrVG" fortgeführt, d. h. als "Versuch, für innerbetriebliche Angelegenheiten zuerst im Hause eine friedliche Lösung auf der Grundlage des BetrVG zu finden, ehe außerbetriebliche Stellen eingeschaltet werden". Dr. Klan stellt nun die eindeutige Frage, wer die bisherigen Unterlagen, insbesondere auch den Wortlaut der Erklärung vom 29. April, an den "Elektrofunken" weitergegeben habe. Obwohl jeder einzelne befragt wird, meldet sich niemand. Daraufhin Dr. Klan, nun ganz Großinquisitor: "Wer steht zum Betriebsverfassungsgesetz?" Der Betriebsratsvorsitzende beantragt die Unterbrechung der gemeinsamen Sitzung auf zehn Minuten.

In diesen zehn Minuten, nach einem kurzen, heftigen Wortwechsel über den "Elektrofunken", stimmen die Betriebsräte auf Antrag des Kollegen Mischke darüber ab, ob "der Betriebsrat auf der Grundlage des zur Zeit bestehenden BetrVG steht": Es gibt 8 Jastimmen und vier Enthaltungen, letztere von den Kollegen Robert Schreck, Ernst Schreck, Peter Heil und Hans Dietzel.
Man kehrt wieder zur Sitzung mit der Geschäftsleitung zurück. Dr. Klan ist mit der von August Noll abgegebenen Erklärung, daß der "überwiegende Teil des Betriebsrates sich das bestehende BetrVG zu eigen mache", nicht zufrieden und verlangt namentliche Bekanntmachung der Abstimmung. "Koll. R. Schreck" - so das Protokoll - "protestierte gegen die Aufforderung und bezeichnete diese Handlung als eine Herausforderung. Koll. Noll entgegnete dem Koll. R. Schreck, daß dieses ja der Werksleitung ihr gutes Recht sei, zu wissen, wer für oder gegen die Zusammenarbeit mit der Werksleitung auf gesetzlicher Grundlage des BetrVG. sei; deshalb sind wir ja hier zusammen, und er forderte den Koll. Neumann auf, die Namen zu nennen."
Doch der Demütigung des gesamten Betriebsrates ist damit noch nicht genug: Dr. Klan fordert nun jeden einzelnen auf, auch seiner - geringfügig geänderten - Erklärung zuzustimmen: "Die Kollegen Faust, Eckart, Mischke, Kreis, Noll, Neumann und Bergmann bejahen. Koll. Heil lehnt als erster ab. Ernst Schreck und Robert Schreck lehnen ab, eine Erklärung abzugeben. Koll. Remmelt erklärt, daß er politisch nicht gebunden sei und daher das BetrVG anerkenne. Danach lehnt Koll. Dietzel ab, eine Erklärung abzugeben." Dr. Klan behält sich vor, im Hinblick auf die vier ablehnenden Betriebsratsmitglieder dem Betriebsrat seine Entscheidung nächste Woche mitzuteilen.
Doch Robert Schreck ist im Visier: Dr. Klan wirft ihm vor, wesentlich mehr Arbeitszeit für seine Betriebsratstätigkeit abzurechnen als die anderen Kollegen, er sei schließlich nicht "der Betriebsrat".

13. Mai 1953:
Betriebsratssitzung.
Diese Sitzung war von der Werksleitung ohne Tagesordnung einberufen worden.

Aus dem Protokoll:
"Dr. Klan eröffnete die Sitzung mit dem Hinweis, daß die Werksleitung im Anschluß an die letzte Sitzung mit dem Betriebsrat all die Dinge nochmals besprochen habe, die zu den unliebsamen Vorkommnissen der letzten Zeit geführt haben. Wenn man bedenke, daß von seiten der Firma alles getan werde, um dem Betrieb jede nur mögliche Verbesserung und Verschönerung zu geben, sowie die Erhöhung der Altersversorgung, und was alles sonst noch getätigt wird, so kann man nicht verstehen, daß der Betriebsfrieden weiterhin in gröblicher Art gestört wird. Es geht so nicht weiter, daß Personen in dem 'Elektrofunken' diskriminiert werden, die doch nur eine ehrliche Arbeit mit den Kollegen im Betrieb sowie mit der Werksleitung wünschen. Und aufgrund all der Vorkommnisse vermuten und sehen wir in Ihnen, Herr Schreck, denjenigen, der der Verantwortliche ist. Wir haben uns daher entschlossen, Ihnen heute die fristlose Entlassung hier in diesem Brief mitzuteilen. Dr. Klan verliest das Kündigungsschreiben und übergibt es Robert Schreck mit der Aufforderung, seine Sachen abzugeben und dann das Werk zu verlassen. Ohne seine ausdrückliche Genehmigung darf er das Werk nicht mehr betreten."

Robert Schreck protestiert mehrmals gegen diese fristlose Entlassung und die Aufforderung, sofort das Betriebsratszimmer zu verlassen. Er will erst gehen, wenn der Betriebsrat dazu Stellung genommen hat. Doch der Betriebsratsvorsitzende fordert ihn ebenfalls zum Gehen auf, denn "durch die Weigerung könne er die Sache nur verschlechtern". Schließlich verläßt Robert Schreck den Raum, und der Betriebsrat verschiebt seine Stellungnahme auf die nächste Sitzung.

15. Mai 1953:
Betriebsratssitzung.
Einziger Tagesordnungspunkt: Stellungnahme zur Entlassung des Kollegen Robert Schreck. Die Sitzung endet wie das Hornberger Schießen: Der Vorschlag des Kollegen Remmelt, angesichts dieses "schweren Falls" eine Vertrauensmännersitzung einzuberufen, wird abgelehnt mit der Begründung, es gehe um die Stellungnahme des Betriebsrates. Doch als Kollege Dietzel den Antrag auf Einspruch des Betriebsrates gegen die fristlose Entlassung stellt, kann der Betriebsratsvorsitzende nicht über den eigenen Schatten springen, es fallen ihm nur vermeintliche oder tatsächliche persönliche Kränkungen ein: "Er wisse ja, daß er dem Koll. Schreck schon immer ein Dorn im Auge gewesen sei. Der Koll. Schreck solle erst einmal das leisten, was er schon getan habe" usw. Die Fronten sind so gründlich verwischt, daß die Sitzung ohne Stellungnahme endet, man will warten, bis das Arbeitsgericht eine solche verlangt.

5. Juni 1953:
Betriebsratssitzung.
Die Werksleitung schwingt nach ihrem Erfolg im Fall Schreck weiter den Knüppel. Dr. Klan: "Wenn ich Ihnen heute dem Gesetz entsprechend einen monatlichen Bericht gebe, so ist diese Sitzung nicht als 'geheim' zu betrachten. Trotzdem jetzt noch drei Mann unter uns, die nicht gewillt sind, das Betriebsverfassungsgesetz als gesetzliche Grundlage für unsere weitere gemeinsame Arbeit anzuerkennen, möchte ich doch bitten, eine ehrliche Mitarbeit nicht zu versagen. Es kennt jeder von uns die Atmosphäre, die z. Zt. zwischen einem Teil des Betriebsrates und der Werksleitung besteht. Ich erwarte, daß es jeder ehrlich meint und zu der Mitarbeit ein 'Ja' sagt, wenn er auch zu der 'Erklärung' seine Unterschrift verweigert hat. Koll. Dietzel drückt seine Verwunderung darüber aus, daß jetzt Dr. Klan gar nicht mehr ein so großes Gewicht auf die Unterschrift der 'Erklärung' lege. Hierin sehe er, daß diese Maßnahme der Unterzeichnung der 'Erklärung' nur gegen den Koll. Robert Schreck gerichtet war, einen Grund zu finden, ihn aus dem Betrieb zu bringen. Dr. Klan erklärt hierzu, daß es ihm in erster Linie um die Anerkennung des BetrVG als gesetzliche Grundlage unserer gegenseitigen Arbeit ginge. Wenn Sie, Herr Dietzel, hier mit uns gemeinsam mitarbeiten, geht alles in Ordnung, wenn nicht, dann gehen auch Sie, und, wenn nötig, alle drei."

16. Juni 1953:
Betriebsratssitzung.
Der Damm ist gebrochen: Vor Beginn gibt der Betriebsratsvorsitzende bekannt, daß die Werksleitung eine Mitteilung machen wolle: "Dr. Klan erklärt, daß ihm mitgeteilt worden sei, daß das Betriebsratsmitglied Dietzel die kommunistische Zeitung "S.V.Z." verkaufe. Zwischenruf Dietzel: "Während der Pausen". Dr. Klan widerspricht der Gegenantwort Dietzels. Dr. Klan fährt fort, zu Dietzel gewandt: "Sie kennen doch die Betriebsordnung, und als Mitglied des Betriebsrates müßten Sie doch in erster Linie danach handeln. Ich hatte mich entschlossen, Sie fristlos zu entlassen, aber auf den Einwand des Betriebsausschusses hin hatte ich mir Bedenkzeit ausgebeten, weil der Einwand Ihrer Kollegen mir zu denken gab." Koll. Dietzel: "Sie haben nicht das Recht, mich fristlos zu entlassen." Dr. Klan: "Herr Dietzel, Sie haben die Wahl, eine fristlose Kündigung oder eine Verwarnung hinzunehmen. Die Betriebsordnung ist für jeden bindend. Die Leute vom Betriebsausschuß haben sich für Sie eingesetzt mit der Begründung, daß Sie in der Annahme gehandelt hätten, die Zeitschrift so weiter zu vertreiben, wie es Ihr Freund Schreck getan hat. Ich habe Sie schon gewarnt." Koll. Dietzel verweist auf die Zeitschrift "Europa-Union", die vom Betriebsrat auch in gewissen Zeitabständen verteilt wird. Koll. Noll erklärt hierzu, daß diese Zeitschrift keine politische, sondern eine neutrale Zeitschrift ist, die für den Völkerfrieden eintrete. Es setzt eine allgemeine Diskussion an. Dr. Klan spricht im Anschluß eine scharfe, letztmalige Verwarnung an den Koll. Dietzel aus, die er hier dem Betriebsrat mitteilen möchte, und verließ das Zimmer."

Zwölftes Kapitel

Zur organisatorischen Entwicklung des DGB Bezirk Hanau (1946 - 1952)

1. Mai 1950. Marktplatz Hanau (Foto: Stadtbildstelle Hanau)

Mitgliederentwicklung

Von 1946 bis 1952 hatte sich die Mitgliederzahl des DGB Bezirk Hanau verdoppelt: Im Dezember 1952 zählte man 27.431 Kolleginnen und Kollegen, das waren rund 40 % aller abhängig Beschäftigten im Bereich des Arbeitsamtes Hanau-Gelnhausen-Schlüchtern. Stärkste Einzelgewerkschaften waren die IG Chemie, die mit 6.442 Mitgliedern gerade die IG Metall mit 6.221 Mitgliedern überholt hatte. Während bei der IG Chemie die Mitgliederzahlen kontinuierlich stiegen, hatte die IG Metall vor allem mit dem Niedergang der Diamantindustrie und des Goldschmiedegewerbes zu kämpfen, der zu größeren Abwanderungen der Facharbeiter in andere Industriezweige führte. Von 1948 auf 1949 ging der Mitgliedsbestand bei der IG Metall von 5.626 auf 5.290 zurück; er stieg dann wieder auf 6.856 (Ende 1951) und fiel bis Ende 1952 auf 6.221 zurück. An dritter Stelle stand die IG Bau, Steine, Erde mit 3.486 Mitgliedern, die in Gelnhausen eine hauptamtlich besetzte Geschäftsstelle unterhielt.

Mit Problemen in der Mitgliederentwicklung hatte die ÖTV zu kämpfen, im Dezember 1952 mit 3.014 Mitgliedern viertstärkste Einzelgewerkschaft. Die Probleme resultierten vor allem, wie es der Geschäftsführer Karl Mattes in seinem Bericht formulierte, "aus dem Auslaufen kriegsbedingter Ämter und Betriebe, in denen wir in der Regel ein nahezu 100prozentiges Organisationsverhältnis besaßen"; er nannte als Beispiele die Spruchkammern und die Schließung der drei großen Nachkriegsverwaltungen in Hanau, Großauheim und Rothenbergen, die Stillegung der Gelnhäuser Kreisbahnen sowie die enormen Schwierigkeiten, die etwa 6.000 - 7.000 bei der US-Besatzungsmacht beschäftigten Arbeitnehmerinnen und Arbeitnehmer zu erreichen.
Der im Laufe des Jahres 1949 auch in Hanau gegründeten DAG-Ortsgruppe war es jedoch laut Mattes nicht gelungen, im Bereich der ÖTV Fuß zu fassen. Zur DAG übergegangen waren jedoch 1949 alle 56 in der Gewerkschaft Banken und Versicherungen organisierten Angestellten und ein Teil der in der Gewerkschaft Handel und verwandte Gewerbe, der späteren HBV, organisierten Angestellten. Die HBV hatte im Dezember 1952 jedoch bereits 631 Mitglieder (1949: 347) und hielt regelmäßig im "Haus der Gewerkschaften" Sprechstunden ab.

Die Gewerkschaft der Eisenbahner, zu deren mit Heinz Axnik hauptamtlich besetzten Ortsverwaltung Hanau auch die Ortsbezirke Aschaffenburg und Offenbach gehörten, hatte mit der Abwerbung von Mitgliedern durch die dem Beamtenbund angeschlossenen Verbände zu kämpfen, die durch geringere Beitragssätze die beamteten Kollegen zum Übertritt zu überreden versuchten. Durch gezielte Mitgliederaufklärung verzeichnete die GdED jedoch einen Zuwachs von 1.890 (1949) auf 2.827 (1952) Mitglieder. 1.262 bzw. 1.129 Kolleginnen und Kollegen waren in den Gewerkschaften Holz bzw. Land- und Forstwirtschaft organisiert, wobei es sich als Problem herausstellte, daß die Gewerkschaft Land- und Forstwirtschaft ihre Geschäftsstelle 1950 von Gelnhausen nach Gießen verlegte und die Mitglieder dadurch ihren Ansprechpartner vor Ort verloren.

Von den kleineren Gewerkschaften hielten außer der Gewerkschaft Holz noch die Gewerkschaft Druck und Papier mit 307 Mitgliedern und die Gewerkschaft Nahrung, Genuß, Gaststätten mit 379 Mitgliedern regelmäßig Sprechstunden im "Haus der Gewerkschaften" ab.
Hauptaugenmerk richtete Kollege Herrmann von der NGG 1952 auf die Brauereien, Weinbrennereien und Zigarrenfabriken, die "auf eine alte Gewerkschaftstradition zurückblikken können ... Doch in diesen Industrien werden heute fast nur Frauen beschäftigt, die erfahrungsgemäß schwer zu organisieren sind. Wenn es uns nun endlich gelungen ist, die ersten Zigarrenfabriken Anfang des neuen Jahres zu organisieren, stellt dies einen schönen Erfolg dar."

Keinen Ansprechpartner vor Ort - in Form von Geschäftsstellen oder regelmäßigen Sprechstunden im Gewerkschaftshaus - hatten die Mitglieder der Gewerkschaft Bekleidung, Textil (278), Leder (483), Post- und Fernmeldewesen (647) und der Gewerkschaft Erziehung und Wissenschaft (326).

"Heute ist es in den Ortschaften vielfach so, daß mehr als 30 Mitglieder herumpendeln, und niemand kümmert sich um sie"

Die Betreuung der Mitglieder auf dem Land, und zwar nicht nur der Kolleginnen und Kollegen der "kleinen" Gewerkschaften, hatte sich bereits bei der Umstrukturierung der Einheitsorganisation in Einzelgewerkschaften als Problem erwiesen. Nach der Gründung des DGB und der zeitweise nur noch ehrenamtlichen Besetzung der Nebenstellen in Gelnhausen und Schlüchtern mußte sich der DGB-Kreisausschuß zu Beginn des Jahres 1950 mehrfach mit dem "großen Mitgliederrückgang auf dem Land in Betrieben, die früher zu 100 % organisiert waren", beschäftigen. In den Diskussionen standen sich zwei Positionen gegenüber: "Es ist Schluß damit, daß wie bisher das DGB-Büro die Angelegenheiten der Einzelgewerkschaften miterledigt" (Hermann Ernst) und eine eher problemorientierte, wie sie der Kollege Wilhelm Schneider formulierte: "Heute ist es in den Ortschaften vielfach so, daß mehr als 30 Mitglieder herumpendeln, und niemand kümmert sich um sie, es wird nicht kassiert, keine Versammlung gemacht usw."
Kollege Schneider schlug vor, auf dem Land mehr in Erscheinung zu treten, DGB-Versammlungen an den Wohnorten zu machen und auch nicht die Hauskassierung einfach aufzugeben, weil sich in einigen Hanauer Großbetrieben die Betriebskassierung als sinnvoll erwiesen hatte. Diese Diskussionen führten dazu, daß 1952 die Nebenstellen Gelnhausen und Schlüchtern wieder mit hauptamtlichen Sekretären besetzt wurden. Zu diesem Zeitpunkt hatte der DGB Bezirk Hanau neun Hauptamtliche: den geschäftsführenden Vorsitzenden Hermann Ernst, in diese Funktion auf der 1. Delegiertenkonferenz am 24./25. Juni 1950 gewählt, den Kollegen Hiepel als Leiter der seit dem 1. März 1947 bestehenden Rechtsstelle, den Jugendsekretär Oskar Ott, je einen Sekretär in den Nebenstellen Gelnhausen und Schlüchtern sowie vier Schreibkräfte.

Auf dieser 1. Delegiertenkonferenz des DGB-Bezirks Hanau, die unter dem Motto "Neues Recht für Mensch und Arbeit" in der gerade eingeweihten Dunlop-Halle stattfand, erläuterte der Vorsitzende des DGB-Landesbezirkes Hessen, Hans Wiegand, die neue Organisationsstruktur und die Hauptaufgaben: Zweimal jährlich finden Delegiertenversammlungen statt. Die Delegierten wählen für einen Zeitraum von zwei Jahren den Kreisausschuß, der aus nicht mehr als 12 Mitgliedern bestehen soll, und den geschäftsführenden Vorstand. Bei der Zusammensetzung des Kreisausschusses warnte Hans Wiegand vor einem Übergewicht der "großen" Gewerkschaften: "Sie werden feststellen, daß die großen Gewerkschaften zu kurz kommen. Aber allein die Mehrheit

Hermann Ernst

Man war besonders stolz, die 1. Delegiertenkonferenz des DGB-Bezirks Hanau im Juni 1950 in der Dunlop-Halle durchführen zu können. Im Kreisvorstandsprotokoll heißt es dazu:
"Im übrigen verspricht sich Kollege Ernst von der Abhaltung unserer Konferenz in einer Kantine eines großen Werkes, also direkt an einer Arbeitsstätte, auch einen gewerkschaftlichen Erfolg."
(Protokoll der DGB-Kreisvorstandssitzung vom 17. Mai 1950. DGB-Archiv)

ist nicht die richtige Demokratie. Man sollte den Versuch machen, auch den kleinen Gruppen zu ihrem Recht zu verhelfen." Im schließlich gewählten Hanauer Kreisauschuß war die IG Metall mit drei Kolleginnen und Kollegen - Else Nitzer, Fer-

dinand Rehbein, Franz Schippers - vertreten, die IG Chemie mit Jakob Köhler und Johanna Krück, die HBV mit Emil Bierwirth, die GdED mit Wilhelm Faust, die Gewerkschaft Holz mit Helmuth Herkenrath, die BSE mit Reinhold Kresse und die NGG mit Heinrich Kressel. Hinzu kamen als Vertreter des Jugendausschusses der hauptamtliche Sekretär Oskar Ott und als Vertreter des Angestelltenausschusses Franz Kallnik. Den Vorstand bildeten Heinrich Fischer (ÖTV) als ehrenamtlicher Vorsitzender, Hermann Ernst (IG Druck und Papier) als geschäftsführender Vorsitzender und Else Mieth (ÖTV) als Schriftführerin.
Von den vier Ausschüssen - Angestellte, Frauen, Jugend, 1952 kam noch ein Beamtenausschuß hinzu - war lediglich für die Jugend ein hauptamtlicher Sekretär zuständig, dessen Organisationsbereich Hanau und Offenbach umfaßte. Die Zahl der im DGB organisierten Jugendlichen hatte sich von 1946 (1.161) bis 1952 (3.512) zwar verdreifacht, lag damit aber nur bei knapp 15 % der Gesamtmitgliedschaft. Als großen Fortschritt wertete der Jugendsekretär Oskar Ott in seinem Tätigkeitsbericht für das Jahr 1952 die Schaffung eines Jugendheimes im "Haus der Gewerkschaften" und die mit zahlreichen Freizeitstunden in Angriff genommene Umgestaltung des verwilderten Platzes hinter dem Gewerkschaftshaus zu einem Spielplatz. Weitere Schwerpunkte der Jugendarbeit waren zu Weihnachten 1951 eine Spielzeugbastelaktion für Kinder aus Arbeitslosen-Familien gewesen, zwei Plakatschriftkurse, das DGB-Jugendtreffen in Frankfurt sowie Bildungsveranstaltungen und Aktionen zum Jugendarbeitsschutz mit über 39 Vorträgen in den Hanauer Berufsschulen. Als problematisch erwies sich, daß diese Aktivitäten sich im wesentlichen auf Hanau beschränkten; lediglich in Gelnhausen bestand noch eine DGB-Jugendgruppe, die allerdings mit Raumschwierigkeiten zu kämpfen hatte. Von politischen Aktionen z. B gegen die Wiederaufrüstung und Konflikten mit dem Vorstand ist in diesem Tätigkeitsbericht nicht mehr die Rede.
(siehe dazu Kapitel: Der Mohr hat seine Schuldigkeit getan, die Kommunisten können gehen)

Deutschlands Frauenüberschuß:

7½ Millionen!

Auf 100 Männer im Alter von 20-30 Jahren	170 Frauen
Auf 100 Männer im Alter von 30-40 Jahren	140 Frauen

Die Berufsarbeit der Frau ist keine vorübergehende Erscheinung

Wer vertritt ihre beruflichen, sozialen und wirtschaftlichen Interessen?
Nur die

Gewerkschaften

Denn...

SCHAFFENDE FRAUEN!

Vereint ist auch der Schwache

stark!

Darum unterstützt die Organisation aller Schaffenden durch Euren **EINTRITT** in die

Gewerkschaft

Dem Kreisfrauenausschuß gehörten 1952 13 Kolleginnen an; ehrenamtliche Vorsitzende war Else Mieth von der ÖTV. 1952 lag der Frauenanteil mit 3.195 Kolleginnen knapp über 10 %. Aus der Entwicklung des Frauenanteils wird deutlich, daß das Jahr 1948 eine Zäsur für die Frauenerwerbstätigkeit darstellte:
Die Trümmerfrauen aus den ersten Nachkriegsjahren mußten den aus der Kriegsgefangenenschaft heimkehrenden Männern weichen. Ende 1948 waren nur noch 1.766 Frauen gewerkschaftlich organisiert; im Frühjahr 1949 startete der FGB Hessen eine Kampagne, um gezielt Frauen für die Gewerkschaften zu gewinnen.
"Die Frauenarbeit in den Gewerkschaften muß weiter intensiviert werden", forderte Else Mieth in ihrem Tätigkeitsbericht für das Jahr 1952. Besonders wichtig sei, neben der Diskussion der Tagesprobleme, die Weiterbildung in den Fragen der Sozialgesetzgebung und des Arbeitsrechtes: "Immer wieder muß

man feststellen, daß Männer und Frauen auf Rechte verzichten, weil ihnen diese nicht bekannt waren. Ich erinnere an manche Fälle, für die die Arbeitslosenversicherung in irgendeiner Form oder das Mutterschutzgesetz in Frage käme. Wir dürfen nicht vergessen: Die Durchsetzung fortschrittlicher sozialer Gesetze stößt immer wieder auf den größten Widerstand, und wir nehmen diesen Gesetzen selbst die Kraft, wenn wir sie nicht in Anspruch nehmen."

Im Bericht des Angestelltenausschusses für das Jahr 1952 wird das "mangelnde Interesse der breiten Angestelltenschaft an den wenigen von den einzelnen Industrie-Gewerkschaften anberaumten Angestelltenversammlungen" beklagt. Der Angestelltenausschuß vertrat 1952 3.353 Angestellte, die weitaus meisten waren kaufmännische Angestellte (1.710) bzw. Verwaltungsangestellte (990). Aus dem Bereich der Produktion waren lediglich 408 Techniker und 245 Werkmeister gewerkschaftlich organisiert. Vor allem in den Betrieben, so der ehrenamtliche Vorsitzende Franz Kallnik, müßte "der Vertrauenskörper in enger Zusammenarbeit mit den Betriebsräten und Industrie-Gewerkschaften mehr denn bisher nachhelfen".
Neugegründet wurde 1952 ein Beamtenausschuß unter dem ehrenamtlichen Vorsitz von Willi Rehbein (ÖTV), der sich vor allem mit Fragen des Besoldungs- und Beamtengesetzes beschäftigte.

27. November 1955. Ehrung der Jubilare anläßlich der Feier zum 10jährigen Bestehen der Gewerkschaften.
Unter den Geehrten: Kollegin Egold
(Fotos: Stadtbildstelle Hanau)

Jubilarenehrung 1955

Liste für die zu ehrenden Gründer und alter Kollegen der neuen Deutschen Gewerkschaften.

Nr.:	Name:	Gewerkschaft:	Funktion:	[illegible]
1.	Fischer, Heinrich,	ÖTV	Gründer 1945, Lizenzträger, Vorstandsmitglied aktiv- ehrenamtlicher Funktionär, Minister a.D.	[illegible]
2.	Rehbein, Karl,	"	Früher Metallarbeiter Sekretär, Gewerkschaftsförderer, Oberbürgermeister	[illegible]
3.	Röthel, Peter,	"	Ehemals im Metallarbeiterverband aktiv tätig, ehrenamtlicher Funktionär, Stadtverordnetenvorsteher.	1906
4.	Kalnik, Franz,	"	Ehrenamtlicher Funktionär, Mitgründer 1945, Bekenner (christlich) zur Einheitsgewerkschaft,	[illegible]
5.	Mattes, Karl,	"	Mitgründer der neuen Deutschen Gewerkschaften als hauptamtlicher Funktionär, heute Stadtrat	1921
6.	Fischer, Nikolaus,	"	Gründer der Gewerkschaften im Kreis Schlüchtern, aktiv- ehrenamtlicher Funktionär	[illegible]
7.	Rennert, Gustav,	"	Gründer der Gewerkschaften im Kreis Gelnhausen, ehrenamtlicher Funktionär, (heute Rentner)	[illegible]
8.	Hartwig, Heinrich,	"	Jeder Zeit ehrenamtliches Gewerkschaftsmitglied, (heute Rentner)	[illegible]
9.	Frickel, Karl,	Bau	Aktives Gewerkschaftsmitglied, Unterkassierer der I.G. Bau-Steine u. Erden, (heute Rentner)	[illegible]
10.	Ebert, Georg,	"	Vorsitzender der I.G.-Bau-Steine u. Erden, Bezirk Hessen, i.R. Gründer der Gewerkschaften in Gelnhausen	[illegible]

Betriebsräte-Versammlungen während der Arbeitszeit

Eine Besonderheit der Hanauer Gewerkschaftsbewegung waren die einmal wöchentlich, während der Arbeitszeit stattfindenden Betriebsräte-Vollversammlungen. Auf diese Errungenschaft aus den unmittelbaren Nachkriegsjahren war man zu Recht stolz, und sie entsprach auch den Bedürfnissen der Kolleginnen und Kollegen nach Diskussion, Information und Fortbildung. 1948 hatten 29 Betriesrätevollversammlungen bzw. -schulungen mit durchschnittlich 81 Teilnehmerinnen und Teilnehmern stattgefunden.
Am besten besucht mit bis zu 200 Teilnehmerinnen und Teilnehmern waren Versammlungen zu den Themen "Wirtschaftsdemokratie und Währungsreform", zum hessischen Betriebsrätegesetz, zum "Kampf um die hessische Sozialisierung", zu "Mitbestimmung, Lastenausgleich und Sozialisierung" und zu den Betriebsrätewahlen 1948.
Im Herbst 1948 stand diese Einrichtung auf der Kippe. Die Teilnahme an den Betriebsrätevollversammlungen war angeblich derart zurückgegangen, daß der FGB-Vorstand

Nr.:	Name:	Gewerkschaft:	Funktion:	Mitgl. seit:
11.	Köhler, Jakob,	Chemie	Vorsitzender der I.G.-Chemie, Verwaltungsstelle Hanau, Mitgründer in Hanau, aktiver Funktionär	1913
12.	Stoppel, Georg,	"	Mitgründer der Gewerkschaften in Schlüchtern und sehr aktives ehrenamtlicher Gewerkschaftsfunktionär	1898
13.	Engel, Hans,	"	Aktiver Gewerkschaftsfunktionär, Vorsitzender des Angestelltenausschusses, Bekenner (Christlich) zur Einheitsgewerkschaft.	192[illegible]
14.	Ernst, Hermann,	Druck u. Papier	Vorsitzender des DGB, KA-Hanau, Organisationsaufbau seit 1945, Ehrenamtlich und Hauptamtlich tätig.	192[illegible]
15.	Schien, Friedrich	"	Vorsitzender der I.G.-Druck und Papier, Ortsverein Hanau, Mitarbeiter bei der Gründung der neuen Deutschen Gewerkschaften.	190[illegible]
16.	Kargel, Hans,	"	Ehrenamtlicher Gewerkschaftsfunktionär, Aufbau der Gewerkschaften, (heute Rentner) Ehrenbürger der Stadt Hanau.	190[illegible]
17.	Koch, Peter,	Metall	Bevollmächtigter der I.G.-Metall, Verwaltungsstelle Hanau, aktiver Gewerkschaftsfunktionär, Mitarbeiter bei der Gründung der neuen Deutschen Gewerkschaften	192[illegible]
18.	Hofmann, Jean,	"	Früher Metallarbeiter u. hauptamtl. Funktionär, heute ältestes Gewerkschaftsmitglied (Rentner) jeder Zeit Anteil am Gewerkschaftsleben.	[illegible]
19.	Konrad, Hugo,	Metall	Früher Metallarbeitersekretär, Mitarbeiter beim Aufbau der Gewerkschaften, Arbeitsgerichtsrat, heute Rentner.	[illegible]
2o.	Pense, Karl,	NGG	Früher Metallarbeiter und hauptamtlicher Funktionär heute ältestes Gewerkschaftsmitglied (Rentner) jeder Zeit Anteil am Gewerkschaftsleben.	[illegible]

zur Diskussion stellte, eine solche Versammlung nur noch einmal im Monat, an jedem ersten Mittwoch, einzuberufen. In der Aussprache wurde deutlich, daß das mangelnde Interesse nur ein Grund war: Zwar gäbe es Betriebsräte, die "nur vorgeben, zur gewerkschaftlichen Schulung zu gehen, um in Wirklichkeit Zeit für ihre privaten Angelegenheiten zu gewinnen". Folglich müßten künftig unbedingt Anwesenheitslisten geführt werden, um "bei etwaigen Anfragen der Unternehmer einen Nachweis zu haben". Ein weiterer Grund lag in den Kosten: Für jede der wöchentlich stattfindenden Versammlung mußten 15 Mark Saalmiete bezahlt werden, und "da oft nicht mehr als 15 - 20 Mann anwesend waren, hieß das pro Kopf eine Mark, was auf die Dauer nicht tragbar ist". Im Hintergrund stand aber vor allem das Bestreben der "großen" Gewerkschaften, so der IG Metall, ihre Betriebsräte selbst zu betreuen und zu schulen. Deshalb sei man, so der Kollege Schneider, "mit den Sekretären der großen Gewerkschaften übereingekommen, daß an jedem ersten Mittwoch im Monat der Bund zu einer Betriebsräte-Vollversammlung einlädt, während es den einzelnen Gewerkschaften überlassen bleibt, in den übrigen drei Wochen ihre Schulungen durchzuführen".

"Man muß sich darüber im klaren sein, daß durch diese neue Regelung der wöchentliche freie Nachmittag grundsätzlich in Frage gestellt ist"

Dagegen setzten sich Heinrich Fischer und Josef Breidenbach (IG Chemie) dafür ein, daß die Betriebsrätevollversammlungen unbedingt an jedem Mittwoch durchgeführt werden müssen, wenn dieser Mittwoch besonders den Betriebsräten der "kleinen" Gewerkschaften nicht verlorengehen soll. Es gäbe wenige gewerkschaftliche Fragen - mit Ausnahme von Tarif- und Lohnverhandlungen - , die nicht gemeinsam geregelt werden können. Heinrich Fischer machte auch auf die dringend notwendige Schulung für Vertrauensleute aufmerksam, die nun wirklich Sache der Einzelgewerkschaften sei, während die Betriebsräteschulung Angelegenheit des Bundes sei. Doch es blieb bei der mit der IG Metall abgesprochenen Entscheidung: Betriebsräte-Vollversammlungen fanden künftig nur noch einmal im Monat statt. Die Betriebsräte der "kleinen" Gewerkschaften sollten die Gelegenheit haben, an den Schulungen der "großen" teilzunehmen. "Man muß sich darüber im klaren sein", schloß Heinrich Fischer die Debatte, "daß durch diese neue Regelung der wöchentliche freie Nachmittag grundsätzlich in Frage gestellt ist. Der FGB kann gegenüber der Unternehmerschaft nicht mehr als Organ für diese Schulungen auftreten".
(Protokoll über die Vorstandssitzung des Bezirks-Kartells Hanau einschließlich der 1. Vorsitzenden und hauptamtlich tätigen Sekretäre des FGB Hessen Bez. Hanau am 22. Oktober 1948. DGB-Archiv Hanau).

1952 war die Teilnehmerzahl an den Betriebs- und Funktionärsversammlungen - immerhin hatten 38 stattgefunden - allerdings erheblich gesunken: Es waren durchschnittlich noch 40 Kolleginnen und Kollegen.
Im neuen BetrVG war es nicht gelungen, für die Schulung von Betriebsräten eindeutige Regelungen zu verankern. Gegenüber der seit 1945 entwickelten Praxis der Betriebsräteschulungen als auch gegenüber dem hessischen Betriebsrätegesetz bedeutete dies ein erheblicher Rückschritt.
Geradezu erschreckt fragte man sich im November 1952 im Hanauer DGB-Kreisausschuß, ob denn künftig Betriebsräteschulungen während der Arbeitszeit überhaupt noch erlaubt seien.
Dieser Vorgang steht stellvertretend für die vielen Verschlechterungen, die das BetrVG von 1952 gegenüber den bisherigen Errungenschaften darstellte. Dies ist damit zu erklären, daß die einmal erkämpften Rechte durch die Praxis verschlissen wurden. Erst 20 Jahre später wurde mit den Bildungsurlaubsregelungen im BetrVG von 1972 wieder ein Zustand erreicht, der annähernd dem Zustand der unmittelbaren Nachkriegsjahre entspricht. Daß dies 1972 durchgesetzt werden konnte, war auch Ergebnis u. a. des Streiks in der Gummiindustrie.
(siehe Kapitel "Alle Räder stehen still, wenn Dein starker Arm es will". Zum Dunlop-Streik im November 1967)
Die Tätigkeit der hauptamtlich und ehrenamtlich aktiven Gewerkschafterinnen und Gewerkschafter wäre ohne die vielen kommunalen Ausschüsse, in denen sie den DGB vertraten, nur unvollständig beschrieben. Über 60 Kolleginnen und Kollegen saßen in 26 Ausschüssen und Behörden, so bei den Spruchausschüssen des Arbeitsamtes, beim Arbeitsgericht, beim Kreiswohlfahrtsbeirat, beim Oberversicherungsamt, im Jugendfürsorgeausschuß, in den Lehrlingsprüfungsausschüssen, im Verbraucherausschuß, im Auschuß zur Bekämpfung der Schwarzarbeit, in der Wohnungskommission, im Steuerausschuß usw. Darin spiegelt sich auch die nun beginnende Phase der Gewerkschaftspolitik der fünfziger und sechziger Jahre wider, in der - nach der Niederlage bei den Neuordnungsvorstellungen - die Mitverwaltung, zunehmend auch die Mitgestaltung des Sozialstaates, nach und nach in den Mittelpunkt rückte.

Dreizehntes Kapitel

Zur Entwicklung der gewerkschaftlichen Programmatik in den 50er und 60er Jahren

1. Mai 1955, Marktplatz Hanau. "40 Stunden sind genug!" (Foto: Stadtbildstelle Hanau)

"Kürzere Arbeitszeit, höhere Löhne und Gehälter, größere soziale Sicherheit, gesicherte Mitbestimmung, verbesserter Arbeitsschutz"

Nach der Niederlage beim Kampf um die Betriebsverfassung begann eine Phase der Neuorientierung von Zielen und Handlungsschwerpunkten. Der wirtschaftliche Aufschwung gab für viele Gewerkschafter Anlaß, die Haltung zur Wirtschaftsordnung neu zu überdenken. Die alte Hoffnung, daß die Dynamik der kapitalistischen Wirtschaft die sozialen Probleme quasi im Selbstlauf erledigen könnte, erhielt neue Nahrung. Detlef Hensche, der heutige Vorsitzende der IG Medien, beschrieb 1976 diese Entwicklung:

"Am 1. Mai 1955 verkündete der DGB sein erstes Aktionsprogramm. Es beschränkte sich auf tagespolitische Ziele, nämlich innerhalb der gegebenen Wirtschafts- und Gesellschaftsordnung möglichst rasche und spürbare lohn- und sozialpolitische Verbesserungen durchzusetzen. Seine wesentlichen Forderungen waren: kürzere Arbeitszeit, höhere Löhne und Gehälter, größere soziale Sicherheit, gesicherte Mitbestimmung, verbesserter Arbeitsschutz.

Bezeichnend ist die Erklärung, die Otto Brenner bei der Vorlage des Aktionsprogramms gegeben hat:

Struktur des Realvermögens in der Bundesrepublik 1950–1965

	1950 %	1955 %	1960 %	1965 %
Arbeitnehmer	34,7	18,2	15,6	17,2
Rentner und Pensionäre	5,1	2,7	2,5	2,6
Selbständige und Unternehmungen	45,7	46,8	49,3	46,6
Öffentliche Haushalte	14,5	32,3	32,6	33,6

Verteilung des Volkseinkommens 1950–1969

1	2		3		4	5
Jahr	Brutto-Unternehmereinkommen je Selbständigen in DM		Brutto-Arbeitnehmereinkommen je Unselbständigen in DM		3 in % v. 2	Lebenshaltungskosten 1950 = 100
	nominal	real	nominal	real		
1950	4 850	4 850	3 158	3 158	65,1	100,0
1956	10 390	9 203	5 156	4 567	49,6	112,9
1960	15 213	12 625	6 876	5 706	45,2	120,5
1965	23 588	17 056	10 531	7 615	44,6	138,3
1966	24 845	17 362	11 321	7 911	45,6	143,1
1967	24 863	17 123	11 709	8 640	47,1	145,2
1968	29 789	20 223	12 471	8 466	41,9	147,3
1969	32 640	21 545	13 677	9 028	41,9	151,5

(Selbständige: einschließlich mithelfende Familienangehörige/real: in Preisen von 1950)

Die Entwicklung der Arbeitslosigkeit

Arbeitslosenquote *

1950	11,0	1960	1,3	1970	0,7
1951	10,4	1961	0,8	1971	0,9
1952	9,5	1962	0,7	1972	1,1
1953	8,4	1963	0,8	1973	1,2
1954	7,6	1964	0,8	1974	2,6
1955	5,6	1965	0,7	1975	4,7
1956	4,4	1966	0,7	1976	4,6
1957	3,7	1967	2,1	1977	4,5
1958	3,7	1968	1,5		
1959	2,6	1969	0,9		

* Hauptjahresdaten der Arbeitsstatistik für das Bundesgebiet. Bis 1958 ohne Saarland.

(AMTLICHE NACHRICHTEN der Bundesanstalt für Arbeit)

Denkt und wählt!

Zum Nachdenken einige Zitate über Gewerkschaften und Gewerkschaftsprobleme:

Giesberts, Mitbegründer der **früheren** christlichen Gewerkschaften, auf dem 2. Bundeskongreß der christlichen Gewerkschaften am 3. und 4. Juni 1900 in Frankfurt:

> **„... Wir organisieren uns, um der fest geschlossenen Macht des Kapitals, der gegenüber der einzelne Arbeiter wehrlos ist, eine gleichstarke Macht entgegenzusetzen. Es ist nichts natürlicher als der Gedanke: Tun sich die Unternehmer ohne Rücksicht auf Partei und Glauben zusammen, dann muß es der Arbeiter ebenso machen. Jede Zersplitterung ist für den Arbeiter ein Unglück."**

Jakob Kaiser auf einer Tagung der Sozialausschüsse der CDU im März 1953:

> **„Ich will dabei nur noch unterstreichen, daß niemand von uns daran denkt, durch Miteigentum die Mitbestimmung abzulösen."**
> **„Und ich sage allen denen, die heute die Losung ‚Christliche Gewerkschaften' im Munde führen: man sollte ‚Christliche Gewerkschaften' nicht als Wahlparole mißbrauchen."**

Der Landtagsabgeordnete **Fleckenstein** bei der Verabschiedung des hessischen Betriebsrätegesetzes als Vertreter der CDU:

> **„Es gilt ferner, die Massen der arbeitenden Bevölkerung gleichberechtigt in die Wirtschaft einzubauen."**

Das Gesetz wurde mit 70 Stimmen der SPD, CDU und KPD gegen 14 Stimmen der LDP angenommen.

> **Was ist aber aus dem Ahlener Programm, dem hessischen Betriebsrätegesetz, dem hessischen Freistellungsgesetz und anderen geworden!**

Wie konnte es zu dieser Entwicklung kommen?

Wir wissen es.

Hier eine Erklärung von vielen, wenn der 2. Vorsitzende der CDU, Bundestagspräsident **Dr. Gerstenmaier**, sagt:

> **„Denn schon jetzt stehen wir in nicht wenigen Bereichen der Sozialgesetzgebung und der Sozialleistung auf der äußersten Grenze, die den sozialen Staat vom Wohlfahrtsstaat scheidet."**

Wenn dazu Herr **August Martin Euler** für die FVP-DP, Koalitionspartner der CDU, erklärt:

> **„Der Einfluß des Gewerkschaftsflügels der CDU im nächsten Bundestag wird weiter verringert werden",**

zwingt das zu Überlegungen.

Wählt also Kandidaten, welche unsere Forderungen als ihre eigenen ansehen.

DEUTSCHER GEWERKSCHAFTSBUND
LANDESBEZIRK HESSEN
Wiegand

Union-Druckerei u. Verlagsanstalt GmbH., Frankfurt a. M., Bockenh. Ldstr. 134-138

'Die eine Erkenntnis war, das Kräfteverhältnis zwischen Kapital und Arbeit habe sich so verändert, daß es eine Utopie sei, zu glauben, man könne in nächster Zukunft unsere Münchner Grundsatzforderungen auf Neuordnung der Wirtschaft durchsetzen. Die andere Erkenntnis war, daß das Kräfteverhältnis im Parlament so gelagert sei, daß man von der gegenwärtigen Bundestagsmehrheit keine Unterstützung wesentlicher gewerkschaftlicher Anliegen erwarten könnte. Diese Erkenntnisse von den Schwierigkeiten, unsere Grundsatzforderung durchzusetzen, machte uns klar, daß es notwendig war, neue Mittel und Wege zu suchen und uns nur auf solche Nahziele zu beschränken und zu konzentrieren, die durch eigene gemeinsame Kraft der Gewerkschaften erreichbar waren.
Das war der Sinn des Aktionsprogramms'.

Eine weitere Folge zeigte sich im Godesberger Programm der SPD (1959). Ökonomische Entwicklung, Restauration alter Macht- und Herrschaftsverhältnisse, Wahlsiege der CDU hatten in der sozialdemokratischen Partei das Verständnis gefördert, daß eine Politik von vorsichtigen Reformen geboten sei. Klassische sozialistische Zielvorstellungen erschienen der neuen Zeit nicht mehr gerecht zu werden.
Wenige Jahre später, 1963, wurde auf dem 2. Außerordentlichen Bundeskongreß des DGB das neue Grundsatzprogramm, das Düsseldorfer Programm, verabschiedet.

Das Programm ist im Grunde ein politischer Kompromiß.

Auch das Düsseldorfer Programm enthält noch Bestandteile der alten Neuordnungspläne, nämlich Mitbestimmung, Investitionslenkung und Rahmenplanung sowie Sozialisierung. Auf der gleichen Ebene liegt die Präambel, die mit ihren Aussagen über die gegenwärtigen Wirtschafts- und Machtstrukturen eine klassische Kapitalismuskritik enthält. Die Antwort ist u. a. folgende Forderung:

'Die Gewerkschaften kämpfen um die Ausweitung der Mitbestimmung der Arbeitnehmer. Damit wollen sie eine Umgestaltung von Wirtschaft und Gesellschaft einleiten, die darauf abzielt, alle Bürger an der wirtschaftlichen, kulturellen und politischen Willensbildung gleichberechtigt teilnehmen zu lassen'.

Der andere Flügel des Düsseldorfer Kongresses zog aus der zurückliegenden und zu erwartenden wirtschaftlichen Entwicklung vornehmlich die Konsequenz, das privatwirtschaftliche System in der Weise fortzuentwickeln, daß soziale Härten und wirtschaftlicher Mißbrauch vermieden würden. Eine generelle Umgestaltung des gegenwärtigen Systems wird dagegen nicht angestrebt. Bezeichnend ist ein Diskussionsbeitrag Georg Lebers vom Düsseldorfer Bundeskongreß:
'Das, was den Arbeiter von heute von anderen Gesellschaftsschichten unterscheidet, ist nicht ein Diskriminiertsein, ein Außenseitersein, sondern ist die Tatsache, daß ungleiche Einkommensverhältnisse vorliegen, an denen wir etwas ändern müssen. Die Tatsache, daß er nicht über genügend Geld verfügt, versperrt ihm den Zugang zu bestimmten Einrichtungen in unserer Gesellschaft ...
Die Begriffe wie Willkür der Unternehmer und Ausbeutung sind doch überholte Floskeln, die nicht mehr in ein Programm hineingehören, das den Gewerkschaften den Weg in die Zukunft weisen soll."

Auch diese Strömung hat in das Grundsatzprogramm Eingang gefunden. Die Wirtschaftsplanung des Münchner Programms wurde zu 'Investitionslenkung' und 'Rahmenplanung' verkürzt - mit der weiteren Einschränkung: 'ohne die letzte Entscheidung über Art und Umfang der Investitionen aus dem Bereich des einzelnen Unternehmens herauszunehmen'.
Die Forderung nach Sozialisierung findet sich am Ende eines Katalogs von Maßnahmen zur Verhinderung wirtschaftlicher Macht, sozusagen als 137. Novelle zum Gesetz gegen Wettbewerbsbeschränkung: Wenn Wettbewerb, Konzentrationskontrolle, Publizitätspflicht etc. nicht ausreichen, so ist letztlich an Sozialisierung zu denken. Und wichtiger noch: Die Forderungen nach Mitbestimmung, Wirtschaftsplanung und Sozialisierung sind auseinandergerissen und nicht mehr untrennbare Elemente eines einheitlichen Programms zur Neuordnung der Wirtschaft. So konnte letztlich die isolierte Forderung nach Mitbestimmung später das verbreitete Mißverständnis hervorrufen, der DGB fordere Mitbestimmung, um 'Schlimmeres' zu verhüten, also Mitbestimmung etwa als Alternative zur Sozialisierung; eine Fehlinterpretation, die auch vom Düsseldorfer Programm nicht mehr gedeckt wird.

Die Folge dieses politischen Kompromisses im Düsseldorfer Programm: Jeder kann sich auf einzelne Sätze und Abschnitte berufen (wobei hinzugefügt sei, daß ein bestimmtes Maß an politischer Offenheit in einem gewerkschaftlichen Grundsatzprogramm nicht unbedingt nachteilig sein muß).
Eines steht jedoch fest: Die Neuordnung der Wirtschaft hat nicht mehr den zentralen Stellenwert wie im Münchner Programm. Damit hängt zusammen, daß die gesellschaftliche Machtverteilung als Voraussetzung zur Verwirklichung gewerkschaftlicher Ziele nur noch im Zusammenhang mit der Mitbestimmung angesprochen wird, im übrigen aber kaum als Problem auftaucht. Schließlich liegt dem Programm insgesamt ein verbreiteter Wirtschaftsoptimismus zugrunde, nämlich die Erwartung weiterhin stetigen Wachstums, auf dessen Grundlage sich soziale Probleme leichter lösen lassen als früher angenommen."
(Detlef Hensche: Grundsatzprogramm und Wirtschaftsordnung. Zur gewerkschaftlichen Programmatik seit 1945. In: Gewerkschaftliche Monatshefte 11 (1976))

DGB-Kreisdelegiertenkonferenz vom 16. Oktober 1954 mit Hermann Ernst, Heinrich Fischer (Foto: Stadtbildstelle Hanau)

Unten: Maiaufruf 1955: Im Mittelpunkt der Diskussion stand die Einführung der 40-Stunden-Woche, die Abschaffung der Karenztage und die Gleichbehandlung der Arbeiter und Angestellten im Krankheitsfall.

Der Schleswig-Holstein-Streik um die Lohnfortzahlung im Krankheitsfall

"Im Mittelpunkt stand eine Forderung, um die es in einem sozialen Rechtsstaat eigentlich keinen Streit hätte geben dürfen: Die Gleichbehandlung von Arbeitern und Angestellten bei Krankheit."

Als herausragendes Beispiel für den Kampf der Gewerkschaften zur Beseitigung von Ungleichbehandlung der Arbeitnehmerinnen und Arbeitnehmer und für den Aufbau des sozialen Rechtsstaates steht die Auseinandersetzung um die Lohnfortzahlung im Krankheitsfall. Während Angestellte, wenn sie erkrankt waren, bereits seit vielen Jahrzehnten sechs Wochen lang ihr Gehalt weiterbezogen, stand den Arbeiterinnen und Arbeitern nur das verminderte Krankengeld zu. Es lohnt sich, an diesen wichtigsten Streik der deutschen Sozialgeschichte gerade heute zu erinnern, wo die Bundesregierung zur Finanzierung der Pflegeversicherung die Wiedereinführung der Karenztage durchsetzen will. Diese aktuelle Auseinandersetzung zeigt auch, daß in unserer Gesellschaftsordnung auch das durch große Kämpfe Erreichte nie auf Dauer gesichert ist. So wollen die Unternehmer die wirtschaftliche Situation heute nutzen, um das Tarifvertragssystem grundsätzlich in Frage zu stellen. Das nach 1945 geschaffene System kollektiver tariflicher Regelungen bedeutet bisher einen gemeinsamen gesicherten Rechtsanspruch für alle Arbeitnehmerinnen und Arbeitnehmer in einer Branche auf Löhne und Gehälter, auf Arbeitszeit und Urlaub, Urlaubsgeld und weitere tarifliche Zahlungen. Dar-

Kolleginnen und Kollegen!

In Schleswig-Holstein befinden sich seit dem 24. Oktober dieses Jahres, also seit sieben Wochen, über 30 000 Arbeitnehmer der Metallindustrie im Streik. Die streikenden Kolleginnen und Kollegen wollen ihre Arbeitsbedingungen verbessern.

Die Forderungen sind

- **Lohnfortzahlung im Krankheitsfalle für gewerbliche Arbeiter für die Dauer von sechs Wochen;**
- **Zahlung eines zusätzlichen Urlaubsgeldes von 7,50 DM täglich;**
- **Verlängerung des Urlaubs.**

Es ist das erste Mal in unserem Lande, daß Gewerkschaftsmitglieder mit ihren Familien ein großes Opfer auf sich nehmen, um diese Forderungen als Bestandteil der Manteltarifverträge durchzusetzen.
Die Lohnfortzahlung im Krankheitsfalle an alle Arbeiter ist ein Gebot der Stunde. Das Krankengeld reicht in keinem Falle aus, um bei Krankheit den normalen Lebensstand zu erhalten und fortzuführen. Deshalb ist der Kampf um die Durchsetzung dieser Forderung berechtigt.
Auch der ausreichende Urlaub und ein entsprechendes Urlaubsgeld können den Arbeitern und Angestellten nicht länger vorenthalten werden. Der von den Streikenden geforderte Urlaub und das Urlaubsgeld dienen einzig und allein der Erhaltung der Gesundheit und der Arbeitskraft. Deshalb sind auch diese Forderungen berechtigt.
Wo im Lande Stimmen laut werden, die den Streik und die streikenden Kollegen verurteilen oder sie vertrösten möchten, da sollt Ihr Eure Stimme erheben und die berechtigten Forderungen der im Kampf stehenden Kollegen verteidigen.

Übt Solidarität mit allen Streikenden und mit der Industriegewerkschaft Metall, die die Trägerin dieses Arbeitskampfes ist.

Denkt daran: Die Streikenden kämpfen für Forderungen des Aktionsprogramms des Deutschen Gewerkschaftsbundes, und dieses Aktionsprogramm ist auch von den großen politischen Parteien und von weiten Teilen der deutschen Öffentlichkeit anerkannt worden.
Die arbeitenden Menschen haben die Wirtschaft nach 1945 wieder mitaufgebaut. Sie haben einen berechtigten Anspruch auf die Erfüllung ihrer Forderungen. Darum, und um nichts weiter, geht es in Schleswig-Holstein, und deshalb erfordert dieser Arbeitskampf Eure Sympathie und Eure Solidarität!
Wir sind uns einig in der Fortführung der tatkräftigen Hilfe aller Gewerkschaftskollegen für die streikenden Kollegen in Schleswig-Holstein!

über hinaus sind in unseren Tarifverträgen eine Vielzahl weiterer Rechte z. B. zu Kurzarbeit und Überstunden, zu Leistungsentlohnung und Erholzeiten, zur beruflichen Weiterbildung usw. enthalten. Die Gesamtheit dieser Regelungen war in den letzten 40 Jahren der entscheidende Standortvorteil der Bundesrepublik Deutschland.

Zum Verlauf des Kampfes um Lohnfortzahlung im Krankheitsfall berichtet die IG Metall:

Viermal Urabstimmung

"Viermal wurden 1956/1957 die Metallarbeiter in Schleswig-Holstein zur Urabstimmung aufgerufen. Nur 77,5 Prozent erklärten sich zunächst bereit, die Arbeit niederzulegen. 97,4 Prozent folgten in der elften Woche der Empfehlung ihrer Gewerkschaft und lehnten den ersten Einigungsvorschlag ab. 76,2 Prozent sprachen sich in der vierzehnten Woche des Arbeitskampfes gegen ein Verhandlungsergebnis aus, dessen Annahme ihnen der Vorstand

Das Aktionsprogramm des DGB fordert:

Lohnfortzahlung in Krankheitsfällen auch für Arbeiter

Es ist unbillig und ungerecht zugleich, daß Arbeitern bei Arbeitsunfähigkeit infolge Krankheit in den ersten sechs Wochen kein Lohn gezahlt wird. Um dieses seit Jahren und Jahrzehnten bestehende Unrecht zu beseitigen, ist die Lohnweiterzahlung durch Tarifvertrag oder Gesetz einzuführen.

Darum

Sicherung des Kranken und seiner Familie gegen Not

Darum

Auch dem Arbeiter die gleiche Chance gesund zu werden

Darum

Durch vollen Lohn bei Krankheit gleiches Recht für alle Arbeitnehmer

Darum

Abgeordnete des Bundestages erfüllt diese berechtigte Forderung der Arbeiter

DEUTSCHER GEWERKSCHAFTSBUND

Herausgeber: DGB Bundesvorstand, Düsseldorf — Druckhaus Deutz, Köln/Düsseldorf

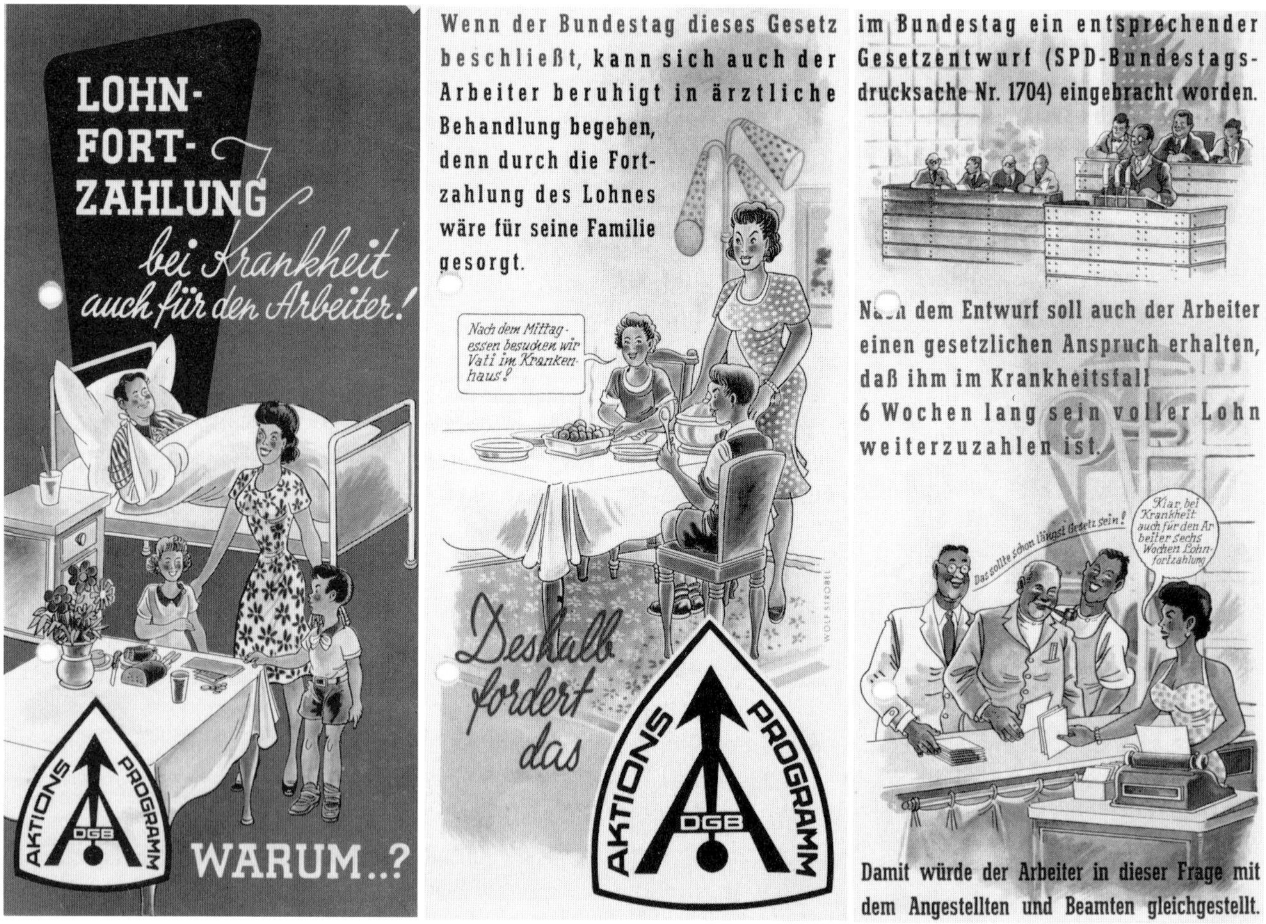

nahelegte. 39,7 Prozent stimmten schließlich einem Schlichtungsvorschlag zu, 57,7 Prozent wandten sich dagegen. Mit dieser Abstimmung hatte der längste Streik in der Geschichte der Bundesrepublik Deutschland nach mehr als sechzehn Wochen sein Ende gefunden.

16 Wochen Streik

Der Kampf der schleswig-holsteinischen Metallarbeiter dauerte vom 24. Oktober 1956 bis zum 14. Februar 1957. Länger noch als seine Dauer ist die Vorgeschichte. Das Nachspiel führte bis vor die Schranken des Bundesarbeitsgerichtes in Kassel. Worum ging es? Bereits im August 1955 hatte der Vorstand der IG Metall beschlossen, alle Rahmentarifverträge kündigen zu lassen, bei denen die Möglichkeit dazu bestünde. Das war unter anderem in Schles-

wig-Holstein der Fall, wo drei Verträge zum 31. Dezember 1955 und ein weiterer zum 31. März 1956 gekündigt wurden. Im September 1955 forderte die Große Tarifkommission alle Verwaltungsstellen auf, in Funktionärsversammlungen Vorschläge für die neuen Rahmentarifverträge zu machen. Eine kleine Kommission beriet dann den Vertragsentwurf. Zugestellt erhielten ihn die beiden betroffenen Arbeitgeberverbände, der Arbeitgeberverband der Metallindustrie in den Kammerbezirken Kiel und Flensburg und der Verband der Eisen- und Metallindustrie in Schleswig-Holstein, im April 1956.
Es folgten vorbereitende Gespräche mit den Arbeitgebern und am 28. Juli 1956 die erste Verhandlung. Von Beginn an hatten beide Arbeitergeberverbände versucht, die aus anderen Tarifgebieten bekannte Verschleppungstaktik anzuwenden. Schnell aber wurde deutlich, daß sie nicht willens waren, den Hauptforderungen der IG Metall entgegenzukommen. Zur Debatte standen Lohnausgleich bei Krankheit, eine Erhöhung des Urlaubs und die Zahlung eines zusätzlichen Urlaubsgeldes. Die gewerkschaftliche Verhandlungskommission erklärte am 28. September schließlich das Angebot der Arbeitgeber für unzureichend. Die Große Tarifkommission entschloß sich, das Verhandlungsergebnis den Betroffenen zur Entscheidung vorzulegen. Über die Absicht, am 11. und 12. September eine Urabstimmung abzuhalten, wurden die Arbeitgeber am 4. September informiert. Die Ablehnung des Arbeitgeberangebotes sollte zugleich die Bereitschaft zum Streik bedeuten.

In alter Tradition und mit durchsichtiger Methode

Stets war die Diffamierung des DGB und der Gewerkschaften mit dem Versuch verbunden, die Handlungsfelder der Gewerkschaften zu begrenzen und sie auf "reine Lohnfragen" zurückzudrängen. Streikende Gewerkschafter wurden als "Stalinisten" diffamiert und gleichzeitig über den Oberbegriff des "Totalitarismus" in die Nähe der Nazis gerückt.
Z. B. Der Industriekurier am 23. April 1955 im Zusammenhang mit dem Bayernstreik 1954:
"Man fordert 'Solidarität' im Sinne der alten Klassenkampfideologie und proklamiert den Terror gegen die Arbeitswilligen ... Daß es sich hier für manche Funktionäre nicht mehr um die Lohnfrage handelte, beweist das Wort eines Gewerkschaftsführers: Der Streik der Metallarbeiter in Bayern ist ein Kampf gegen die bestehende Gesellschafts- und Wirtschaftsordnung. Also ein Klassenkampf. Und dieser Kampf wurde geführt, ausgehend vom Koalitionszwang, mit totalitären Mitteln und Methoden. Wer aber kann glauben, daß man auf diesem Weg zu anderen als totalitären Zielen gelangen kann?"
Z. B. Der Industriekurier am 12. Februar 1957 zum Schleswig-Holstein-Streik:
"So haben in diesem 'Modellfall' eines Streiks in der Bundesrepublik die Funktionäre des Herrn Ulbricht gesiegt ... Die Neostalinisten von drüben haben in Schleswig-Holstein ihren Erfolg nicht zuletzt deshalb errungen, weil sie zu den Arbeitern in einer Sprache gesprochen haben, die jedem aus vielen Gewerkschaftsversammlungen ... wohlvertraut war. Das ist die Sprache Otto Brenners ... Uns scheint es hohe Zeit zu sein zu verhindern, daß durch Aktionen, wie wir sie in Schleswig-Holstein erlebt haben, die Demokratie ausgehöhlt und Staat und Wirtschaft dem diktatorischen, womöglich von Pankow gesteuerten Willen einer Minderheit ausgeliefert werden."

Im Mittelpunkt: Die Gleichbehandlung

Im gesamten Tarifgebiet betrug das Organisationsverhältnis 71,9 Prozent. Von 62.366 Arbeitern waren 44.856 Mitglieder der IG Metall. In fast allen Verwaltungsstellen bestand ein gut ausgebauter Vertrauenskörper. Die Bemühungen der Bezirkskommission, die Kollegen in den Betrieben auf eine Auseinandersetzung vorzubereiten, reichten von Pressekonferenzen über Insera-

te, Flugblätter und Plakate bis hin zu Wochenendschulungen und zu Großveranstaltungen. Der gewerkschaftliche Entwurf des Rahmentarifvertrages war in die Hände eines jeden Vertrauensmannes gelangt.
Das Ergebnis dieses Arbeitskampfes konnte sich, ganz gleich wie er ausgehen mochte, nicht unmittelbar in klingender Münze ausdrücken.
Erstmals wurde ein so langer Streik nicht um die Verbesserung eines Lohntarifs, sondern um einen Rahmentarifvertrag geführt. In seinem Mittelpunkt stand eine Forderung, um die es in einem sozialen Rechtsstaat eigentlich keinen Streit hätte geben dürfen: die Gleichbehandlung von Arbeitern und Angestellten bei Krankheit.
Die beiden Hauptforderungen - Lohnausgleich und Urlaubsgeld - hätten etwa 3,23 Prozent der Bruttolohnsumme ausgemacht. Dazu war die wirtschaftliche Lage ausgezeichnet. Die Auftragsbestände der Werften hatten im Herbst 1956 einen noch nie dagewesenen Höchststand erreicht. Die Lieferfristen gingen zum Teil bis in das Jahr 1962.
Von Beginn an standen die schleswig-holsteinischen Arbeitgeber unter dem Druck des Gesamtverbandes der Metallindustriellen, der einen Präzedenzfall befürchtete und deshalb vor allem die Lohnfortzahlung im Krankheitsfalle verhindern wollte. Einigungsversuche des Ministerpräsidenten von Schleswig-Holstein, Kai Uwe von Hassel, der seine Sympathien mit den Arbeitgebern nur schlecht verhehlen konnte, blieben ergebnislos. Als die Schlichtungsstelle am 31. Dezember 1956 gegen die Stimmen der Beisitzer der IG Metall mit Mehrheit einen Einigungsvorschlag machten, lehnten ihn nach der Großen Tarifkommission der IG Metall am 7. Januar auch die Streikenden ab. Der Kampf wurde auf weitere Betriebe ausgedehnt. Am 11. Januar waren in ihn insgesamt 34.068 Arbeiter einbezogen. Begonnen hatte es mit Schwerpunktstreiks. Der Kampf war erst nach und nach ausgedehnt worden.

Zwischenergebnis abgelehnt

Verhandlungen unter Vorsitz des früheren Arbeitsministers von Nordrhein-Westfalen, Johannes Ernst, die vom 22. bis zum 25. Januar im Bundesarbeitsministerium stattgefunden hatten, führten zwar zu einem Ergebnis, dessen Annahme der Vorstand empfahl, aber die Streikenden stimmten nicht zu. Schon die Große Tarifkommission hatte sich nur mit der knappen Mehrheit von zweiunddreißig zu dreißig Stimmen dafür ausgesprochen. Hier und da gab es erregte Diskussionen. Das Ergebnis, so wurde in Streikversammlungen argumentiert, stelle nicht die Gleichbehandlung sicher. Im übrigen wolle man mit einer Ablehnung des Einigungsvorschlages der Verhandlungskommission den Rücken stärken und durch Ausweitung des Streiks ein besseres Ergebnis erzielen.

Der entscheidende Durchbruch

Erneute Schlichtungsverhandlungen führten am 9. Februar in Kiel zu einem einstimmigen Einigungsvorschlag. In der vierten Urabstimmung nahmen ihn 39, 7 Prozent der Streikenden an. Der entscheidende Durchbruch zur Gleichbehandlung der Arbeiter und Angestellten war erkämpft, ein längerer Urlaub und eine bessere Urlaubsvergütung erreicht. Einer der wichtigsten Streiks der deutschen Sozialgeschichte war erfolgreich abgeschlossen.
Wenige Monate später verabschiedete der Bundestag das Gesetz zur Verbesserung der wirtschaftlichen Sicherung der Arbeiter im Krankheitsfalle. Ohne den Kampf der Metallarbeiter in Schleswig-Holstein hätte auch hier der soziale Fortschritt noch einige Zeit auf sich warten lassen."
(Aus: 90 Jahre Industriegewerkschaft Metall. 1891 bis 1981. Vom Deutschen Metallarbeiter-Verband zur Industriegewerkschaft Metall. Köln: Bundverlag, 1981)

Maiparolen im Wandel der Zeit

Bis Ende der fünfziger Jahre fanden die Hanauer Maikundgebungen auf dem Marktplatz statt, dann wurden sie in den geschlossenen Raum verlegt, zunächst in die Stadthalle, 1965 und 1966 in die Dunlophalle, dann wieder in die Stadthalle. Als Grund dafür galt der Rückgang der Zahl der Teilnehmerinnen und Teilnehmer bei den öffentlichen Kundgebungen. Der tiefere Grund lag jedoch eher in einem Wandel im Selbstverständnis der Gewerkschaften. Die Mitgestaltung der Gesellschaft, die man sich zur Aufgabe gestellt hatte, erforderte nicht mehr die Mobilisierung der Mitglieder, sondern den Dialog mit Politikern. So wandelten sich die Maikundgebungen zu akademischen Feiern für Gewerkschaftsfunktionäre und einen Kreis geladener Gäste. Entsprechend prominent waren auch die Festredner: Arbeitsminister Heinrich Hemsath (1960), Joachim Lipschitz, Innensenator von West-Berlin (1961), Kultusminister Prof. Dr. Schütte (1962), Heinrich Fischer, Staatsminister a. D. und Oberbürgermeister i. R. (1963), der Fraktionsvorsitzende der SPD im Deutschen Bundestag Herbert Wehner (1964) und der DGB-Landesvorsitzende Otto Scheugenpflug anläßlich der zentralen Maikundgebung des DGB Hessen in der Dunlophalle (1965).

Nach 1965 kommen die Mairedner aus den Einzelgewerkschaften. Am 1. Mai 1966 fand erstmals wieder eine Demonstration statt, die durch die Hanauer Innenstadt zur Dunlophalle führte. Aus den beiden Elementen - Demonstration und Kundgebung vor der Stadthalle - später kam noch ein Festzelt im Schloßgarten hinzu - bestanden die Maifeiern der 70er Jahre.

Maiparolen 1953 - 1970

1953	Unsere Forderung: Einführung der 40-Stunden-Woche
1954	Einheit, Frieden, Freiheit
1955	40 Stunden sind genug - 5 Tage sind genug
1956	Friede, Freiheit, soziale Gerechtigkeit Diese zentrale Losung wurde bei der Hanauer Maikundgebung durch vier Transparente konkretisiert: "Gleiche Leistung, gleicher Lohn", "Schutz der arbeitenden Frauen", "Gute Planung verbilligt das tägliche Brot" und "Jeder Schaffende braucht eine gute Wohnung"
1957	Wiedervereinigung - ohne Gewalt - doch bald
1958	Frieden, Freiheit, Fortschritt Im Mittelpunkt der Hanauer Maikundgebung stand die Forderung "Kampf dem Atomtod. Wir wollen Frieden - Freiheit - Fortschritt".
1959	Wiedervereinigung, Freiheit, Sicherheit
1960	Schon Vatis Opa war dabei, 70 Jahre 1. Mai
1961	Freiheit - Solidarität
1962	In Frieden arbeiten, in Freiheit leben
1963	Die Grundrechte sichern - in Freiheit gestalten. Das Erreichte erhalten - mehr soziale Sicherheit
1964	Sonst wären wir nicht soweit
1965	Wichtiger ist der Mensch
1966	Dabeisein, mitbestimmen, Erfolg haben
1967	Auf sozialem Kurs voran
1968	Starke Gewerkschaften - deine Sicherheit
1969	Die Zukunft gewinnen, mitbestimmen
1970	Wir sichern den Fortschritt

Am 1. Mai 1958
findet in Hanau
Schloßplatz
in der Zeit
von 10 bis 11.30 Uhr
die

MAIFEIER

DER GEWERKSCHAFTEN

statt

◆

Bei schlechtem Wetter in der Stadthalle Hanau

◆

Vor Beginn der Feier ab 9.30 Uhr Platzkonzert, ausgeführt vom 1. Hanauer Blas- und Streichorchester Leitung Karl Goldbach

◆

Wir laden alle Gewerkschaftsmitglieder und die Bevölkerung zu unserer Maifeier herzlich ein

PROGRAMMFOLGE

Vorspruch
Sprecher der Gewerkschaftsjugend Hanau

Begrüßung
H. Ernst, Vorsitzender des DGB-Kreisausschusses Hanau

Empor zum Licht
Chor von Uthmann, Volkschöre Hanau und Langenselbold
Leitung Günter Bruchhaus

Triumphmarsch aus „Aida"
1. Hanauer Blas- und Streichorchester
Leitung Karl Goldbach

Hör uns, o Volk
Chor von Muehl-Beckedorf
Volkschöre Hanau und Langenselbold
Leitung Günter Bruchhaus

FESTREDE
HERBERT WEHNER
Bundestagsabgeordneter

Gemeinsames Lied
Brüder, zur Sonne, zur Freiheit

oben links: 1. Mai 1956
unten links: 1. Mai 1958

oben rechts: 1. Mai 1957
unten rechts: 1. Mai 1962

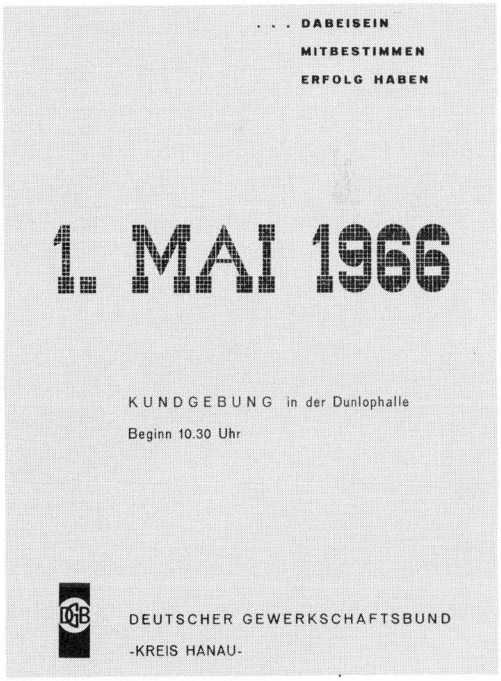

oben links: 1. Mai 1965
unten links: 1. Mai 1966; Demonstration vor der Dunlop

oben rechts: 1. Mai 1966
unten rechts: 1. Mai 1966

Vierzehntes Kapitel

Betriebsverfassungsgesetz 1952: Wenig Rechte, viele Pflichten

(aus: Die Geschichte der IG Metall seit 1945, Köln 1986, S. 136)

Dokumente zu den Auswirkungen des Betriebsverfassungsgesetzes in den 50er und 60er Jahren

"Den Gefahren entgegenwirken durch Ausbau des Vertrauenskörpers und eine andere Tarifpolitik"

"Auf der Betriebsratsebene verfuhren die Gewerkschaften nach ihrem erfolglosen Protest in den Jahren 1951/1952 so, wie es das Gesetz befahl. Ihre Betriebsräte hielten sich an den engen Rahmen des Gesetzes, an die Friedenspflicht, und waren in der Regel bemüht, der Absicht des Gesetzes zu folgen, Konflikte zwischen Belegschaft und Unternehmensleitung möglichst durch Verhandeln zu dämpfen. Dieses Verhalten hatte Auswirkungen für die gewerkschaftliche Position nicht nur in den Betrieben. Da die Betriebsräte oft auch Funktionsträger der Gewerkschaften waren, trugen sie die Friedenspflicht, der sie als Betriebsräte unterlagen, in die Gewerkschaftsarbeit hinein. Es bürgerte sich ein, betriebliche Forderungen allein über den Betriebsrat durchzusetzen und gewerkschaftliche Aktionen, wie sie in anderen kapitalistischen Ländern üblich sind (Teilstreiks, Versammlungen, Arbeit nach Vorschrift) gar nicht erst ins Auge zu fassen ...

Die andere Ebene der Mitbestimmung war von Anfang an mehr mit wirtschaftspolitischen Grundsatzdiskussionen verbunden. Die Mitgliedschaft von Gewerkschaftsvertretern und Belegschaftsmitgliedern in den Aufsichtsräten bzw. Vorständen wurde oft als erster Schritt zur Wirtschaftsdemokratie aufgefaßt, als der Anfang vom Ende der abso-

AUFRUF

zu den Betriebsrätewahlen 1951/52 im Lande Hessen

Der Hessische Landtag hat am 26. August 1950 ein Gesetz zur Änderung des Betriebsrätegesetzes für das Land Hessen beschlossen, dessen § 1 Absatz 1 lautet:

„Die zur Zeit des Inkrafttretens dieses Gesetzes tätigen Betriebsräte gelten als bis zum 31. Oktober 1951 gewählt."

Nach diesem Gesetz läuft also die Amtsdauer der Betriebsräte am 31. Oktober 1951 ab.

Der Landesbezirksvorstand des Deutschen Gewerkschaftsbundes ruft alle Angestellten, Beamte und Arbeiter auf, die

Betriebsrätewahlen vom 15. September bis 15. Oktober

durchzuführen. Ausgenommen sind Bundesbahn und Bundespost, welche zu einem anderen Zeitpunkt wählen.

Die soziale und wirtschaftspolitische Entwicklung in der Bundesrepublik macht es notwendig, der Vorbereitung und Durchführung der Betriebsrätewahlen größte Beachtung zu schenken. Die Hauptverantwortung für die Verwirklichung des Betriebsverfassungsrechts tragen die Gewerkschaften. Dieser Grundsatz muß schon bei den Wahlen Beachtung finden. Deshalb stellen wir folgende Punkte heraus:

1. Jede Wahl in Zusammenarbeit mit den Gewerkschaften!
Es muß Aufgabe der Gewerkschafts-Vertrauensleute in allen Betrieben mit mindestens 5 wahlberechtigten, ständigen Arbeitnehmern sein, rechtzeitig für die Vorbereitung der Wahlen zu sorgen.

2. Kein Betriebsrat, der nicht Gewerkschaftsmitglied ist!
Die vor uns liegenden Aufgaben machen eine Zusammenwirkung von Arbeitnehmer, Betriebsrat und Gewerkschaft notwendiger denn je.

3. Kein Betriebsrat ohne Frauen!
Frauenarbeit ist keine zeitweilige Angelegenheit. Der Grundsatz der Gleichberechtigung im öffentlichen Leben muß bei der Arbeitnehmerschaft Beachtung finden.

4. Kein Betriebsrat ohne Jugendvertreter!
Es ist eine dringende Aufgabe der Betriebsräte und Gewerkschafts-Vertrauensleute, dafür zu sorgen, daß die Jugend in das Aufgabengebiet der Zukunft hineinwachsen kann.

5. Kein Betriebsrat nach parteipolitischen Gesichtspunkten!
Die Aufgaben der Betriebsräte liegen auf beruflichem, sozialem und wirtschaftlichem Gebiet. Parteipolitische Zielsetzungen gefährden die Einigkeit der Arbeitnehmer und die Einheit ihrer Gewerkschaft.

6. Nur fähige und charakterlich saubere Arbeitnehmer gehören in den Betriebsrat!
Ausschlaggebend für die Wahl zum Betriebsrat kann nur sein: das Bekenntnis zur Gewerkschaft, die fachliche Befähigung und die charakterliche Eignung.

Deutscher Gewerkschaftsbund
Landesbezirk Hessen

Der Landesbezirksvorstand
Wiegand

luten Vorherrschaft von Unternehmerinteressen in der Wirtschaft. In der Praxis erwies sich diese Form der Mitbestimmung aber als wenig erfolgreich: Es gelang nicht, gewerkschaftliche oder Belegschafts-Interessen in den Aufsichtsräten durchzusetzen. Auch die von der Arbeiterschaft gestellten Aufsichtsräte waren den 'Sachzwängen' der Unternehmensentscheidungen unterworfen und konnten weder Stillegungen (wie gegen Ende der 50er Jahre im Ruhrbergbau) noch Rationalisierungen, d. h. Einsparungen von Arbeitsplätzen, verhindern ... In dem Maße, wie von Gewerkschaftsseite auf grundsätzliche Veränderungen der Wirtschaftsordnung verzichtet wurde, hielt sie sich zunehmend auch aus politischen Auseinandersetzungen heraus oder begnügte sich mit zweifellos fortschrittlichen, aber folgenlosen Aufrufen, Ansprachen und Appellen an die Regierung. So wurde zwar die Wiederbewaffnung scharf abgelehnt, gleichzeitig aber ausdrücklich auf einen Streik dagegen verzichtet. Auch als 1958 während der Bundestagsdebatte über die Atombewaffnung 1.000 Arbeiter der Kasseler Henschelwerke streikten, distanzierte sich die IG Metall ... Die politische Arbeit des DGB lief auf eine Rolle als Mahner und Warner hinaus und nicht darauf, sein Gewicht als größte Massenorganisation einzusetzen."

Rainer Nitsche, Walter Kröber: Grundbuch zur bürgerlichen Gesellschaft. Band 3. Neuwied, Darmstadt: Luchterhand, 1979

"Es kommt weniger darauf an, den Betriebsräten das BetrVG zu kommentieren, als den Betriebsräten den Sinn des Mitbestimmungsrechtes klarzumachen."

"Aus einer eineinhalbjährigen Arbeit mit dem BetrVG ist zu erkennen, daß die von den Gewerkschaften vor Erlaß des Gesetzes geltend gemachten Bedenken berechtigt waren. Die dem Betriebsrat durch verschiedene Ländergesetze gegebenen Rechte sind durch das BetrVG in vielen Fällen eingeschränkt worden. Dazu kommt, daß die Formulierung der Bestimmungen des BetrVG nicht klar sind, daß öfters für einen Begriff verschiedene Worte gewählt werden und somit Anlaß zu Mißverständnissen gegeben ist.
Die politischen Überlegungen der Bundestagsmehrheit, die zur Einführung der Gruppen- und Verhältniswahl geführt haben, waren darauf ausgerichtet, organisatorische Minderheitengruppen, insbesondere konfessionellen Gruppen und gewerkschaftlichen Splitterorganisationen, über das Verhältniswahlrecht eine Vertretung im Betriebsrat zu ermöglichen ...
Die dem BetrVG innewohnende syndikalistische Tendenz ist schon spürbar geworden. In vielen Fällen mußten wir Stellung nehmen gegen den Betriebsegoismus einzelner Betriebsräte, die oft allzu leicht Argumente der Unternehmer gelten machen bei gewerkschaftlichen Forderungen nach verkürzter Arbeitszeit mit vollem Lohnausgleich. In anderen Fällen mußten die Betriebsräte auch erfahren, daß das Betriebsverfassungsgesetz ihnen keine sichere Stellung und Funktion gibt, sondern daß sie durch die ihnen auferlegte Wahrung der Interessen auch des Unternehmens (§ 49 Abs.1 BetrVG) vor innere Konflikte gestellt werden. Dies zwingt uns organisatorisch zu einem verstärkten Ausbau des Vertrauensmännerkörpers in enger Zusammenarbeit mit den Betriebsräten auf der einen Seite und andererseits auch zu einer Überprüfung unserer Tarifpolitik.
Die wesentliche Bedeutung des BetrVG ergibt sich allein aus § 56 BetrVG, der dem Betriebsrat in den dort aufgeführten Angelegenheiten ein echtes Mitbestimmungsrecht gibt.
Es kommt weniger darauf an, den Betriebsräten das BetrVG zu kommentieren, als den Betriebsräten den Sinn des Mitbestimmungsrechtes klarzumachen, wie er sich aus der geschichtlichen Entwicklung ergibt. Erst wenn die Arbeitnehmerschaft wieder in vollem Bewußtsein ihrer Stellung in der Gesellschaft lebt, werden die Betriebsräte wieder zum Vertretungs- und reinen Interessenorgan der Arbeitnehmer, die wissen, daß sie Rechte zu erkämpfen und zu verteidigen haben, die ihnen in der heutigen Gesellschaft vorenthalten werden."
Geschäftsbericht des IG Metall Vorstands 1952/53 zum 3. ordentlichen Gewerkschaftstag vom 13. - 18. September1954

"So ist das in der öffentlichen Verwaltung, wenn die eigenen Leute Arbeitgeber sind"

Klaus Nimrich, Jg.1922, von Beruf Bauschlosser, dann Krankenpfleger, von 1957 - 1984 ÖTV-Sekretär in Hanau:

"Ich war zunächst Betriebsrat im Krankenhaus. Damit ging meine gewerkschaftliche Arbeit los. Ich habe Schulungen mitgemacht, war auf der Akademie der Arbeit. 1954 habe ich als ÖTV-Sekretär in Frankfurt angefangen, habe mich dort vor allem um das Gesundheitswesen gekümmert. 1957 bin ich nach Hanau gekommen.

Schwerpunkt der ÖTV in Hanau war die öffentliche Verwaltung, aber da lag vieles im argen. Das kann man sich heute gar nicht mehr vorstellen. Wir hatten so viele Karteileichen, es gab ja keine Kontrolle wie heute, ob einer seinen Beitrag zahlt oder nicht. Die einzigen, die satzungsgemäß bezahlt haben, waren die Kollegen von der Stadtverwaltung in Hanau. In der ÖTV hatte vor allem die SPD das Sagen, Gewerkschaft und Partei waren so ziemlich dasselbe.

Da spielte natürlich eine Rolle, daß Heinrich Fischer, nach 1945 Mitbegründer der Hanauer Gewerkschaften und später hessischer Wirtschaftsminister, inzwischen Oberbürgermeister der Stadt Hanau geworden war. Und das war nicht so einfach mit dem. Wer in Hanau in den Gewerkschaften, im DGB was werden wollte, mußte das richtige Parteibuch haben. Das war auch für die Kollegen, die früher in der KPD waren und dann zur SPD gewechselt sind, nicht einfach. Das förderte die Neigung, immer zu beweisen, daß sie nun auf der richtigen Seite stehen, da haben die auch manchmal gegen die Interessen der Arbeitnehmerschaft gehandelt. Heinrich Fischer war ja auch Ehrenvorsitzender des DGB in Hanau, obwohl das in der Satzung gar nicht vorgesehen war; aber das haben die Brüder so gemacht, das wurde so beschlossen. So konnte er mitregieren.

Dann kam 1959 der erste Warnstreik bei den Straßenbahnern. Das haben wir natürlich unter den Vertrauensleuten abgemacht, wie das so laufen soll. Und dann rief mich der Heinrich Fischer eines Morgens an und brüllte: 'Sag mal, Klaus, wie kommst Du eigentlich dazu, einen Streik zu machen, ohne mich zu fragen.' Der ist ja mit dem Bus zur Arbeit gefahren, und morgens stand er dann an der Haltestelle, und es kam nichts und geregnet hat es. Das war so die erste Konfrontation.

Dann gab es auch noch den Landrat Voller, ebenfalls Sozialdemokrat, der von Mitbestimmung überhaupt nichts gehalten hat. Der hatte so eine Einstellung, wenn meine Leute was wollen, dann kommen sie zu mir, und dann bereden wir das. Der hat das im Landratsamt so gehandhabt wie im Kreistag: Die Tagesordnung habe ich aufgestellt, und jetzt singen wir erstmal 'Am Brunnen vor dem Tore' und am Schluß der Sitzung gehen wir runter in den Kreishauskeller zum Essen, und dann singen wir. Der war nicht bereit, das Betriebsverfassungsgesetz in seiner Verwaltung zu akzeptieren.

So langsam haben wir uns dann abgelöst von denen. Damals haben wir den ersten Technikertarifvertrag abgeschlossen für die Ingenieure bei der Stadt, beim Landratsamt. Und dann ging es darum, den Tarifvertrag umzusetzen, die Kollegen einzugruppieren. Die haben sich zunächst überhaupt nicht darum gekümmert, die haben gedacht, Tarifvertrag - das ist wie ein Gesetz; irgendwie geht das schon in Ordnung. Wir mußten um jede Eingruppierung kämpfen. Diese Erfahrung hatte ich auch schon in Frankfurt gemacht, mit dem dortigen Oberbürgermeister.

So ist das in der öffentlichen Verwaltung, wenn die eigenen Leute die Arbeitgeber sind. Wenn Du Dir die Mitgliederversammlungen der SPD in Hanau angeschaut hast, bestanden die ja nur aus Beschäftigten beim Arbeitsamt, bei der AOK, bei der Stadtverwaltung, beim Landratsamt. Von Lohnerhöhungen wagte da doch keiner zu reden."

"Die Männer haben das immer abgeschmettert"

Helga Seipel-Schneider, Jg.1937, Gewerkschaft HBV, freigestellte Betriebsrätin beim Versandhaus Schwab:

"1960 habe ich im Versandhaus Schwab als Gruppenleiterin angefangen. Das ist eine ziemlich schwierige Position, aber ich hatte eine tolle Gruppe von ungefähr 40 Frauen. Wir hatten damals einen Betriebsrat, aber da waren keine Frauen drin.
Es gab auch als Vorgesetzte nur Männer. Die hatte der alte Schwab, der ja ein Nazi gewesen war, unter seinen Kumpanen ausgesucht. Dementsprechend herrschte im Betrieb der reinste Kasernenhofton, und ständig gab es Arbeitsgerichtsprozesse. Schwab war dafür bekannt.
Im Betrieb waren überwiegend, über 70 Prozent Frauen beschäftigt, die wenigsten waren gewerkschaftlich organisiert. Da haben wir in meiner Gruppe gesagt, wir müssen zu den Betriebsratswahlen eine Frau aufstellen. Wir hatten halt unsere Probleme, die für die anderen nicht so wichtig waren, aber für uns waren sie wichtig. Uns ging es damals um Toiletten, Duschräume, uns ging's um Kindergartenplätze, die wir dann auch durchgesetzt haben.
Wir hatten in den 60er Jahren einen betriebseigenen Kindergarten. Ich sehe heute das Problem Kindergarten etwas anders, weil ich damals die Erfahrung gemacht habe, daß die Geschäftsleitung das dann auch ausgenutzt hat, daß man gesagt hat, Ihr müßt am Samstag, am Sonntag kommen, Eure Kinder könnt Ihr ja in den Kindergarten bringen. Bei so einem Versandhaus gibt es ja immer ein Stoßgeschäft. Wie die Aufträge sind, ist auch die Arbeit. Wenn wir freitags mit unserer Arbeit nicht fertig geworden sind, dann hat es geheißen, Ihr kommt samstags. Wenn wir dann gesagt haben, wir müssen uns um unsere Familien kümmern, dann hat es geheißen, das könnt Ihr nicht, Ihr müßt arbeiten. Dafür war dann der Kindergarten da, da haben sie dann auch noch ein Mittagessen spendiert und zum Frühstück Brötchen. Aber da war immer ein Druck auf uns.
1965 haben die Frauen mich zum Betriebsrat vorgeschlagen, ich habe dann auch kandidiert und bin auch gleich gewählt worden. Ich habe dann in meiner Freizeit versucht, mich um den Betrieb zu kümmern, mich gewerkschaftlich zu engagieren. Das war eine Sisyphusarbeit; die HBV war ja die zuständige Gewerkschaft; aber Frauenarbeit, das gab es damals ja alles nicht.
Und so kam ich zum DGB, ich bin dahin delegiert worden, die waren ja froh, daß eine mitmachen wollte im Kreisfrauenausschuß. Dort wollten sich mich auch zur Vorsitzenden vorschlagen, da habe ich dann gesagt: ich habe genug zu tun, ich habe Arbeit im Betrieb, ich engagiere mich in meiner Gewerkschaft, ich mache hier nur Stellvertreterin. Im Kreisfrauenausschuß haben wir viele Dinge für Frauen gemacht, die wir im Betrieb nicht fertiggebracht haben. Wir sind von außen in die Betriebe rein. Ich kannte mittlerweile alle Betriebsrätinnen, die sich in Hanau engagiert hatten, und wir haben uns gegenseitig ganz schön gestärkt.
Damals habe ich auch den Sepp Sigulla kennengelernt, als Frauensekretär. Jedes Problem, das wir Frauen hatten, ob das jetzt reine Frauenfragen waren, ob das unsere Überstunden waren oder ob das unsere Friedensbewegung war - wir Frauen bei Schwab haben ja schon damals z. B. für den Ostermarsch aufgerufen - für jedes Problem hatte der Sepp immer ein offenes Ohr. Im Betriebsrat z. B. wurde man ausgelacht, wenn man den Vorschlag gemacht hat, ob man nicht in den Duschräumen einen Automaten für Camelia und Tampons aufhängen könnte. Die Männer haben das immer so abgeschmettert, dann hängen wir bei uns einen Kondom-Automaten auf. Ich hatte mittlerweile so einen Frust gegen die Männer. Ich habe dann immer wieder kandidiert und immer die meisten Stimmen gehabt, ich habe mehr Stimmen bekommen als der Betriebsratsvorsit-

zende. Aber wenn ich im Betriebsrat für einen Freistellungsplatz kandidiert habe, bin ich abgeschmettert worden. Das hat mir sehr weh getan. Mittlerweile hatten wir noch zwei weitere Frauen im Betriebrat, so hatte ich bei meinem Freistellungsantrag 3 von 15 Stimmen. Die hatten mich in so eine Ecke gedrängt, ich war die rote Helga, ich war die feministische Helga. Freistellung hatte ich beruflich gar nicht nötig, ich hatte eine gute Arbeit, und mit meinen Vorgesetzten hatte ich überhaupt keine Probleme. Wenn ich etwas für die Frauen erreichen wollte, konnte ich es auf der anderen Seite, mit der Geschäftsleitung, besser erreichen als mit dem Betriebsrat. Schließlich hat das dann aber mit der Freistellung doch geklappt. Ich denke, die Generation hat sich geändert, auch die Männer haben sich geändert.

Mittlerweile bin ich auch im Aufsichtsrat, ich habe jahrelang dafür kandidiert, mir haben immer 4 bis 6 Stimmen gefehlt, aber ich war ja auch eine gute Verliererin, so ist das nicht. Ich bin heute Ortsverwaltungsvorsitzende in der HBV, und in der HBV habe ich jegliche Unterstützung.

Im DGB gab es mit der Frauenarbeit damals ja auch zeitweise Schwierigkeiten. Wir hatten z. B. große Schwierigkeiten, den Internationalen Frauentag, den 8. März, zu feiern. Auch hier muß ich den Sepp Sigulla loben. Einmal hat er uns 150,- DM gespendet, und da haben wir im DGB-Jugendheim den Frauentag gefeiert, das war in den 70er Jahren. In den 70er Jahren sind wir dann auch einmal, auch nicht offiziell, mit dem Sepp nach Frankfurt gefahren und haben uns am Frauentag mit den Frankfurter Frauen getroffen. Einmal haben wir den Frauentag auch mit den SPD-Frauen im Olof-Palme-Haus gefeiert. Anfang der 80er Jahre hat uns ja dann der DGB erlaubt, den Frauentag zu feiern. Dann haben wir hier in Hanau zusammen mit anderen Frauengruppen und -verbänden gute Veranstaltungen organisiert."

Frauen im Arbeitsleben immer noch benachteiligt

Kampf um Gleichberechtigung der Frauen muß weitergeführt werden

Unter dem Motto: »Zusammenhalt bringt Sicherheit« hat der DGB-Kreisfrauenausschuß von November 1980 bis Februar 1981 in 22 Betrieben und Verwaltungen eine

Fragebogenaktion zur Arbeitsplatzsituation der Frauen in Betrieben und Verwaltungen

durchgeführt. Dies war die erste Aktion dieser Art auf der Ebene eines DGB-Kreises.

Von 3000 ausgegebenen Fragebogen kamen 625 ausgefüllt wieder zurück. Die Auswertung der Fragebogen machte erneut deutlich:

- Frauen sind im Arbeitsleben leider immer noch benachteiligt und diskriminiert
- der gewerkschaftliche Kampf um die Gleichberechtigung der Frauen muß intensiv weitergeführt werden

Hier einige Ergebnisse dieser Befragung:

1.	Auf die Frage: Fühlen Sie sich richtig eingestuft? antworteten mit	Ja 67 %	Nein 33 %
2.	Verdienen andere Kolleginnen und Kollegen bei gleicher oder gleichwertiger Arbeit mehr?	Ja 23 %	Nein 77 %
3.	Bekommen Sie die gleichen überbetrieblichen Zulagen wie Ihre Kollegin / Ihr Kollege?	Ja 62 %	Nein 38 %
4.	Entsprechen die Pausenräume den Vorschriften?	Ja 69 %	Nein 31 %
5.	Entsprechen die Umkleideräume den Vorschriften?	Ja 65 %	Nein 35 %

Helga Seipel-Schneider bei der Demonstration am Antikriegstag 1982. (Foto: DGB-Fotogruppe)

Atomenergie, Rüstungsproduktion und gewerkschaftlicher Pragmatismus.

"Erst einmal geht es um unsere Arbeitsplätze."

1956 nahm der damalige Atomminister Franz Josef Strauß im Werk Degussa-Wolfgang "im Rahmen eines kleinen Festaktes den ersten deutschen Kernbrennstab" entgegen. Damit begann der Aufstieg des Standortes Hanau zum Zentrum der deutschen Atomindustrie. Am 16. Juni 1956, auf der 6. Delegiertenkonferenz des DGB Hanau, stand neben Fragen der Wirtschaftspolitik die Atomenergie im Mittelpunkt der Diskussion. Wie es dem damaligen Glauben an den technischen Fortschritt entsprach, führte diese Diskussion zu einem Ja zur zivilen Nutzung der Atomenergie und zu einer Ablehnung der militärischen Nutzung. In den siebziger Jahren haben nicht die Gewerkschaften, sondern die gerade in Hanau sehr aktive Antiatombewegung die grundsätzliche Gefährdung der Bevölkerung durch Kernkraftwerke ins öffentliche Bewußtsein gebracht; ihre Analysen wurden im April 1986 durch die Katastrophe von Tschernobyl bitter bestätigt. Diese Analysen wiesen auch nach, daß zwischen ziviler und militärischer Nutzung der Atomkraft nicht getrennt werden kann, sondern daß die technologische Entwicklung mit den inzwischen allerdings gestoppten Verfahren der Wiederaufbereitung und des schnellen Brüters auch die Herstellung von waffenfähigem Plutonium und Uran ermöglicht. Über die Diskussionen innerhalb der Gewerkschaften, insbesondere über die Rolle der Betriebsräte, berichteten zwei Kollegen.

1. Mai 1958, Transparente der Aktion 'Kampf dem Atomtod' (Fotos: Stadtbildstelle Hanau)

"Man ist sehr schnell bereit, das alles über Bord zu schmeißen, und denkt nur an die Arbeitsplätze"

Adolf Brandt, Jg. 1937, IG Metall, Betriebsratsvorsitzender bei der Vacuumschmelze

"Es stimmt, wir haben uns nie gründlich mit den Gefahren der Atomenergie beschäftigt. Und dazu haben unsere eigenen Betriebsräte und Funktionäre aus der RBU und Nukem und wie sie alle hießen, oder jetzt Siemens, beigetragen. Sie haben gesagt: Erst einmal geht es um unsere Arbeitsplätze, seid Ihr denn wahnsinnig, wo sollen wir denn hin. Und stellt Euch doch vor, als Gewerkschafter haben wir jetzt alles erreicht. Wir haben nicht nur, wie im Betriebsverfassungsgesetz vorgeschrieben, für 1.000 Leute einen freigestellten Betriebsrat, wir haben alle Betriebsräte freigestellt. Und wir machen alle Vertrauensleuteversammlungen während der Arbeitszeit unter Fortzahlung des Entgeltes. Und wenn morgen eine Atomtagung in New York ist, hat mir der Alexander Kraushaar gesagt, dann flieg' ich auch dorthin, mit zwei Mann flieg' ich dorthin, und wenn es in Moskau ist, dann flieg' ich auch dorthin. Da kannst Du reden mit einem, da kannst Du sagen: überleg' doch einmal die Gefahren für Deine Kinder und für meine Kinder, für die nächste Generation, dann lenkt der doch nur ab: Das Ozonloch kommt doch vom Verfeuern, mit Atom kann das nicht passieren usw. Und dann sind unsere eigenen Funktionäre und Kollegen, als sie sich in diese Situation hineinbegeben haben, natürlich stark durch Betriebs- und Geschäftsleitungen beeinflußt worden.
Aber das erleben wir auch bei Metall. Als junger Kerl habe ich das selbst erlebt. Damals hatten wir ja noch das hessische Betriebsrätegesetz; danach konnte die Belegschaft die Arbeit niederlegen, wenn im Betrieb kriegswichtige oder Kriegserzeugnisse produziert wurden. Da habe ich dann erlebt, wie eines Tages im Metallbereich in Kassel die Kollegen anmarschiert sind, beim Amt Blank - das war der Vorläufer des späteren Verteidigungsministeriums. Unsere eigenen Betriebsräte sind ins Amt Blank gefahren und haben gesagt: Wir bauen doch Motoren und haben Absatzschwierigkeiten. Die Motoren können wir doch auch in Panzer einbauen. Da ging der Mist los mit der Rüstungsproduktion.
Als junger Kerl, als Delegierter, habe ich dagegen protestiert: Was ist das für ein unmöglicher Zustand, wir kämpfen uns ab und sagen Nie wieder Krieg, Nie wieder Aufrüstung, und Ihr macht so etwas. Und dann sind die Alten gekommen und haben gesagt, da geht's um die Arbeitsplätze, um unser Einkommen und um Sicherheit und um weiß ich was alles. Ich möchte nicht wissen, wie das bei manchem Betriebsrat auch in Hanau aussieht, wenn in seinem Betrieb Rüstung produziert wird. Die haben auch ihre Probleme, bei der Honeywell ist die Hälfte der Produktion für Rüstungszwecke, und jetzt wird das Werk in Wächtersbach mit rund 100 Leuten dichtgemacht, und in Maintal wird die Produktion gekappt.

Wir können nicht dauernd sagen, wir sind für Abrüstung, und dann, wenn es an den eigenen Arbeitsplatz geht, sagen Nee, nee, so haben wir das nicht gemeint. Jetzt brauchen wir also Aufträge aus Taiwan und weiß der Teufel woher, um die Leute zu beschäftigen - mit der gleichen Produktion. Das ist unkonsequent. Das ist das Problem in den Gewerkschaften insgesamt, daß man sehr schnell zu pragmatischen Lösungen neigt, ohne eigentlich die gesunde Richtung und die Grundsatzmeinung aufrechtzuerhalten. Sondern man ist sehr schnell bereit, das alles über Bord zu schmeißen und denkt nur an die Arbeitsplätze."

Walter Weiskopf, Jg. 1929, IG Chemie, Betriebsratsvorsitzender Dunlop AG

"Damals war ja die einheitliche Meinung, friedliche Nutzung der Kernkraft, das ist technischer Fortschritt. Das ist noch heute die Position der IG Chemie. Dazu haben damals die Betriebsräte bei der Degussa viel beigetragen. Das waren ja schon keine Betriebsräte mehr - es tut mir leid, daß ich das von den Kollegen sagen muß -, das waren ja schon kleine Fürsten. Die hatten immer frei, die konnten fort, die hast Du in Wien getroffen, in New York. Die konnten, wen sie wollten, in ihren Betrieb einladen, und sie kamen dann auch alle und wurden bewirtet und informiert, der Bezirksvorstand der IG Chemie, auch wir. Und dann sah man die sauberen Arbeitsplätze und wurde von ihnen informiert, wie das so ist mit der Atomenergie: Das sieht man nicht, das stinkt nicht, das macht keinen Dreck. Also technischer Fortschritt - so ging das jahrelang. Auch noch nach Tschernobyl und all den anderen Skandalen. Und zu damals will ich noch sagen: Auch der Kampf gegen Atomwaffen, die Aktion Kampf gegen den Atomtod, ging damals nicht von den Gewerkschaften aus. Das ging von der SPD aus, die haben dazu das Gewerkschaftshaus mitbenutzt und auch Gelder bekommen. Die Gewerkschaften selbst haben keine große Aktionen gestartet. Und diese Aktion ist dann auch bald wieder im Sand verlaufen. Atomtod, das war kein Thema."

DGB Pressemitteilung

Nr. 10/85
5.3.1985

Deutscher Gewerkschaftsbund — Kreis Main-Kinzig

D G B FÜR FRIEDLICHE NUTZUNG DER KERNENERGIE GEGEN SCHLIESSUNG DER HANAUER NUKLEARBETRIEBE

Für den DGB-Kreis Main-Kinzig sind die Beschlüsse des 12. ordentlichen Bundeskongresses von 1982 in Berlin zur Energiepolitik verbindlich.
Dort wurden folgende Grundsätze beschlossen:

- Ausschöpfung aller Möglichkeiten zur rationellen Verwendung und Einsparung von Energie;
- Verstärkte Bemühungen zur Entwicklung und Weiterentwicklung nichtnuklearer, vor allem regenerativer Energiequellen;
- Vorrangige Nutzung der heimischen Energiequellen, vor allem der Kohle und Streuung der Bezugsquellen für Importenergien;
- Ausbau der Kernenergie in notwendigem Ausmaß unter klar definierten Bedingungen;
- Auf die friedliche Nutzung der Kernenergie kann nach dem derzeitigen Kenntnisstand nicht verzichtet werden.

Daraus ergibt sich für Hanau eindeutig, keine Schließung der Hanauer Nuklearbetriebe und kein Ausstieg aus der Nuklearproduktion.
Der DGB-Kreis Main-Kinzig kann seine Auffassung nur erneut bekräftigen, daß er davon überzeugt ist,

- die Hanauer Nuklearbetriebe dienen ausschließlich der friedlichen Nutzung der Atomenergie;
- Sicherheitsvorkehrungen für die Beschäftigten und die Bevölkerung sind hinreichend gewährleistet;
- Die Nuklearbetriebe arbeiten umweltfreundlich;
- In Zeiten der Massenarbeitslosigkeit dürfen die Arbeitsplätze in der Nuklearindustrie nicht gefährdet werden.

Eine Überprüfung und Weiterentwicklung der Atomenergiepolitik des DGB, so wie sie vom DGB-Kreisjugendausschuß Main-Kinzig auf der DGB-Landesjugendkonferenz am 9./10. März 1985 in Kassel beantragt wird, wäre Sache des 13. ordentlichen DGB-Bundeskongresses 1986.
Allerdings kann über die Erweiterung der Hanauer Nuklearbetriebe NUKEM und ALKEM nur der Hessische Wirtschaftsminister entscheiden und die Frage der Umstellung dieser Betriebe auf umweltweltfreundlichere Produkte ist Angelegenheit der Betriebe und ihrer Belegschaften selbst.

DGB-Kreis Main-Kinzig
gez. Sepp SIGULLA

Am Freiheitsplatz 6 · 6450 Hanau am Main · Fernruf (06181) XXXX 24216

Frankfurter Rundschau vom 2. Dezember 1982
Bericht von der DGB-Kreisdelegiertenkonferenz Main-Kinzig

Gewerkschafter fordern den „unverzüglichen" Ausstieg

MAIN-KINZIG-KREIS. Klarer und konkreter als der DGB-Bundeskongreß hat der DGB-Main-Kinzig zur Kernenergie-Frage Stellung genommen. Während in Hamburg eine Energiepolitik gefordert wurde, „die es uns ermöglicht, so rasch wie möglich auf den Einsatz von Kernenergie zu verzichten", sollen nach dem Beschluß der Kreisdelegiertenkonferenz am Freitag in Langenselbold „unverzüglich" die notwendigen Schritte eingeleitet werden, „um gemeinsam mit den Beschäftigten, den Gewerkschaften und Umweltverbänden die Umwandlung der Hanauer Nuklearbetriebe in ein bundesweites Forschungs- und Produktionszentrum für alternative Energien durchzusetzen".

Der Beschluß, mit großer Mehrheit angenommen, ist vor allem auf dem Hintergrund zu sehen, daß Hanau ein Schwerpunkt der Atomindustrie ist. Auch darauf wird in dem Papier eingegangen. „Unsere Region ist in besonderem Maße von diesen Problemen betroffen. Nicht nur wegen der jüngsten Umweltgefährdung durch die Hanauer Nuklear-Betriebe, sondern auch wegen der hier vorhandenen Möglichkeiten, waffenfähiges Material (Plutonium) für die Herstellung von Atomwaffen zu nutzen, unterstützen wir die Forderung nach einem sofortigen Ausstieg aus dem Bonner Atomprogramm".

Bei der Formulierung des Antrags sei es bewußt darum gegangen, vom Beschluß des Hamburger Kongresses abzuweichen, sagte Hans-Dieter Wittler von der ÖTV, deren Kreisvorstand die Vorlage eingebracht hatte. Doch handle es sich dabei keineswegs um eine Verschärfung, sondern um die konkrete Ausformulierung. „Wir müssen klar beschreiben, was wir wollen und dürfen es nicht bei unverbindlichen Floskeln belassen", führte Wittler aus. Man könne sich an konkreten Aussagen nicht mehr vorbeidrücken. Der Beschluß mache solche Aussagen.

So fordert er etwa: „Keine Wiederaufbereitungsanlage in Wackersdorf. Es darf kein neues Kernkraftwerk geplant, fertiggestellt oder in Betrieb genommen werden. Es ist ein konkreter Maßnahme- und Zeitplan für die Abschaltung aller Kernkraftwerke und die Umstellung der Stromerzeugung vorrangig auf Kohlekraftwerke bei umweltfreundlicher Nutzung zu erstellen."

Freilich gab es auch Bedenken gegen den Antrag, formuliert von Kollegen der IG Chemie. Günther Winkler, Betriebsrat bei der Firma NUKEM: „Was wir hier machen, ist ständig eine Gebetsmühle zu mahlen, die den Arbeitnehmern vorführt, daß ihr Arbeitsplatz gefährdet ist". Und er richtete einen dringlichen Appell an die Delegierten, nicht weiter auf dem Bundesbeschluß herumzuhacken. Alexander Kraushaar, Betriebsratsvorsitzender der RBU, stimmte in die Einwände seines Kollegen ein. So mache sich eine „Riesenverunsicherung" in seinem Betrieb breit. Denn noch sei nicht geklärt, wie die Umstrukturierungen der Atomfabriken laufen „und vor allem, wie das bezahlt werden soll", sagte Kraushaar. Bevor jedoch solche konkrete Vorschläge nicht vorliegen, sollte der Bundesbeschluß auch erstmal so akzeptiert werden.

Das Arbeitsplatzargument ließ Rolf Knecht, Betriebsratsvorsitzender bei Honeywell in Maintal, so nicht gelten. Schließlich hätte er dann auch beim Abrüstungs-Beschluß — den die Versammlung einstimmig angenommen hatte — nein sagen müssen, konterte Knecht. Arbeite er doch in einem Betrieb, der auch für die Rüstung tätig ist. Er könne zwar die Angst der Kollegen um ihren Job verstehen, räumte der Betriebsrat ein. Aber es gehe darum, diese Angst umzufunktionieren. Der Gegenseite nämlich komme sie nur entgegen „und sie treibt uns noch weiter hinein, obwohl wir in diese Ecke gar nicht hingehören", rief Knecht aus. Und zudem seien durchaus Mittel frei, um Arbeitsplätze zu schaffen.

Die Solidarität zu den Kollegen in der Nuklearindustrie in Ehren, warf ein ÖTV-Kollege ein — die auch noch einmal in dem Beschluß festgeschrieben wurde. „Aber vielleicht sollten sie auch einmal unsere Kollegen verstehen, die nämlich haben Angst vor der Atomenergie und verlangen konkrete Schritte zum Ausstieg." Diese Angst drückte auch Kathe Salyo, Betriebsratsvorsitzende bei Massa in Maintal, aus. Für sie bedeute das Beibehalten dieser „derart unbeherrschbaren Technologie" ein Blick in eine unsichere, lebensgefährliche Zukunft. Deshalb könne man die Problematik der Atomgefahr nicht oft genug ausdrücken, „denn sonst passiert gar nichts", sagte Frau Salyo. ole

Die Hanauer Anti-AKW-Gegner demonstrieren am 1. Mai 1980.
(Foto: Stadtbildstelle Hanau)

Fünfzehntes Kapitel

Betriebsrat im kalten Krieg: Der Prozeß Rolf Knecht kontra Honeywell

Arbeitsgericht Hanau im Juli 1966. Rechts: Rolf Knecht, links: sein Anwalt Kurt Thon (Foto: privat)

"Die amerikanischen Bürger geben Milliarden für den Kampf gegen den Kommunismus aus, an der europäischen Grenzlinie zu ihrem mächtigsten Feind liefern jedoch amerikanische Unternehmer durch Fahrlässigkeit in Sachen Menschenführung der kommunistischen Untergrundbewegung eine sichere Heimstatt."
(FAZ vom 18. Juli 1967)

Am Freitag, dem 22. April 1966, findet um 16 Uhr in der Kantine der Fa. Honeywell Werk II in Dörnigheim eine Versammlung von Betriebsrat und Vertrauensleuten statt. Kurz nach Beginn wird der Betriebsratsvorsitzende Rolf Knecht in das Büro des technischen Leiters Dr. Eichert gerufen. Er erhält dort ein Schreiben, in dem ihm seine fristlose Entlassung mitgeteilt wird:
"Wie wir soeben in Erfahrung gebracht haben, haben Sie während der Arbeitszeit Propaganda für die verbotene Kommunistische Partei bzw. für die Sozialistische Einheitspartei Deutschlands (SED) getrieben. Diese Propaganda haben Sie, was besonders erschwerend wirkt, während ihrer Tätigkeit als Betriebsratsvorsitzender des Werkes während Betriebsratssitzungen ausgeübt." Zwei Werkschutzmänner begleiten Rolf Knecht zum Umkleideraum, damit er seine persönlichen Sachen zusammenpacken kann, und bringen ihn zum Werktor. Sie haben besonders darauf zu achten, daß er mit keinem Belegschaftsmitglied oder Betriebsratsmitglied sprechen kann. Rolf Knecht hat Hausverbot, und es wird Februar 1968 werden, bis er wieder an seinen Arbeitsplatz zurückkehren kann.

Anschließend teilt die Firmenleitung dem Betriebsrat und durch Aushang am schwarzen Brett der Belegschaft die fristlose Entlassung mit. Besonders eine Äußerung von Dr. Eichert, "Wenn wir nichts getan hätten, hätten wir uns strafbar gemacht", erbost die übrigen Betriebsratsmitglieder: "Erstens ist uns von einer solchen Propaganda nichts bekannt, und zweitens heißt das doch, daß der Betriebsrat, in Kenntnis der Propaganda von Rolf Knecht, diese Propaganda hingenommen, gebilligt und gedeckt hat. Das ist ein ungeheuerlicher Vorwurf gegen uns alle."
(Ulrich Glaeser: Die seltsamen Vorgänge in der Firma Honeywell. Frankfurter Rundschau vom 26. April 1966)

Auf diese Entlassung folgte ein in der ganzen Bundesrepublik Aufsehen erregender Rechtsstreit, in dem es um sehr grundsätzliche Fragen ging, um den § 51 BetrVG (Verbot der parteipolitischen Betätigung im Betrieb). Endet das Grundrecht der Meinungsfreiheit vor den Werkstoren? Kann ein Mensch seinen Arbeitsplatz wegen seiner politischen Überzeugungen verlieren? Wo sind die Grenzen zwischen politischer und parteipolitischer Meinungsäußerung? Kann ein Unternehmen die im BetrVG vorgeschriebene Anhörung des Betriebsrates zu einer Kündigung einfach mißachten?
Kann ein Unternehmen einen unbequemen Betriebsrat auf diese Weise außer Gefecht setzen? Wiegen die vermeintlichen Sicherheitsinteressen des Betriebes schwerer als der Schutz des Arbeitsplatzes?
Darf überhaupt ein Unternehmer darüber befinden, wer ein "Staatsfeind" ist?

Der US-amerikanische Meß- und Regeltechnik-Konzern hatte seit 1956 eine eigene deutsche Produktion in zwei Werken in Dörnigheim mit den Bereichen Regeltechnik (Heizungs- und Klimaregelung, Industrieventile) und einem Bereich Wehrtechnik (u. a. Flugregelanlage für den Starfighter, Munitionselektrik, Waffenstabilisierungsanlagen). 1967 waren hier 1.200 Mitarbeiterinnen und Mitarbeiter beschäftigt, darunter sehr viele hochqualifizierte Facharbeiter und technische Angestellte. Der Betrieb war gewerkschaftlich sehr gut organisiert, nicht zuletzt dank des Engagements von Rolf Knecht. Um die Ausübung gewerkschaftlicher Rechte im Betrieb hatte es immer wieder Konflikte gegeben, zuletzt im Januar 1966, als die Firmenleitung vom DGB-Kreisvorsitzenden Heiner Dudéne verlangte, sein Manuskript zur Genehmigung vorzulegen, wenn er auf Einladung des Be-

triebsrates zur Mitbestimmung sprechen wolle. Im Verlauf der Auseinandersetzung um die fristlose Entlassung des Betriebsratsvorsitzenden mußte sich der Konzern sogar von der FAZ ("Dahinter steckt immer ein kluger Kopf") gründlich die Leviten lesen lassen:
"Es stimmt nachdenklich, daß immer wieder aus amerikanischen Unternehmen in der Bundesrepublik von kommunistischen Erfolgen berichtet wird. Hier liegen offenbar Schwerpunkte ihrer Agitation. Das kommt nicht von ungefähr. Der mangelnde Anpassungswillen amerikanischer Betriebsleitungen in das Fühlen und Denken deutscher Arbeiter ist bekannt. Die kolonisatorischen Gepflogenheiten der Unternehmensspitzen in Amerika gegenüber ihren deutschen Tochterunternehmen erzwingen nur zu oft eine Atmosphäre, in der für soziales Denken kein Raum mehr bleibt. Daß in solchen Betrieben Unzufriedenheit und Ressentiments wachsen, wissen auch Kommunisten. Die amerikanischen Bürger geben Milliarden für den Kampf gegen den Kommunismus aus, an der europäischen Grenzlinie zu ihrem mächtigsten Feind liefern jedoch amerikanische Unternehmer durch Fahrlässigkeit in Sachen Menschenführung der kommunistischen Untergrundbewegung eine sichere Heimstatt. Diese Beispiele - auch jener Prozeß wurde gegen ein amerikanisches Unternehmen geführt - zeigen deutlich, wie sehr in einem freiheitlichen Staat, dessen Rechtsprechung nicht in die Arena des politischen Kampfes gezogen werden darf, das persönliche Verhalten führender Männer der Wirtschaft politisch wirksam wird."

Die Beweislage der Honeywell gegen Rolf Knecht war von Anfang an dünn. Vollmundig kündigte die Firmenleitung gegenüber der Presse an, sie habe genügend Beweise, die sie allerdings erst im Prozeß vorlegen werde, sie stammten aus dritter Hand. Der Journalist Ulrich Glaeser, Prozeßbeobachter im ersten Prozeß vor dem Hanauer Arbeitsgericht, kommentierte die angeblich genügende Beweislage folgendermaßen:
"Wenn man den 27 Seiten starken Schriftsatz der Fa. Honeywell in seinen wesentlichen Punkten zusammenfaßt, dann ergibt sich an Behauptungen: Der Betriebsratsvorsitzende Rolf Knecht steht 'links', er führte politische Gespräche im Betrieb und im Betriebsrat; er besuchte mehrmals die DDR, er fuhr in die Sowjetunion und nach Frankreich, und er äußerte sich positiv über seine Eindrücke in der Sowjetunion und in der DDR. Er besuchte Veranstaltungen in Offenbach und Mannheim, die als kommunistisch gesteuert galten; er ist unzufrieden mit den gewerkschaftlichen Verhältnissen in der Bundesrepublik, er möchte als Arbeiter noch mehr Rechte haben, er tritt für die Sozialisierung in der Bundesrepublik ein. Nur eines sucht man in diesem Schriftsatz vergeblich: Daß sich Knecht verfassungswidrig verhalten haben soll .... Der Prozeß wird vieles zu klären haben, u. a. auch die Frage, ob es in der BRD für Betriebe zweierlei Recht gibt. Denn Honeywell beruft sich wegen 'geheimzuhaltender Fertigung' darauf, zur Kategorie der 'besonders geschützten Betriebe' zu gehören."
(Frankfurter Rundschau vom 15. Juni 1966)

Anfang Juni 1966 begann vor dem Hanauer Arbeitsgericht der Prozeß Rolf Knecht gegen Honeywell; Rolf Knecht hatte von der IG Metall Rechtsschutz bekommen hatte und wurde von dem aus zahlreichen Arbeitsprozessen bekannten Rechtsanwalt Dr. Kurt Thon vertreten.

Rolf Knecht mit seinem Anwalt Dr. Thon vor dem Hanauer Arbeitsgericht (Archiv Rudolf Schneider)

"Also nicht nur durch Stärke kann man gewinnen, sondern auch durch Taktik; man muß Ideen haben und vor allem das Vertrauen der Belegschaft."

Rolf Knecht, Jg.1934, seit 1961 Betriebsratsvorsitzender bei der Honeywell

"Ich wollte immer irgendwo Betriebsrat werden; es ging mir nicht um Freistellung, ich wollte meinen Beruf nicht aufgeben, aber ich wollte mitbestimmen können. Damals ging es bei Bautz bergab. Als dann in Dörnigheim eine neue Firma, die Honeywell, aufmachte, sah ich meine Chance. Ich wurde auch genommen. Das war in Hanau nicht überall zu erwarten gewesen. Heraeus z. B. hätte mich nicht genommen, die Vac auch nicht, da gab es schwarze Listen nicht nur gegen Kommunisten, auch gegen aktive Gewerkschafter. 1960 habe ich als Kontrolleur im Werk Regeltechnik angefangen, mit dem militärischen Bereich hatte ich - Gott sei Dank - nie etwas zu tun. Ich habe dann damit begonnen, für die Gewerkschaft zu werben und Betriebsratswahlen zu organisieren.

Entscheidend war, daß die Geschäftsleitung nicht an mich rangegangen ist, ich war Fachmann, an meiner Arbeit hatten sie nichts zu bemängeln. Ich war bei den Chefs fachlich anerkannt, sodaß damals keiner Anstoß an den anderen Sachen nahm. Ich habe also ungestört für die Gewerkschaft geworben. Bei der nächsten Betriebsratswahl wurde ich dann vorgeschlagen und zum Betriebsrat gewählt; ich wurde auch gleich Betriebsratsvorsitzender, denn ich hatte die meisten Stimmen bekommen.

Damals habe ich mir die Aufgabe gestellt, bei der Honeywell die Angestellten mitzuorganisieren. Ich wollte den Spalt zwischen den Arbeitern und Angestellten überwinden; das war leichter gesagt als getan. Die Arbeiter waren noch die damaligen Arbeiter, die nichts von den 'Sesselfurzern' wissen wollten, und die Angestellten wollten halt nichts von den Arbeitern wissen, sie hielten sich ja für etwas Besseres. Es war mein ständiger Kampf, die Angestellten miteinzubeziehen. Ich habe z. B. als Betriebsrat nie eine Vereinbarung abgeschlossen, die nur einer Seite Vorteile brachte. 'Entweder für alle oder für niemand' war mein Spruch. Zum Beispiel bei der Einführung der Gleitzeit: Die Geschäftsleitung wollte diese auf die Angestellten beschränken. Damit war ich nicht einverstanden und habe mich dann mit den Angestellten auseinandergesetzt. Ich habe immer versucht, Forderungen zu finden, die alle interessieren. So ging es z. B. um ein innerbetriebliches Lohnsystem, das den Lohn verbessert hat. Das hatten wir für die Arbeiter als erstes erreicht, weil dadurch eine Produktionssteigerung möglich wurde. Aber die Angestellten waren nun deshalb neidisch, weil es ein gutes System war. Dann haben wir das auch für die Angestellten verlangt, und die haben auch darum gekämpft und haben es bekommen.

So habe ich bewußt immer nur Forderungen zugelassen, die für alle gelten: Heute ist das allerdings schwieriger. 1962 gab es den ersten Streik. Der Anlaß war eigentlich läppisch: Die wollten einen Dreher rausschmeißen, der öfters krank war. Da haben wir einen Streik organisiert. Die Kollegen hatten vorher schon laufend Streiks verlangt, sie wollten das und jenes, ich hatte das immer abgeblockt, auf die Gefahr hin, als Verräter zu gelten. Aber das war nun eine günstige Gelegenheit: Ich habe kalkuliert, daß das keinen langen Streik geben muß und daß der Kollege weiterbeschäftigt werden wird. So war's dann auch: Die entlassen den, und dann ist der Riemen runtergefallen in der Dreherei. Es gab einen halbstündigen Streik und eine halbstündige Verhandlung, dann war die Entlassung zurückgenommen. Die Kollegen haben sich gefreut, sie hatten einen Sieg. Da mußte man nun auch acht geben, sie wollten nun alle Schlag siegen, aber das nutzt sich ja auch ab.

Bei den anderen Honeywell-Streiks ging es um materielle Forderungen: Das Wirtschaftswunder hatte ja angefangen, der Firma ging es gut, die Kollegen wollten dann mehr Geld. Da war das Rezept des Erfolges, daß die Forderungen nicht maßlos werden durften. Vor dieser Gefahr stand man ja immer, man durfte keine falsche Hoffnungen wecken, und man durfte auch nicht den Radikalen - es gab immer so ein paar Maulhelden - folgen. Man mußte Forderungen aufstellen, von denen man wußte, daß sie ziemlich nahe an das kommen, was die Firma erfüllen wird. Die Diskrepanz zwischen dem, was Du forderst, und dem, was Du erreichst, darf nicht zu groß werden. Es gab immer handfeste Diskussionen in den eigenen Reihen, und je mehr die Kollegen

Erfolg hatten mit ihren Streiks, desto überheblicher wurden sie, man mußte sie dann auch einmal zurückdrängen.
Einmal gab es einen Streik, da ging es ums Weihnachtsgeld. Der oberste Chef hatte sich einen Wortführer rausgesucht, den er rausschmeißen wollte: einen Italiener, einen ordentlichen Kerl, aber immer mit dem Maul vorne. Mir war das blitzschnell klargeworden. Da haben wir ihm zwei Kollegen an die Seite gestellt, die ihn bremsen sollten. Die haben ihn an den Armen genommen, dann konnte er nicht mehr rumfuchteln und auch nicht mehr reden. Der Chef war dadurch ganz aus dem Konzept gebracht, seine Rechnung war nicht aufgegangen. Ein anderes Mal ging es um einen Kompromiß beim Weihnachtsgeld: Die Betriebsleitung bot nicht die 8 %, die im Tarifvertrag festgelegt waren, auf einmal an, sondern in zwei Raten. Die Belegschaft war nicht einverstanden. Ich hatte den Eindruck, daß es dem Chef ernst war, und argumentierte auch so, doch die Vertrauensleuteversammlung stimmte mit haushoher Mehrheit dagegen. Mir wurde klar, daß es diesmal mit dem Kompromiß nicht klappt. So mußte ich meine Person ins Spiel bringen und bot meinen Rücktritt an. Sicherlich war das so etwas wie Erpressung, aber als wir dann im März die zweite Rate kriegten, hatte ich wieder gewonnen. Also nicht nur durch Stärke kann man gewinnen, sondern auch durch Taktik, man muß Ideen haben und vor allem das Vertrauen der Belegschaft.
Zwei Bestreben hatte ich im Betrieb: einmal Angestellte zu werben, den Spalt zwischen Arbeitern und Angestellten zu verringern. Der Beweis, daß das ging, war dann 1984 beim Streik um die 35-Stunden-Woche, da hat es bei Honeywell relativ gut geklappt. Das zweite Bestreben war: die Gewerkschaft nicht zerschlagen zu lassen durch parteipolitisches Gezänk. Nicht politische Auseinandersetzungen, die sind wichtig, aber parteipolitisches Gezänk, das habe ich immer als schädlich erfahren. Eine Episode: Da beschwerte sich ein Kollege über einen CDU-Aufkleber eines anderen Kollegen: 'Das darf doch nicht sein, das mußt Du verbieten!' Ich sagte ihm nur: 'Dann nimm Du doch einen SPD-Aufkleber. Laß doch den Mann, der ist in der Gewerkschaft, das ist ein ordentlicher Kollege!'. Und das haben die CDU-Leute gemerkt, der Knecht läßt auch die Meinungen der anderen gelten. Es gab im Betrieb handfeste Auseinandersetzungen, aber ich habe niemanden diskriminiert. Oftmals habe ich meine Meinung nicht vertreten, habe das Maul gehalten, weil das sonst zu einem Streit geführt hätte, den man nicht mehr hätte reparieren können. Das hätte der gewerkschaftlichen Einheit einfach widersprochen. Ich habe mich immer korrekt verhalten. Zum Beispiel mit den DDR-Fahrten, die die KPD damals organisierte. Ich bin oft aufgesucht worden, auch von FDGB-Kollegen, sollte Delegationen übernehmen, das habe ich nicht gemacht , dafür war ich nicht. Es gab auch so eine Kampagne zum Studium von Arbeiterkindern in der DDR: Manche haben das als Vorteil gesehen, nur hier bei uns war das noch fest in der Arbeiterschaft verwurzelt, daß ein Studium etwas für die Besseren, jedenfalls nichts für Arbeiterkinder ist. Das hat die Kollegen also gar nicht gereizt.
Privat bin ich oft in der DDR gewesen und konnte mir ein Bild machen. Damals ging es ja auch darum: Anerkennung der DDR, Kontaktaufnahme mit dem FDGB - die einen waren dafür, die anderen dagegen. Im Grunde waren wir damals diejenigen, die die Kontakte verhindert haben. Wir haben sie nicht in die Gewerkschaftshäuser gelassen, wenn sie Kontakt aufnehmen wollten. Ich sage mir heute, wenn uns damals an Kontakten gelegen hätte, wenn wir Interesse daran gehabt hätten, den Versuch Sozialismus mitzumachen, zu beeinflussen, vielleicht wäre dann alles anders gekommen. Die Abschottung kam von unserer Seite: Wer rüber in die DDR gefahren ist, war schon schwarz angeschrieben. Konflikte hatte ich deswegen in der Ortsverwaltung und dann 1966 mit der Firmenleitung, aber nicht im Betrieb. Im Betrieb wurde nicht in diesem Sinne parteipolitisch gemessen, wenn Du ordentliche Arbeit gemacht hast. Ich hatte im Betrieb ja nicht verschwiegen, daß ich Kommunist war.
Einmal habe ich am Ende einer Betriebsversammlung in eigener Sache gesprochen, das war kurz vor der Betriebsratswahl. Ich habe gesagt: 'Es gibt einige, die an meiner politischen Einstellung Anstoß nehmen. Nun, das ist normal. Wer an meiner politischen Einstellung Anstoß nimmt, braucht mich ja nicht zu wählen. Diese Wahl im Betrieb ist die geheimste und die direkteste Wahl. Ihr kreuzt an, wen Ihr wollt. Erwartet aber nicht von mir, daß ich meine politische Meinung aufgebe, weil ich die Funktion haben will. Ich habe nichts zu verlieren, auch materiell gesehen nichts!' Und dann habe ich in meiner spöttischen Art hinzugefügt: 'Na, dem Betriebsratsvorsitzenden wünsche ich viel Glück, wenn ich hier unten sitze und ihn kritisiere!'
Da haben die Leute gelacht und das Ergebnis war, daß ich mehr Stimmen als vorher hatte."

Nicht nur Kolleginnen und Kollegen von der Honeywell waren unter den Zuhörern, sondern auch zwei Prozeßbeobachter der französischen Gewerkschaften und zahlreiche Journalisten.

Die Fa. Honeywell führte als Beweis für die angeblich verfassungsfeindliche Tätigkeit des Betriebsratsvorsitzenden eine umfangreiche Auskunft des Verfassungsschutzes an, der jedoch nur Aktivitäten außerhalb des Betriebes bespitzelt hatte, und ihren Kronzeugen, das ehemalige Betriebsratsmitglied Horst F., der die Firmenleitung über "parteipolitische Gespräche von Knecht, allerdings vor oder nach den Betriebsratssitzungen" informiert hatte. Trotz aller Versuche, das Klima anzuheizen - so gab es anonyme Mord- und Bombendrohungen gegen den Kronzeugen, die der Hanauer Anzeiger im Juni 1966 "Kommunisten" in die Schuhe schieben wollte - kam das Gericht am 4. Juli 1966 zum Urteil, daß die fristlose Entlassung nicht rechtmäßig war. Zwar habe der Betriebsratsvorsitzende "parteipolitische Propaganda" betrieben, aber dies rechtfertige nicht die fristlose Entlassung, schon gar nicht ohne die im BetrVG vorgeschriebene Anhörung des Betriebsrates; auch hätte es keine "Störung des Betriebsklimas" gegeben.

Dieses Urteil erschreckte die Unternehmenswelt. In einem Leitartikel "Kommunisten im Betrieb. Lehren aus einem Prozeß" vom 16. Juli 1966 warnte die FAZ davor, Auseinandersetzungen um die politische Meinungsfreiheit vor Gericht auszutragen: "Parteipolitische Propaganda im Betriebsrat, zumal wenn sie sich einen Tarnmantel umhängt, wird in ständig neuen und sich wandelnden Formen auftreten. Allgemeingültige Normen werden kaum zu finden sein .... Gerade der Prozeß hat gezeigt, wie sehr kommunistische Propagandisten diese Unsicherheit ausnutzen ... Das fällt um so leichter, wenn sie in der Öffentlichkeit Unterstützung von Personen oder Gruppen erhalten, die zwar gelegentlich ihre antikommunistische Haltung betonen, andererseits aber derartigen Agitatoren deutlich ihre Sympathien versichern. In diesem Falle hat sich die IG Metall jenes Betriebsrats, der in ihrer Organisation Vertrauensmann ist, trotz seiner recht eindeutigen politischen Neigungen angenommen. Sie hat den Prozeß für ihn geführt.

Frankfurter Allgemeine Zeitung vom 16. Juni 1966

Kommunisten im Betrieb

Lehren aus einem Prozeß / Von Ernst Günter Vetter

Die illegale Tätigkeit der Kommunisten hat einen ihrer Schwerpunkte im Betrieb. Erfolge oder Mißerfolge sind [illegible] abzuschätzen. Bekannt sind nur [illegible] tei ja verboten ist. Dennoch liegt hier ein sehr delikates Problem. Was ist eine allgemeine politische Äußerung, die in ein[illegible] Staat jedem Bür-

Für die Unternehmen ergeben sich aus dieser juristischen Auseinandersetzung wichtige Konsequenzen. Es ist ungewöhnlich schwer, einem geschickten Kommunisten parteipolitische Betätigung im Betrieb nachzuweisen. Noch schwieriger ist es, ihn aus diesem Grund zu entlassen. Damit wird die alte, ohne Zweifel gute Regel bestätigt, daß die Auseinandersetzung mit einem unserer freien Ordnung feindlichen System nicht mit Richtersprüchen ausgetragen werden kann. Die Überlegenheit und Humanität einer freiheitlichen Ordnung muß gerade im Betrieb durch lebendiges Beispiel bewiesen werden. Wenn dem Kommunismus der Boden fehlt, in den er säen kann, werden ihm auch die Erfolge versagt bleiben." (FAZ vom 16. Juli 1966)

In einem weiteren FAZ-Artikel "Politische Meinungsfreiheit im Betrieb" vom 9. August 1966 wird noch einmal grundsätzlich zur Bedeutung des § 51 BetrVG argumentiert:

"Der Betrieb soll parteipolitisch neutral sein, nicht zum großflächigen Stammtisch werden, an dem die Vertreter verschiedener politischer Interessengruppen ihre Karten austauschen und, mit mehr oder weniger redlichen Mitteln, zu gewinnen trachten ... Das bedeutet nun aber nicht, daß alle Betriebsangehörigen zu politischer Schweigsamkeit verurteilt wären. Im Betrieb eine Atmosphäre politischer 'Keimfreiheit' zu schaffen, ist nicht Zweck des Betriebsverfassungsgesetzes.

Das Grundrecht der Meinungsfreiheit, nach den Worten des Bundes-

verfassungsgerichtes eines der 'vornehmsten Menschenrechte' überhaupt, ist innerhalb des Werksgeländes nicht außer Kraft gesetzt, sondern nur eingeschränkt."
(FAZ vom 9. August 1966)

Diesen Unternehmerstandpunkt wollte das Management der Honeywell nicht teilen; man legte Berufung ein. Im Prozeß vor dem Landesarbeitsgericht im November 1966 versuchten die Firmenanwälte Rolf Knecht zu einem Vergleich zu überreden: "Der Arbeitergeberverband", so Assessor Müller, "könnte sich bei einem Vergleich stark machen, einen guten Arbeitsplatz für ihn in der Industrie des Rhein-Main-Gebietes zu schaffen." Auf dieses zweifelhafte Angebot konnte und wollte Rolf Knecht nicht eingehen: seine bisherige Suche nach einer Stelle als Werkzeugmacher war erfolglos gewesen; er lebte von 70,- DM Arbeitslosenunterstützung wöchentlich, die ihm bereits für insgesamt zwei Monate vom Arbeitsamt gesperrt worden war, weil er seinen "Arbeitsplatz durch eigenes Verschulden verloren" und "eine zugewiesene Arbeit nicht angenommen" habe.
Das Landesarbeitsgericht wies mit seinem Urteil vom 3. Januar 1967 die Berufung zurück, ließ aber eine Revision beim Bundesarbeitsgericht in Kassel zu, da "die Abgrenzung zwischen einer rein politischen und einer parteipolitischen Äußerung sehr schwierig sei und das Gericht sich hier nicht festlegen wolle". Noch einmal, im April 1967 - Rolf Knecht war nun ein Jahr arbeitslos - versuchte die Honeywell, den unbequemen Betriebsrat zu kaufen:
Ihre Anwälte machten das Angebot 50.000,- DM in bar und einen gutbezahlten Arbeitsplatz in einem anderen Werk mit einjähriger Kündigungsfrist. Als Rolf Knecht ablehnte, ging Honeywell in Revision vor das Bundesarbeitsgericht. Bei der Verhandlung in Kassel am 21. November 1967 brachte der Firmenanwalt Dr. Stadler als neues Argument "potentielle Gefahr der Spionage und Sabotage" ein: "Wir wollen hier neu einführen, daß der Verdacht besteht, daß die Sicherheit des Betriebes gefährdet ist und daher die Gesinnung ausreicht, ein solches Element aus dem Betrieb zu entfernen." Das oberste Arbeitsgericht sah dies anders; es wies mit Urteil vom 18. Januar 1968 die Revision zurück und erklärte die fristlose Entlassung für unwirksam.

Doch es sollten noch einige Wochen vergehen, bis Rolf Knecht wieder an seinen Arbeitsplatz zurückkehren konnte. "Vorsorglich" hatte die Firmenleitung - zehn Minuten vor Beginn der Kasseler Revisionsverhandlung - Rolf Knecht erneut gekündigt, wiederum ohne Anhörung des Betriebsrates. Und dies, obwohl die Honeywell bereits ein Jahr zuvor, am 22. September 1966, einen Prozeß in dieser Sache verloren hatte, den der Betriebsrat der Honeywell Werk Regeltechnik gegen die Firmenleitung wegen Verstoßes gegen § 66 BetrVG (keine Entlassung ohne vorherige Anhörung des Betriebsrates) geführt hatte. In jenem Prozeß hatte der Firmenanwalt Assessor Müller eingestehen müssen, daß man sich bei der fristlosen Entlassung "in einem rechtlichen Irrtum befunden habe, ein ähnlicher Vorgang werde sich künftig aber mit Sicherheit nicht wiederholen: "Künftig soll, wie es § 66 BetrVG vorschreibt, in jedem Fall bei einer beabsichtigten Entlassung eines Betriebsangehörigen der Betriebsrat angehört werden." Anscheinend galten solche Versprechungen jedoch nicht für den Fall Rolf Knecht. Der Betriebsrat hatte noch einen weiteren Prozeß gegen die Firmenleitung angestrengt: wegen Behinderung der Betriebsratsarbeit, die dadurch eingetreten war, daß der gewählte Betriebsratsvorsitzende seit dem 22. April 1966 Hausverbot hatte. Schließlich muß dann der Firmenleitung doch noch klar geworden sein, daß das Betriebsklima ohne Rolf Knecht nachhaltiger gestört war als mit ihm: Im Februar 1968 konnte er an seinen Arbeitsplatz zurückkehren. Im Mai 1968 fanden Betriebsratswahlen statt. Da Werk I und II zusammengelegt wurden, mußte nun ein gemeinsamer Betriebsrat gewählt werden. In Werk I war bisher mit Willy Pinkernelle ein Vertreter der DAG Betriebsratsvorsitzender gewesen. Zur Wahl kandidierten drei Listen: Liste der IG Metall, der DAG und der Unabhängigen. Das Ergebnis war ein Erfolg für Rolf Knecht und die IG Metall: Sie erhielten 527 Stimmen; auf die DAG-Liste entfielen 240 Stimmen und auf die der sogenannten "Unabhängigen" 210 Stimmen.

Sechzehntes Kapitel

"Alle Räder stehen still, wenn Dein starker Arm es will"
Zum Dunlop-Streik im November 1967

Urabstimmung der Arbeiter vor dem Dunlopstreik am 10. November 1967
(Foto: Der Gummiarbeiterstreik in Hanau. Club Voltaire Hanau, Schriftenreihe Heft 1)

"Ich habe den Streik nach '45 ad acta gelegt. Ich dachte, das gibt es nicht mehr. Es ging ja auch gut mit der Firma. Wir hatten einen hohen Sozialetat, das haben wir alles bei der englischen Direktion durchgesetzt. Auch die Löhne haben wir nach dem Krieg ohne die Gewerkschaft ganz schnell hochgetrieben."

Bis Ende der fünfziger Jahre traf diese Einschätzung des Betriebsratsvorsitzenden Wilhelm Keim, der diese Funktion seit 1945 bis zu seiner Pensionierung im Oktober 1967 ausübte, auch zu: Nach dem Wiederaufbau des zu 90 % zerstörten Werkes ließ es die wirtschaftliche Entwicklung in der Hochkonjunktur der Automobil- und Bauindustrie zu, daß das Management der Belegschaft relativ rasch ein Lohnniveau und freiwillige betriebliche Sozialleistungen zugestehen konnte, die im Vergleich zu den Löhnen und Sozialleistungen der anderen Hanauer Großbetriebe an der Spitze rangierten. Es gab eine als vorbildlich geltende betriebliche Altersversorgung, eine gut geführte Kantine, firmeneigene Wohnungen, zahlreiche Betriebsvereinbarungen wie z. B. die Abschaffung der Karenztage im Krankheitsfall noch vor deren mit Streik erkämpften gesetzlichen Abschaffung. Die günstigen Verdienstbedingungen wurden jedoch nicht durch Tarifverträge erreicht, sondern sie wurden von Betriebsrat und Werksleitung ausgehandelt und waren damit unmittelbar von der guten Ertragslage abhängig.

Hinzu kam, daß sich die Belegschaft wie kaum in einem anderen Betrieb mit dem von ihr aufgebauten Werk identifizierte. Diese hohe Identifikation verklärten Werksleitung und Betriebsrat noch zusätzlich zur "Dunlop-Familie", zu der nicht allein die Arbeiter und Angestellten, sondern auch deren Frauen und Kinder sowie natürlich auch die Pensionäre gerechnet wurden.

1953 hatte das Allensbacher Institut für Demoskopie aufgrund einer Betriebsumfrage feststellen können, daß "im Vergleich zu den bisher untersuchten Betrieben in der Dunlop ein beispielhaft gutes Betriebsklima herrscht".

Dies änderte sich jedoch zu Beginn der sechziger Jahre, als die ausländischen Reifenhersteller auf den bundesdeutschen Markt kamen und Rationalisierungsinvestitionen unumgänglich wurden, um konkurrenzfähig bleiben zu können. Das Management begann, die Leistungsnormen

Die Dunlop-Familie. In: Dt. Dunlop AG: Unser Leben mit Dunlop. 1. Sozialbericht 1948/1949/1950. Hanau: Dt. Dunlop AG 1950

Streikposten vor dem Haupteingang mit Transparent "Alle Räder stehen still ..." (Foto: Der Gummiarbeiterstreik in Hanau. Club Voltaire Hanau, Schriftenreihe Heft 1)

zu erhöhen, u. a. durch Kürzung der Akkordvorgabezeiten. In der Lohnpolitik verstärkte sich immer mehr die Tendenz, tarifliche Lohnerhöhungen teilweise auf die Effektivverdienste anzurechnen, was zu einer Angleichung des betrieblichen Lohnniveaus an die Bezahlung anderer Industriebetriebe im Hanauer Raum führte. "Dunloper" wanderten in Hanauer Metallbetriebe ab, in denen bei leichterer und weniger schmutziger Arbeit fast ebensoviel verdient werden konnte.
Die Werksleitung begann zunehmend ausländische Arbeitskräfte einzustellen:vor allem aus Spanien und aus der Türkei. 1967 waren bei der Dunlop rund 6.500 Menschen beschäftigt, im gewerblichen Bereich waren knapp die Hälfte Ausländerinnen und Ausländer.

Vor dem Dunlop-Streik im November 1967 hatte es zwei Arbeitsniederlegungen gegeben:
Gegen die Anpassung der Akkorde für PKW-Reifen hatten sich 1958 die Deckenmacher mit einer zweistündigen Arbeitsniederlegung erfolgreich gewehrt. 1965 fand in einer Abteilung ein vierstündiger Warnstreik gegen die Neuregelung der Akkorde statt. Diese Neuregelung hatte der Betriebsrat mitzuverantworten, und er sah sich erstmals harter Kritik der Reifenbauer bzw. der Vertrauensleute ausgesetzt. Zu einer dem Warnstreik folgenden Abteilungsversammlung lud der Betriebsrat dann auch ein Mitglied des Hauptvorstandes der IG Chemie ein, um den Kollegen "einmal den Standpunkt unserer Gewerkschaft zu einem wilden Streik klarzumachen".

Als sich die Rezession in den Jahren 1966/1967 auch bei der Dunlop auswirkte und bereits Kurzarbeit angekündigt war, ging die Werksleitung zu einem verstärkten Leistungsdruck - so in der "Aktion Qualität im Betrieb" mit einem ausgeklügelten Prämiensystem - und zu manifesten Disziplinierungsdrohungen über.
Auf einer Betriebsversammlung im September 1966, als große Unruhe über die Zunahme von Entlassungen unter den Kolleginnen und Kollegen herrschte, drohte der Produktionsdirektor mit weiteren Entlassungen: "Es steht fest, daß wir einige Bummelanten hinausbefördert haben. Das werden wir auch in Zukunft tun. Leute, die bummeln und gegen die Qualität verstoßen, von denen trennen wir uns."
(Zitiert nach der Werkszeitung "Unter uns", Oktober 1966)

Auch in dieser veränderten wirtschaftlichen Situation hielt der Betriebsrat an der Kooperation mit der Geschäftsleitung fest. Noch im April 1966 schätzte der Betriebsratsvorsitzende Wilhelm Keim diese Kooperation als überaus positiv ein: "Ich darf sagen, daß wir uns im Rahmen dieser erfreulichen Mitwirkung und Mitbestimmung in vielen Zweigen unseres betrieblichen Lebens recht gut verstehen; und wenn es einmal Differenzen gibt, dann wird sich zusammengerauft zum Wohle unserer Mitarbeiter." (Zitiert nach: Unter uns, April 1966) Im Gegensatz zu den fünfziger Jahren konnten die Verhandlungsergebnisse jedoch nicht einmal das bis dahin erreichte Lohnniveau sichern. Nach einer vergleichenden Lohnstatistik in den hessischen Reifenbetrieben standen bereits zu Beginn der Rezession die bei Dunlop gezahlten effektiven Stundenlöhne bei fast allen vergleichbaren Tätigkeiten an letzter Stelle; auch die Reifenbauer und Heizer wurden bei Dunlop schlechter bezahlt als in allen anderen hessischen Gummibetrieben. Die Frankfurter Rundschau brachte am 14. November 1967, während des Streiks in der hessischen Gummiindustrie, das Beispiel eines Dunlop-Arbeiters, der früher bei monatlich 166 Arbeitsstunden 860,- DM erhalten hatte, und nun, bei monatlich acht Arbeitsstunden mehr, 183,- DM weniger verdiente. Dieser Lohnabbau kam dadurch zustande, daß wesentliche, in der Hochkonjunkturphase durch Betriebsvereinbarungen erreichte Berechnungselemente (wie z. B. die Akkordvorgabezeiten) nicht tariflich abgesichert worden waren und die Schere zwischen Tarif- und Effektivlöhnen weit auseinanderklaffte. Hauptziel der IG Chemie in den Tarifverhandlungen 1967 war somit - angesichts der Rezession - nicht eine wirkliche Lohnerhöhung, sondern die tarifliche Absicherung des bisherigen Lohnniveaus einschließlich des nicht tarifvertraglich gesicherten Weihnachtsgeldes.
Diese Forderungen konnten erst mit einem einwöchigen Streik in der hessischen Gummiindustrie durchgesetzt werden, zu dem im Main-

Walter Weiskopf, Jg. 1929, Vertrauensmann der IG Chemie und Mitglied der Streikleitung zum Dunlop-Streik, danach im Betriebsrat und schließlich Betriebsratsvorsitzender

"Von dieser Stunde gab's eine neue Belegschaft, nicht mehr die alten Buckelmänner"

"Von März bis November war verhandelt worden, ohne Ergebnis. Dr. Berger hat alles drangesetzt, um uns kleinzukriegen. Da haben wir gesagt: 'Jetzt ist Schluß.' Bei der Urabstimmung habe ich die Initiative ergriffen und die Parole ausgegeben: 'Wir gehen gemeinsam.' So ist der gesamte Handwerkerbereich singend zur Kantine gegangen. Die anderen Abteilungen sind dann unserem Beispiel gefolgt. Auch Angestellte nahmen erstmals an einer Urabstimmung teil; für sie war es schwieriger, bei denen schaute jeder auf den anderen. Für sie haben wir extra im Lokal "Zum Freigericht" eine Urne aufstellen lassen, da konnten sie, ohne unter Kontrolle zu stehen, abstimmen. Dementsprechend war dann auch das Ergebnis: Fast 90 % waren für Streik.

Dann ging der Kampf los; aber wir waren alle unerfahren. Wir hatten das Glück, daß einige von uns kurz vorher von einem Streikseminar in unserer Schule, in Bad Münder, zurückgekommen waren; die hatten solche Muskeln, die waren richtig scharf darauf, denen mal zu zeigen, was sie gelernt hatten. Aber wir wußten nicht, was auf uns zukommt. Gelernt hatten wir, uns in Reihen vor den zwei Toren aufzustellen, Gassen zu bilden, durch die die Streikbrecher durchmußten. Wir haben sie kräftig beschimpft. So kamen am ersten Tag auch einige ins Werk, aber sie konnten nicht produzieren. Andere sind über den Friedhof gerobbt, über die Mauer geklettert und kamen so ins Werk. Dann fuhren leere Busse ins Werk; die drin saßen, hatten sich alle auf den Boden gelegt. Da waren wir natürlich sauer.

Ich schäme mich nicht zu sagen, wie ich die Menge gesehen habe, die so ins Werk gekommen ist, sind mir die Tränen gekommen - vor Wut und vor Angst, Angst um den Arbeitsplatz. Gerüchte gingen um, daß allen ausländischen Kollegen gekündigt werde und sie aus ihren Wohnungen müßten. Das habe ich abends auf der Streikversammlung im Bürgerhaus Wolfgang gesagt, und das war der Punkt: Am nächsten Morgen waren 3.000 Menschen vor dem Betrieb. Da ist keiner mehr reingekommen, natürlich muß man sagen, es gab Rangeleien - wir waren alle wütend, und unsere ausländischen Kollegen haben ja eine andere Mentalität wie wir. Von unserem Betriebsrat waren einige - wie der Wilhelm Keim - zu der Zeit krank, die anderen standen auch Streikposten, aber an der Barbarossastraße, ein ruhiges Plätzchen, wo keiner hingekommen ist. Es gab auch einige, die lamentiert haben: 'Ich bin doch im Aufsichtsrat, laßt mich doch rein!' Denen haben wir gesagt: 'Du kannst austreten, aber Du kannst Dich auch ordentlich zu uns stellen und dementsprechend nachher wiedergewählt werden.' Wir haben vor allem am Tor, wo die Angestellten reingegangen sind, viel diskutiert. Aber sie versuchten auch, uns mit ihren Autos umzufahren. Da gab es gefährliche Situationen. Es fielen von seiten der Werksleitung böse Worte, wie 'vor der Dunlop regiert der Mob', für die sie sich später, als alles vorbei war, auf einer Betriebsversammlung entschuldigen mußte.

Dann kam der Augenblick, wo die Herren ans Tor kamen, mit der Drohung: 'Wenn Ihr nicht sofort die Tore freimacht, werden wir die Polizei holen!' Die Bereitschaftspolizei, nicht die Hanauer Polizei, wartete bereits am Bahnhof auf ihren Einsatzbefehl. Es gab von unserer Seite Kontakte zu Oberbürgermeister Dröse, und ich muß sagen, er hat in diesen brenzligen Situationen Schlimmes verhindert. Nach dem Streik hat es natürlich noch einige Zeit gedauert, bis wir uns wieder zusammengerauft hatten, aber eines muß ich sagen: Von dieser Stunde an hatten wir eine neue Belegschaft, wir hatten keine Buckelmänner mehr."

neues vom Bezirk

IG CHEMIE - PAPIER - KERAMIK

Bezirk Hessen

Verantwortlich für den Inhalt: Franz Fabian

Gummi-Industrie

6/67

Das hatten die Unternehmer nicht erwartet:

93,2 Prozent für Kampfmaßnahmen!

Ergebnis der 1. Urabstimmung:	für Kampfmaßnahmen:
Gummi-Werke Fulda	94,2 %
Gummi-Werke Odenwald, Höchst (Odw.)	96,5 %
Veith-Pirelli, Sandbach	96,1 %
Poppe, Gießen	97,0 %
Dunlop, Hanau	91,0 %
Veritas, Gelnhausen	95,7 %
Continental Gummiwerke AG, Korbach	91,9 %

Für uns war der Ausgang der Urabstimmung keine Überraschung! Der Arbeitgeberseite jedoch wurde eine eindeutige Lektion erteilt. Mit dem vorliegenden Urabstimmungsergebnis entschieden sich die Arbeiter und Angestellten nicht nur klar und deutlich für die gewerkschaftlichen Forderungen nach Sicherheit von Einkommen und Arbeitsplätzen, sondern zeigten sich entschlossen nötigenfalls auch einen Streik zur Durchsetzung gewerkschaftlicher Ziele zu beginnen.

Die IG Chemie - Papier - Keramik dankt für dieses eindeutige Vertrauensvotum!

Dieses überzeugende Abstimmungsergebnis und die Höhe der Wahlbeteiligung zeigen eindeutig, daß die Arbeiter und Angestellten keinen weiteren Abbau ihrer Einkommen zulassen, jedoch ihre Absicherung gewährleistet haben wollen. Unmißverständlich haben die organisierten Arbeitnehmer in der Gummi-Industrie ihre Streikbereitschaft zur Sicherung von Einkommen und Arbeitsplatz ausgedrückt. Für die kommenden Tarifgespräche wurde damit eine ausgezeichnete Ausgangsposition geschaffen. Jedoch sollte man den Tag nicht vor dem Abend loben. Wir sind nicht sicher, ob neue Tarifgespräche zu einem tragbaren Ergebnis führen werden.

Haltet Euch daher kampfbereit!
Folgt in Ruhe den weiteren Aufforderungen Eurer Gewerkschaft!

Diejenigen Kolleginnen und Kollegen, die noch im Verlauf der Urabstimmung ihre Meinung zu den gewerkschaftlichen Zielen abgeben müssen, fordern wir auf, sich ebenfalls eindeutig bei der Urabstimmung mit »Ja« zu entscheiden.

Industriegewerkschaft Chemie – Papier – Keramik
Bezirk Hessen
Franz Fabian, Bezirksleiter

Kinzig-Kreis die Dunlop-Werke aufgerufen wurden.

Zeittafel zum Dunlop-Streik

13. April 1967:
IG Chemie kündigt den Tarifvertrag zum 30. April.

20. Mai 1967:
1. Tarifgespräch:
Statt einer effektiven Erhöhung fordert die IG Chemie die Erhöhung der Tariflöhne durch Anrechnung von übertariflichen, nichtleistungsgebundener Verdienstteile sowie die tarifliche Absicherung des Weihnachtsgeldes.

19. Juni 1967:
Die Sozialpolitische Vereinigung der hessischen Gummiindustrie unter dem Vorsitz des Justitiars bei der Dunlop AG, Dr. Berger, lehnt die Forderungen der IG Chemie ab, "da die Unternehmer diese (übertarifliche) Spanne für notwendig halten, um bei weiterem Rückgang der Konjunktur oder gar bei einer ausgesprochenen Rezession zum Zwecke der Erhaltung der Arbeitsplätze auf eine vorübergehende Kürzung dieser Bestandteile ausweichen können".

17. Juli 1967:
2. Tarifgespräch:
Die Arbeitgeber schlagen, ganz im Sinne der "konzertierten Aktion", einen gemeinsamen Brief an die hes-

sische Gummiindustrie vor, der sich ausschließlich mit der Erhaltung der Arbeitsplätze befassen soll.

14. September 1967:
3. Tarifgespräch:
Die IG Chemie fordert 1) tarifliche Absicherung der derzeitigen Verdienste, 2) tarifliche Absicherung des Weihnachtsgeldes, 3) Abkommen zur Arbeitsplatzsicherung und 4) Neuformulierung des Tarifvertrages über die Lohngruppeneinstufung. Die Arbeitgeber bieten lediglich ein Arbeitsplatzsicherungsabkommen an.

9. Oktober 1967:
1. Schlichtungsverhandlung endet ohne Ergebnis.

3./4. November 1967:
2. Schlichtungsverhandlung unter dem Vorsitz des Hanauer Oberbürgermeisters Herbert Dröse (SPD). Das Unternehmerangebot bleibt so weit hinter den Forderungen der IG Chemie zurück, daß Dröse nicht einmal einen Einigungsvorschlag machen kann.

5. November 1967:
Der Hauptvorstand der IG Chemie genehmigt Urabstimmung.

6. November 1967:
Versammlung von über 1.000 Vertrauensleuten der hessischen Gummiindustrie im Bürgerhaus Wolfgang mit Franz Fabian, dem Vorsitzenden des Tarifausschusses der IG Chemie. Unter den Teilnehmerinnen und Teilnehmer sind 150 Vertrauensleute aus Fulda, die mit Warnstreiks am 27. Oktober den Kampf gegen Lohn- und Akkordkürzungen begonnen hatten. Bereits in der Morgendämmerung hatten Vertrauensleute vor den Haupttoren der Dunlop AG Flugblätter an die Arbeiterinnen und Arbeiter der ersten Schicht verteilt.

9. November 1967:
Versammlung von fast 1.000 Belegschaftsangehörigen der Dunlop AG mit Karl Küpper, dem 2. Vorsitzenden der IG Chemie. Küpper setzt sich in seiner Rede scharf mit der Werksleitung auseinander, die versuche, Reifen in das bereits bestreikte Fuldaer Gummiwerk zu schicken und den ausländischen Kolleginnen und Kollegen damit drohe, daß sie im Falle einer Streikbeteiligung nach Hause geschickt werden würden. Dem Abbau der Leistungen, der vom Kantinenessen bis zum Lohn reicht, müsse - so Küpper - eine Ende gesetzt werden: "Wir haben es nicht nötig, mit schlotternden Knien zu unseren Arbeitsplätzen zu gehen. Wenn wir in den Augen der Unternehmer nur Kalkulationsobjekte sind, wollen wir ihnen jetzt beweisen, daß wir Würde besitzen und uns wie Menschen behandelt sehen wollen."

10. November 1967:
Urabstimmung in der Kantine der Dunlop AG und in der nahegelegenen Gaststätte "Zum Freigericht". Abstimmungsberechtigt sind von rund 6.500 Beschäftigten 5.255 gewerkschaftlich organisierte Arbeiter

3928 für Streik

Die Arbeitnehmer der Hanauer Dunlopwerke beteiligten sich gestern mit 81 Prozent an der Urabstimmung. Wie die Bezirksleitung der IG Chemie, Papier Keramik dem „Hanauer Anzeiger" heute früh mitteilte, waren 5255 Arbeitnehmer wahlberechtigt. Abgegeben wurden 4317 Stimmen. Mit „ja" stimmten 3928 Arbeitnehmer, mit „nein" 362, 27 ungültige Stimmzettel wurden abgegeben. Die Auszählung in den Dunlopwerken, an der auch der Sozialpfarrer Czemper teilnahm, dauerte bis nahezu 1 Uhr in der Nacht zum Samstag. Die Bezirksleitung ist mit dem Abstimmungsergebnis in den Dunlopwerken sehr zufrieden. Bei der Abstimmung kam es zu keinerlei Auseinandersetzungen.

Hanauer Anzeiger, 11. November 1967

und Angestellte. Die ausländischen Kolleginnen und Kollegen werden mit Plakaten in ihrer Muttersprache informiert. Als am Ende des Tages die Stimmen ausgezählt sind, haben sich 3.928 Kolleginnen und Kollegen für Streik ausgesprochen.
In ganz Hessen waren von 11.273 abgegebenen Stimmen 10.501 für Streik.

11. November 1967:
Herbert Dröse versucht, die beiden Tarifparteien mit einem Brief noch am Wochenende an den Verhandlungstisch zu bringen.

13. November 1967:
1. Streiktag.
Zum Streik aufgerufen sind außer den seit dem 7. November bestreikten Gummiwerken Fulda die Reifenfabrik Veith-Pirelli in Sandbach, die Gummiwerke Odenwald in Neustadt und die Dunlop AG in Hanau, Hessens größter Reifenhersteller.
Bei der Dunlop stehen mit der Früh-

schicht die Räder still. Das Bürgerhaus Wolfgang, wo gegen 8.30 Uhr die erste Streikversammlung stattfindet, ist bis auf den letzten Platz besetzt. "Wie erwartet, sind nahezu alle Arbeiter und Angestellten unserem Streikaufruf gefolgt. Lediglich einige leitende Angestellte und wenige Streikbrecher machen eine Ausnahme." (Franz Fabian)
Von der Werksleitung wird bekanntgegeben, daß der vereinbarte Notdienst funktioniere, jeder Streiktag "eine Viertelmillion Mark koste" (Dr. Berger) und die Dunlop im übrigen "jederzeit ihre Tore für Arbeitswillige offenhalte und vollen Lohn und Weihnachtsgratifikation zusichere" (Personalchef Koch).

Im Laufe des Tages treffen bei der Streikleitung zahlreiche Solidaritätstelegramme ein, u. a. vom Allgemeinen Studentenausschuß der Universität Frankfurt und von der Internationalen Föderation von Chemie- und Fabrikarbeiterverbänden, die den Konzernen der bestreikten Betriebe mit einem "Konsumboykott auf internationaler Ebene" droht, falls diese versuchen sollten, die Wirkung des hessischen Arbeitskampfes durch verstärkte Exporte abzuschwächen.

Am Nachmittag wird bekannt, daß Auszubildende zum Verladen von Reifen eingesetzt werden. Daraufhin beschließt die Streikleitung, keine Notdienstausweise mehr auszugeben.
Die Werksleitung, vertreten durch Personalchef Koch, räumt ein, daß nur ein gewisser Teil der Belegschaft, vorwiegend Angestellte, zur Arbeit erschienen sei. Man bemühe sich, die Halbfertigfabrikate zu retten. "Im übrigen gehen natürlich alle Schäden, die bei Verweigerung des Notdienstes an den Produktionsanlagen entstehen, zu Lasten der Gewerkschaften."

Außerdem habe man einen Werksfotographen zur "Beweissicherung" eingesetzt.
Bereits am Montagabend erscheint, von der Werksleitung gerufen, Polizei im Werk, angeblich wegen einer Unklarheit im Notdienst.

Haupttor der Dunlop AG am ersten Streiktag. Transparent der Werksleitung: "Wir arbeiten weiter! Arbeitswillige kommt ins Werk. Ihr bekommt vollen Lohn und Grati!" (Fotos: Der Gummiarbeiterstreik in Hanau. Club Voltaire Hanau, Schriftenreihe Heft 1)

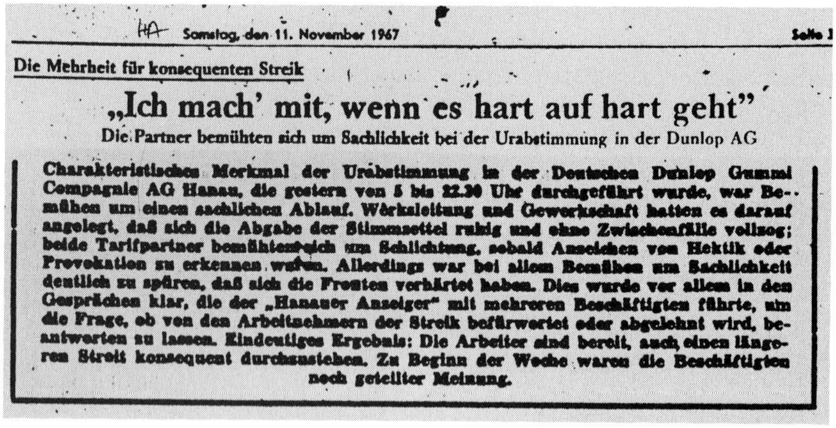

HA Samstag, den 11. November 1967 Seite 1

Die Mehrheit für konsequenten Streik

„Ich mach' mit, wenn es hart auf hart geht"

Die Partner bemühten sich um Sachlichkeit bei der Urabstimmung in der Dunlop AG

Charakteristisches Merkmal der Urabstimmung in der Deutschen Dunlop Gummi Compagnie AG Hanau, die gestern von 5 bis 22.30 Uhr durchgeführt wurde, war Bemühen um einen sachlichen Ablauf. Werksleitung und Gewerkschaft hatten es darauf angelegt, daß sich die Abgabe der Stimmzettel ruhig und ohne Zwischenfälle vollzog; beide Tarifpartner bemühten sich um Schlichtung, sobald Anzeichen von Hektik oder Provokation zu erkennen waren. Allerdings war bei allem Bemühen um Sachlichkeit deutlich zu spüren, daß sich die Fronten verhärtet haben. Dies wurde vor allem in den Gesprächen klar, die der „Hanauer Anzeiger" mit mehreren Beschäftigten führte, um die Frage, ob von den Arbeitnehmern der Streik befürwortet oder abgelehnt wird, beantworten zu lassen. Eindeutiges Ergebnis: Die Arbeiter sind bereit, auch einen längeren Streik konsequent durchzustehen. Zu Beginn der Woche waren die Beschäftigten noch geteilter Meinung.

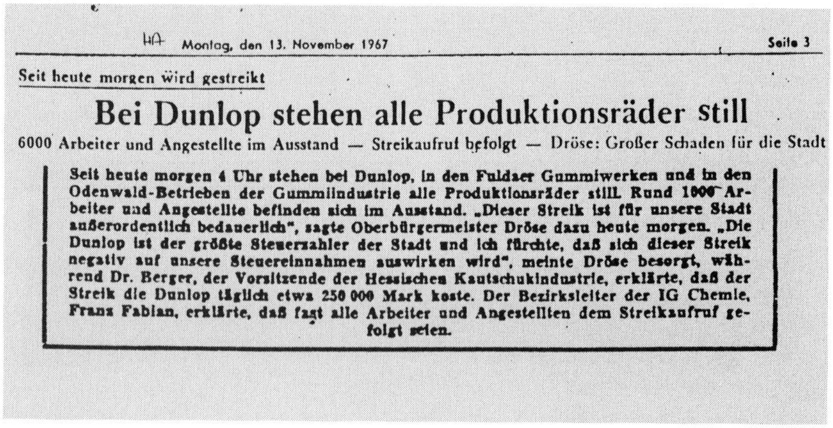

HA Montag, den 13. November 1967 Seite 3

Seit heute morgen wird gestreikt

Bei Dunlop stehen alle Produktionsräder still

6000 Arbeiter und Angestellte im Ausstand — Streikaufruf befolgt — Dröse: Großer Schaden für die Stadt

Seit heute morgen 4 Uhr stehen bei Dunlop, in den Fuldaer Gummiwerken und in den Odenwald-Betrieben der Gummiindustrie alle Produktionsräder still. Rund 1000 Arbeiter und Angestellte befinden sich im Ausstand. „Dieser Streik ist für unsere Stadt außerordentlich bedauerlich", sagte Oberbürgermeister Dröse dazu heute morgen. „Die Dunlop ist der größte Steuerzahler der Stadt und ich fürchte, daß sich dieser Streik negativ auf unsere Steuereinnahmen auswirken wird", meinte Dröse besorgt, während Dr. Berger, der Vorsitzende der Hessischen Kautschukindustrie, erklärte, daß der Streik die Dunlop täglich etwa 250 000 Mark koste. Der Bezirksleiter der IG Chemie, Franz Fabian, erklärte, daß fast alle Arbeiter und Angestellten dem Streikaufruf gefolgt seien.

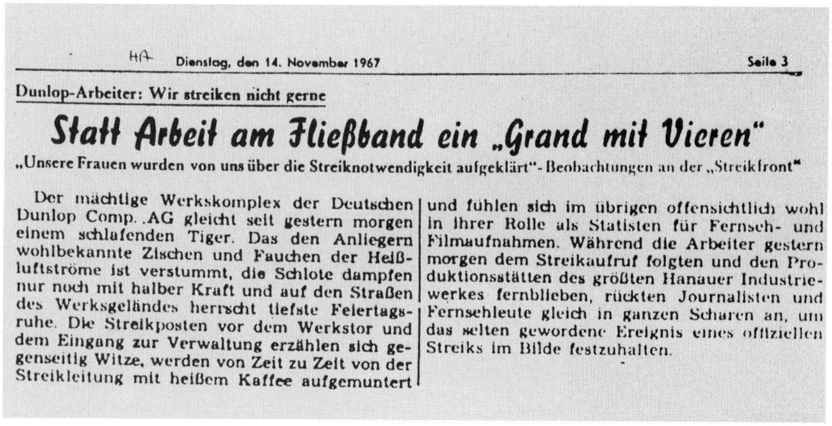

HA Dienstag, den 14. November 1967 Seite 3

Dunlop-Arbeiter: Wir streiken nicht gerne

Statt Arbeit am Fließband ein „Grand mit Vieren"

„Unsere Frauen wurden von uns über die Streiknotwendigkeit aufgeklärt"- Beobachtungen an der „Streikfront"

Der mächtige Werkskomplex der Deutschen Dunlop Comp. AG gleicht seit gestern morgen einem schlafenden Tiger. Das den Anliegern wohlbekannte Zischen und Fauchen der Heißluftströme ist verstummt, die Schlote dampfen nur noch mit halber Kraft und auf den Straßen des Werksgeländes herrscht tiefste Feiertagsruhe. Die Streikposten vor dem Werkstor und dem Eingang zur Verwaltung erzählen sich gegenseitig Witze, werden von Zeit zu Zeit von der Streikleitung mit heißem Kaffee aufgemuntert und fühlen sich im übrigen offensichtlich wohl in ihrer Rolle als Statisten für Fernseh- und Filmaufnahmen. Während die Arbeiter gestern morgen dem Streikaufruf folgten und den Produktionsstätten des größten Hanauer Industriewerkes fernblieben, rückten Journalisten und Fernsehleute gleich in ganzen Scharen an, um das selten gewordene Ereignis eines offiziellen Streiks im Bilde festzuhalten.

14. November 1967:
2. Streiktag.
Die IG Chemie ruft auch die 3.100 Beschäftigten der Continentalwerke in Korbach zum Streik auf.
Damit sind nun 14.600 Beschäftigte der hessischen Gummiindustrie im Streik.

Bei der Dunlop AG provoziert die Werksleitung die 5.300 Streikenden: Sie läßt rund 200 Streikbrecher aus dem Landkreis mit Omnibussen auf das Werksgelände fahren, die die Lieferfähigkeit mit Be- und Entladearbeiten gewährleisten sollen; unter ihnen befindet sich, laut Hanauer Anzeiger vom 15. November 1967, "auch ein bekannter CDU-Politiker". Zwei streikende Arbeiter werden verletzt, als Streikbrecher mit ihren Autos mit Vollgas auf die Streikposten zufahren. Am Nachmittag wird bekannt, daß die Geschäftsleitung einen türkischen Dolmetscher in das Gastarbeiterwohnheim geschickt hat und erklären läßt, daß die türkischen Kollegen mit Privatwagen zur Arbeit gebracht werden. Wer sich weigere, müsse das Wohnheim sofort verlassen. Gegenüber deutschen Kollegen droht die Geschäftsleitung, daß Streikende ihre Baudarlehen sofort zurückzahlen müssen. Die Streikleitung beauftragt daraufhin einen Rechtsanwalt mit der Wahrung der Rechte der türkischen Kollegen und erreicht in Verhandlungen mit der Bank für Gemeinwirtschaft, daß diese, falls es zu Darlehenskündigungen komme, die Kredite zu den gleichen Konditionen übernehmen wird.

DEUTSCHE DUNLOP GUMMI COMPAGNIE AG

6450 Hanau a. M.

15. November 1967

Liebe Mitarbeiter!

Sie streiken für die Erhaltung und Sicherung Ihres Arbeitsplatzes. Das versucht Ihnen die Gewerkschaft einzureden.
Herr Fabian hat jetzt aber durch seine neuste öffentliche Erklärung die Katze aus dem Sack gelassen:

> **Er streikt um der hessischen Gummiindustrie den größtmöglichen Schaden zuzufügen.**

Mit anderen Worten:
Es wird also nicht mehr für die Erhaltung, sondern jetzt für die Zerstörung des Arbeitsplatzes gestreikt!

Umfragen und Diskussionen bewiesen, daß selbst unter den engsten Mitgliedern der Gewerkschaft Unklarheiten über die Hintergründe des Streikes bestehen. Unklarheiten auch über das Vorgehen der Streikposten.

Liegt es in Ihrem Interesse, daß betrunkene Ausländer die Eingänge sperren? Liegt das noch im Interesse der Vernunft?

Was die Gewerkschaft wirklich will hat Herr Fabian am Dienstag im Streiklokal gesagt:

"Noch 10 Tage gebe ich denen; dann ist die hessische Gummiindustrie kaputt!"

Liegt das in Ihrem Interesse?

Wir meinen, Sie sollten einmal von einer unparteiischen Seite über den Tarifstreit informiert werden.
Sie alle kennen die Objektivität der "Frankfurter Allgemeinen Zeitung". Der beiliegende Auszug der Titelseite vom Dienstag gibt genauen Aufschluß über den Streik mit allen seinen Hintergründen.
Lesen Sie die Artikel genau durch!
Sie beweisen, daß manche Gewerkschaftsfunktionäre nur aus rein persönlichen Interessen den Streik inszeniert haben.
Die von uns völlig unabhängige Meinung des Autors trifft!

(Fotos: Der Gummiarbeiterstreik in Hanau. Club Voltaire Hanau, Schriftenreihe Heft 1)
Unten: Frankfurter Rundschau vom 16. 11.1967

Eine Handbreit vor den Streikenden stoppte der erste Bus

Mittwoch, 4 Uhr morgens, vor den Toren der Dunlop-Werke in Hanau am Main: Die Stimmung der 2000 bis 3000 streikenden Arbeiter steht auf Kampf. Die Geschäftsleitung hatte am Vortag den türkischen Gastarbeitern des Betriebes angedroht, sie müßten das firmeneigene Wohnheim räumen, wenn sie an dem Streik, der seit Montag in der hessischen Gummiindustrie herrscht und dem sich bislang 14 600 Arbeitnehmer angeschlossen haben, teilnähmen und nicht zur Arbeit erschienen. Diese Drohung, von Gewerkschaftsseite als Nötigung bezeichnet, und die Blitzlichter von Mitgliedern der Firmenleitung, die in der Dunkelheit Streikende fotografierten, hatten die Gemüter erheblich erhitzt. So scheiterte bereits der erste Versuch eines Angestellten, sich in seinem Auto mit Gewalt den Weg durch die Menschenmenge zu bahnen, die sich vor den Werkstoren angesammelt hatte. Der Wagen wurde von den Streikenden recht unsanft geschaukelt. Andere Angestellte, die trotz des Streikes zur Arbeit gehen wollten, wurden mit Pfuirufen, Gejohle und Beschimpfungen bedacht.

Allmählich wurde es heller, und als dann Busse mit Streikbrechern durch die engen Zufahrtsstraßen auf das Werk zurollten, formierte sich eine tiefgegliederte Mauer aus Menschen vor den Omnibussen. Nur knapp eine Handbreit vor den Streikenden stoppte der erste Bus, die Wagen dahinter waren eingekeilt in der engen Straße. In unregelmäßigen Abständen johlten die Streikenden den Streikbrechern in den Bussen zu.

Als die Geschäftsleitung sah, daß sie mit den Bussen nicht weiterkam, charterte sie einen Möbelwagen und wollte damit Streikbrecher ins Werk befördern. Ebenso wurde es mit einem Viehwagen versucht. Beide Versuche scheiterten ebenfalls am Widerstand der Streikenden.

Inzwischen hatte die Werksleitung Hanauer Polizei angefordert. Oberbürgermeister Dröse gab jedoch die Anweisung, die Polizei aus der Streiksituation fernzuhalten. Er wolle unter allen Umständen vermeiden, daß es zu einer Situation wie in Berlin komme, als am 2. Juni ein Polizeibeamter den Studenten Ohnesorg erschoß. Auch der Versuch der Werksleitung, über den Regierungspräsidenten Bereitschaftspolizei zu erhalten, scheiterte. Der Regierungspräsident verwies auf die Entscheidung des Hanauer Oberbürgermeisters.

Später erklärte Dröse, der hessische Innenminister habe sich mit seiner Entscheidung voll einverstanden erklärt. Der Oberbürgermeister sagte weiter, es sei versucht worden, ihn von der Firmenleitung aus unter Druck zu setzen. (Die Firma Dunlop gilt als der größte Steuerzahler in Hanau.) Dazu der Oberbürgermeister: „Ich lasse mich nicht unter Druck setzen. Von wem auch immer."

Um 8.30 Uhr ließ die Geschäftsleitung schließlich per Telefon über das Hanauer Redaktionsbüro der „Frankfurter Rundschau" die Meldung verbreiten, daß der Streik den Gewerkschaften aus den Händen geglitten sei. Zur gleichen Zeit — ebenfalls um 8.30 Uhr — verkündete dann der Zweite Vorsitzende der IG Chemie in Hessen, Küppers, nach Verhandlungen mit der Geschäftsleitung, daß die Busse und die anderen Fahrzeuge abzögen.

ULRICH GLAESER

Oberbürgermeister Dröse gibt der Hanauer Polizei die Anweisung, daß sie auch dann nicht in Aktion treten soll, wenn Arbeitswillige am Betreten des Werkes gehindert werden. Die Polizei soll so wenig wie möglich in Erscheinung treten.

15. November 1967:
3. Streiktag.
Seit 4 Uhr morgens verhindern über 3.000 deutsche und ausländische Kolleginnen und Kollegen, daß Busse mit Streikbrechern auf das Werksgelände gelangen können. Mitglieder der Firmenleitung fotografieren die Streikenden. Leitende Angestellte fahren mit hoher Geschwindigkeit auf die Streikposten zu. Es kommt zu Tumulten und Handgreiflichkeiten.

Später versucht die Werksleitung, Streikbrecher mit einem Möbelwagen und einem Viehtransporter einzuschleusen. Sie heizt die erregte Stimmung weiter auf; in einem an diesem Tag verteilten Brief an die "lieben Mitarbeiter" heißt es: "Liegt es in Ihrem Interesse, daß betrunkene Ausländer die Eingänge versperren?", und auf einer eilig einberufenen Pressekonferenz spricht Direktor Schneider von "Angehörigen einer fremden Mittelmeerhorde" vor den Toren der Dunlop. Als sich durch diese Hetze der Zorn noch mehr steigert, fordert die Werksleitung zunächst Hanauer Polizei - und als Oberbürgermeister Dröse deren Einsatz verweigert - über das Regierungspräsidium Bereitschaftspolizei an; doch auch der Regierungspräsident verweigert mit dem Hinweis auf die Entscheidung des Hanauer Oberbürgermeisters den Einsatz.

Unter Vermittlung von Oberbürgermeister Dröse vereinbaren Streikleitung und Werksleitung, daß die Streikposten Streikbrecher, die zu Fuß ins Werk wollen, passieren lassen, die Werksleitung aber keinen Arbeiter mit Fahrzeugen auf das Gelände bringen lassen darf.
Die Werksleitung muß zugeben, daß sie Lieferungen für die bestreikten Gummiwerke Fulda vorbereitet hat: Es handele sich dabei jedoch nur um einen "normalen kleinen Kollegialauftrag von einigen Fahrradschläuchen".

16. November 1967:
4. Streiktag.
Hunderte von Streikenden bilden schon vor 6.30 Uhr vor den Toren der Dunlop eine lebendige Mauer, durch die jeder Streikbrecher gehen muß. Als entgegen der am Vortag getroffenen Vereinbarungen leitende Angestellte die Streikposten mit ihren Autos erneut in unverantwortlicher Weise provozieren, ja deren Leben gefährden, kommt es wieder zu angespannten Situationen. Die Streikleitung hat türkische und spanische Dolmetscher eingesetzt, die ihre Landsleute über Lautsprecher zur Besonnenheit mahnen.
Unter den Streikenden befinden sich Polizisten in Zivil, darunter der Hanauer Polizeidirektor Hohbein.
Bereitschaftspolizei ist auf einem Seitenweg zur Leipziger Straße stationiert. In der Birkenhainer Straße warten abrufbereit vollbesetzte Busse mit rund 300 Arbeitern darauf, auf das Werksgelände fahren zu können. Auf Anraten der Polizei läßt die Werksleitung jedoch von dieser weiteren Provokation ab. Auch läßt sie durch ihren Pressesprecher Koch erklären, daß sie nicht daran denke, streikenden ausländischen Kollegen ihre Bettplätze im Wohnheim zu kündigen noch sie gar zu entlassen.

Die Geschäftsleitung, genauer Direktor Schneider, hetzt auf einer am Nachmittag angesetzten Pressekonferenz weiter: In Hanau herrsche der Mob, und die Demokratie versage, wenn ein echter Notstand ausbre-

STREIK
NACHRICHTEN

INTERNATIONALER
Konsumboykott angedroht!

Einen "Konsumboykott auf internationaler Ebene" hat der Generalsekretär der Internationalen Föderation von Chemie- und Fabrikarbeiterverbänden, Charles Levinson, am Montag in Genf angekündigt, falls die Muttergesellschaften der in Hessen bestreikten Gummibetriebe durch verstärkte Exporte die Wirkung des Arbeitskampfes abzufangen versuchten.

Levinson erklärte, die Gewerkschaften all jener Länder, in denen Mutterfirmen der in Hessen bestreikten Betriebe Gummiwerke Fulda, Dunlop und Veith - Pirelli sitzen, hatten sich mit der Industriegewerkschaft Chemie Papier Keramik solidarisch erklärt. Alle Mutterfirmen seien am Montag von der Föderation davor gewarnt worden, ihre Betriebe in Hessen durch Exporte zu unterstützen. Levinson zufolge hoffen die Gewerkschaften auf ein Einlenken der Arbeitgeber.

Notfalls wollen sie aber in ganz Europa und auch in den Vereinigten Staaten Gegenmaßnahmen treffen, die von der Öffentlichkeitsarbeit bis zum Konsumboykott gehen sollen.

(nach UPI)

HA Donnerstag, den 16. November 1967 Seite 3

Zwischenfälle blieben heute in Grenzen

Polizeikräfte standen abseits auf Abruf bereit

Gewerkschaftsfunktionäre versuchten Gastarbeiter zu beruhigen — Es blieb meistens bei Buh-Rufen

Die Tumulte vor den Werkstoren der Dunlop, die gestern morgen — wie berichtet — zu handfesten Schlägereien geführt hatten, bei denen mehrere Menschen verletzt worden waren, flackerten auch heute morgen wieder auf. Diesmal hielten sie sich aber dank des Einsatzes der Streikleitung, die mit Dolmetschern immer wieder beruhigend auf die in großer Zahl erschienenen Türken einredete, in Grenzen. Kriminaloberkommissar Zeller behielt die Situation im Auge. Polizisten in Uniform waren nicht zu sehen. Sie standen abseits vom Zentrum der Krawalle auf Abruf bereit, brauchten aber nicht alarmiert zu werden. „Wir können die Polizisten nur im Notfall einsetzen", sagte Zeller mit einem Hinweis auf die erregte Menge.

ters wurden mit großem Beifall aufgenommen. Und als die Dolmetscher wiederholt mahnten und besänftigten, glätteten sich die Wogen der Erregung wieder.

Allerdings verzichtete die Werksleitung heute morgen auf Anraten der Polizei darauf, die Busse mit den Arbeitswilligen ins Werk zu bringen. Auch die Busse standen abrufbereit, sie warteten vollbesetzt mit mindestens 300 Arbeitswilligen, in der Birkenhainer Straße, „weit weg vom Schuß".

che, die Polizei sei bei den Tumulten nicht in Erscheinung getreten.

In einer weiteren Krisensitzung, an der Oberbürgermeister Dröse, der Hessische Sozialminister Hemsath und der Dunlop-Generaldirektor Wheater teilnehmen, wird der Kompromiß vom Vortag, daß Arbeitswillige das Werk zu Fuß betreten können, bekräftigt, vorausgesetzt daß die Werksleitung endgültig verzichtet, Streikbrecher mit Bussen ins Werk zu bringen. Dieser Kompromiß war mit der Streikleitung abgesprochen unter der Voraussetzung, daß die Arbeitgeber am nächsten Tag an den Verhandlungstisch zurückkehren.

Die Situation entspannt sich, als Franz Fabian bekanntgeben kann, daß die Arbeitgeber für Freitag einen Verhandlungstermin angeboten haben. Diese Meldung wird mit großer Zustimmung aufgenommen.

Am Donnerstagabend findet im Bürgerhaus Wolfgang eine Streikversammlung mit rund 800 Dunlop-Arbeitern statt. Karl Küpper fordert die Streikposten auf, sich nicht zu unüberlegten Aktionen hinreißen zu lassen: "Es ist gut, daß die Streikbrecher im Netz der Entschlossenheit der Streikenden hängenbleiben. Das Schaukeln von Autos, das Angreifen von Menschen und sogar von Frauen ist nicht gut." Werner Vitt vom Bundesvorstand der IG Chemie dankt allen Streikenden für ihr solidarisches Zusammenstehen: "Einen besseren Ausdruck der Verbundenheit zur Erreichung der gemeinsamen Ziele hat es nicht geben können. Deutsche, Türken und Spanier haben gemeinsam unterstrichen, daß sie nicht länger Objekt bleiben wollen." Er bezeichnet die Behauptung der Werksleitung, betrunkene Arbeiter hätten Streikposten gestan-

HA Samstag, den 18. November 1967 Seite 3

Heute nacht einigten sich die Partner:

Arbeitskampf der Gummiarbeiter ist zu Ende

Streik wird am Montag ausgesetzt — Urabstimmung in der Dunlop — Effektivlöhne zugesichert

Nach vierzehnstündiger Verhandlung in den gleichen Räumen des Bürgerhauses, in denen vor 14 Tagen die gescheiterten Schlichtungsverhandlungen stattgefunden hatten, ist heute morgen durch eine Einigung der Tarifkommissionen der hessischen Kautschukindustrie und der IG Chemie eine Einigung erzielt worden, durch die der fünftägige Arbeitskampf der Gummiarbeiter beendet ist. Am Montag wird der Streik ausgesetzt und die Arbeiter werden zu einer zweiten Urabstimmung über die Annahme der ihnen von ihrer Tarifkommission empfohlenen Vereinbarung aufgerufen.

Streikleitung und ein Polizist geleiten den Produktionsleiter Schwab (mit Hut) ins Werk. (Foto: Der Gummiarbeiterstreik in Hanau. Club Voltaire Hanau, Schriftenreihe Heft 1)

den als eine "infame Unterstellung und Brunnenvergiftung". Mit solchen Methoden versuche man, Stimmung gegen die Streikenden zu machen. "Der Streik ist das Mittel des arbeitenden Menschen in einem kapitalistischen System. Wir sind genau wie die Arbeitgeber Träger der abendländischen Kultur und nicht Steigbügelhalter."

17. November 1967:
5. Streiktag.
Die Lage vor der Werkseinfahrt ist noch immer sehr gespannt, vor allem durch das provozierende Verhalten einiger Streikbrecher. Einem Angestellten fällt, als er beim Betreten des Werksgeländes einen Zaun übersteigen muß, eine Pistole aus der Tasche, ein anderer hat einen Gummiknüppel bei sich. Andere beschimpfen die Streikenden als "Bolschewiken und Nazibuben". Erst im Verlauf des Vormittags sorgt die Geschäftsleitung dafür, daß die nichtstreikenden Angestellten von den Fenstern des zum Werkstor reichenden Verwaltungstraktes verschwinden. Aus diesen Fenstern ist die ganze Woche über fotografiert worden. Die Streikleitung hält sich an den Kompromiß vom Vortag und geleitet Streikbrecher durch die Posten. Gegen 10 Uhr teilt Karl Küpper den Streikenden mit, daß das hessische Innenministerium mit dem Polizeieinsatz drohe. Hanauer Polizeibeamte bemühen sich, die aufgebrachte Stimmung zu beruhigen. Bezirkskommissar Ludwig Becker: "Als ich heute morgen hier erschienen bin, wurde ich zuerst mit Buhrufen und später im Chor mit einem freundlichen 'Guten Morgen' begrüßt. Ich glaube schon, daß wir die Sache mehr und mehr in den Griff bekommen."

Am Nachmittag beginnen die Verhandlungen zwischen Arbeitergebern und der IG Chemie im Bürgerhaus Wolfgang. Und wieder spielt Oberbürgermeister Dröse den Vermittler: Er verließ entgegen seiner Gewohnheit am Freitagnachmittag vorzeitig die Stadtverordnetensitzung. "Als die Stadtverordneten das Rathaus verließen", so berichtete der Hanauer Anzeiger am 18. November 1967, "bestaunten viele von ihnen den Mercedes 600, der im Rathaushof parkte, aber nur wenige wußten, daß es sich um den Dienstwagen des Dunlop-Generaldirektors Wheater handelte, der zu dieser Stunde mit Oberbürgermeister Dröse in dessen Amtszimmer zusammensaß und mit ihm unter vier Augen konferierte."
In der Nacht zum Samstag kommt es zur Einigung:
1. Erhöhung der Tariflöhne und -gehälter: Der tarifliche Ecklohn für Zeitlöhne wird um 5 % angehoben; Arbeiter, die im 3-Monats-Durchschnitt weniger als 6 % über Tarif verdienen, erhalten eine Zeitlohnzulage von wenigstens 6 %; der Ecklohn für Akkordarbeiten wird um 4 % angehoben, das Eckgehalt für Angestellte um 3 %.
2. Tarifliche Absicherung des Weihnachtsgeldes.
3. Arbeitsplatzsicherungsabkommen.

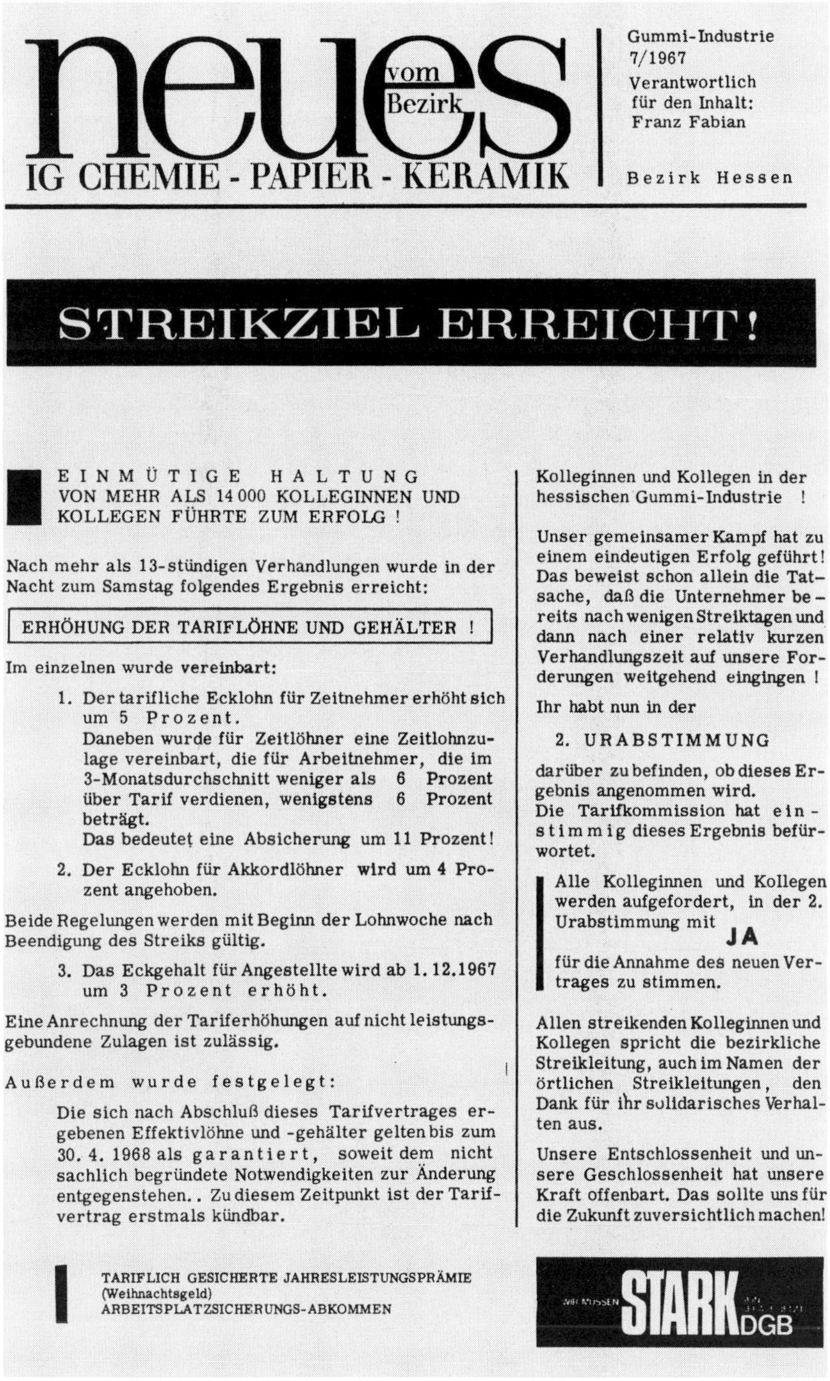

neues vom Bezirk

IG CHEMIE - PAPIER - KERAMIK

Gummi-Industrie
7/1967
Verantwortlich
für den Inhalt:
Franz Fabian

Bezirk Hessen

STREIKZIEL ERREICHT!

EINMÜTIGE HALTUNG VON MEHR ALS 14 000 KOLLEGINNEN UND KOLLEGEN FÜHRTE ZUM ERFOLG !

Nach mehr als 13-stündigen Verhandlungen wurde in der Nacht zum Samstag folgendes Ergebnis erreicht:

ERHÖHUNG DER TARIFLÖHNE UND GEHÄLTER !

Im einzelnen wurde vereinbart:

1. Der tarifliche Ecklohn für Zeitnehmer erhöht sich um 5 Prozent.
   Daneben wurde für Zeitlöhner eine Zeitlohnzulage vereinbart, die für Arbeitnehmer, die im 3-Monatsdurchschnitt weniger als 6 Prozent über Tarif verdienen, wenigstens 6 Prozent beträgt.
   Das bedeutet eine Absicherung um 11 Prozent!
2. Der Ecklohn für Akkordlöhner wird um 4 Prozent angehoben.

Beide Regelungen werden mit Beginn der Lohnwoche nach Beendigung des Streiks gültig.

3. Das Eckgehalt für Angestellte wird ab 1.12.1967 um 3 Prozent erhöht.

Eine Anrechnung der Tariferhöhungen auf nicht leistungsgebundene Zulagen ist zulässig.

Außerdem wurde festgelegt:

Die sich nach Abschluß dieses Tarifvertrages ergebenen Effektivlöhne und -gehälter gelten bis zum 30. 4. 1968 als garantiert, soweit dem nicht sachlich begründete Notwendigkeiten zur Änderung entgegenstehen.. Zu diesem Zeitpunkt ist der Tarifvertrag erstmals kündbar.

Kolleginnen und Kollegen in der hessischen Gummi-Industrie !

Unser gemeinsamer Kampf hat zu einem eindeutigen Erfolg geführt! Das beweist schon allein die Tatsache, daß die Unternehmer bereits nach wenigen Streiktagen und dann nach einer relativ kurzen Verhandlungszeit auf unsere Forderungen weitgehend eingingen !

Ihr habt nun in der

2. URABSTIMMUNG

darüber zu befinden, ob dieses Ergebnis angenommen wird.
Die Tarifkommission hat einstimmig dieses Ergebnis befürwortet.

Alle Kolleginnen und Kollegen werden aufgefordert, in der 2. Urabstimmung mit

JA

für die Annahme des neuen Vertrages zu stimmen.

Allen streikenden Kolleginnen und Kollegen spricht die bezirkliche Streikleitung, auch im Namen der örtlichen Streikleitungen, den Dank für ihr solidarisches Verhalten aus.

Unsere Entschlossenheit und unsere Geschlossenheit hat unsere Kraft offenbart. Das sollte uns für die Zukunft zuversichtlich machen!

TARIFLICH GESICHERTE JAHRESLEISTUNGSPRÄMIE
(Weihnachtsgeld)
ARBEITSPLATZSICHERUNGS-ABKOMMEN

20. November 1967:
In den Morgenstunden beginnt in der Werkskantine die 2. Urabstimmung; die Produktion ruht noch. Die Auszählung der Stimmen am späten Nachmittag ergibt:
90,94 % für die Annahme des Verhandlungsergebnisses,
8,06 % dagegen und
1 % ungültige Stimmen.

Mit der Nachtschicht wird die Produktion wieder aufgenommen. Die Werksleitung "begrüßt" die Kolleginnen und Kollegen zu Schichtbeginn mit einem Transparent: "Vorbei ist vorbei - Laßt uns arbeiten und nicht diskutieren!"

21. November 1967:
Um Sanktionen gegen die Streikenden zu verhindern, führt die Streikleitung zähe Verhandlungen mit der Geschäftsleitung, bis sie schließlich, nach Androhung einer einstweiligen Verfügung, folgender Erklärung zustimmt:

"1. Die Firmenleitung hat nicht die Absicht, aus der Teilnahme an diesem Streik für die einzelnen Arbeitnehmer nachteilige Rechtsfolgen abzuleiten. Das gilt nicht für klare Verstöße gegen die Rechtsordnung.
2. Jeder Werksangehörige behält ohne Einschränkung seine Werks- oder Dienstwohnung sowie seinen Bettplatz im Wohnheim.
3. Ist ein Werksangehöriger der Firmenleitung aus einem Darlehensvertrag verpflichtet, so ändert sich aus Anlaß des Streikes nichts an den vereinbarten Bedingungen.

4. Die Teilnahme an einem berechtigten Streik gibt keinen Anlaß zur Entlassung. Dies gilt auch für die Nichtleistung von Notdienst. Für einen solchen Fall wurde vereinbart, daß seitens der Firmenleitung Ersatzleute vorgeschlagen werden."
(Zitiert nach: Der Gummiarbeiterstreik in Hanau. Club Voltaire Hanau, Schriftenreihe Heft 1)

Im Hessischen Landtag hat der Dunlop-Streik ein politisches Nachspiel. CDU- und NPD-Fraktion bringen zwei Dringlichkeitsanträge ein: Die Landesregierung solle erläutern, wie sie künftig "Übergriffe gegen an den Arbeitskämpfen Beteiligte (gemeint sind hier in erster Linie Streikbrecher. Vf.) zu verhindern gedenke. Das gelte in besonderem Maße für rechts- und linksradikale Kräfte, die erfahrungsgemäß Arbeitskämpfe zum Anlaß nähmen, ihre subversiven Ziele zu verfolgen." (CDU-Antrag), während die NPD schlicht die Herstellung von Ruhe und Ordnung forderte und "ähnliche Vorfälle wie in Hanau für die Zukunft verhindern" wollte.

"Von da an gab es eine neue Belegschaft, nicht mehr die alten Buckelmänner" - so charakterisierte Walter Weiskopf das mit dem Streik gewachsene gewerkschaftliche Bewußtsein bei der Dunlop. Dies trifft vor allem für den gewerblichen Bereich zu, während bei den Angestellten der Streikverlauf und die Militanz des Streikes zu Gewerkschaftsaustritten führte.

Bei den Betriebsratswahlen im Frühjahr 1968 fand ein "Machtwechsel" statt: Von den 21 Betriebsratsmitgliedern aus dem gewerblichen Bereich, die der IG Chemie angehörten, waren elf Vertrauensleute als neue Kandidaten aufgestellt worden; sie waren alle - wie Walter Weiskopf - Mitglieder der Streikleitung gewesen. Das Dunlop-Management reagierte mit weiteren Kürzungen der freiwilligen Sozialleistungen: sie schloß das Betriebserholungsheim und kürzte den Zuschuß zum Kantinenessen. Sie kündigte auch die bis dahin übliche Kassierung der Gewerkschaftsbeiträge im Betrieb. Für die IG Chemie bedeutete der Streik in der hessischen Gummiindustrie insgesamt ein Erfolg und eine Stärkung, was sich auch in den folgenden Tarifbewegungen zeigte.

So gelang es ihr 1970 erstmalig, einen Tarifvertrag für gewerkschaftliche Vertrauensleute durchzusetzen, in dem abgesichert wurde:
1) Wahlen während der Arbeitszeit,
2) Vier Stunden bezahlte Freistellung pro Quartal,
3) Sitzungen während der Arbeitszeit und
4) Anspruch auf 14 Tage unbezahlten Urlaub für gewerkschaftliche Schulungen - noch bevor es ein hessisches Bildungsurlaubgesetz gab.

Literaturhinweise:

Zur Vorgeschichte des Dunlop-Streiks haben wir eine an der Johann-Wolfgang-Goethe-Universität, Frankfurt/Main, geschriebene Diplomarbeit ausgewertet:

Horst Stemmler: Die Funktion von Streik und Kompromiß im Prozeß betriebsinterner und tariflicher Auseinandersetzungen. Frankfurt 1968.

Institut für Sozialforschung an der Universität Frankfurt: Angestellte und Streik. Eine soziologische Untersuchung der Einstellungen organisierter Angestellter zum Dunlop-Streik. Frankfurt 1968.

Friedrich Dobler: Der Gummiarbeiterstreik in Hanau. Club Voltaire Hanau, Schriftenreihe Heft 1. Herausgegeben von Werner Kurz und Helmut Diedrichs. Hanau 1968

Siebzehntes Kapitel

Mitbestimmung, Abrüstung, Frieden

Sepp Sigulla auf der Demonstration "Gegen Sozialabbau und Rüstungsbeschlüsse" am 23. Oktober 1982 in Frankfurt (Foto: DGB-Fotogruppe, DGB-Archiv)

Nach 1945 hatte der DGB Hanau bzw. - seit der Gebietsreform 1974 - der DGB Main-Kinzig folgende Kreisvorsitzenden:
Heinrich Fischer (1946 - 1950)
Hermann Ernst (1950 - 1960)
Oskar Ott (1960 - 1965)
Heiner Dudéne (1965 - 1968)
Am längsten übte dieses Amt Sepp Sigulla aus (1968 - 1993).

"Das war so meine Grundhaltung gewesen: im wirtschaftlichen Bereich für die Mitbestimmung, im politischen Bereich gegen Rüstung und international für die Zusammenarbeit mit allen fortschrittlichen Kräften."

Sepp Sigulla, Jg. 1930, kam am 1. Oktober 1945 als Lehrling zur Vacuumschmelze (VAC), war dann kaufmännischer Angestellter und wurde in den Betriebsrat der VAC gewählt.

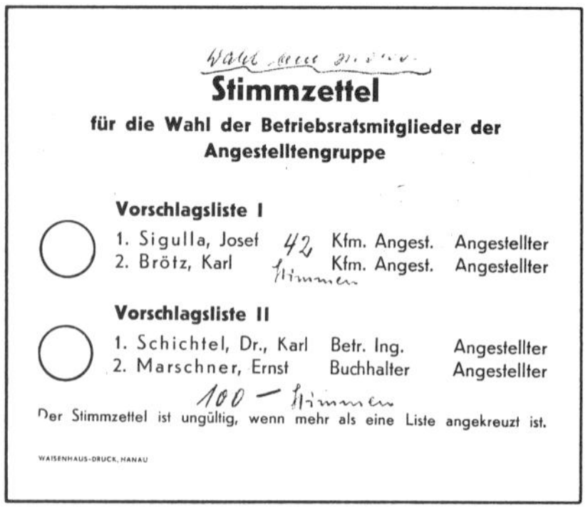
Stimmzettel

für die Wahl der Betriebsratsmitglieder der Angestelltengruppe

Vorschlagsliste I

1. Sigulla, Josef 42 Stimmen Kfm. Angest. Angestellter
2. Brötz, Karl Kfm. Angest. Angestellter

Vorschlagsliste II

1. Schichtel, Dr., Karl Betr. Ing. Angestellter
2. Marschner, Ernst Buchhalter Angestellter

100 — Stimmen

Der Stimmzettel ist ungültig, wenn mehr als eine Liste angekreuzt ist.

WAISENHAUS-DRUCK, HANAU

Seit 1. April 1946 Mitglied der IG Metall, engagierte er sich in der gewerkschaftlichen Jugendarbeit und wurde in die Ortsverwaltung der IG Metall Hanau gewählt. Beim Metallarbeiterstreik 1951 war er Mitglied der örtlichen Streikleitung.

Er berichtete zu den Schwerpunkten seiner Arbeit als DGB-Kreisvorsitzender:

Angestellte, Jugend und berufliche Aus- und Weiterbildung

"Seit 1960 bin ich beim DGB, acht Jahre lang beim Kreis Frankfurt zunächst als Jugendsekretär und dann kurze Zeit auch als Angestelltensekretär. Als Angestelltensekretär war ich auch für Hanau zuständig. In dieser Zeit haben wir das Berufsfortbildungswerk des DGB verankert. Damals ging es vor allem um Weiterbildung für den Beruf Industriekaufmann. Die elektronische Datenverarbeitung hatte ja gerade begonnen. So haben wir die ersten EDV-Lehrgänge durchgeführt. Was damals sehr beachtlich war, war der Berufsleistungsvergleich im Angestelltenbereich, den wir durchgeführt haben, unter großer Beteiligung der kaufmännischen und technischen Auszubildenden.
Das war mit großen Veranstaltungen verbunden. Auch die Lehrgänge des Berufsfortbildungswerkes hatten einen großen Zuspruch. Wir haben auch entsprechende Qualifikationen erreicht, und es gab immer große Abschlußveranstaltungen mit Oberbürgermeistern und anderen Leuten. Aus diesem Weiterbildungsbereich sind wir heute ziemlich weit herausgekommen. Das hätten wir eigentlich weiterbetreiben müssen. Wir haben dieses Gebiet fast freiwillig der DAG überlassen. Die Angestelltengewerkschaft war damals ja schon fast am Kippen in Hanau, sie hatte ihr Hanauer Büro bereits aufgegeben. Dann konnte sie sich durch ihr Angebot an Weiterbildungsmaßnahmen wieder stabilisieren und ihre Position ausbauen. Das war ein Fehler, daß wir uns aus dieser Arbeit zurückgezogen haben. Da hatten wir den Kontakt zu den Angestellten und konnten bis zu einem gewissen Grad auch Mitglieder werben.

Sparbeschlüsse

Dann wurde ich Opfer der Springener Sparbeschlüsse des DGB. Die Stellen der Jugend-, Angestellten- und Frauensekretäre wurden auf Kreisebene gestrichen. Das habe ich sehr bedauert: Wir haben uns aus Bereichen zurückgezogen, die eigentlich stark beackert gehören.
Aber das war so ein Beschluß, der zur Personaleinsparung führte. Ich bin der Meinung, gerade dort, wo wir Schwierigkeiten haben in der Mitgliederwerbung und in der Betreuung, da müssen wir mehr Sekretäre haben, als umgekehrt, daß wir

sagen, wir ziehen uns da zurück. So kam es, daß ich sozusagen umschulen mußte. Ich war dann ein Jahr auf dem Arbeits- und Sozialrechtsseminar der Akademie der Arbeit und habe dann noch für kurze Zeit als Rechtssekretär in Frankfurt gearbeitet. In diesem Zusammenhang habe ich meine erste Änderungskündigung erhalten, man wollte mich zurückstufen; aber die haben übersehen, daß ich zu dieser Zeit auch Betriebsratsmitglied beim DGB war; und so hatte schließlich diese Änderungskündigung keinerlei Wirkung.

Wahl zum DGB-Kreisvorsitzenden

1968 habe ich mich dann um die nach Heiner Dudénes Weggang freigewordene Stelle als DGB-Kreisvorsitzender in Hanau beworben. Interessant ist, wie das mit meiner Bewerbung beim Landesbezirksvorstand gelaufen ist, dort hat man gegen mich gestimmt. Es gab zu dieser Zeit eine Personalkommission im Landesvorstand unter Vorsitz von Hans Eick, dem Bezirksleiter der IG Metall. Die haben mich zu sich bestellt und mit mir gesprochen. Und da hat der Hans Eick das große Wort geführt, und der DGB-Landesvorsitzende Philipp Pleß saß daneben und hat sich kein Wort zu sagen getraut, obwohl der Philipp sonst politisch ein sehr guter, fortschrittlicher Mann war. Aber da hatte er seine Hemmungen. Hans Eick hat damals ein Machtwort gesprochen: 'Du gehst nicht nach Hanau, Du bleibst in Frankfurt'; ich daraufhin: 'Wir sind eine demokratische Organisation, und die Delegierten werden entscheiden.' So ist das damals gelaufen. Der Landesbezirksvorstand und der Bezirksleiter der IG Metall haben schon einen starken Druck auf mich ausgeübt, die wollten das vorher ausbügeln.

Berufsleistungsvergleich 1965 (Foto: DGB-Archiv)

Der Hans Eick kannte mich ja aus meiner Frankfurter Zeit; ich habe damals ja auch im Gewerkschaftshaus in Frankfurt Unterschriften gegen die Notstandsgesetze, für den Ostermarsch gesammelt, ich habe mich in diesen Fragen ein bißchen stark gemacht. Zum Ostermarsch durften wir ja gar nicht hin, das haben wir fast illegal gemacht, daß wir da als Redner aufgetreten sind. Ich habe in Hanau, in Offenbach, in Frankfurt gegen die Notstandsgesetze agiert. Das war denen natürlich ein Dorn im Auge. Ich habe mich für Frieden eingesetzt, ich habe mich als Jugendsekretär für eine enge Zusammenarbeit FDGB - DGB ausgesprochen - das war ein großer Skandal -, und wir haben in Frankfurt, da bin ich sehr stolz darauf, den Antikriegstag bei der Gewerkschaftsjugend eingeführt. Beim ersten Mal hat mir der Ernst Leuninger vom Landesvorstand die Plakate abgerissen und diese Veranstaltung im Gewerkschaftshaus verboten. Aber nachdem wir den ehemaligen Buchenwaldhäftling und Publizisten Eugen Kogon als Referenten und die Unterstützung des DGB-Kreisvorsitzenden hatten, waren wir am Schluß die stärkeren.

Das war so meine Grundhaltung gewesen: im wirtschaftlichen Bereich für die Mitbestimmung, im politi-

DGB NACHRICHTENDIENST

Bundespressestelle des Deutschen Gewerkschaftsbundes

Düsseldorf, Stromstraße 8 · Hans-Böckler-Haus · Telefon 18239 und 8721 · Fernschreiber 0858 2666 – degebe dssd

Düsseldorf, den 24. Juni 1960

DGB: Ostkontakte verstossen gegen Kongressbeschluss

Der Bundesvorstand des Deutschen Gewerkschaftsbundes stellte in seiner Sitzung am 24. Juni 1960 in Düsseldorf einmütig fest, dass auf Gewerkschaftstagungen gestellte Anträge, deren Verwirklichung zu einer Aufnahme von Kontakten mit dem FDGB und den übrigen politischen Organisationen der Sowjetzone führen würde, dem Beschluss des DGB-Bundeskongresses in Stuttgart 1959 widersprechen. Dazu gehören auch Anträge auf Entsendung von Studienkommissionen in die Sowjetzone.

Protestaktion gegen die Notstandsgesetze in Hanau am 5. Mai 1968. Am Rednerpult: Sepp Sigulla (Fotos: Stadtbildstelle Hanau)

schen Bereich gegen Rüstung und international für Zusammenarbeit mit allen fortschrittlichen Kräften, Frauenarbeit war natürlich auch ein Schwerpunkt - und das hat vielen nicht gefallen. Diese Schwerpunkte habe ich bei meiner Vorstellung in Hanau bei der Delegiertenversammlung benannt, und ich habe dann eine gute Mehrheit bekommen. Hanau war ja auch praktisch mein Zuhause, hier hatte ich ja begonnen, aber ich hatte hier natürlich nicht nur Freunde. Einige von der SPD konnten natürlich nicht anders, als dennoch für mich zu stimmen. Denn ich war damals ja sehr aktiv: Ich war zu dieser Zeit SPD-Fraktionsvorsitzender im Kreistag und Mitglied im Unterbezirksvorstand. Einige haben auch gesagt, der bleibt nicht lange hier, der wird irgendwo Bürgermeister, das ist nur ein kurzes Gastspiel. Inzwischen blicke ich auf eine 25jährige Amtszeit zurück. So hat sich das entwickelt.

Ortskartellarbeit

In Hanau habe ich mich zunächst einmal darum bemüht, eine Ortskartellarbeit einzurichten. Im nächsten Jahr feiern wir 25 Jahre Ortskartell Maintal, und dieser Anfang damals fällt so ziemlich zusammen mit dem Beginn meiner Amtszeit. Meine Vorgänger waren darauf bedacht gewesen, möglichst keine Ortskartelle zu fördern, denn dort werden Leute tätig, die wir nicht so recht unter Kon-

Amtseinführung von Sepp Sigulla mit dem DGB-Landesvorsitzenden Philipp Pleß und dem Hanauer Oberbürgermeister Herbert Dröse (Foto: DGB-Archiv)

trolle haben, die uns politisch etwas einbrocken könnten, und da machen wir so etwas lieber gar nicht. Ich habe dann zunächst einmal damit begonnen, wir haben einige Ortskartelle aufgebaut, und das ist eigentlich ganz gut gelaufen. Obwohl ich sagen muß, es hätten mehr sein können, aber es ist ein schwieriges Unterfangen und wird auch immer schwieriger. Aber nachdem wir ziemlich stark mit der Gewerkschaftsarbeit aus den Betrieben herausgedrängt wurden, bin ich der Meinung, müssen wir die Gewerkschaftsarbeit am Wohnsitz, in den Ortskartellen entwickeln. Aber wir haben damals einiges geschafft, und das war auch ganz erfolgreich gewesen. Wir haben in Dörnigheim z. B. große Versammlungen mit ausländischen Kolleginnen und Kollegen gemacht auf Ortskartellebene und haben uns damals schon dafür eingesetzt, daß sie ihr Wahlrecht bekommen und daß sie die Gleichberechtigung bekommen in den Betrieben, in den Gewerkschaften. Das war eigentlich eine recht gute Arbeit.

Sepp Sigulla ist "Frauensekretär"

Dann habe ich mich sehr stark der Angestelltenarbeit und der Frauenarbeit angenommen. Ich war ja lange Jahre der "Frauensekretär" und habe auf diese Arbeit großen Wert gelegt. In anderen Bereichen ist die Frauenarbeit ja mehr behindert als gefördert worden. Ich habe mich sehr angestrengt, daß wir hier eine gute Frauenarbeit auf die Beine bringen, und ich habe mich natürlich auch immer an den Aktionen selber mitbeteiligt. Eine schöne Geschichte war z. B., wie wir mit den Frauen zu einer zentralen Veranstaltung gegen den § 218 nach Mainz gegangen sind. Da waren wir ein bißchen zeitig in Mainz gewesen, was bei mir eigentlich selten passiert. Da haben die Frauen gesagt: 'Ja, was machen wir denn jetzt?' Darauf ich: 'Wir machen jetzt eine Demo in Mainz.' Wir sind aus dem Bus raus, haben Transparente genommen und sind durch Mainz gezogen. Das hat natürlich einige Beachtung gefunden, weil das in Mainz natürlich auffällt, wenn da plötzlich eine Gruppe von Frauen durch die Straßen zieht. Es ist natürlich auch Polizei gekommen und hat gefragt, was hier denn ist, wir haben es ihnen erklärt, das sei

Ostermarsch in Bruchköbel: Kundgebung auf dem Freien Platz mit Dekan Schluckebier (Foto: DGB-Archiv)

nicht so schlimm, sie könnten ruhig wieder weiterfahren. Die Presse hat unsere Demo sofort aufgegriffen und darüber berichtet. Wir hatten natürlich auch die entsprechenden Transparente. Die DGB-Landesbezirke Hessen und Rheinland-Pfalz haben das ja eher etwas vorsichtig betrieben, wie das beim DGB manchmal so üblich ist. Auf der Veranstaltung haben wir dann gefordert, daß unser Transparent an die Spitze kommt, aber damit konnten wir uns nicht durchsetzen. Wir haben es dann so placiert, daß man unsere Forderung - wir waren für die totale Streichung des § 218 - noch gut lesen konnten. Daraus sieht man, daß man bei der kleinsten Gelegenheit und ganz spontan gute Sachen machen kann.

Frieden und Abrüstung

Eine weitere wichtige Beschäftigung war natürlich die Abrüstungsfrage, die Friedensfrage. Wir hatten ja alles unmittelbar vor der Haustür: So haben wir Verfassungsklage gegen die Giftgaslagerung vor dem Bundesverfassungsgericht erhoben. Damals, als wir die Klage der Presse vorgestellt haben, sind wir mit dem Fernsehteam des hr nach Bruchköbel gefahren, dort hat uns die Militärpolizei erstmal festgehalten, sie haben die Herausgabe des Tonbandes und des Films gefordert. Das war eine harte Geschichte, das Verfassungsgericht hat später dann unsere Beschwerde zurückgewiesen, aber ich denke doch, daß wir einen Beitrag geleistet haben dazu, daß nun endlich diese Giftgaswaffen abtransportiert sind aus der Bundesrepublik und daß man zu einem neuen Vertrag gekommen ist.

In diesem Zusammenhang bin ich auch einmal in der ehemaligen DDR, auf der 27. Arbeiterkonferenz, gewesen und habe dort über unsere Verfassungsbeschwerde berichtet; das war eine recht gute Sache. Ich habe damals den Vorschlag gemacht, eine Konferenz mit Vertretern Polens, der Tschechoslowakei und der beiden deutschen Staaten einzuberufen, um diese zu giftgas- und atomwaffenfreien Zonen zu erklären. Ich hatte vorgeschlagen, daß man sich dazu wenigstens auf Gewerkschaftsebene einmal treffen könnte - ein Vorschlag, der dann vom DGB-Bundesvorstand brüsk abgelehnt wurde. Aber in Hanau ist es uns zumindest gelungen, 1987 ein Treffen von einem Vorstandsmitglied der IG Metall der BRD und Vorstandsmitgliedern aus der damaligen DDR und der Tschechoslowakei zu diesem Thema zusammenzubekommen.

Ich war auch stolz darauf, daß ich den DGB im Ostermarsch-Kreis Hessen vertreten durfte, was sich viele meiner Kolleginnen und Kollegen damals nicht zugetraut haben. Sie waren überrascht, daß ich das mache, aber ich glaube, das war der richtige Weg, und wir haben auf diesem Weg ja auch viele Erfolge erzielt, in den Fragen der Abrüstung vor allen Dingen.

Begegnungen in der DDR und in der Sowjetunion

Zu unserem Standardprogramm gehörte auch, daß wir einmal im Jahr in die DDR und einmal im Jahr in die Sowjetunion gefahren sind. Begonnen hatte das über die evangelische Kirche, wir haben das dann später mit Arbeit und Leben weitergeführt. Wir waren damals die ersten, die die offiziellen Kontakte zwischen FDGB Thüringen und DGB Hessen geknüpft haben, und im Rahmen dieser offiziellen Kontakte war dann auch eine Delegation des FDGB hier in Hanau. Jahre hindurch hatten wir diese Kontakte beantragt, und es ist uns lange Zeit nicht gelungen, damit durchzukommen. Aber schließlich klappte es, und ich halte diese Kontakte, diesen Weg auch heute noch für richtig. Wir hatten viele Gespräche in der DDR, in der Sowjetunion, allerdings nicht mit Stasi und so etwas. Ich habe auch die Politik der Annäherung von Willy Brandt und Egon Bahr für richtig gehalten, ich glaube, daß das, was wir an Diskussionen geführt haben, der allgemeinen Entwicklung förderlich war. So ist es auch gekommen, daß wir 1990 die ersten waren, die mit den Thüringer Kolleginnen und Kollegen Beratungen durchgeführt haben - als noch die DDR bestand, und ich habe den Kolleginnen und Kollegen damals auch gesagt: 'Seid froh, daß Ihr noch Euer Arbeitsgesetz habt, Ihr habt dort weitaus mehr Rechte als unsere Kollegen und Kolleginnen in der Bundesrepublik. Seid froh, daß Ihr noch Betriebsgewerkschaftsleitungen habt, weil sich bei uns sehr wenig von den Gewerkschaften her in den Betrieben abspielt.' Und wie das alles jetzt gelaufen ist, das sehen wir nun ja. Natürlich müssen freie Gewerkschaften die Interessenvertretung der Arbeitnehmer gegenüber dem Staat und den Arbeitgebern vornehmen, aber wenn wir den Bereich Staat bei uns anschauen, geschieht da auch nicht allzuviel. Da könnten wir mehr leisten. Diese ganze Arbeit halte ich für richtig und wichtig, das würde ich heute genau so wieder machen. Da habe ich nichts zu bedauern, im Gegenteil: Wir haben zur Verständigung und zur Entspannung sehr viel beigetragen."

Demonstration für die Freilassung der politischen Gefangenen, gegen die Franco-Diktatur in Spanien am 8. April 1972 (Foto: DGB-Archiv)

Achtzehntes Kapitel

Alltag im DGB zwischen Stillstand und Bewegung

1. Mai 1982. Demonstration am Westbahnhof Hanau (Foto: DGB-Fotogruppe, DGB-Archiv)

Noch ein Aspekt von Gewerkschaftsgeschichte: Geschäftsberichte 1968 - 1989

Berichtszeitraum 1968 - 1971

Der DGB Kreis Hanau hat in zahlreichen Veranstaltungen und Verlautbarungen die Interessen der gesamten Arbeitnehmerschaft mit Nachdruck vertreten. Das war vor allem vor der Bundes- und Landtagswahl notwendig. Hier ging es nicht nur um Probleme der Mitbestimmung, der Bildungsreform, des beruflichen Bildungswesens, der Gesundheitsvorsorge, der flexiblen Altersgrenze, der Vermögensbildung in Arbeitnehmerhand, sondern es ging dabei auch um die Festigung der Demokratie, gegen Neofaschismus, für Frieden, Entspannung und Verständigung. Selbstverständlich haben wir uns beim Streik der Chemiearbeiter im Juni 1971 mit den Streikenden solidarisiert und unsere Hilfe im Rahmen unserer Möglichkeiten angeboten.

Bei den Vorstandssitzungen wurden nachstehende Themen behandelt:

- Sozialwahlen 1968
- Protestkundgebung gegen die Notstandsgesetze
- Protestkundgebung gegen die Besetzung der CSSR
- Bildungsarbeit
- Mitbestimmung
- Schulpolitik
- Bürgerinitiative gegen die NPD

Protestkundgebung gegen den Einmarsch der Truppen der Warschauer-Pakt-Staaten in die CSSR am 27. August 1968 (Foto: Stadtbildstelle Hanau)

DGB-Veranstaltung in der Stadthalle gegen Neofaschismus (DGB-Archiv)

- DGB-Reform
- Schulabgängeraktion
- Protest gegen Lohnsteuervorauszahlungen
- Jahr des jungen Arbeitnehmers
- Ausländische Arbeitnehmer
- Klassenloses Krankenhaus
- DGB-Ortskartelle
- Regionalplanung und Raumordnung
- Gebiets- und Verwaltungsreform
- Vorbereitung von Konferenzen und Tagungen
- Vorbereitung von Maikundgebungen
- Berufsverkehr

Protestkundgebung gegen Notstandsgesetze im Mai 1968 (Foto: Stadtbildstelle Hanau)

Kreisfrauenausschuß

Um aktuelle Probleme der Frauen ging es bei einer Podiumsdiskussion des DGB-Kreisfrauenausschusses. Über Reform des Familienrechtes (Ehescheidung), Reform des Sexualstrafrechtes und Schwangerschaftsunterbrechung diskutierten MdB Dr. Helga Timm, Rechtsanwalt Hans-Joachim Doerr und Pfarrerin Christiane Glocksin. Einen breiten Raum der Ausschußtätigkeit nahm das Programm des DGB für Arbeitnehmerinnen ein. Folgende Forderungen wurden als besonders wichtig hervorgehoben:

- Verstärkte Errichtung von Ganztagsschulen, zukunftsorientierte Lehrpläne
- Bildungsurlaub für alle Arbeitnehmer
- Gerechte Bewertung von Arbeit und Leistung
- Anpassung von Maschinen, Ar-

Frankfurter Rundschau vom 14. Mai 1965 (Ulrich Glaeser)

Arbeiter sprachen von Generalstreik

„Die Notstandsgesetze sind eine Verstümmelung des Grundgesetzes und ein infamer Anschlag auf die Demokratie." Diese Worte des DGB-Sprechers Franz Fabian wirkten wie Peitschenschläge auf die große Protestversammlung, die der DGB am Freitag in Hanau veranstaltet hatte. Die Erregung wuchs, als Fabian sagte: „Diese Gesetze geben die Möglichkeit, im 20. Jahrhundert die Arbeitnehmerschaft zu versklaven. Aber wer die Arbeitnehmerschaft angreift, der muß, ganz gleich wer es auch sei, mit der Arbeitnehmerschaft rechnen." Das war deutlich genug, und die aufgestauten Ressentiments gegen die Haltung der SPD bis zum Saarbrücker Beschluß schafften sich Luft in einem selbstbewußten Beifallssturm.

„Endlich wird der DGB wieder zu einer Kampforganisation", sagte ein Teilnehmer der Hanauer Kundgebung, als die Arbeiter, heftig diskutierend, aus der Versammlungshalle strömten. „Ja, der Fabian hatte recht, als er sagte, die Politiker wollten uns kurz vor den Wahlen mit den Notstandsgesetzen überrumpeln. Das soll ihnen nicht gelingen."

Fabian hatte scharf pointiert: „Höcherl und Konsorten haben es sich zum Ziel gesetzt, in Deutschland eine politische Diktatur zu errichten", denn mit dem Zivildienstgesetz, das den Namen Zwangsarbeitsgesetz verdiene, könnten alle oppositionellen Kräfte, alle Unbequemen, zum Zivildienst verpflichtet werden. „Dadurch werden sie mundtot gemacht."

Die Stimmung im Saal war einer Explosion nahe. Einige bekannten später, ihnen sei vor Erregung fast der Atem weggeblieben. Und Fabian erläuterte weiter, welche Möglichkeiten das „Zwangsarbeitsgesetz der Bundesregierung" biete: „Unsere Arbeitskraft — vom Wissenschaftler bis zum Arbeiter — wird dienstverpflichtet. Das einzige Kapital des Arbeitnehmers — seine Arbeitskraft — wird sozialisiert: zum Frondienst. Die Freizeit muß für den Ausbildungsdienst im Zivilschutzkorps geopfert werden, möglicherweise sogar in Uniform. Die Wohnung darf nicht gewechselt oder verlassen werden ohne behördliche Genehmigung. An Evakuierungsübungen müssen wir teilnehmen, und es kann jemand verhaftet werden, ohne richterliche Haftprüfung, bis zu einer Woche. Ein Streik aus sozialpolitischen Gründen ist unter dem Zivildienstgesetz nicht möglich, ganz zu schweigen von einem politischen Streik."

Das Wort war gefallen, und es wurde nach der Versammlung von den diskutierenden Gruppen wieder aufgegriffen: Politischer Streik. „Ja, mit einem Generalstreik wäre der ganze Spuk erledigt", sagte ein alter Arbeiter. „Ich hab' nicht bei den Nazis dafür im Gefängnis gesessen, damit 20 Jahre danach eine CDU die Demokratie erwürgen kann." Und ein junger Angestellter meinte auf eine entsprechende Frage: „Ich glaube, daß für uns alle im richtigen Augenblick doch noch die Erkenntnis kommt, finanzielle Einbußen hinzunehmen und so lange zu streiken, bis wir gesiegt haben. Was ist wichtiger: gegen die Feinde der Demokratie zu handeln — oder sich von ihnen mit Geld die Augen zuschmieren zu lassen?" Und ein anderer meinte: „Innerer Notstand — wenn ich das schon höre. Jetzt, in diesem Augenblick, haben wir einen inneren Notstand — herbeigeführt von der Bundesregierung und der CDU mit ihren Notstandsgesetzen. Aber der Versuch, die demokratischen Freiheiten zu beseitigen und das Grundgesetz zu einem Fetzen Papier werden zu lassen, das ist doch schon ein innerer Notstand. Es wird Zeit, daß wir handeln."

beitsgeräten und Sitzgelegenheiten an die Körpergröße von Frauen
- Kostenlose Vorsorgeuntersuchungen
- Herabsetzung der Altersgrenze für den Bezug des Altersruhegeldes
- Gesunde Wohnungen zu erschwinglichen Mieten in genügender Zahl
- Kindergeld vom 1. Kind an
- Sozialpädagogische Einrichtungen in ausreichender Zahl, wie Kindertagesstätten, beaufsichtigte Spielplätze, Kinderwohnheime, Kinderdörfer.

Kundgebungen

Mai 1968
Protestkundgebung gegen die Notstandsgesetze mit 800 Teilnehmern
27. August 1968
Protestkundgebung gegen die Besetzung der CSSR mit 500 Teilnehmern
29. November 1968
Kundgebung zur Mitbestimmung in Offenbach mit 400 Teilnehmern
5. September 1969
Kundgebung gegen Rechtsradikalismus mit 2.000 Teilnehmern

Ortskartellarbeit

Die Ortskartellarbeit hat in der letzten Zeit immer mehr an Bedeutung gewonnen. In den Betrieben und Verwaltungen fehlen leider noch die Voraussetzungen und auch die notwendige Zeit, um alle gewerkschaftliche Arbeit an den Arbeitsplatz zu verlagern. Die zahlreichen Pendler sind außerhalb des Betriebes am besten in ihrem Wohnort zu erreichen. In den DGB-Ortskartellen werden zusätzliche Informationen über Probleme angeboten, die alle Arbeit-

1. Mai 1969: Die Zukunft gewinnen, mitbestimmen (Foto: DGB-Archiv Hanau)

nehmer gleichermaßen interessieren. Hier haben wir die Möglichkeit, zu werben und noch nicht Organisierte anzusprechen.
Durch eine entsprechende Öffentlichkeitsarbeit können wir die gewerkschaftlichen Vorstellungen über die Lokalpresse allen Bürgern darlegen und verständlich machen.
Das DGB-Ortskartell kann darüber hinaus im kommunalen Bereich die Interessen der Arbeitnehmer wirkungsvoll vertreten.
Manche Ortskartellveranstaltungen wurden von 150 - 200 Kolleginnen und Kollegen besucht.
Es wurden u. a. Probleme der Kranken- und Rentenversicherung, der Mitbestimmung, der Gesamtschule und des Umweltschutzes behandelt.
In Podiumsdiskussionen befragten Arbeitnehmer Bundestags- und Landtagskandidaten insbesondere zu den gewerkschaftlichen Forderungen.
Hier haben wir ein Betätigungsfeld, das wir keinesfalls vernachlässigen dürfen. Es ist vielmehr zu prüfen, ob wir die Ortskartellarbeit im Zuge der Gemeindereform und der Schaffung von Großgemeinden noch weiter verstärken können.

Streikposten vor der Degussa am 18. Juli 1971 (Foto: Stadtbildstelle Hanau)

Berichtszeitraum 1971 - 1974

Der DGB Kreis Hanau hat wiederum die Interessen aller Arbeitnehmer mit Erfolg vertreten. Dabei ging es vor allem um folgende Probleme:
1. Paritätische Mitbestimmung der Arbeitnehmer in Unternehmen und Wirtschaft
2. Sicherung der Arbeitsplätze
3. Sicherung des Lebensstandards
4. Stabile Preise
5. Gleichberechtigung der Frau im wirtschaftlichen Leben
6. Reform der Berufsausbildung
7. Ausreichende qualifizierte Ausbildungsplätze für Schulabgänger
8. Entspannung, Frieden und Völkerverständigung.

Der Versuch konservativer Kräfte, den DGB und seine Gewerkschaften in seinen politischen Aktionen zu beschränken und einzuengen, wurde entschieden zurückgewiesen. Wer das will, will die Gewerkschaften schwächen und sie in der Interessenvertretung der Arbeitnehmerschaft behindern.
Genauso wie beim Streik der Chemiearbeiter im Juni 1971 haben wir uns auch mit den Streikenden im öffentlichen Dienst im Februar 1974 solidarisch erklärt und im Rahmen unserer Möglichkeiten Hilfe geleistet.

Nebenstelle Schlüchtern

Folgende Studienfahrten wurden durchgeführt:
5 Studienfahrten in die CSSR mit 163 Teilnehmern
2 Studienfahrten in die VR Polen mit 51 Teilnehmern
eine Informationsfahrt zur EWG nach Brüssel mit 23 Teilnehmern
eine Informationsfahrt zum Bundestag nach Bonn mit 36 Teilnehmern
Ost-West-Seminar in Berlin mit 21 Teilnehmern.

Gegen die beabsichtigte Schließung der Nebenstelle Schlüchtern!

Die Betriebs- und Personalräte aus dem Raum des ehemaligen Landkreises Schlüchtern haben mit Erstaunen davon Kenntnis genommen, daß die Absicht besteht, das Büro der DGB-Nebenstelle Schlüchtern zu schließen. Alle Betriebs- und Personalräte sind der Meinung, daß ein derartiges Vorhaben nur zum Nachteil der Kolleginnen und Kollegen in diesem Raum sein könnte. Es wird auch in Zukunft so sein, daß wie bisher, allein aus der großen Entfernung zu Hanau, die Neben- und Außenstelle des DGB zuerst in Anspruch genommen wird. Sonstige Auswirkungen auf die Mitglieder in diesem Raum sind noch gar nicht abzusehen. Im Vordergrund der bisherigen Tätigkeit der Kollegin Kaufmann stand die Betreuung der Organisierten, der einzelnen Ortskartelle und die Bildungsarbeit. Die Betriebsräteschulungen, die im Gebiet des ehemaligen Landkreises Schlüchtern vorbildlich sind und auch weiterhin bleiben sollen, können nur durch die Aufrechterhaltung des DGB-Büros gewährleistet werden.

Man sollte auch an die älteren Kollegen denken, die gerade, wenn sie ins Rentenalter kommen, verstärkt das DGB-Büro in Anspruch nehmen müssen, um die notwendige Beratung zu erhalten. Schon allein aus der Entfernung zu Hanau heraus würden hier die Gewerkschaften ihrer Verpflichtung gegenüber den Mitgliedern nicht mehr gerecht werden.

Der Main-Kinzig-Kreis bildet in seiner Gebietsreform einen sehr langgezogenen Schlauch und würde automatisch die notwendige individuelle Betreuung der Mitglieder erschweren, wenn nur eine Geschäftsstelle mit Sitz in Hanau (am südlichsten Rand des MKK) bestehen würde. Dies steht in Widerspruch zu dem, was in kommunaler Hinsicht vertreten wird: Erhaltung der bürgernahen Verwaltung. Der Aufgabenbereich der Nebenstelle Schlüchtern ist derart reichhaltig, daß alle anwesenden Betriebs- und Personalräte der Meinung sind, daß die Erhaltung der Nebenstelle durchaus gewährleistet ist, was auch durch den Revisor des DGB-Bundesvorstandes im vergangenen Jahr - durch die Bewilligung einer Ganztagskraft - zum Ausdruck kam.

Die Betriebs- und Personalräte bitten aus diesem und noch vielen nicht angeführten Gründen den Vorstand des DGB-Landesbezirkes Hessen, von solchen Absichten abzurücken. Zumal finanzielle Einsparungen sowieso nicht gemacht werden und, auch wenn, in keinem Verhältnis zum Verlust bei den Mitgliedern und zum Image des DGB stehen würden.

Dieser Resolution wurde einstimmig von den Kolleginnen und Kollegen zugestimmt anläßlich einer Betriebs- und Personalräteversammlung am Donnerstag, dem 26. September 1974, in Schlüchtern.

Von dem Angebot der Studienfahrten wird von unseren Mitgliedern gerne Gebrauch gemacht. Das beweisen schon die Teilnehmerzahlen. Die Studienfahrten sind für alle Teilnehmer immer ein großes Erlebnis, einmal wegen des unmittelbaren Eindrucks und der Informationsmöglichkeit, zum anderen tragen sie auch zum besseren Verständnis der Menschen untereinander bei.
Darüber hinaus wurden in Zusammenarbeit mit "g-u-t reisen" zwei Studien-Sozialtouristikfahrten in die VR Polen mit 79 Teilnehmern durch-

geführt. Auf dem Programm standen: Stadtrundfahrt und Besichtigung der Aula Leopoldina in Wroclaw; Stadtbesichtigung mit Wawel in Krakow und Besichtigung des größten Vernichtungslagers in Auschwitz und Birkenau. Aufenthalt in Zakopane. Des weiteren wurden in 1974 an drei Sonntagen Tagesfahrten mit jeweils 50 Teilnehmern in die DDR durchgeführt (2 mal Eisenach und 1 mal Erfurt). Auch diese Fahrten fanden bei unseren Mitgliedern großen Anklang und sollen in 1975 fortgesetzt werden.

Berichtszeitraum 1974 - 1976

Dieser Bericht macht deutlich, daß sich der DGB auch in den vergangenen drei Jahren unentwegt bemüht hat, die Interessen aller Arbeitnehmer mit Erfolg zu vertreten.
In zwei Arbeitskämpfen mußte das letzte und stärkste Kampfmittel der Arbeitnehmer - der Streik - eingesetzt werden. Die Auseinandersetzungen sind härter geworden. Unternehmer und die mit ihnen sympathisierenden politischen konservativen Kräfte wollen den Einfluß der Gewerkschaften eingrenzen, ihre Macht schwächen. Sie glauben, daß Arbeitslosigkeit und eine wirtschaftlich schwierige Situation ihre Helfershelfer sein könnten. Auch in unserem Bereich wurden einige hundert Arbeitsplätze vernichtet. Das darf nicht zur Disziplinierung der Arbeitnehmerschaft führen.
Der DGB und seine Gewerkschaften müssen den fortgesetzten Versuchen, ihre Organisation zu spalten und zu schwächen, mit Entschiedenheit und großer Geschlossenheit

Frankfurter Rundschau vom 28. Oktober 1986

Eine Alibi-Frau war Gerda Kaufmann nie

Seit 25 Jahren leitet sie das Gewerkschaftsbüro des DGB in Schlüchtern

SCHLÜCHTERN. Sepp Sigulla, der DGB-Chef im Kreis, nennt sie schonmal die „Außenministerin des DGB-Kreises Main-Kinzig" — was seinen Grund in den zahllosen Reisen hat, die Gerda Kaufmann zusammen mit Gewerkschaftern in die CSSR, nach Polen, Ungarn oder Italien organisierte. Doch das ist eher ein Aspekt am Rande. Seit 25 Jahren leitet Gerda Kaufmann das Schlüchterner Gewerkschaftsbüro. In einer Feierstunde würdigte Sigulla jetzt die Arbeit der DGB-Sekretärin.

Als Gerda Kaufmann mit ihrer Gewerkschaftsarbeit in Schlüchtern begann, da war sie die erste Frau im DGB-Landesbezirk Hessen, die mit der Leitung einer Außenstelle der Gewerkschaft betraut wurde. Ein Grund mehr, an die zurückliegende Zeit zu erinnern, sagte Sigulla.

Gerda Kaufmann, so der DGB-Chef, „ist und war nie eine Alibi-Frau". Sie habe sich in unermüdlicher Kleinarbeit das Vertrauen der Kolleginnen und Kollegen im Raum Schlüchtern, aber auch im DGB-Kreis und im Landesbezirk erworben, was heute dazu geführt habe, daß „Gerda Kaufmann im Schlüchterner Raum den DGB und die Gewerkschaften symbolisiert".

Seit 39 Jahren im DGB, seit 25 Jahren Leiterin des DGB-Büros in Schlüchtern: Gewerkschaftssekretärin Gerda Kaufmann. (FR-Bild: Schröder)

Bis 1974, Schlüchtern war damals noch ein eigenständiger Kreis, galt es noch zusätzliche Aufgaben zu übernehmen — die Interessenvertretung der Arbeitnehmer gegenüber dem Landrat und der Kreisverwaltung mußte wahrgenomen werden.

Heute geht es vornehmlich um arbeitsrechtliche und sozialrechtliche Fragen. Da es in Schlüchtern keine DGB-Rechtsstelle gibt, sei die Zweigstellenleiterin stets gefordert, ständen Probleme in den Betrieben an. Ihr großes arbeitsrechtliches Wissen bringe die Gewerkschafterin auch als ehrenamtliche Arbeitsrichterin ein.

Tief getroffen, so Sigulla, sei Gerda Kaufmann in den letzten Jahren durch eine Reihe von Betriebsstillegungen gewesen. „Das hat sie nicht so ohne weiteres hingenommen", sagte Sigulla. Die Gewerkschafterin habe um jeden Arbeitsplatz gekämpft, habe Protestdemonstrationen und Kundgebungen organisiert. Der DGB-Chef: „Über jeden kleinen Erfolg, den sie den Arbeitsgebern abtrotzen konnte, war sie überglücklich." -ke

Gegen Mißstände an der Eugen-Kaiser-Schule

Die Kreisdelegiertenkonferenz des DGB Hanau fordert den Kultusminister von Hessen, den Schuldezernenten von Hanau und die Direktion der Eugen-Kaiser-Schule auf, die gravierenden Mißstände in der hauswirtschaftlichen Schule schnellstens zu beseitigen und Maßnahmen einzuleiten, die im Interesse der jugendlichen Arbeitnehmerinnen stehen.
Folgende Mißstände stehen an:
1. Keinen tätigkeitsbezogenen und allgemeinbildenden Unterricht, wie gewerbliche und kaufmännische Grundlehrgänge (a. Metallkunde, b. Deutsch, Mathematik, Geschäftskunde, Maschinenschreiben, Stenografie, c. Wirtschafts- und Sozialkunde).
2. Im zur Zeit bestehenden Unterricht fehlt jegliche Planung. So besteht kein Unterrichtsplan, die Berufsschullehrer können die Unterrichtsstunden gestalten, wie sie wollen.
3. Es fehlt ein Aufenthaltsraum, in dem die Mädchen ihre zwischen dem Unterricht anfallende Freizeit verbringen können.
4. Die Toiletten sind während des Unterrichts verschlossen.
In einem Staat, wie die Bundesrepublik Deutschland, der sozial und industriell voranstrebt, sollten Unterrichtsmethoden wie in der Eugen-Kaiser-Schule, wo Mädchen auf das Mütterchen am Herd vorbereitet werden, längst der Vergangenheit angehören. Vielmehr muß den jugendlichen Arbeitnehmerinnen ein Unterricht angeboten werden, der sie befähigt, sich in ihrer Tätigkeit weiter zu qualifizieren oder zu verändern und im gesellschaftlichen Unterricht sich eines demokratischen Verhaltens bewußt zu werden. Wir hoffen auf Ihre Aktivitäten, die zur Behebung der Mißstände in der Eugen-Kaiser-Schule führen.

entgegentreten.
Das Mitbestimmungsgesetz von 1976 hat nicht die erhoffte gleichberechtigte paritätische Mitbestimmung der Arbeitnehmer gebracht. Trotzdem klagen Unternehmer und ihre Verbände gegen dieses Gesetz. Hier wird der Klassenkampf von oben auf dem Weg über das höchste Gericht geführt und der soziale Friede in der Bundesrepublik mutwillig in Gefahr gebracht.

Berufsfortbildungswerk des DGB

Während das Berufsfortbildungswerk vor Jahren noch hauptsächlich berufsbegleitende Fortbildungsmaßnahmen angeboten und durchgeführt hat - so u. a. folgende Lehrgänge: Elektronische Steuerungen, Vorbereitungskurs für dic Kaufmannsgehilfenprüfung, Der Praktische Betriebswirt, Kaufmännisches Grundwissen -, hat sich der Schwerpunkt der Arbeit jetzt verlagert.
In den Jahren 1974 - 1976 haben wir durch die Arbeitsverwaltung finanzierte langfristige Lehrgänge für arbeitslose Jugendliche und Erwachsene veranstaltet. Das Programm sah wie folgt aus:
Erwachsenenlehrgänge:
Bearbeiterin für Verwaltung, Handel und Industrie, Schweißerlehrgang, Deutschlehrgang für Aussiedler aus Polen, Qualifikationslehrgang "Metall".
Lehrgänge für Jugendliche:
Grundlehrgang "Metall", Grundlehrgang "Metall-Elektro-Kfz-Holz", Lehrgang zur Verbesserung der Einliederungsmöglichkeiten "Metall-Elektro".
Bei den Lehrgängen für Jugendliche sind auch ständig zwei Sozialarbeiter tätig. Die Jugendlichen waren teilweise auch auf Wochenseminaren im Internat von "Arbeit und Leben" in Oberursel. Hier konnten auch soziale und gesellschaftspolitische Probleme behandelt und teilweise individuelle Betreuungsarbeit geleistet werden. Es hat sich trotz angespannter Arbeitsmarktlage gezeigt, daß die Absolventen unserer Lehrgänge mit den bei uns erworbenen Grundkenntnissen fast alle in Ausbildungs- oder Arbeitsverhältnisse vermittelt werden konnten. An den Lehrgängen haben etwa 110 Jugendliche und ca. 90 Erwachsene teilgenommen. Dies kann durchaus als ein bescheidener Beitrag des bfW zur Verringerung der Arbeitslosigkeit gewertet werden.

DGB-Kreisfrauenausschuß

Auch im Frauenausschuß erfolgte ein Wechsel der Vorsitzenden. Käthe Makko (IGM) mußte aus beruflichen und gesundheitlichen Gründen ihre Mitarbeit bei uns aufgeben. Der DGB-Kreisfrauenausschuß wählte zur neuen Vorsitzenden die Kollegin Susanne Greune (CPK). Beim DGB-Frauenausschuß nahm die Auseinandersetzung um die Reform des § 218 StGB einen breiten Raum ein. Mit einem Transparent beteiligte sich der KFA an der Demonstration zum 1. Mai 1974, und Käthe Makko sprach im "Jahr der Frau" (1975) auf der Maikundgebung in Hanau.

Ortskartellarbeit

Der DGB-Bundesvorstand hat am 7. September 1976 neue "Richtlinien für die Ortskartelle des DGB" beschlossen. Darin ist u. a. festgelegt: Alle ständig an einem Ort wohnenden Mitglieder der im DGB zusammengeschlossenen Gewerkschaften haben die Möglichkeit, in der "Ortskartell" genannten DGB-Organisationsgliederung mitzuarbeiten. Ortskartelle können in allen Orten gegründet werden. Zu ihren Aufgaben gehören:

- Unterstützung der Industriegewerkschaften und Gewerkschaften;
- Werbung, Betreuung und Aktivierung der Mitglieder durch Informationen und Veranstaltungen;
- Unterstützung der gewerkschaftlichen Bildungsarbeit und Durchführung eigener Bildungsmaßnahmen;
- Erarbeitung und Veröffentlichung von Vorschlägen, Stellungnahmen und Forderungen zu Problemen, die Arbeitnehmerinteressen am Ort berühren;
- Vertretung gewerkschaftlicher Interessen in Einrichtungen des öffentlichen Lebens.

Im Bereich des DGB Kreis Main-Kinzig bestehen zur Zeit 16 Ortskartelle:
Kreisteil Hanau: Bruchköbel, Langenselbold, Maintal, Rodenbach, Schöneck-Büdesheim, Schöneck-Kilianstädten
Zweigbüro Gelnhausen: Bad Orb, Schlierbach, Udenhain, Wächtersbach
Zweigbüro Schlüchtern: Altengronau-Jossa, Marjoß-Mernes, Salmünster, Schlüchtern, Steinau, Sterbfritz-Mottgers.
Die Ortskartellarbeit konnte im Berichtszeitraum wesentlich verstärkt werden. Zahlreiche Versammlungen und Bildungsveranstaltungen wurden durchgeführt. In Zusammenarbeit mit den zuständigen Gewerkschaften haben die Ortskartelle den Kolleginnen und Kollegen auch Hilfe bei der Durchführung von Betriebsratswahlen, bei Betriebsschließungen und bei Auseinandersetzungen mit Arbeitgebern gegeben.
In Bruchköbel, Maintal und Schöneck wurden auch Probleme der Bildungsreform - integrierte Gesamtschule - behandelt. Mit einem beachtlichen kulturellen Angebot haben die Ortskartelle ein für sie

Im Festzelt am 1. Mai 1983 (Foto: DGB-Fotogruppe, DGB-Archiv)

völlig neues Arbeitsfeld erschlossen. So wurden Ausstellungen, Buchlesungen, Theater- und Studienfahrten angeboten.
In vier Arbeitstagungen der Ortskartellvorstände konnten die Ortskartellfunktionäre auf ihre Arbeit vorbereitet werden.
Größere Aktivitäten erfordern einen höheren finanziellen Einsatz. Wir danken den Gewerkschaften, die uns mit einem Zuschuß für die Ortskartellarbeit tatkräftig unterstützt haben. Schwierigkeiten bestehen immer noch bei der Erfassung aller Gewerkschaftsmitglieder am Ort und der Beteiligung aller DGB-Gewerkschaften an der Arbeit in den Ortskartellvorständen. Die Mitarbeit von Vertretern der Ortskartelle im DGB-Kreisvorstand hat sich gut bewährt und sollte fortgesetzt werden.

Berichtszeitraum 1977 - 1980

Im Mittelpunkt der gewerkschaftlichen Arbeit stand der Kampf um eine Verbesserung der Arbeits- und Lebensbedingungen für alle Arbeitnehmer. Die Drucker mußten sich durch ein tarifliches Schutzabkommen gegen die systematische Vernichtung von Arbeitsplätzen wehren und die Weiterbeschäftigung qualifizierter Facharbeiter an den neuen Automaten durchsetzen und absichern. Dabei kam es auch im Main-Kinzig-Kreis zu Beginn des Jahres 1978 wieder zu Streik und Aussperrung in der Druckindustrie, obwohl die Aussperrung nach der hessischen Verfassung verboten ist.
Der DGB-Bundesausschuß beschloß am 13. Juni 1979 das "Aktionsprogramm 1979". Darin forderte der DGB u. a.:

- Recht auf Arbeit
- Gesicherte Arbeitsplätze
- Ausbau der Tarifautonomie
- Kürzere Arbeitszeit und längeren Urlaub
- Höhere Löhne und Gehälter
- Größere soziale Sicherheit
- Mehr Mitbestimmung
- Gleiche Bildungschancen und bessere Berufsausbildung

Vom Ziel der Vollbeschäftigung haben wir uns leider weiter entfernt. Es sind erneut Arbeitsplätze durch Betriebsschließungen und Rationalisierungsmaßnahmen vernichtet worden. Die Zahl der Arbeitslosen ist weiter gestiegen. Bei den Tarifauseinandersetzungen wurde um den Erhalt des Realeinkommens gekämpft. Die paritätische Mitbestimmung der Arbeitnehmer wurde eingeschränkt, während die Aussperrung teilweise durch Entscheidungen des Bundesarbeitsgerichtes legalisiert wurde. Das macht deutlich, daß der Kampf härter geworden ist.

1. Mai 1983 (Foto: DGB-Fotogruppe, DGB-Archiv)

Kundgebungen und Demonstrationen

Seit 1976 haben unsere Veranstaltungen zum 1. Mai in Hanau eine neue Form bekommen. Neben Demonstration und Kundgebung, die seit 1977 wieder vor dem Goldschmiedehaus im Freien stattgefunden haben, haben wir zunächst im Schloßgarten und seit 1980 in einem

"Aussperrung - Mißbrauch der Unternehmermacht". Einladung für die DGB-Funktionärsversammlung am 8. Februar 1980 (DGB-Archiv)

großen Zelt auf dem Schloßplatz und im Schloßgartensaal jeweils ein großes Kultur- und Unterhaltungsprogramm angeboten. Über 100 Kolleginnen und Kollegen haben jeweils als freiwillige Helfer zum Gelingen dieser Veranstaltungen beigetragen. Die Maidemonstrationen und Kundgebungen standen unter dem Motto:

1977 "Gemeinsam erreichen wir mehr. Arbeiter und Angestellte und Beamte". Redner: Hans Pleitgen, Bezirksleiter der IG Metall, Frankfurt

1978 "Recht auf Arbeit - Zukunft sichern". Redner: Prof. Dr. Michael Kittner, IG Metall

1979 "Arbeit für Alle - In einem Europa des sozialen Fortschritts". Rednerin: Karin Roth, IG Metall

1980 "Einheitsgewerkschaft: Unabhängig, stark, erfolgreich. Wir bauen auf unsere Kraft". Redner: Erich Hermann, 2. Vorsitzender der NGG. Weitere Veranstaltungen zum 1. Mai wurden in Bad Orb, Langenselbold, Linsengericht, Salmünster-Hausen und Schöneck-Büdesheim durchgeführt.

An den Kundgebungen und Demonstrationen des DGB am 17. Juni in Frankfurt gegen Neofaschismus haben wir uns jedes Jahr beteiligt. Zum Antikriegstag am 1. September fanden seit 1979 in Hanau Kundgebungen, Fackelzüge und Kranzniederlegungen für die Opfer des Faschismus und des Krieges statt.

1. Mai 1983: Arbeit für Alle - Mitbestimmung - Prüfsteine der Demokratie (Foto: DGB-Fotogruppe, DGB-Archiv Hanau)

Berichtszeitraum 1981 - 1984

Im Mittelpunkt der gewerkschaftlichen Aktivitäten des DGB-Kreises Main-Kinzig und der Einzelgewerkschaften standen in den Jahren 1981 1984 folgende Probleme:
- Arbeit für alle
- Kampf gegen Massenarbeitslosigkeit
- 35-Stunden-Woche: Arbeitskampf um Verkürzung der Wochenarbeitszeit, Streik und Aussperrung
- Mehr Mitbestimmung - gerade jetzt!
- Soziale Gerechtigkeit
- Kampf gegen Sozialabbau
- Frieden durch Abrüstung - Rüstet endlich ab!
- 40 Jahre nach der Befreiung: Nie wieder Faschismus, nie wieder Krieg!

Zu den Kommunal-, Landtags- und Bundestagswahlen wurden jeweils Wahlprüfsteine und Forderungen des DGB zusammengestellt und mit den Spitzenkandidaten der Parteien auf Podiumsdiskussionen diskutiert. DGB Kreis Main-Kinzig, GEW-Kreisverband Hanau und Stadtschülerrat Hanau haben am 17. März 1981 auf einer Diskussionsveranstaltung mit etwa 100 Teilnehmern die "Situation an den Schulen im Main-Kinzig-Kreis" erörtert.

Kundgebungen und Demonstrationen

Unsere Veranstaltungen zum 1. Mai, die Demonstrationen und Kundgebungen, standen unter dem Motto:
1981 - "Vollbeschäftigung - Mitbestimmung - soziale Sicherheit". Redner: Jochen Richert, Vorsitzender des DGB-Landesbezirkes Hessen
1982 - "Arbeit für alle in Frieden und sozialer Sicherheit". Redner: Frank von Auer, GEW
1983 - "Arbeit für alle, Mitbestimmung - Prüfsteine der Demokratie". Redner: Werner Vitt, stellvertr. Vorsitzender der IG Chemie
1984 - "Arbeit für alle". Redner: Horst Mathes, Leiter der IG-Metall-Bildungsstätte Bad Orb

Am 1. Mai 1984 haben wir die Kundgebung in Hanau wieder auf dem Altstädter Markt durchgeführt, die anschließende Demonstration ging dann durch die Hanauer Innenstadt zur Philippsruher Allee, wo dann im Haus der Jugend und auf dem Freigelände erstmals das große Kultur- und Unterhaltungsprogramm angeboten wurde. Weitere Maiveranstaltungen fanden in Gelnhausen, Schlüchtern, Langenselbold, Neuberg, Bad Orb, Linsengericht und Bad Soden-Salmünster statt.

1. Mai 1987: Fest im Garten des Olof-Palme-Hauses. (Foto: DGB-Fotogruppe, DGB-Archiv Hanau)

An der Kundgebung "Demokratie verpflichtet zu Frieden, Freiheit, sozialer Gerechtigkeit, Solidarität" am 17. Juni 1981 auf dem Frankfurter Römerberg haben wir uns mit einer starken Demonstration beteiligt.

Auf einer DGB-Funktionärsversammlung am 13. Oktober 1981 haben sich 75 Funktionäre "gegen Arbeitsplatzvernichtung, sozialen Abbau und zusätzliche Belastungen der Arbeitnehmer" gewandt und zu einer Kundgebung am 6. November 1981 in der Fußgängerzone Hammerstraße aufgerufen, auf der der DGB-Landesvorsitzende Jochen Richert vor ca. 600 Teilnehmern gesprochen hat. Dabei haben wir festgestellt, daß von 1975 - 1982 insgesamt 7.285 Arbeitsplätze im Main-Kinzig-Kreis vernichtet wurden.

Frieden durch Abrüstung

An der Unterschriftenaktion "Frieden durch Abrüstung" haben wir uns in der Zeit vom September 1981 bis August 1982 aktiv beteiligt. In zahlreichen Betriebs- und Gewerkschaftsversammlungen haben wir den Friedensappell des DGB zur Diskussion gestellt. Schließlich konnten wir vom DGB Kreis Main-Kinzig insgesamt 304 Unterschriftenlisten mit 8.819 Unterschriften an den DGB-Bundesvorstand zurückgeben. Da verschiedene Einzelgewerkschaften noch weitere Unterschriftenlisten direkt an ihre Bezirksleitungen bzw. Hauptvorstände weitergeleitet haben, gehen wir davon aus, daß mehr als 11.000 Gewerkschafterinnen und Gewerkschafter aus unserem Bereich die Forderungen des DGB:

- Verzicht auf die Stationierung weiterer Mittelstreckenraketen in Europa
- Abbau bereits stationierter Mittelstreckenraketen
- Verbot der Entwicklung, Herstellung, Lagerung, Weitergabe und Anwendung atomarer Waffen und anderer Vernichtungsmittel sowie anderer Waffentechnologien mit dem Ziel einer allgemeinen und kontrollierten Abrüstung

unterstützt haben.

In Schreiben an Bundesverteidigungsminister Apel, Landrat Rüger, Oberbürgermeister Martin, MdB Reuter und MdB Bayha haben wir gegen die Giftgaslagerung in Hanau protestiert. Der DGB Kreis Main-Kinzig hat die vom Landesbezirk Rheinland-Pfalz erhobene Verfassungsbeschwerde gegen die Lagerung von US-Nervengasmunition in der Bundesrepublik begrüßt. Der 12. ordentliche Bundeskongreß hat im Mai 1982 in Berlin den Antrag Nr. 16 beschlossen, in dem es heißt:

"Der Deutsche Gewerkschaftsbund verlangt den Abtransport oder die Vernichtung des von den Amerikanern in der Bundesrepublik gelagerten Giftgases".

Am 20. Januar 1983 hat der DGB-Kreisvorstand beschlossen, selbst Verfassungsbeschwerde gegen die Giftgaslagerung im Main-Kinzig-Kreis zu erheben. Außerdem wurde eine Unterschriftensammlung gegen die Giftgaslagerung im Main-

Kinzig-Kreis durchgeführt. Eine Kundgebung unter dem Motto "Weg mit dem Giftgas im Main-Kinzig-Kreis und anderswo" fand am 4. März 1983 in Hanau mit dem DGB-Landesvorsitzenden von Rheinland-Pfalz, Julius Lehlbach, statt, an der etwa 400 Kolleginnen und Kollegen teilgenommen haben.
Am 1. April 1983 - Karfreitag - haben wir gemeinsam mit den Friedensinitiativen Bruchköbel, Erlensee und Main-Kinzig zu einer Kundgebung und Demonstration gegen Atomraketen und Giftgaslagerung aufgerufen. Diese Veranstaltung hat der Bürgermeister von Bruchköbel, Udo Müller (CDU), zunächst verboten. Das Verwaltungsgericht Frankfurt hat am 31. März 1983 und der Hessische Verwaltungsgerichtshof in Kassel am 1. April 1983, 1.15 Uhr, dieses Verbot aufgehoben. Mehr als 2.000 Kolleginnen und Kollegen nahmen an der Demonstration, die auch am US-Munitionsdepot Bruchköbel vorbeiführte, teil.
Am Ostermarsch 1983, am 4. April, von Offenbach nach Frankfurt, nahmen ebenfalls mehr als 2.000 Gewerkschafter aus dem Main-Kinzig-Kreis teil. Auf der Abschlußkundgebung in Frankfurt sprach vor über 50.000 Teilnehmern u. a. der DGB-Kreisvorsitzende Sepp Sigulla.
Am 27. August 1983 sprach vor etwa 80 Funktionären Oskar Lafontaine im Schloßgartensaal der Stadthalle Hanau zum Thema "Abrüstung ist das Gebot der Stunde". Weitere Antikriegstagsveranstaltungen wurden am 30. August 1983 in der IG Metall-Bildungsstätte Bad Orb mit etwa 100 Teilnehmern und in Brachttal mit etwa 40 Teilnehmern durchgeführt.
Am Antikriegstag, dem 1. September 1983, fand in Hanau eine Demonstration mit Kranzniederlegung am Mahnmal für die Opfer des Faschismus und eine Kundgebung auf dem Altstädter Markt statt. Redner war Horst Kynast, Bezirksleiter der Gewerkschaft Holz und Kunststoff Hessen/Rheinland-Pfalz. Auch an dieser Demonstration haben etwa 2.000 Gewerkschafter teilgenommen.

Zu "5 Mahnminuten für den Frieden" hat der DGB-Bundesvorstand am 5. Oktober 1983 aufgerufen.
Der DGB-Kreisvorstand hatte in seiner Sitzung vom 10. August 1983 einen Antrag beschlossen, die Arbeit am 19. Oktober 1983 für 15 Minuten niederzulegen. An den Mahnminuten beteiligten sich einige tausend Kolleginnen und Kollegen. Aktionen fanden vor dem Gewerkschaftshaus Hanau, der Stadt- und Kreisverwaltung, dem Stadtkrankenhaus, bei Honeywell Maintal und Wächtersbach, Rasmussen und BBC statt. Mehrere hundert Gewerkschafter beteiligten sich an Friedensmarsch und Menschenkette am 25. Oktober 1983 von Großauheim nach Hanau. Auch an dem Friedensgottesdienst der evangelischen Kirche Hanau am

Antikriegstag 1982 (DGB-Archiv)

Bundesverteidigungsminister Hans Apel antwortete Hanaus DGB-Chef Sepp Sigulla

Keine Bonner Angaben über Giftgaslager

Weder Bestätigung noch Dementi

HANAU / MAIN-KINZIG-KREIS. Vom Bund... Verteidigung kann der DGB-Kreis ... ben über angebliche Giftgaslager i... warten. Dies geht aus einem Brief he... ster Hans Apel an den DGB-Krei... schrieb. In einem an den Minister ... Gewerkschafter aus dem Main-Kin... Deponierung chemischer Kampfstoff...

Gewerkschaft macht gegen Giftgas mobil

DGB-Main-Kinzig verlangt klare Auskunft über Lagerstätten / Aktionen geplant

HANAU / MAIN-KINZIG-KREIS. Lagern in amerikanischen Depots in Hanau 2000 Tonnen Giftgas? Gewerkschafter auf DGB-Landes- und Kreisebene wollen diese Frage jetzt beantwortet haben: Der hessische DGB-Landesvorsitzende Jochen Richert fordert in einem Ende letzter Woche veröffentlichten Schreiben von Mini... Holger Börner konkrete Auskunft.

Seit Ende der 60er Jahre wird Hanau immer wieder als Lagerstätte für chemische Kampfstoffe genannt. Im Main-Kinzig-Kreis wollen die Gewerkschafter in den kommenden Monaten mit Informationsveranstaltungen und Flugblattaktionen verstärkt auf das Thema aufmerksam machen.

„Wir werden keine Ruhe mehr geben“

DGB Main-Kinzig protestiert gegen Giftgas-Lager – Antwort des Verteidigungsministeriums „unbefriedigend“

16. Oktober 1983 nahmen zahlreiche Gewerkschafter teil.
Höhepunkt des Protestes gegen die Raketenstationierung in der Bundesrepublik waren die Volksversammlungen in Bonn, Hamburg, Stuttgart, Neu-Ulm. Der DGB Kreis Main-Kinzig organisierte 10 Busse mit 500 Kolleginnen und Kollegen für die Volksversammlung in Bonn, an der 400.000 Menschen teilgenommen haben. Für den DGB sprach Ilse Brusis vom DGB-Bundesvorstand.

Für den 21. November 1983 hatte der DGB Kreis Main-Kinzig mit den Friedensinitiativen Südlicher Main-Kinzig-Kreis zu einem Fackelzug durch die Stadt Hanau und einer anschließenden Kundgebung aufgerufen. An diesem Tag diskutierte der Deutsche Bundestag über Nachrüstung und Nato-Doppelbeschluß. Rund 2.000 Rüstungsgegner haben ihren Widerstand gegen neue Atomraketen deutlich gemacht.

Am 21. Dezember 1983 haben wir im Rahmen einer Pressekonferenz in Hanau unsere Verfassungsbeschwerde gegen die Giftgaslagerung im Main-Kinzig-Kreis der Öffentlichkeit vorgestellt und beim Bundesverfassungsgericht eingereicht.
Im Anschluß an diese Pressekonferenz hat ein Fernsehteam des Hessischen Rundfunks den Kreisvorsitzenden noch mal vor dem NATO-Depot im Bruchköbeler Wald interviewt.
Der Film des Hessischen Rundfunks wurde von der deutschen Polizei beschlagnahmt und der amerikanischen Militärpolizei übergeben. Gegen die Beschlagnahmung hat der DGB Kreis Main-Kinzig heftig protestiert, der darin einen Verstoß gegen Artikel 5 Grundgesetz, der die Pressefreiheit und die Freiheit der Berichterstattung durch Rundfunk und Film gewährleistet, sieht.
Über das Thema "Kein Giftgas im Main-Kinzig-Kreis und anderswo" haben wir auf Veranstaltungen am 22. Februar und 5. April 1984 in Hanau und Birstein-Obersotzbach diskutiert und Filme dazu gezeigt.
Am 19. März 1984, dem 39. Jahrestag der Zerstörung der Stadt Hanau, ha-

Kundgebung gegen Giftgaslagerung im Main-Kinzig-Kreis auf dem Altstädter Markt in Hanau am 4. März 1983 (Fotos: DGB-Archiv)

ben wir mit den Friedensinitiativen in Hanau eine Friedensveranstaltung mit Kundgebung und Demonstration durchgeführt, an der sich etwa 500 Menschen beteiligten.

Der Ostermarsch 1984 führte uns am 20. April 1984 nach Bruchköbel, am 21. April nach Fulda und am 23. April von Offenbach nach Frankfurt. Unter dem Motto "Weg mit den Atomraketen! Hessen darf nicht Schlachtfeld der ersten Stunde werden! Europa atomwaffenfrei!" demonstrierten einige hundert Gewerkschafter und Friedensfreunde aus dem Main-Kinzig-Kreis.
Podiumsdiskussionen fanden am 29. August 1984 in Gelnhausen zum Thema "Air Land Battle - Ist unsere Sicherheit in Gefahr?" und am 31. August 1984 in Hanau zum Thema "Giftgas bedroht unsere Sicherheit und unser Leben!" statt.
Am Antikriegstag 1984, dem 1. September, sprachen Karin Roth (IG Metall), Traudel Wahl (Friedensinitiative) und Sepp Sigulla (DGB-Kreisvorsitzender) zum Thema "Nie wieder Krieg! Abrüsten statt Aufrüsten!".
Die Demonstration der etwa 800 Teilnehmer wurde durch eine kleine Gruppe vermummter Autonomer gestört, die wir zunächst nicht zum Friedensfest in die Kreuzkirche reingelassen hatten.

Am 16. Oktober 1984 war der Aktionstag der Gewerkschaftsjugend für Frieden und Abrüstung. Im DGB-Jugendheim kamen etwa 80 Gewerkschafter zu einer Podiumsdiskussion

Ostermarsch 1983 in Bruchköbel (Foto: DGB-Archiv Hanau)

Landesjugendtag der DGB-Jugend Hessen 1983 in Flörsbachtal

"Arbeitslosigkeit, Sozialabbau, Rüstungswahnsinn" zusammen.
An der Menschen- und Aktionskette für Frieden und Arbeit am 20. Oktober 1984 in Remstecken und an der anschließenden Großkundgebung in Bonn beteiligten sich etwa 80 Gewerkschafter und Friedensfreunde aus dem Main-Kinzig-Kreis. Gewaltfrei und friedlich demonstrierten wir für die Forderungen:

- Schluß mit dem Rüstungswahnsinn
- Nein zu Pershing II und Cruise Missiles
- Rüstung einfrieren - Arbeitsplätze schaffen.

Gegenüber der Beteiligung an der Volksversammlung in Bonn im Oktober 1983 ist ein erheblicher Rückgang der Teilnehmerzahl festzustellen. Wir dürfen nicht aufgeben. Wir müssen im Deutschen Gewerkschaftsbund und in der Friedensbewegung alle Kräfte mobilisieren. Der Kampf um Frieden und Abrüstung muß, wenn wir Erfolg haben wollen, noch wesentlich verstärkt werden.

Gegen Sozialabbau, für Vollbeschäftigung

Am 9. September 1982 haben sich etwa 250 Gewerkschafter an der Demonstration und Kundgebung von DGB und IG Metall in Frankfurt beteiligt.
An der Großdemonstration und Kundgebung "Gegen Sozialabbau und Rüstungswahnsinn - Für Vollbeschäftigung und Mitbestimmung" am 23. Oktober 1982 in Frankfurt haben sich aus dem Main-Kinzig-Kreis etwa 1.500 Gewerkschafter beteiligt. Insgesamt haben in Frankfurt 60.000 Kolleginnen und Kollegen machtvoll demonstriert.
Betriebsschließungen, Entlassungen und Personalabbau hat es in den letzten Jahren bei Keller & Co, Hanau, Windsor, Maintal, Fulgurit, Bad Soden-Salmünster, Leistner, Erlensee, Wibau, Gründau-Rothenbergen, Ratazzi & Mai, Schlüchtern, Seiler und Streif, Bad Soden-Salmünster, Gebr. Picard, Gelnhausen-Höchst, Bilka, Maintal, und Dunlop, Hanau, gegeben.

Arbeitskampf um die 35-Stunden-Woche

In Wochenendseminaren am 19./20. November 1983, 6./7. Januar 1984 und 4./5. Februar 1984 in Brachttal-Schlierbach hat der DGB-Kreis die Kolleginnen und Kollegen auf die Tarifauseinandersetzung vorbereitet und sie mit den Forderungen der IG Metall und der IG Druck und Papier vertraut gemacht.
Der DGB-Kreisvorstand hat in seiner Sitzung am 26. Januar 1984 die Bildung einer Arbeitsgruppe "35-Stunden-Woche" beschlossen. Diese Arbeitsgruppe hat die Unterstützung des Arbeitskampfes der IG Me-

1. Mai 1984 (Foto: DGB-Fotogruppe, DGB-Archiv Hanau)

tall und der IG Druck und Papier durch alle anderen DGB-Gewerkschaften koordiniert.
Am 9. März 1984 kam es zum ersten Warnstreik der IG Metall bei der Fa. Rasmussen in Maintal. Von da ab hat der DGB alle Warnstreiks tatkräftig unterstützt und die Forderung nach der 35-Stunden-Woche auch gesanglich erhoben.
Der DGB-Kreis hat in einer 2. Funktionärsversammlung am 25. April 1984 in Gelnhausen-Roth das Thema "35-Stunden-Woche bei vollem Lohnausgleich" behandelt.
Die DGB-Ortskartelle haben in zahlreichen Veranstaltungen in Bad Orb, Bruchköbel, Langenselbold, Maintal-Wachenbuchen - hier sogar recht unkonventionell mit einem Wagen im Karnevalszug -, Gelnhausen und in Maintal-Hochstadt die gewerkschaftlichen Forderungen nach Arbeitszeitverkürzung bekanntgemacht und vertreten.
Am 30. März 1984 hat der DGB Kreis Main-Kinzig zu einer Solidaritätsveranstaltung zur 35-Stunden-Woche aufgerufen. Vor 612 Teilnehmern hat Hans Preiss, Vorstandsmitglied der IG Metall, in der Hanauer Stadthalle gesprochen. Danach wurde die Revue "Es gibt ein Leben vor der Rente" gezeigt.
Auch die DGB-Kreisangestelltenkonferenz befaßte sich am 31. März 1984 mit dem Thema "Arbeitszeitverkürzung bei Angestellten".
Höhepunkt im Arbeitskampf war der Solidaritätsstreik am 30. Mai 1984 ab 14 Uhr in Hanau, mit Demonstration und Kundgebung, an der sich bei strömendem Regen

"Arbeitszeit verkürzen heißt Arbeitsplätze schaffen" (DGB-Fotogruppe, DGB-Archiv Hanau)
16. Juni 1984 - Demonstration gegen die gesetzwidrige Aussperrung vor Heraeus und der VAC (Foto: Stadtbildstelle Hanau)

2.000 Kolleginnen und Kollegen beteiligten.
Der DGB-Kreisvorstand kam am 12. Juni 1984 zu einer Sondersitzung zusammen, um die aktuelle Situation von Streik und Aussperrung zu erörtern.
Am 16. Juni 1984 haben IG Metall und DGB vor der Vacuumschmelze in Hanau eine Protestkundgebung gegen die gesetzwidrige Aussperrung durchgeführt, auf der Karl Kronawitter (IG Metall) und Jochen Richert (DGB-Landesbezirksvorsitzender) gesprochen haben. Etwa 1.800 Teilnehmer haben dann eine Menschenkette gebildet und in der Hanauer Innenstadt demonstriert.

Die DGB-Songgruppe hat sich an allen Großveranstaltungen beteiligt und ist während Streik und Aussperrung fast täglich vor den Werkstoren aufgetreten. Sie hat die Streikenden und Ausgesperrten stark unterstützt und selbst bei schlechtem Wetter für gute Kampfstimmung gesorgt. Oft haben die kämpfenden Kolleginnen und Kollegen auch mitgesungen. Die DGB-Songgruppe war auch bei den Tarifverhandlungen zwischen IG Metall und Arbeitgebern in Bad Nauheim aufgetreten und hat die gewerkschaftlichen Forderungen nochmal musikalisch vorgetragen. Die Lieder zum Streik sind so populär geworden, daß auf der Kundgebung am 30. Mai 1984 alle Teilnehmer mitgesungen haben.

Unsere DGB-Fotogruppe hat alle wichtigen Ereignisse dokumentarisch festgehalten und den Streikenden und Ausgesperrten für die Aushangbretter und die Streiknachrichten Bildmaterial vom Arbeitskampf sofort zur Verfügung gestellt.
Wir haben eine große Zahl von Infoständen und Plakataktionen durchgeführt.
DGB-Vertreter waren täglich bei den streikenden und ausgesperrten Kolleginnen und Kollegen der IG Metall und der IG Druck und Papier.
Es ist uns bei diesem harten Arbeitskampf, bei dem wir einem unseligen Bündnis von Kapital und Kabinett gegenüberstanden, gelungen, den Pakt der Solidarität aller Gewerkschaften entgegenzustellen.

DGB-Ausländerarbeitskreis

Dem Ausländerarbeitskreis gehören vier spanische, zehn türkische, drei italienische, drei jugoslawische und ein griechischer Arbeitnehmer an. Zu den zwanzig ausländischen Kollegen kommen noch zwei deutsche hinzu.
Der DGB-Ausländerarbeitskreis vertritt die Interessen der im Main-Kinzig-Kreis wohnenden und beschäftigten ausländischen Arbeitnehmer in den Einzelgewerkschaften und im DGB und auch gegenüber der "Arbeitsgruppe für Ausländerfragen" bei der Stadt Hanau.
Die ausländischen Kollegen haben sich in letzter Zeit schwerpunktmäßig mit folgenden Themen beschäftigt:
- Integration der ausländischen Mitbürger
- Solidaritätsveranstaltungen des

DGB-Songgruppe am 1. Mai 1988 (Foto: DGB-Fotogruppe)

DGB mit ausländischen Arbeitnehmern und Kampf gegen Ausländerfeindlichkeit
- Situation ausländischer Jugendlicher und Erwachsener
- Aufenthaltsberechtigung für ausländische Arbeitnehmer
- Bildungsarbeit für ausländische Arbeitnehmer
- Bildung eines Ausländerbeirates in der Stadt Hanau
- Berichte der ausländischen Sozialbetreuer
- Ausländer-Rückkehrhilfegesetz
- Veranstaltungen zum 1. Mai
- MBSE-Maßnahmen des Berufsfortbildungswerkes des DGB für ausländische Jugendliche
- Was plant die Bundesregierung im Ausländerrecht?
- Ausländisch-deutsche Feste
- Situation der ausländischen Arbeitnehmer in Betrieben und Gewerkschaften
- Kommunales Wahlrecht für Ausländer

Der DGB hält auch ständigen Kontakt mit den ausländischen Vereinen und führt mit ihnen auch gemeinsame Veranstaltungen durch.

Berichtszeitraum 1985 - 1989

Folgende Themen bestimmten die gewerkschaftlichen Aktivitäten des DGB-Kreises Main-Kinzig und der Einzelgewerkschaften:
- Arbeit für alle
- Kampf gegen die Massenarbeitslosigkeit
- Einführung der 35-Stunden-Woche, Streik und Aussperrung
- Änderung des § 116 Arbeitsförderungsgesetz (AFG)
- Kampf gegen die Zerschlagung der deutschen Bundespost
- Kampf gegen Sozialabbau
- "Steuerreform"
- "Gesundheitsreform"
- Kampf gegen den Abbau von Arbeitnehmerschutzrechten: Änderung des Betriebsverfassungsgesetzes, Änderung des hessischen Personalvertretungsgesetzes
- Mitbestimmung
- Zerschlagung der Förderstufe
- Frieden und Abrüstung
- Internationale Solidarität
- 40 Jahre nach der Befreiung von Faschismus und Krieg: gegen alte und neue Nazis.

Kolleginnen und Kollegen aus der Türkei am 1. Mai 1987 im Garten des Olof-Palme-Hauses (Foto: DGB-Fotogruppe)

Streikrecht verteidigen, Demokratie sichern

Am 9. Dezember 1985 fand eine zentrale Betriebs- und Personalvollversammlung für den DGB Kreis Main-Kinzig in Langenselbold statt. Das Thema "Streikrecht verteidigen - Demokratie sichern" wendete sich gegen die geplante Änderung des § 116 Arbeitsförderungsgesetz, mit dessen Hilfe die Bundesregierung das Streikrecht und die Tarifautonomie drastisch einschränken wollte.
Der 4. Februar 1986 wurde in Hanau zu einem Aktionstag gegen die Änderung des Streikparagraphen 116. Rund 2.000 Menschen protestierten zunächst gegen das Lohndiktat der Arbeitgeber im öffentlichen Dienst

auf dem Freiheitsplatz.
Anschließend zogen die Versammlungsteilnehmer zum Hanauer Goldschmiedehaus, wo sie mit 1.000 Metallern und Delegationen aus anderen Gewerkschaften gegen die Einschränkung des Streikrechtes protestierten. Hauptredner auf der Kundgebung war Horst Klaus, Vorstandsmitglied der IG Metall.

Die Protestveranstaltungen wurden mit einer Podiumsdiskussion am 5. Februar mit den Bundestagsabgeordneten, mit einem Gespräch am 25. Februar mit Landrat Eyerkaufer, Oberbürgermeister Martin und Bürgermeistern aus dem Main-Kinzig-Kreis sowie weiteren Warnstreiks und Protestveranstaltungen in Maintal, Wächtersbach, Bad Soden-Salmünster und Schlüchtern fortgeführt.
Am 6. März 1986 demonstrierten 2.000 Kolleginnen und Kollegen unter dem Motto "Hände weg vom Streikrecht! Keine Änderung des § 116 AFG" durch die Hanauer Innenstadt. Hauptredner auf der Kundgebung auf dem Altstädter Markt war Willi Hanss, stellvertretender Bezirksleiter der ÖTV Hessen.
Vor dem Arbeitnehmervotum gegen die Änderung des § 116 AFG vom 2. - 14. April wurde nochmals eine Funktionärsversammlung und Demonstration am 19. März 1986 durchgeführt. In einem Zeitraum von nur 13 Tagen haben sich an dem Arbeitnehmervotum im DGB Kreis Main-Kinzig 42.699 Kolleginnen und Kollegen beteiligt. Gegen eine

1. Mai 1986: "Wir lassen uns nicht an die Kette legen" (Foto: DGB-Fotogruppe)
6. März 1986 - Demonstration gegen die Änderung des § 116 AFG auf dem Altstädter Markt (Foto: Stadtbildstelle Hanau)

8. Juli 1988 - FDGB-Delegation im DGB-Jugendheim
(Fotos: Stadtbildstelle Hanau)
Proteststreik der IG Druck und Papier bei der Fa. Sieger, Hanau, im Februar 1989 (Foto: DGB-Fotogruppe)

Änderung haben sich 95,2 %, also 39.670 Kolleginnen und Kollegen, ausgesprochen. Leider ist es uns trotz aller Anstrengungen nicht gelungen, die Gesetzesänderung zu verhindern.

Kontakte zum FDGB

Als einen besonderen Erfolg unserer Bemühungen um die Zusammenarbeit DGB - FDGB betrachten wir den Besuch der ersten offiziellen Delegation des FDGB-Bezirkes Erfurt in Hanau mit dem Vorsitzenden des Bezirkes, Gerhard Nennstiel, an der Spitze. Auf dem Programm für unsere Gäste standen: ein Empfang des Hanauer Oberbürgermeisters Hans Martin im Schloß Philippsruhe, ein Gespräch mit dem Landrat Karl Eyerkaufer, eine Betriebsbesichtigung bei der Fa. Vacuumschmelze und eine Gesprächsrunde mit Funktionären des DGB-Kreises Main-Kinzig. Jetzt kommt es darauf an, diese Kontakte auszuweiten und auf die Ebene der Kreise auszudehnen.

DGB-Kreisfrauenausschuß

Der Kreisfrauenausschuß Main-Kinzig hat sich im Berichtszeitraum zu 54 Sitzungen zusammengefunden. Bei den Sitzungen wurden u. a. folgenden Themen behandelt:
- Situation im Einzelhandel
- Kommunale Frauenbeauftragte
- § 116 AFG
- Plutoniumverseuchung
- Aktion Muttertag

(Foto: DGB-Archiv)

- Solidaritätskomitees
- Keine Frauen in die Bundeswehr
- Antikriegstag
- Tarifpolitische Forderungen für Frauen
- Frauen aus Nicaragua
- Mädchen in gewerblich/technischen Berufen
- Arbeitskreis Energie und Umwelt
- Frauenbüro des Main-Kinzig-Kreises
- Pro Familia
- Kindertagesstättengesetz
- Verbraucherberatung
- Frauenförderpläne
- Kommunalwahlen
- Ausländerfeindlichkeit
- Beratungsgesetz zum § 218 StGB

Im Berichtszeitraum (1988) wurden zwei weitere Frauenstammtische bzw. -treffs zu dem bestehenden in Hanau gegründet: im März 1988 der Frauenstammtisch in Schlüchtern und im September 1988 der Frauentreff Gelnhausen. Die Frauentreffs erfreuen sich reger Teilnahme und beschäftigen sich mit den verschiedensten Themen, die auf Wunsch der Kolleginnen aufbereitet wurden.
Der Frauentreff in Gelnhausen beschäftigte sich in mehreren Treffs mit der Problematik "Pille und Pulle sind keine Problemlöser - Alkohol am Arbeitsplatz" sowie mit der "Uraltproblematik" gleicher Lohn für gleiche Arbeit. Auch war eine Kollegin des Frauenbüros zu Gast und stellte die Neueinrichtung des Main-Kinzig-Kreises vor.
Die Gewerkschaftsfrauen Schlüchtern befaßten sich mit folgenden Schwerpunkten: Energieberatung im Main-Kinzig-Kreis, Gemeinsam gegen Neonazis, Strukturreform im Gesundheitswesen, Erziehungszeiten für Frauen, Pro Familia, § 218, Frauenbüro sowie mit der Frauenausstellung im Main-Kinzig-Kreis.

1987 brachte der KFA erfolgreiche Anträge zur Kreisdelegiertenkonferenz ein:
- Keine Frauen zum Wehrdienst, keine Änderung des Grundgesetzes zu Gunsten eines Waffendienstes für Frauen
- Keine Aufhebung des Nachtarbeitsverbots
- Gegen die geplante Heraufsetzung des Rentenalters
- Frauenbüro Main-Kinzig
- Frauenbeirat Main-Kinzig

Die Gewerkschaftsfrauen arbeiten seitdem aktiv in dem 1986 gegründeten Frauenbeirat mit.
Zum Thema "Betriebliche Frauenförderpläne" fand eine Betriebs- und Personalräteversammlung statt, die sich reger Teilnahme erfreute.
Anläßlich der Bundestagswahl wurde den Kandidaten die "Forderung der DGB-Frauen zur Situation der Frauen in Gesellschaft, Beruf und Familie" in einer Diskussionsrunde vermittelt.
1988 machte der Kreisfrauenausschuß für die Delegiertenkonferenz den Vorstoß, frauenspezifische Strukturdaten für den Main-Kinzig-Kreis zu erheben sowie Maßnahmen zugunsten von Frauen insbesondere über die Arbeitsverwaltung zu realisieren.

Ein Dauerbrenner in der gewerkschaftlichen Frauenarbeit ist die Auseinandersetzung um die Streichung des § 218 StGB. Im Berichtszeitraum galt es, das geplante Beratungsgesetz zum § 218 StGB abzuwehren. In diesem Zusammenhang forderten die DGB-Frauen die Unterstützung und Finanzierung der Beratungsstellen von Pro Familia. In der jüngsten Vergangenheit (rotgrüner Kreistag) war es möglich, unsere Forderungen zur Finanzierung der Beratungsstellen weitestgehend umzusetzen. Ebenfalls hatte sich das Kommunalparlament in Schlüchtern zur Unterstützung bereit erklärt. Die Gewerkschaftsfrauen des Main-Kinzig-Kreises konnten mit ihren beachtlichen Aktivitäten dazu beitragen, die Umsetzung des geplanten Beratungsgesetzes für die Regierenden so gut wie unmöglich zu machen. Neben einer umfangreichen Unterschriftensammlung beteiligten sich die Frauen an der überregionalen Veranstaltung in Mainz mit einem Bus. Überregionales Interesse war auf die DGB-Frauen gerichtet, da sie die Veranstaltung mit einem Protestzug durch die Mainzer Innenstadt eröffneten.

Die Bildungsarbeit wurde in Form von Wochenendlehrgängen organisiert und befaßte sich mit folgenden Themen:

- Gen- und Reproduktionstechnologie
- Die bezahlte und die unbezahlte Frauenarbeit
- Tarifpolitische Entwicklungen für Frauen / Arbeitszeitverkürzung
- Die Situation der Frau im Betrieb und in der Gewerkschaft
- Die Situation der Frau im Betrieb, Familie und Gesellschaft
- Gleichstellung der Frau in der Rentenversicherung
- Frauenförderpläne / Frauenbeauftragte

Die Wochenendlehrgänge waren durchweg gut besucht.

Die Internationalen Frauentage wurden im Bündnis mit Hanauer Frauengruppen organisiert und durchgeführt. Zwecks Vor- und Nachbereitungen traf sich der KFA insgesamt 17mal mit den Hanauer Frauengruppen.

Der Internationale Frauentag 1985 fand unter dem Motto "Gegen Arbeitslosigkeit, für Gleichberechtigung und Frieden" statt.

Es wurde eine Demonstration durch die Hanauer Innenstadt durchgeführt und eine Kundgebung mit Inge Döbling (IG-Metall-Vorstand, Abt. Frauen) im Nachbarschaftshaus Tümpelgarten abgehalten. Das Kulturprogramm gestaltete die DGB-Songgruppe.

1986 jährte sich der Internationale Frauentag zum 75. Mal. Unter dem Motto "Wir wollen Brot und Rosen" riefen die DGB-Frauen und die Hanauer Frauenverbände und Frauengruppen zur Demonstration und anschließender Kundgebung im Tümpelgarten auf. Hauptrednerin war Kollegin Gisela Schade, stellvertretende Vorsitzende des DGB-Landesbezirks Hessen. Anschließend wurde ein vielseitiges Kulturprogramm geboten.

1987 wurde ebenfalls unter dem Motto "Wir wollen Brot und Rosen" am 7. März eine Demonstration durchgeführt und die Kundgebung mit der Hauptrednerin Doris Fürbeth, HBV Landesbezirk Hessen, wiederum im Tümpelgarten mit anschließendem Kulturprogramm veranstaltet.

1988 stand der Internationale Frauentag unter dem Zeichen der Solidarität mit der Gewerkschaft der schwarzen Hausangestellten in Südafrika. Gewerkschafter und Gewerkschafterinnen demonstrierten am 8. März durch die Hanauer Innenstadt mit anschließender Kundgebung. Am Samstag, dem 12. März, wurden die Passanten durch Infostände in der Hanauer Innenstadt über den Internationalen Frauentag informiert. Am Sonntag, dem 13. März, fand die Kundgebung mit der Vizepräsidentin der BfA, Ursula

1. September 1987 (Foto: DGB-Fotogruppe, DGB-Archiv Hanau)

Engelen-Kefer, im Nachbarschaftshaus Tümpelgarten in Hanau statt. Das anschließende Kulturprogramm bestritt das Kasseler Frauenkabarett "Flittchen". Ehrengast der Veranstaltung war eine südafrikanische Gewerkschafterin. Insgesamt konnten DM 1.000.- für das Solidaritätskonto Südafrika gesammelt werden.

1989 waren "40 Jahre Grundgesetz" zentrales Thema des Internationalen Frauentages. Am 5. März waren die Hauptgäste die "Memminger Frauen e. V.", die über den skandalösen Prozeß im Zusammenhang mit dem Frauenarzt Theissen berichteten.
Zur Unterstützung des Vereins konnten DM 650.- gesammelt werden. Im Vorfeld des Internationalen Frauentages wurden für eine Anzeige "Schafft den § 218 ab" Unterschriften gesammelt, die dann auch in den drei regionalen Blättern veröffentlicht werden konnten. Am Internationalen Frauentag veranstalteten die Gewerkschaftsfrauen eine Demonstration durch Schlüchtern, insbesondere anläßlich der Eröffnung der Frauenausstellung in Schlüchtern.
Bei allen Veranstaltungen zum Internationalen Frauentag sorgten die Kolleginnen für Verpflegung und Kinderbetreuung.

DGB-Ortskartelle

Von den zahlreichen Veranstaltungen der DGB-Ortskartelle hat das

Aktion der GEW in der Hammerstraße Hanau gegen die Mängelverwaltung in der Schulpolitik am 24. September 1986 (Foto: GEW-Archiv)

DGB-Ortskartell Maintal u. a. gemeinsam Kulturveranstaltungen mit den Vertrauensleuten der IG Metall bei der Fa. Honeywell durchgeführt. Eine Veranstaltung zum Thema "Sozialabbau und Neue Armut" wurde gemeinsam mit den Sozialverbänden durchgeführt. Auch eine Diskussionsveranstaltung zur Situation der Arbeitslosen sowie eine Podiumsdiskussion zur Situation der Sozialhilfeempfänger in Maintal und Solidaritätsaktionen für Nicaragua wurden organisiert. Auf Initiative des DGB-Ortskartells wurde der "Maintaler Stadtpaß" eingeführt, der Sozialhilfeempfänger und Arbeitslose fördern soll.
Das DGB-Ortskartell Bruchköbel bereitet jedes Jahr mit den Friedensinitiativen die Ostermarschveranstaltung in Bruchköbel vor. Im Foyer des Bürgerhauses wurde die Ausstellung "Endlich Frieden - Berichte und Dokumente zum 40. Jahrestag der Befreiung" gezeigt. Auch eine Diskussionsrunde zum Thema "Sind Frauen Menschen zweiter Klasse?" wurde veranstaltet.
Das DGB-Ortskartell Langenselbold

veranstaltete ebenfalls einige Kulturveranstaltungen und Solidaritätsaktionen für Nicaragua, Südafrika und Chile. Jedes Jahr wurden der "Karneval im Overall" sowie die Beteiligung am Langenselbolder Bürgerfest organisiert. Auch führt das DGB-Ortskartell jährlich Maifeiern mit Demonstration, Kundgebung und anschließendem Maifest durch. Des weiteren wurden Diskussionsveranstaltungen u. a. zu den Themen "Volkszählung '87", "Katastrophenmedizin", "Zeitbombe Müll - und kein Ausweg" und "Sozialabbau" durchgeführt.
Das DGB-Ortskartell Schöneck führte Diskusssionsrunden zu den Themen "Streikrecht in Gefahr", "Freie Schulwahl" und "Neuordnung der industriellen Metall- und Elektroberufe" durch. Auch wurde ein Wochenendseminar selbständig vorbereitet und durchgeführt. Das DGB-Ortskartell gründete einen gewerkschaftlichen Motorradclub, die "Sandino Bikers". Schon die Namensgebung soll die Solidarität mit Nicaragua ausdrücken. So wurden in zahlreichen Aktionen Werkzeuge und Materialien beschafft sowie Brieffreundschaften in Nicaragua vermittelt. Zur Zeit sammeln die "Sandino Bikers" für einen LKW, der zum An- und Abtransport von Altpapier in Nicaragua bestimmt ist.
Das DGB-Ortskartell Gelnhausen führt jährlich die Demonstration und Kundgebung mit anschließendem Kulturprogramm zum 1. Mai durch. Darüber hinaus wurden Diskussionsveranstaltungen zu den Themen "Arbeitsplätze und Umweltschutz", "40 Jahre Befreiung vom Faschismus" und "Volkszählung '87" durchgeführt. Auch die Veranstaltungen zum Antikriegstag wurden von den Mitgliedern des Ortskartells mitvorbereitet und durchgeführt.

Das DGB-Ortskartell Brachttal führte zwei Vormai-Feiern durch und organisierte einige Diskussionsabende zu den Themen "Volkszählung '87", "Neonazis", "Rentenreform" und "Hände weg vom Streikrecht". Die Themen: § 116 AFG, Gesundheitsreform, Krankenversicherung/ Betriebskrankenkasse und Steuerreform wurden auf den Veranstaltungen der DGB-Ortskartelle Bad Soden-Salmünster, Schlüchtern, Sinntal und Steinau behandelt.

Alle DGB-Ortskartelle haben im Berichtszeitraum über die genannten Aktivitäten hinaus den DGB-Kreis bei zentralen Kampagnen durch Flugblattverteilung und Infostände

1. Mai 1987 in Gelnhausen (DGB-Archiv Hanau)

unterstützt. Ebenfalls zu erwähnen sind die kontinuierliche Pressearbeit und die Durchführung einiger Wochenendseminare zur gemeinsamen Abstimmung der Ortskartell - Arbeit.

Frieden und Abrüstung

Der DGB-Kreis Main-Kinzig hat als Mitglied der Koordination der Friedensinitiativen im südlichen Main-Kinzig-Kreis die Ostermärsche mitvorbereitet und durchgeführt.

1985 "Für ein atomwaffenfreies Europa

1986 "Statt Aufrüstung im Weltraum - Abrüstung auf der Erde - Für ein Hessen ohne Massenvernichtungswaffen

1987 "Waffen im Weltraum verhindern, auf der Erde abrüsten"

1988 "Atomraketen verschrotten: Europa atomwaffenfrei

1989 "Modernisiert die Politik - nicht die Atomraketen! In Hessen abrüsten!"

Auch zum Antikriegstag, dem 1. September, veranstaltete der DGB Kreis Main-Kinzig jährlich Demonstrationen und Kundgebungen:

1985 "Nie wieder Krieg! Rüstet endlich ab!

1986 "Für eine Welt des Friedens"

1987 "Jetzt abrüsten - Sicherheit schaffen - Nie wieder Krieg!" Demonstration durch die Hanauer Innenstadt und Kundgebung auf dem Altstädter Markt mit Karin Benz-Overhage, Mitglied des geschäftsführenden Vorstandes der IG Metall, sowie Hans-Joachim Teggatz, Mitglied des Zentralvorstandes der IG Metall der DDR, Fritz Rick, Mitglied des Hauptvorstandes der CDU in der DDR, Ludek Drtina, Sekretär des Bezirksgewerkschaftsrates Mittelböhmen, CSSR, Alena Sourkowa, Mitarbeiterin der Internationalen Abteilung des Zentralgewerkschaftsrates der CSSR, die im Rahmen des Olof-Palme-Friedensmar-

sches Gäste des DGB-Kreises Main-Kinzig waren.
1988 "Zur Sicherheit: Weiter mit Abrüstung"

Darüber hinaus fanden noch weitere Demonstrationen und Veranstaltungen für Frieden und Abrüstung mit Beteiligung des DGB Kreises Main-Kinzig statt. So am 6. August 1985 eine Demonstration und Kundgebung vor dem Patriot-Gelände in Großauheim zum Gedenken des Atombombenabwurfs über Hiroshima.

Am 13. Oktober 1985 fand ein Friedensfest auf einer Wiese bei Schönhof statt, wobei sich die TeilnehmerInnen gegen das geplante NATO-Versorgungslager im Auroraforst aussprachen.

Absoluter Höhepunkt der Friedensdemonstrationen im Berichtszeitraum war die Großdemonstration und Kundgebung am 11. Oktober 1986 in Hasselbach/Hunsrück. Aus dem DGB Kreis Main-Kinzig sind 10 Busse nach Hasselbach gefahren. An den Demonstrationen und der Kundgebung in Hasselbach beteiligten sich weit über 200.000 Friedensfreunde.
Zur Friedensdemonstration und zur Kundgebung am 13. Juni 1987 in Bonn fuhren Busse von Hanau, Maintal, Bruchköbel, Gelnhausen und Schlüchtern.

Am Friedenshearing des Main-Kinzig-Kreises am 17. Oktober 1987 in der Klosterberghalle in Langenselbold war der DGB zur Anhörung von sachkundigen BürgerInnen eingeladen.
An der Demonstration und Kundgebung gegen die Stationierung von Militärhubschraubern in Erlensee am 29. Oktober 1989 waren ebenfalls sehr viele KollegInnen beteiligt.

Zeitzeugen / Archive / Literatur

Mit großem Interesse haben wir Aufzeichnungen und Tonbandinterviews von folgenden Zeitzeuginnen und Zeitzeugen gelesen und gehört:
Adolf Brandt, Wilhelm Habermann, Jakob Keim, Wilhelm Keim, Rolf Knecht, Fritz Martin, Klaus Nimrich, Oskar Ott, Helga Seipel-Schneider, Sepp Sigulla, Walter Weiskopf und Karl Wolf.

In folgenden Archiven wurden wir fündig:
Archiv Rudolf Schneider, Nidderau, DGB-Archiv Hanau, Archiv der IG-Metall-Verwaltungsstelle Hanau, Archiv des Betriebsrates der Vacuumschmelze, Hanau, Stadtarchiv Hanau, Stadtbücherei Hanau - Landeskundliche Abteilung, Stadtbildstelle Hanau, Dokumentationsarchiv des deutschen Widerstandes 1933 - 1945, Frankfurt. Allen Kolleginnen und Kollegen herzlichen Dank für ihre Unterstützung und Hilfsbereitschaft!

Neben der umfangreichen örtlichen Literatur, die wir jeweils in den betreffenden Zusammenhängen zitiert haben, waren uns folgende Bücher wichtig und hilfreich:

Werner Abelshauser: Wirtschaftsgeschichte der Bundesrepublik Deutschland 1945 - 1980. Frankfurt: Suhrkamp, 1983

Viktor Agartz: Partei, Gewerkschaft und Genossenschaft. Hg. Hans Willi Weinzen. Frankfurt: az-Verlag, 1985

Ulrich Albrecht, Frank Deppe, Jörg Huffschmid u. a.: Beiträge zu einer Geschichte der Bundesrepublik. Köln: Pahl-Rugenstein, 1979

Rolf Badstübner, Siegfried Thomas: Entstehung und Entwicklung der BRD. Restauration und Spaltung 1945 - 1955. Köln: Pahl-Rugenstein, 1979

Arnold Bettien: Arbeitskampf im Kalten Krieg. Hessische Metallarbeiter gegen Lohndiktat und Restauration. Marburg: Verlag Arbeiterbewegung und Gesellschaftswissenschaft, 1983

Frank Deppe: Autonomie und Integration. Materialien zur Gewerkschaftsanalyse. Marburg: Verlag Arbeiterbewegung und Gesellschaftswissenschaft, 1979

Heiß und Kalt. Die Jahre 1945-69. Das BilderLeseBuch. Berlin: Elefantenpress, 1988

Angelika Jacobi-Bettien: Metallgewerkschaft Hessen 1945 bis 1948. Zur Herausbildung des Prinzips autonomer Industriegewerkschaften. Marburg: Verlag Arbeiterbewegung und Gesellschaftswissenschaft, 1982

Theo Pirker: Die verordnete Demokratie. Grundlagen und Erscheinungen der Restauration. Berlin: Olle & Wolter, 1977

Eberhard Schmidt: Die verhinderte Neuordnung 1945 - 1952. Frankfurt/Main, Köln: Europäische Verlagsanstalt, 1970

Michael Schneider: Die Wiedergutmachung oder Wie man einen verlorenen Krieg gewinnt. Köln: Kiepenheuer & Witsch, 1985

Anne Weiß-Hartmann: Der freie Gewerkschaftsbund Hessen 1945 - 1949. Marburg: Verlag Arbeiterbewegung und Gesellschaftswissenschaft, 1977

S. 17 Sozialisierung in Hessen (Schaubild)
Der Betrieb. Wochenbeilage zum Handelsblatt, 1. Jg. 1948 Nr. 17, S.126

S. 19 Entwicklung der Lohn- und Gewinnquote 1936 - 1950
WWI, Deutschland in Zahlen - 1950, Köln 1951

S. 29 Wohnungsschäden, Schäden an Industriebetrieben, Schäden an Straßen
Stat. Amt der Stadt Hanau: Die Kriegsschäden und der Wiederaufbau der Stadt Hanau in der Statistik. Hanau: Nack, 1949

S. 35 Der Polizeidirektor Hanau: Ausweis für Mitarbeiter am Wiederaufbau, 23. 5. 1945
DGB-Archiv

S. 40 Aufruf des Allgmeinen Gewerkschaftsbundes Hanau-M, 15. 9. 1945
DGB-Archiv

S. 43 Arbeitsamt Hanau: Verordnung über den Arbeits-Einsatz, 10. 7. 1945
Archiv der IG Metall Hanau

S. 44 Belegschaft der Fa. Ernst Fischer: Willenserklärung zur Gründung der Gewerkschaft, 1945
DGB-Archiv

S. 45 US-Militärverwaltung: Genehmigung des Allgemeinen Gewerkschaftsbunds Hanau, 3. 9. 1945
DGB-Archiv

S. 46/47 Entwurf für ein Statut des Allg. Gewerkschaftsbunds Hanau, August 1945
DGB-Archiv

S. 49 US-Militärverwaltung: Bestätigung als Arbeitnehmervertreter (shop steward), 9. 10. 1945
DGB-Archiv

S. 50 AGB Hanau: Rundschreiben Nr. 2 (Betriebsumfrage), 11. 10. 1945
DGB-Archiv

S. 51 Arbeitnehmervertretung der Fa. Wilhelm Schwahn Antwortschreiben auf die AGB-Anfrage
DGB-Archiv

S. 57 US-Militärverwaltung: Genehmigung der AGB-Gründungsversammlung, 13.1.1946
DGB-Archiv

S. 62 Organisationsskizze des AGB Hanau, August 1945
DGB-Archiv

S.^ 65 Gesetz Nr. 8 der Militärregierung - Amerikanische Zone
DGB-Archiv

S. 67 AGB-Hanau: Rundschreiben - Meldung von im Betrieb tätigen Nazis, 17.10.1945
DGB-Archiv

S. 72 Spruchkammer Hanau: Zwei Schreiben über die Bestellung eines Treuhänders für die Marienhütte vom 2.7. 1946 und vom 6. 7. 1946
Archiv der IG Metall Hanau

S. 73 Ersatzarbeitsblatt für Franz Wagenführ gen. von Arnim, 5. 2. 1947
Archiv der IG Metall Hanau

S. 78 Betriebsrat Degussa - Siebert: Bericht über politische Tendenzen im Betrieb während der Nazizeit, 23.10. 1945
DGB-Archiv

S. 79 US-Militärverwaltung: Erlaubnis von Betriebsversammlungen über das Gesetz Nr. 8, 23. 11. 1945
DGB-Archiv

S. 81 AGB-Vorsitzender Fischer: Bericht über die Durchführung der Entnazifizierung, 6. 12. 1945
DGB-Archiv

S.. 83 Fragebogen im Entnazifizierungsverfahren

S. 88 Betriebsrat Vacuumschmelze: Protokoll der Betriebsratssitzung vom 26. 2. 1947
Archiv des Betriebsrats der Vacuumschmelze

S. 94/95 FGB Hessen, Bezirk Hanau: Aufruf zu einem Aktionsausschuß angesichts der wirtschaftlichen Lage nach der Währungsreform, 1948
DGB-Archiv

S. 99 Betriebsrätegesetz des Alliierten Kontrollrates vom 10. 4. 46
DGB-Archiv

S. 100 Resolution des FGB Hessen, Bezirk Hanau, Nebenstelle Schlüchtern zur gesetzlichen Verankerung des Mitbestimmungsrechts der Betriebsräte, 16. 7. 1946
DGB-Archiv

S. 101 Resolution des FGB Hessen, Bezirk Hanau zur gesetzlichen Verankerung des Mitbestimmungsrechts der Betriebsräte an den Hess. Arbeitsminister, 20. 7.1946
DGB-Archiv

S. 102 Entwurf für ein Betriebsrätegesetz des FDGB Thüringen vom Sommer 1946
DGB-Archiv

S. 103 Niederschrift über die Wahl der Arbeitnehmervertretung bei der Möbelfabrik Herbert in Bad Soden
DGB-Archiv

S. 104 Ergebnisse der Betriebsratswahlen der Gummischuhfabrik Hanau
DGB-Archiv

S. 105 Betriebsrat der Deutschen-Kunstleder-Werke Wolfgang: Schreiben über die Aufnahme der chemischen Industrie in die Liste der in Gemeineigentum zu überführenden Betriebe, 21. 10. 1946
DGB-Archiv

S. 106 Stimmzettel zum Volksentscheid über die Hessische Verfassung und die Aufnahme des Artikel 41 in die Hessiche Verfassung
DGB-Archiv

S. 106 Betriebsrat der Dunlop: Resolution über die Aufnahme der chemischen Industrie in die Liste der in Gemeineigentum zu überführenden Betriebe, 15. 10. 1946
DGB-Archiv

S. 107 Wahlergebnisse der Landtagswahlen 1946 und Ergebnisse des Volksentscheids
Archiv Rudolf Schneider

S. 108 Grafische Darstellung des Ergebnisses des Volksentscheids zur Sozialisierung der Betriebe in Hessen
Archiv Rudolf Schneider

S. 113 US-Militärverwaltung: Genehmigung der Feier zum 1. Mai 1946
DGB-Archiv

S. 118 Flugblatt zum 1. Mai 1946
DGB-Archiv

S. 127 Kontoabschrift über das von der DAF beschlagnahmte Gewerkschaftsvermögen
DGB-Archiv

S. 131 Transportliste von Ostarbeitern aus Gummifabriken in die Landes-Heil- und Pflegeanstalt Hadamar, 8. 1. 1945
Dokumentationsarchiv des deutsche Widerstandes 1933 - 1945, Frankfurt

S. 136 Anzeige des Arbeitgeberverbans der hessischen Metallindustrie zum Metallarbeiterstreik,
Hanauer Anzeiger vom 1. 9. 1951

S. 141 Gemeinsamer Aufruf von SPD und KPD im Herbst 1945
Archiv Rudolf Schneider

S. 149 Erklärung der IG Chemie, Papier, Keramik zum "Fall Breidenbach"
DGB-Archiv

S. 150 Belegschaft der Vacuumschmelze: Resolution zum 17. Juni 1953, 20. 6. 1953
Archiv des Betriebsrats der Vacuumschmelze

S. 160 DGB-Jubilarenehrung 1955: Liste der Jubilare
DGB-Archiv

S. 164 Vermögens- und Einkommensverteilung 1950 - 1969
Statistisches Bundesamt

S. 164 Entwicklung der Arbeitslosigkeit
Amtl. Nachrichten der Bundesanstalt für Artbeit

S. 165 DGB Landesbezirk Hessen: Flugblatt zur Wahl 1953
DGB-Archiv

S. 167 Flugblatt zum 1. Mai 1955 "40 Stunden sind genug"
DGB-Archiv

S. 168 Flugblatt des DGB zur Lohnfortzahlung, 1956
DGB-Archiv

S. 169 Aktionsprogramm des DGB zur Lohnfortzahlung im Krankheitsfall, 1956
DGB-Archiv

S. 170 Faltblatt zum Aktionsprogramm Lohnfortzahlung im Krankheitsfall, 1956
DGB-Archiv

S. 174 Maiaufrufe 1957, 1958, 1965, 1966
DGB-Archiv

S. 177 Aufruf des DGB zu den Betriebsratswahlen 1951/52
Archiv des Betriebsrats der Vacuumschmelze

S. 181 DGB Main-Kinzig, Kreisfrauenausschuß: Flugblatt des DGB zur Gleichberechtigung im Arbeitsleben, 1981
DGB-Archiv

S. 183 DGB Kreis Main-Kinzig: Pressemitteilung zur friedlichen Nutzung der Kernenergie, 5. 3. 85
DGB-Archiv

S. 197 Flugblatt der IG Chemie: Urabstimmung in der Kautschukindustrie, November 1967
Privatbesitz Werner Dreibus

S. 202 Flugblatt der IG Chemie: Konsumboykott angedroht November 1967
Privatbesitz Werner Dreibus

S. 205 Flugblatt der IG Chemie: Streikziel erreicht November 1967
Privatbesitz Werner Dreibus

S. 208 Stimmzettel für dieBetriebsratswahlen bei der Vacuumschmelze
Archiv des Betriebsrats der Vacuumschmelze

S. 210 DGB-Bundesvorstand: Presserklärung zu "DGB-Ostkontakten", 24. 6. 1960
DGB-Archiv

S. 217 Maiaufruf 1969
DGB-Archiv

S. 227 Collage zur Gifmüllagerung im Main-Kinzig-Kreis
Archiv Rudolf Schneider

Personenregister

Ortsregister

Firmenregister

Fritz Canthal
Lebenserinnerungen eines jüdischen Unternehmers 1848 - 1918

Ein Stück deutscher Geschichte - das wilhelminische Kaiserreich - wird lebendig. Aus der Sicht eines jüdischen Spitituosenfabrikanten, der es in seiner Heimatstadt zu materiellem Wohlstand und politischem Ansehen gebracht hat, wird die Epoche beschrieben, in der weite Kreise des deutschen Bürgertums sich von den freiheitlichen Idealen der 48er Revolution verabschiedeten und in der preußisch bestimmten Monarchie den angemessenen Rahmen sahen, sich wirtschaftlich und kulturell zu verwirklichen.
Durch eine Vielzahl dokumentarischer Beiträge zu zeitgeschichtlich bedeutsamen Ereignissen gelingt es der Herausgeberin Ruth Dröse, die Lebenserinnerungen ihres Urgroßvaters in einen facettenreichen Kontext zu stellen.
Das Ergebnis: Ein Geschichtsbuch zum Anfassen.
208 Seiten, 28,- DM

Friedrich Schnellbacher
Hanau in der Revolution vom 7. Nov. 1918 bis 7. Nov. 1919

Die Lebenserinnerungen Fritz Canthals enden mit der Novemberrevolution. Am 9. November 1918 übernimmt der Arbeiter- und Soldatenrat die Macht in Hanau. Sein Vorsitzender, Friedrich Schnellbacher, veröffentlichte 1920 seine Erinnerungen an die revolutionären Monate.
Die lang verschollene Schrift wurde vom Hanauer Kulturverein überarbeitet und als Buch herausgegeben. Neben dem Schnellbacher Text finden sich in diesem Buch Biografien von Zeitgenossen und bisher teilweise nicht veröffentlichte Fotos und Dokumente aus dieser Zeit, z.B. von der Ausrufung der Revolution auf dem Hanauer Marktplatz und der Erstausgabe des Hanauer Anzeigers als Organ des Arbeiter- und Soldatenrates.
130 Seiten, 14,80 DM

Ilse Werder
Kunst und Handwerk am Bau im alten Hanau

Weil der Volkschullehrer Franz Weber seit dem Jahr 1928 das Leben im alten Hanau im Bild festgehalten hat und weil er in den Sommerferien 1944 Tag für Tag mit seiner Leica unterwegs war, um Straße für Straße noch einmal im Detail abzulichten, ist uns das alte Hanau wenigstens im Bildarchiv komplett erhalten geblieben.
Ausgwählt und kenntnisreich interpretiert von der Journalistin Ilse Werder liegt ein attraktiver Bildband über das Hanau vor der Zerstörung im März 1945 vor.
Vielleicht können diese erstaunlichen und schönen Bilder - außer Bedauern über unwiderbringliche Verluste - auch zu Gedanken darüber anregen, wie Wohnhäuser und öffentliche Gebäude unserer Zeit durch künstlerische und handwerkliche Gestaltungsformen Ausdruck eines kulturellen Lebensgefühls auch dieser Generation werden könnten.
176 Seiten, 81 Abbildungen, 22,- DM

Anna Wagner
Ich bin eine Naive. Frauenleben 1914 - 1989

"Grabe, wo du stehst", nennt sich die Bewegung der Menschen, die Alltagsgeschichte von unten schreiben. Dabei gilt nicht die Perspektive der Führenden und Gebildeten, sondern der Geführten und Armen. Anna Maria Wagner, während der Novemberrevolution vier Jahre alt, hat als über Siebzigjährige begonnen, in ihrem Umfgeld zu graben. Ihr Frauenleben hat sie geschrieben, um aufzuzeigen, wie schwer es beonders Mädchen hatten zu überleben.
"Als Achtjährige mußte ich zum Lebensunterhalt der Familie beitragen. Ich mußte zwei Putzplätze und einen Kindermädchenplatz übernehmen, denn wir brauchten jeden Pfennig zum Leben; mit Lernen für die Schule war nichts drin."
60 Seiten, 14,80 DM